国家社科基金项目［项目批准号10BFX046］

检察改革与刑事诉讼法修改问题研究

JIANCHAGAIGE YU XINGSHISUSONGFA
XIUGAIWENTIYANJIU

徐鹤喃 郭立新 高景峰 邓思清
张红梅 郭欣阳 郭 冰 付 磊 /著

中国检察出版社

图书在版编目（CIP）数据

检察改革与刑事诉讼法修改问题研究/徐鹤喃等著. —北京：中国检察出版社，2015.10
ISBN 978-7-5102-1477-6

Ⅰ.①检… Ⅱ.①徐… Ⅲ.①检察机关-体制改革-研究-中国②刑事诉讼法-研究-中国 Ⅳ.①D926.3②D925.204

中国版本图书馆 CIP 数据核字(2015)第 194987 号

检察改革与刑事诉讼法修改问题研究

徐鹤喃 等著

出版发行：	中国检察出版社
社　　址：	北京市石景山区香山南路 111 号 （100144）
网　　址：	中国检察出版社（www.zgjccbs.com）
编辑电话：	(010)68658769
发行电话：	(010)68650015　68650016　68650029
经　　销：	新华书店
印　　刷：	河北省三河市燕山印刷有限公司
开　　本：	720 mm×960 mm　16 开
印　　张：	22.5 印张
字　　数：	412 千字
版　　次：	2015 年 10 月第一版　2015 年 10 月第一次印刷
书　　号：	ISBN 978-7-5102-1477-6
定　　价：	68.00 元

检察版图书，版权所有，侵权必究
如遇图书印装质量问题本社负责调换

推进立法与司法实践协同发展
（代序）

　　党的十八届四中全会提出了全面推进依法治国的发展战略。全会《关于全面推进依法治国若干重大问题的决定》，提出了坚持走中国特色社会主义法治道路，建设中国特色社会主义法治体系，建设社会主义法治国家的发展总目标。这是我国全面深化改革的历史发展成就，是国家发展的重要举措。社会主义法治体系建设为立法和司法完善提供了重要的发展动力，提出了新的更高的要求。在认真贯彻落实中央关于改革发展的基本要求和具体任务的过程中，我们需要切实尊重司法发展规律，立足实践，总结司法经验、检视法律发展成果、研究实际问题，为法律的完善和良法的有效执行做出扎实的努力和贡献。

　　《检察改革与刑事诉讼法修改问题研究》是国家检察官学院、最高人民检察院司法体制改革领导小组办公室、检察理论研究所的几位研究人员共同完成的国家社科基金资助研究项目。该课题立足于实践发展进程和状况的分析，对检察改革和刑事诉讼法修改相关联的相关理论问题进行了认真思考，对证据展示与非法证据排除、逮捕制度的改革与完善、侦查措施与工作机制、附条件不起诉与量刑建议、诉讼监督制度、人民监督员制度、刑事诉讼特别程序七个专题从检察改革和立法修改两个维度进行了梳理和分析，揭示了立法和实践交互发展的实际状况，总结司法发展规律，提出了进一步发展和完善立法的建议和意见。这是一个比较平实的研究项目，课题的思考进路和研究成果，值得关注。其对于进一步深化司法改革和检察改革，进一步完善社会主义法律体系建设特别是刑事诉讼法制建设，坚持中国特色社会主义法治发展道路，具有启发和参考价值。

检察改革与刑事诉讼法修改问题研究

司法改革和刑事诉讼法修改，是新时期检察工作科学发展的重要背景推动力。通过检察改革，司法改革和刑事诉讼法修改的要求与检察工作有机融合，检察工作进一步回应现实需要，让人民群众在每个司法案件中感受到公平正义，这是新的历史条件下检察改革重要使命所在。以顶层设计为主导的改革，决定了近二十年来我国检察实践的基本禀赋和发展走向。与此同时，检察改革不仅构成了司法改革和法律发展的重要组成部分，检察实践本身也为司法改革和法律发展提供了重要的检验平台。这是我国法治建设发展的两个方向。置身于这一发展进程中，我们需要对改革的设计、立法修改、司法实践以及法律思想理论的创新发展等进行统筹思考。经由实践、立法与理念的相互观照，切实提高我们对于法律实践的发展方向和立法中价值冲突的把控能力，使理念、制度与实践都更加趋近司法发展规律，使我们更加有效地落实全面推进依法治国、全面深化改革任务。

改革、立法修改、司法实践乃至理论创新不应该也不能够彼此孤立。不能够就改革谈改革、为修法而修法，乃至为办案而办案。法治体系建设的发展目标要求我们具备一种系统思维的能力。就本课题而言，检察改革与刑事诉讼法修改的关联研究为立法和实践发展提供了不同的观察视角，专题研究中总结了实践发展经验，揭示了法律发展的不足，思考了相关的理论与制度定位，为进一步完善立法，提高法律的执行力，促进司法公正，提出了有益的建议。因此，在研究方法上，课题研究展现了一种统合思维和实践取向，而关联性研究则有利于实现理论整合，这正是课题研究值得肯定之处。

检察改革与刑事诉讼法修改是两个相互独立又交互运作的重大课题。课题组以总论和分论两条分析路径，对相关理论实践问题及发展脉络做了分析、梳理和总结，其中颇多独到的发现和深刻的见识。课题研究指出，检察改革是以制度建设为历史发展逻辑的创新发展过程，改革主体多元复合，改革的发动呈现自上而下、自下而上以及社会或者学界参与的改革试验三种样态。检察改革是在宪法制度和诉讼制度二元维度上推进法治的实践探索，是在社会发展变迁、中国检察制度的实际发展状况以及中央对于司法改革的政治发动这三方面背景的推动所开展的，与刑事诉讼法的修改保持了高度默契。在中国特色社会主义法治框架内，检察改革与刑事诉讼法修改之间呈现同质、共生关系，如检察机关开展的完善审查批捕工作机制、非法证据排除规则及侦查人员出庭作证制度、附条件不起诉和量刑建议等改革举措对于进一步探索刑事诉讼体制的完善，实现刑事司法职权的优化配置，推动我国刑事司法程序的法治化具有积极的促动作用。另一方面，在法律实践的视角下，检察改革与刑事诉讼法修改相对独立、互相促进、互为检验。检察改革突出强化法律监督和强化对自身执法活动的监督，许多改革内容虽然同时是刑事诉讼法修改的内容，但是着眼点和侧重点有所不同，也存在改革内容与刑事诉讼法修改不对接，刑事诉讼法修改内容也同样存在与实践不甚吻合的情况。这些需要审慎研究。总体上看，检察改革发展了中国检察制度，为检察理论研究提出了新课题，其所推进的举措及其进程中出现的问题展现了我国法治建设中的理性建构特征及其局限，为诉讼制度的发展提供了实践基础和实践检验。在这种双向互动中，检察改革与刑事诉讼法修改内生性地提高了制度构建的理性程度，也展现了制度发展和完善的中国道路。从当下中国法治建设的现实需要出发，完善检察改革与刑事诉讼法就应当增强实践面向，重返并立足于实践，加强检察改革实践研究，进一步推动制度内生发展。这些问题都值得我们认真思考和借鉴。

当然，检察改革和刑事诉讼法实施本身都在时刻发展变化着，特别是修改后刑事诉讼法总体执行情况还很复杂，还存在诸多问题。相关实证分析尚需要假以更多时间、投入更多的精力去分析研究，对相关问题的认识也在进一步统一当中，这些都有待进一步吸纳到课题研究视野中。希望课题组成员继续深化调查研究，为检察制度的科学发展、为立法的进一步完善，特别是为司法更进一步地实现公平公正，作出更多的贡献。

最高人民检察院副检察长　孙谦

2015 年 6 月

目 录

导论 中国检察制度创新发展的实践面向
　　——兼及课题研究视角

　　一、实践决定性：中国检察制度的发展逻辑 …………………… 1

　　二、实践问题：检察制度创新发展提要 ………………………… 5

　　三、实践面向与中国道路 ………………………………………… 10

总论 检察改革与刑事诉讼法修改的宏观思考

第一章　检察改革宏观回顾 ………………………………………… 15

　　一、检察改革的界定 ……………………………………………… 16

　　二、检察改革的背景推动 ………………………………………… 21

　　三、检察改革的历史发展阶段及成果 …………………………… 28

　　四、中国法治视野下检察改革的价值 …………………………… 40

　　五、制度内生视角下检察改革展望 ……………………………… 44

第二章　我国刑事诉讼法修改的背景与走向 ……………………… 48

　　一、刑事诉讼法修改的背景 ……………………………………… 48

　　二、刑事诉讼法修改的成就及发展走向 ………………………… 52

第三章　检察改革与刑事诉讼法修改的发展逻辑 ………………… 55

　　一、检察改革与刑事诉讼法修改的交互关系 …………………… 55

　　二、制度内生：检察改革与刑事诉讼法修改之制度建设价值 … 59

三、中国道路：检察改革与刑事诉讼法修改之实践经验 …………… 64

四、实践面向：检察改革与刑事诉讼法完善之路径选择 …………… 65

分论　检察改革与刑事诉讼法修改专题研究

第一章　证据展示和非法证据排除 ………………………………… 68
　　一、证据展示制度 ………………………………………………… 68
　　二、非法证据排除规则 …………………………………………… 78

第二章　逮捕制度的改革与立法完善 ……………………………… 98
　　一、改革缘起 ……………………………………………………… 98
　　二、改革的主要内容 …………………………………………… 106
　　三、逮捕制度改革之评论与分析 ……………………………… 117
　　四、立法评析及其完善建议 …………………………………… 128

第三章　侦查措施与工作机制 …………………………………… 140
　　一、同步录音录像制度 ………………………………………… 140
　　二、特殊侦查措施 ……………………………………………… 156
　　三、侦查工作机制 ……………………………………………… 181

第四章　附条件不起诉与量刑建议 ……………………………… 208
　　一、附条件不起诉 ……………………………………………… 208
　　二、量刑建议 …………………………………………………… 232

第五章　诉讼监督制度的改革与立法完善 ……………………… 253
　　一、检察机关的调查权 ………………………………………… 253
　　二、死刑复核的法律监督 ……………………………………… 262
　　三、刑罚变更执行监督 ………………………………………… 271
　　四、检察长列席审判委员会制度 ……………………………… 282

目　录

第六章　人民监督员制度 ……………………………………… 294
　一、改革缘起 …………………………………………………… 294
　二、改革历程和内容 …………………………………………… 295
　三、评论与分析 ………………………………………………… 308
　四、立法建议 …………………………………………………… 313
第七章　刑事诉讼特别程序 …………………………………… 314
　一、案件快速处理程序 ………………………………………… 314
　二、未成年人诉讼程序 ………………………………………… 333
后　记 …………………………………………………………… 347

导论 中国检察制度创新发展的实践面向
——兼及课题研究视角

伴随着两轮司法体制和工作机制改革的进程，以三大诉讼法修改为标志，中国检察制度的创新发展取得了新的历史性成就。党的十八届四中全会作出了《关于全面推进依法治国若干重大问题的决定》，标志着我国全面深化改革，建设中国特色社会主义法治国家进入了关键发展时期。以此为指引，新一轮司法改革正在深入推进。值此国家与社会高速发展、司法制度与实践深刻变革的时代，认真回顾发展过程、总结发展成就与经验、揭示发展规律，对于更好地完成深化改革的任务、推进国家治理体系现代化发展无疑是至关重要的。检察制度是中国特色社会主义司法制度的重要组成部分，是司法制度中国特色的重要体现之一。检察制度的发展，集中体现了我国司法制度的发展成就，也蕴含了司法制度的发展规律。回顾检察制度的创新发展过程，检视制度与实践的交互发展过程与状况，我们可以看到蕴含其中的我国司法制度与司法实践的内在发展规律，并以此来指引和推动新的改革和发展进程。

一、实践决定性：中国检察制度的发展逻辑

作为现代司法制度的有机组成部分，检察制度是中国国家制度的重要组成部分，是中国特色社会主义司法制度的重要体现。新中国检察制度自1949年创建，经历60多年的曲折发展，形成了独特的制度架构和内涵，为国家与社会发展提供了重要保障。检察制度的创新发展，是社会主义国家制度建设的历史成就，也是历史经验的重要渊源。回顾检察制度创新发展的历史，贯穿其中的核心推动力是国家与社会发展实践的需要。可以说，实践决定性是中国检察制度发展逻辑的集中体现。

（一）检察制度的本土化发展进路彰显了实践决定性

伴随着国家与社会发展，检察制度在过去几十年的发展过程中丞步取得了三个阶段性发展成就——制度模式选择、现代化、中国化。具体言之，一是建

国初期到 1978 年改革开放的 30 年,检察制度创新发展的历史成就集中体现为完成了制度模式选择。这 30 年是国家探索建立新的国家制度的过程,检察制度在其中面临同质的发展诉求。制度选择、探索发展和建设乃至后来的思想混乱与倒退直至制度取消,展现的是新中国国家社会发展对于检察制度的选择,以及法律制度移植后的现实发展要求。检察实践中通过制度选择的反复、工作机制的全面探索、业务工作的探索试验、组织机构的摸索建立等创新手段,演绎了检察改革历史上的第一个集中发展时期,完成了制度建构之第一阶段历史任务,即基本形成了带有大陆法传统的、体现一元化权力结构特质以及人民民主专政制度要求的、与前苏联检察制度有直接制度渊源的新中国检察制度架构。二是 1978 年党的十一届三中全会至党的十五大之前的 20 年间,中国检察制度实现了现代化的发展。恢复重建以后,为适应国家改革开放的发展要求,伴随着国家与社会的变迁发展,检察机关自下而上的改革创新十分活跃,检察制度的基本框架和结构得到进一步巩固发展,在现代司法原则的指导影响下,检察职能、检察权的行使程序、检察机关的内设机构等经过不断的探索,经历了现代化的发展过程。1996 年刑事诉讼法修改,检察职权以及检察权与辩护和审判职能的关系等内容得以遵照现代诉讼原理和通则得到规范,标志着检察制度在完成了制度模式选择之后进一步实现了现代化的发展。三是党的十五大至党的十八大召开前的十几年中,国家明确依法治国方略、持续推进政治体制和司法体制与工作机制改革、建立社会主义法律体系等,检察制度的发展以坚持和完善中国特色社会主义司法制度为重要前提和根本要求,以三大诉讼法修改为标志,以检察权及其运行机制的强化和完善为核心,进一步实现了其中国化的发展,检察制度之中国特色得到了巩固和强化。上述三个阶段,是制度本土化发展的过程,是中国社会实践和司法实践的需要,是其核心发展动力和决定因素。

(二)检察制度正当性之证成体现了实践决定性

实践、理论、立法是检察制度的重要发展要素。历史地看,三者在制度发展中的推动作用有所不同,并且这种推动与中国特色的形成密切相关。首先是实践。几十年中,检察实践的发展遵循检察制度的宪法定位,检察改革也主要围绕强化法律监督,近年来同时强调强化自身监督。特别是经由中央对于司法改革的顶层设计和统筹推进,检察改革为制度发展奠定了实践基础,提供了实践检验,更多意义上成为制度发展的试验田。其次是理论研究。中国检察制度的特殊模式选择使得其发展中始终伴随着理论的质疑和不自信。前述制度模式选择阶段的反复和犹疑,现代化发展阶段所面临的西化挑战,乃至近年来的中国化进程中改造检察权的理论主张,始终是检察制度发展中的重要理论影响。只是,历史地看,理论争鸣没有对检察制度的发展走向形成根本性影响,甚至与发展相比,理论在某种程度上显出了滞后的不足。最后是立法。伴随着健全社会主义法律体系的发展要求,经由司法改革的推动,以诉讼法修改为重要标志,立法在一定程度上超越了理论争鸣,直接推进了中国检察制度的本土化发展进程。有关检察制度创新发展成就主要来自实践经验和现实需要,其中包括实践的试错。

对于制度发展而言,这三种发展路径同样重要,其对于中国检察制度正当性的证成,都是必不可少的。实践、理论和立法为制度发展提供了丰富的基础,包括实践、思想和法律保障,是检察制度发展的客观证成。另外,从检讨的角度看,实践、理论和立法对于检察制度的发展发挥了不同的作用。其中,检察实践多了建设性意义,其试验田的价值较为突出。经由司法改革方案的推动,检察改革的大部分内容成了制度发展的基础,为立法提供了蓝本。理论发展则不同步,甚至落后于制度与实践发展。立法则经由司法改革的顶层设计和制度建构要求,直接与实践发展相衔接,固定了实践发展成果甚至有了更进一步的发展。就中国检察制度正当性之证成而言,实践、理论与立法有不同的意义,值得深入总结。理论上,从实践到理论再从理论到实践,循环往复是制度和立法发展的客观规律。检察制度的发展中,实践到理论没有走完,理论对于实践的指导也略显无力,在此基础上的制度和立法发展有值得反思的地方,但总而言之,检察制度之正当性的最大证成是现实合理性。包括诉讼监督在内的检察权能的不断强化,其合理性主要表现为现实需要和现实可能性的现实合理性,而主要不是通过理论研究证成的,至少,理论在这方面是有些滞后的,比如赋予检察机关以羁押必要性审查之职权的证成,其现实需要和可行性是主要的因素,而相关的理论分析却显得单薄无力。这种现实合理性是实践决定性的一种体现,是中国检察制度创新发展的主要证成因素。

(三) 检察制度的实际发展体现实践决定性

检察改革是检察制度发展的重要路径依赖,改革的方向内在地影响着制度发展。正如本书总论第一章所言,对检察改革做历史的和广义的考察的话,从检察制度创建开始,制度和工作机制的创新发展就开始了。广义的检察改革是从新中国检察制度创新开始的。① 新中国检察制度的建立是检察改革的开端也

---

① 这一制度创建本身是典型的国家制度意义上的制度创新,此后严格说没有典型意义的制度创新。

是前提和基础。狭义的检察改革是新中国检察制度建立以后的改革创新,包括体制改革和机制创新两部分内容。我们通常所言的检察改革是在这个意义上讲。这个意义的改革与检察制度的发展相生相伴,同样走过了60多年的发展历程。

历史上,检察改革遵循顶层设计自下而上自发改革的发展轨迹。在实现模式选择阶段,改革的发动力量主要是顶层设计,即前30年的发展主要表现为制度选择的反复,其中尽管也充实了典型试验、机制创新、自发改革等内容,但是从改革的主要贡献来看,顶层设计是主要的推动力量。1978年以后,一直到中央推动两轮司法改革之间的20多年里,自下而上的自发改革占了主流,恰恰是这一时期的改革实践对于检察制度的现代化演进发展发挥了重要作用。这一时期,理论研究也较为繁荣,包括检察职能在诉讼结构中的关系、检察权能的规范等问题,都得到理论研究的重视,相关理论对于推进检察制度的发展和实践都发挥了重要指导作用。[①] 也是在这一时期,检察机关自发自觉地改革为包括机构设置、职能发展、检察权运行机制的健全等提供了扎实的实践基础和实践经验,实现了检察制度的现代化演进发展。2004年开始中央集中推进司法改革至今,顶层设计成为改革的主要推动力量,这种设计超越理论争鸣,直接连接立法修改,从而拉动实践实现了检察制度中国特色的巩固与强化。检察改革一路走来,成为制度发展的路径依赖,这是制度发展之实践决定性的正面体现。

另一方面,实践决定性也体现为实践制约性。就检察改革而言,存在诸多自发的、自下而上的基层改革实践经验。这些改革关照了实践中的具体问题,积累了法律执行的有效经验,能否有效吸纳和发展这些经验,关系到制度发展。就目前而言,我国检察制度的相关新职能尚有待实践检验、落实和理论总结。调研表明,新刑事诉讼法实施一年,理念的提升是最大的效果,而诸多制

[①] 尽管其间充满了对中国检察制度的质疑和争论,并且以1996年刑事诉讼法修改为标志的检察权的有关发展有待总结和反思,但这是检察理论研究和检察改革实践最为自发和活跃的时期。有学者将这一时期称为检察基础理论研究的发展和繁荣期(将繁荣期统计到2008年),参见张智辉:《中国特色检察制度的理论基础》,载《中国法学》2009年第3期。

度的实施不尽理想,有待磨合。① 一些新的规定甚至有被空置的状况。② 其中有的内容缺乏与实践经验的有效衔接而使得制度发展的成本加大,比如羁押必要性审查。检察实践中存在着相关联的改革,比如附条件逮捕之工作机制,其中包含着对侦查机关羁押必要性的审查,实践中有一些有效的经验,但是制度发展过程中重新设置的审查制度明显没有衔接实践经验,一定程度上形成了空投设计的问题。这也是新的制度实施效果不明显的原因所在。

立法和制度发展,最终离不开实践支撑、检验和落实。依检察改革发动规律性来说,顶层设计的改革主要指向制度建构,其最大的成就也往往体现在制度的立法发展上,而内生的自发的改革则更多地倾向于机制创新,体现在检察工作机制方面。机制创新一般表现为实践成果,是制度完善乃至立法发展的基础。因此,遵从实践经验,重视自发的改革创新成果,这是推进检察制度科学发展的重要前提。同时,从检察制度当下的发展成就和实践状况来看,如何健全相关工作机制、消解新制度实施的障碍,提高新法的实施效果,是当前面临的主要问题。或许可以说,检察制度的发展期待一个以磨合新制度与原有实践为重心的、旨在健全工作机制为指向的谦抑发展时期。

二、实践问题:检察制度创新发展提要

制度的科学发展当以实践合理性和理论正当性为基础,其中,司法实践是理论与制度发展的基础也是归处。中国检察制度创新发展的进路蕴含着司法实践的特殊决定性。实践是检验真理的标准,它反映着制度的现实合理性状态,孕育着新的发展力量和发展方向。当下司法制度以及理论发展过程中,应当进一步关注实践及其提出的问题。因之从实践出发,可以看到检察制度相关基本范畴面临新的发展问题。

(一)检察职能定位及其运行

检察权的权力属性问题始终是中国法学研究特别是检察学研究中的重大问

---

① 樊崇义:《河北检察机关新刑事诉讼法实施调研报告》,载《国家检察官学院学报》2014年第3期;卞建林等:《浙江检察机关新刑事诉讼法实施调研报告》,载《国家检察官学院学报》2014年第3期;闵春雷等:《东北三省新刑事诉讼法实施调研报告》,载《国家检察官学院学报》2014年第3期;杨宇冠等:《非法证据排除与庭前会议实践调研》,载《国家检察官学院学报》2014年第3期;吴宏耀等:《刑事强制措施制度的立法发展与实施状况》,载《国家检察官学院学报》2014年第3期。

② 比如指定居所监视居住、羁押必要性审查职能、非法证据排除的责任、对当事人和诉讼参与人的控告申诉的处理职能、特别程序的适用,以及民事诉讼领域的再审检察监督职能的落实等都不同程度地存在一些执行难或者被空置的问题。

题。基于宪法关于检察机关是国家法律监督机关的规定，主流观点认为，中国检察权是法律监督权。众所周知，围绕此问题理论上有多种观点争鸣，包括认为是行政权、司法权、准司法权、公诉权、第四种权力等，相关讨论莫衷一是，此起彼伏。这些讨论在20世纪90年代较为集中，对于检察实践也有一定的影响。彼时正值检察改革自下而上发展时期，及至1996年刑事诉讼法将检察机关的免予起诉权取消、进一步规范强化公诉职能、规范不起诉职能等，理论研究较为深度地参与了实践与立法发展，那是思想、实践和立法综合发展的活跃时期。值得注意的是，这其中，检察实践本身并没有受到观点争论的太多影响，特别是质疑检察机关的监督职能定位，主张将其改造成公诉机关等观点，理论上论证较多，但对实践与制度发展的影响微乎其微。此后中央推动的司法改革以及2012年刑事诉讼法再修改，几乎是超越了这种对中国检察权的理论纷争，进一步巩固和强化了检察机关的法律监督职能。这表明，实际上在检察制度发展的过程中，关于检察权属性的争鸣基本只限于理论探讨，理论本身的发展及其对实践的影响都很有限，相关讨论显得有些苍白。

实践中，这个问题以其自有的面貌存在和生长着。近年来，经由内设机构改革、强化诉讼监督职能的改革等，检察职能中的诉讼职能与诉讼监督职能的关系，成为一个重大实践问题，进而向理论层面提出挑战。如湖北省检察机关通过"小院整合"改革，强化诉讼监督机制建构。其中强调两个分离，即"诉讼职能与监督职能相分离，案件办理与案件管理相分离"，将特定的基层院内设机构重组，分为批捕公诉部、诉讼监督部、职务犯罪侦查部、案件管理部、综合管理部五个部门，在此格局下，从违法行为发现、调查、决定、纠正四个环节构建诉讼监督工作机制。① 相似的改革在很多地方存在。在这里，检察职能中的诉讼监督与诉讼职能被明确加以析分。这种实践区分直接推动了检察权是一元论还是二元论的理论探讨，即监督职能与诉讼职能的关系问题。② 并且，这些实践探索中还包含着一些具体问题有待解答，比如审查批捕权等具体权能的属性问题等。

概而言之，具体司法实践以自己的方式提出了中国检察制度的核心理论问题，即权力属性问题。它从实践的角度解析检察权，提出了监督与诉讼的关系问题。同时，它给出了自己的解答，提出了一个新的论证场域和论证方向。即为什么会导致两项职能的相互独立，如何相对独立，相对独立的效果与相对独

---

① 王会甫：《试论小院整合后诉讼监督机制构建》，载《人民检察》2011年第2期。
② 吕涛：《论刑事诉讼监督制度中存在的主要问题及其对策——以刑事诉讼活动中检察职能"二元论"为视角》，载《法治研究》2010年第9期。

立的正当性是何关联，等等。这样的提问、解答和分析，是理论研究有待补充的。而且这种改革实践本身如何发展、正当性如何评价，是不能回避的问题，这会倒逼理论再次讨论这个问题。这种讨论只有跟进实践才能够对既有的理论有所发展。

（二）检察组织体系建设

十八届三中全会审议通过的《中共中央关于全面深化改革若干重大问题的决定》指出："确保依法公正独立行使审判权检察权。改革司法管理体制，推动省以下地方法院、检察院人财物统一管理，探索建立与行政区划适当分离的司法管辖制度，保证国家法律统一正确实施。"由此，"省级统管"作为司法改革顶层设计的重要内容，成为时下司法改革的一个重大议题，正在有计划地推动试点。这是我国检察制度乃至司法体制的一个重要发展趋向，意味着检察机关整体组织体系的管理思想和管理权限将向上集中，这是组织体系发展中的向上伸展力。

检察实践中有另一种不容忽视的发展状况，这就是检力下沉及其所表现出来的组织体系建设的向下延伸力。以近年来的基层检察室建设为典型。尽管基层检察室的建设本身有特定的政策背景和要求，而且各地的实际开展状况也不尽相同，甚至有不同的意见。但是该项工作经验包含一些合理发展诉求不容忽视。比如，伴随着公安的警力下沉，刑事案件的侦办工作进一步向派出所倾斜，而检察机关在这一级是没有对应的组织机构的，这给检察机关的办案包括法律监督工作带来了很多问题。一些基层检察院建立基层检察室的根本目的就是充分履行法律监督职责、提高办案效果和办案效率。同时，基层检察室也顺应实际需要开展了职务犯罪预防工作，以及对行政执法的监督工作，工作颇有成效，受到当地政府和群众的支持赞同。① 笔者在浙江调研时，有基层院检察长说，我们的检察院现在在一定程度上已经成为城市检察院，组织力量都集中在城市。从其他一些省份来看，特别是基层检察机关当前查办的职务犯罪案件中，涉及农村干部的案件占了相当大的比例，也表明检力下沉，检察机关的组织体系向下延伸是一种现实需要。

"省级统管"和"检力下沉"的所指和内涵不同，前者强调管理体制，后者是组织建设。二者的相通之处在于，这是我国检察组织体制建设中，同样反

---

① 周光清、胡勇：《乡镇检察室制度及其发展》，载《国家检察官学院学报》2013年第5期；梁经顺、王志刚：《派驻基层检察室发展中的主要问题及重建思路》，载《西南政法大学学报》2013年第6期。

映现实发展需要的两个内容。前者解决宏观问题、立足长远，后者解决现实具体问题，立足当下；前者侧重管理，后者侧重现实效果。两者的内在联系值得当下司法改革和检察工作发展给予更多的重视。在推进"上提"、"统管"的过程中，是否能够对这些涉及具体问题、关系到现实执法效果的实践发展趋向给予同样充分的重视，这是一个涉及改革发展战略的问题。

（三）检察权行使主体

基于检察机关是国家的法律监督机关的宪法定位，以及检察机关的领导体制等法律规定，受现实司法惯性的影响，检察权的行使主体问题是一个在理论上被忽视、实践中不清晰的问题。近十几年来，有一项检察改革实质上持久地将这一问题逼上了理论和制度建设议程，这就是主诉检察官办案责任制改革。

主诉检察官办案责任制始于20世纪90年代，是一项典型的自下而上内生的检察改革。十几年来，这项工作机制创新成果始终没有突破性发展，甚至多年游离在主流的司法改革规划之外，但也始终没有消失，乃至不断变更名称形式顽强地在实践中运行和寻找着发展出路。两次刑事诉讼法的修改分别是这项工作机制创新成果的形成和发展背景，也是该机制两次重要发展契机。可以理解为它探索了新的检察办案组织模式，或者是一种权责分配制度，其名称也由主诉检察官发展成为主办或者主任检察官等。但无论怎样解读和分析，这项工作机制创新的价值或者其生命力主要在于两个方面，一是它完全是顺应实践需要而产生，二是在制度上，它探索了检察机关内部的权力配置问题，在法理上直接指向了检察官在检察权运行中是否以及应当享有怎样的主体地位的问题。两者分别说明了这项制度的现实正当性与理论基础问题。如今这项工作机制创新被作为新一轮司法体制改革的重要内容加以推动，最高人民检察院为此确定了17家试点单位进行综合改革试点，这在相当程度上说是实践推动的结果。

进一步看，权力主体问题能否得到有效的明晰，需要理论和实践两方面的助推。其中尤为重要的是，要对试点探索中涉及到的问题，比如各种诉讼环节中，主办检察官的权限划分问题进行深入的总结。而该工作制度改革与内设机构和分类管理，特别是新一轮改革中的检察官"员额制"问题的关联发展，也有待认真分析，这些最基础的问题，是最终破解我国检察权行使主体朦胧化、行政化困境的必要保障。理论上，可能后者更为重要，即在组织法意义上厘清检察官的主体身份，推进分类管理和保障。但从检察权运行的具体实践来看，如何廓清检察官个体的具体办案职权，特别是加强对某一项职权行使之普遍规律的研究，在此基础上相对统一和明确检察官办案权限清单，这是检察制度科学发展的必要内容，是实现国家治理体系现代化，切实提高国家治理能力的必然要求。换言之，解析和落实检察权行使主体制度，在根本上是一个实践问题，而不是简单的理论和制度设计问题，要在充分调研论证的基础上提出可能的方案。

（四）检察权运行机制

检察权运行机制在理论上和制度上是一个传统问题，因其传统也较为保守。不断发展的检察实践向我们提出了很多有待解读的新问题，亟须引起关注。比如，2012 年修改后刑事诉讼法第 93 条规定的继续羁押必要性审查制度。这项制度的建立，从刑事诉讼制度比较研究和人权保障的现实需要看，都是十分必要的，是重要的制度发展成果。其本质上是检察权的一项新的职能和运行机制。也就是说，当不涉及实践分析的时候，我们会发现这项制度的完美和必要。但是，考察一下实践就会知道，它的执行效果十分有限。实践中有很多问题，比如它与检察机关既有的广义的羁押必要性审查，包括决定逮捕、变更强制措施、延长羁押期限等工作中所包含的羁押必要性审查是什么关系，这是工作机制的衔接、融合问题；又如，在检察机关既有的附条件逮捕的工作机制中，包含了继续羁押必要性审查的工作经验，而这些没有被新的法律规定和新的实践所衔接，如何在执行新的规定的同时，保持原有的经验和执法效果，是需要关注的。修改后刑事诉讼法还规定了诸多涉及检察权运行机制的新的程序，其在实践中都存在这样那样的障碍或者问题，只有深入实践观察和分析解决这些问题，制度上的权力运行机制才能真正有效运行。

（五）检察权的发展

法律和制度上，我国检察权得到了不断的巩固和发展，其核心是法律监督职能，特别是诉讼监督职能的巩固和强化。不能否认，这些发展是建立在长期的司法实践，特别是两轮司法改革的经验的基础上的。但如前制度发展进路所概括的那样，它在相当程度上体现了我国法治建设中的普遍性特点，即制度建构性，这本身就是一个需要进行理论研究和检视的重要问题。

实践中尚有一些新的发展趋向提出来。比如检察引导侦查取证、行刑衔接。前者涉及检警关系问题，后者涉及检察权与行政权的关系问题。这都是法治国家里十分重要且不能回避的问题，是检察权的外部发展关系问题，是关系到检察权在国家权力体系结构中的地位和作用的问题。我们如何能够仅仅停留在基层公安机关和检察机关之间的高度默契中而不去深入探讨制度化发展问题，如何能够仅仅停留在总结建立了怎样的信息平台和沟通机制，以及统计有多少监督侦查起诉的案件数量上，而不进行检察权与行政权及侦查权关系的思考？这样的问题，是我国法制建设的基础性问题，是经由实践提出，并且也只有立足实践进行制度研究才能够有效解答的问题。忽略这些问题，是理论研究的疲软，是对制度发展的内生力量的忽略，必然导致制度创新发展停滞不前。

概言之，从实践出发，检察制度的创新发展面临很多新课题。这些实践问题的提出和破解，构成了制度发展的新的内涵，在另一个场域下为制度发展和学术研究提供了着力点。

三、实践面向与中国道路

应当重视制度发展中的实践面向。所谓实践面向，用以指涉两方面内容：一是实践决定性，二是来自实践的发展指向。之所以提中国检察制度创新发展的实践面向，意在强调一种实践观，提倡一个充分尊重实践的研究视角、研究立场和发展路径。一方面，要正视制度发展过程中的实践决定性并对这种决定性进行客观分析，这是制度历史分析的课题；另一方面，坚持实践面向是一个现实任务，即要关注实践的现实指向。我们认为，包含这两项内容的实践观，是我国司法制度发展和司法改革中亟须强调的一种思想方法，它涉及发展战略的制定和发展路径的选择，既是关系法治建设的现实问题，也是法学研究方法和立场问题。

伴随着中国法学研究范式的转型，有更多的学者走向司法实践，立足实践进行分析研究，或者用理论指导司法改革，形成现阶段检察改革的一种发展样态。① 在这当中，理论与实践的关系进一步拉近。如果说这是一种学术风格和司法改革发动方式的改变，那么，实践面向的提出则意味着对制度发展规律和发展进路的强调和总结。对这一规律性要求的遵从和回应，决定了当下学术研究范式的转换，同时也提示着发展模式和路径的调整。应当切实强调在实践中发现问题，立足实践寻找新制度落实的最有效途径和新的制度生长点。这对于当下法治建设和司法改革具有非常重要的意义。如有学者撰文分析刑事司法改革方向时指出，"省级统管"、司法人员分类管理、审判和检察官办案责任制以及司法公开等都是司法改革的"长远之计"，虽然设计的比较理想，但是现实有效性将十分有限，还存在诸多困难，面临诸多问题，还需要相当长的时间，进而提出"当务之急"，即解决包括党政官员干预、考核指标泛滥、罚没司法能力低下等具体的现实的问题。② 还有学者研究2012年修改后刑事诉讼

---

① 参见本课题总论关于"中国法治视野下检察改革的价值"部分的相关分析。
② 张明楷：《刑事司法改革的断片思考》，载《现代法学》2014年第3期。

导论 中国检察制度创新发展的实践面向——兼及课题研究视角

法的执行情况时指出,多年的经验告诉我们,很多理论上具备功能实现可能性的制度设置在中国刑事诉讼实践中往往并不尽如人意。因此从实践的角度观察修改后刑事诉讼法实施以来庭前会议的适用情况,分析其运作实践中的问题就很有必要。① 这些都是立足于实践观察和研究司法改革和法律修改问题的,他们有的是从研究实际情况出发,提出补强的意见,如前述后者,有的是立足于实践观察,提出了不同于主流措施的另一种意见,如前者。这些观察和研究的共同点是贯穿和体现了一种很强的实践立场和实践观,这是本文所要强调的。这种立足实践的观察和思考注重改革有效性的研究在全面深化改革的当下显得弥足珍贵。

制度发展和理论研究的实践面向,是一种思路的指引。实践决定性其实既是历史分析的下所,也是现实发展规律的指引,是贯通的制度发展逻辑。它为我们进行制度研究提供了有别于理论思辨、政策诠释等传统研究方法的另一个重要研究场域和方法。关注实践面向,有助于发现和尊重制度内生性发展规律。检察改革为制度发展提供了经验和基础,是制度发展的路径依赖,同时顶层设计拉近了检察改革与立法之间的关系,超越了理论争鸣及其滞后性,直接推进了制度的创新发展,这是中国检察制度的主要发展轨迹。这种制度发展成就是需要进一步证成的,对其正当性来说,实践分析本身是一个技术性的证成途径,其中包含了制度生成的内在决定性及其蕴含的正当性因素,也包含着制度建构中固有的局限性。这种局限性的分析,是继续发展的必要保障。对这些进行深入系统的梳理分析,可以更好地揭示制度发展规律,同时为当下改革实践发展提供指导。同时,经由实践分析的发展指向,又将有助于我们发现制度生长的内在力量,把握发展方向。这样的研究和思考进路,会为制度发展提供一个技术性的发展进路,有别于政策性或者政治性推进改革与制度发展。

制度发展的实践面向,是中国道路的证成途径。中国特色社会主义检察制度、司法制度本身是中国国情下的制度建设成果,制度与实践发展中的问题和经验都是固有的中国问题。经由制度内生性发展的揭示和分析,有助于总结司法制度中国特色的形成轨迹和发展规律,为进一步发展提供经验。这种经验是中国问题和经由中国道路取得的中国经验。坚持实践面向,有助于聚焦现实问题,通过对现实发展和执行状况的分析和把握,解决实际问题、关注治理效果、提高治理能力。以当下修改后刑事诉讼法实施为例,只有将注意力从制度建构之惯性思维适时转向实践关怀,去调研分析新法实施中的现状和存在的问题,有针对性地研究解决办法,同时反思制度发展本身以及其发展进路的不

---

① 左为民:《未完成的变革——刑事庭前会议实证研究》,载《中外法学》2015年第2期。

足,才能够真正体现学术研究的价值,发挥其实际作用。这个过程,是中国问题、中国条件、中国的发展因素和解决办法等一系列要素的综合研究过程,这是中国道路的发现和证成过程。在全面推进依法治国,建设中国特色社会主义法治国家的过程中,坚持实践面向,要求我们调整制度建设和实践发展中的形而上思维惯性,重视形而下的视角,关注现实问题和现实发展指向,统合顶层设计与基层和地方经验,把握改革发展需要面对的问题,提出有效的发展步骤与路径,为完成全面深化改革任务继续践行和创新发展中国道路。

  由此,本课题的研究立足于推动中国特色社会主义检察制度以及刑事司法制度的完善和有效实施,以实践发展进程和状况的分析为基础,对检察改革和刑事诉讼法修改相关联的理论问题进行了认真思考。研究指出,检察改革是以制度建设为历史发展逻辑的创新发展过程,是在宪法制度和诉讼制度二元维度上推进法治的实践探索,与刑事诉讼法的修改保持了高度默契。在中国特色社会主义法治框架内,检察改革与刑事诉讼法修改之间呈现同质、共生关系。而在法律实践的视角下,检察改革与刑事诉讼法修改相对独立、互相促进、互为检验。在这种双向互动中,检察改革与刑事诉讼法修改内生性地提高了制度构建的理性程度,也展现了制度发展和完善的中国道路。

  在此基础上,本课题对证据展示与非法证据排除、逮捕制度的改革与完善、侦查措施与工作机制、附条件不起诉与量刑建议、诉讼监督制度、人民监督员制度、刑事诉讼特别程序七个专题从检察改革和立法修改两个维度进行了梳理和分析,揭示了立法和实践交互发展的实际状况,总结司法发展规律,提出了进一步发展和完善立法的建议和意见。课题研究范围以历史回顾和现实关照为框架,相关分析大体截至新刑事诉讼法实施两年的情况分析。随着改革不断推进和法律的逐步完善,相关实证调研尚需要更多时间、投入更多的精力,课题研究有待进一步深化。

总　论

检察改革与刑事诉讼法修改的宏观思考

检察制度及其改革是我们这个时代的一个大题目。它摆在每一个关心国家的法治和人权的思想者面前。[①] 作为有中国特色社会主义国家制度重要组成部分的中国检察制度，自1949年创建至今走过了60余年的发展历程，它的创新发展，是有中国特色社会主义司法制度创新发展的核心成果之一。中国检察制度以其特有的制度定位和运行实践，推进了有中国特色社会主义国家政治制度的发展，促进了中国法治的建构，构成了现代检察制度乃至司法制度的独特发展模式。检察制度60余年的发展历程贯穿着一条重要发展轨迹，这就是改革创新。改革与检察制度的发展相生相伴，成为重要的路径依赖。经由改革，检察制度实现了中国化发展，成就了司法制度的中国特色；经由改革，检察实践不断完善和进步，为实现司法的公平、公正、高效和权威提供了重要保障；经由改革，包括刑事诉讼法和民事诉讼法在内的我国相关基本法律的修改完善得到了实践推动与检验；检察改革发展过程作为一项具体法律实践活动，展现了法治建构的中国道路。

基于检察职能的特殊性，检察实践与刑事司法活动密切关联。作为中国检察制度与实践发展的重要载体，检察改革与刑事诉讼法修改有着重要的实践与制度关联。中央集中推进司法改革以来，检察改革与刑事诉讼法修改进一步同质化，二者交互发展，互相促进也相互检验。值此2012年修改后刑事诉讼法已经付诸实施、新一轮司法改革也正在启动之际，对检察改革与刑事诉讼法修改的实践进程进行回顾分析，总结、证成和检验新法在一些重大问题上的发展，总结改革和立法修改的经验，对于推进我国刑事诉讼制度的科学发展和贯彻实施、推进新一轮检察改革，具有重要意义。

[①] 信春鹰：《检察：理念、制度与改革之序（二）》，载孙谦：《检察：理念、制度与改革》，法律出版社2004年版。

第一章　检察改革宏观回顾

全国人大常委会副委员长王兆国 2012 年 3 月 8 日在第十一届全国人民代表大会第五次会议上作关于《中华人民共和国刑事诉讼法修正案（草案）》的说明时指出：这次刑事诉讼法修改，"坚持社会主义法治理念，贯彻宽严相济刑事政策，落实中央深化司法体制和工作机制改革的要求，适应新形势下惩罚犯罪和保护人民的需要，着力解决当前司法实践中迫切需要解决的问题，符合我国国情和实际。"这一解释，充分反映了这次刑事诉讼法修改与近年来进行的司法体制和工作机制改革之间的内在联系。检察改革作为国家司法体制和工作机制改革的一个重要组成部分，与刑事诉讼法的修改，具有密切的联系。二者具有同质不同步的一面。宏观回顾检察改革以及我国刑事诉讼法修改的推进历程和基本内容，揭示其中蕴含的法治经验，是研究改革与刑事诉讼法修改的关系、研究其中涉及的重大问题的重要途径，对于深化检察改革，深刻理解和贯彻实施修改后的刑事诉讼法，具有重要意义。

中国检察制度是一项独特的制度设计。60 年中，检察改革相生相伴，成为检察制度中国化发展的重要路径依赖。改革促进了检察制度之中国模式的形成、发展了司法实践的中国特色，其推动、印证并依赖着刑事诉讼法、民事诉讼法等基本法律的修改完善，展现了中国法治的实践推演进程。一直以来，检察改革被作为司法改革的一部分，作为刑事诉讼法、民事诉讼法等修改的实践探索，备受关注。在其中，检察改革也有着自身发生和发展的独特规律。历史孕育着未来，随着新刑事诉讼法的实施和新一轮司法改革的启动，认真回顾和总结检察改革的实践推演过程，从与刑事诉讼法修改关联的角度，揭示我国法律实践的发展规律，对推动刑事司法的进步发展具有重要现实意义。以下侧重刑事检察领域对检察改革进行宏观回顾，通过描述和总结以往检察改革的实践样态、背景推动、改革发展阶段与成果、在中国法治视野下的贡献等，揭示改革的历史发展逻辑和价值，思考未来发展。

一、检察改革的界定

什么是检察改革？关于司法改革的早期讨论中曾经提及"改革观"问题。有学者指出："司法改革中存在着什么是改革、改革意味着什么这个问题。有人认为改革是自我完善，有人认为是自我创新、推陈出新，有人讲改革等同于变法。那么我们今天推行的改革是一种什么性质，我认为，既不是体制的自我完善，也不是变法，而是一种制度创新。如果从制度创新的角度来谈简单的司法改革（检察改革）的话，可能思路会比较清楚一些。"① 这一讨论，反映了十几年前我国开始推进司法改革时学界的相关思考。如今，司法改革得到了全面推进，对于"什么是改革"这样的追问不再被提及。实际上，当我们继往开来、面对新一轮改革，特别是面对实践发展问题时，什么是改革、如何看待改革，这样的原初问题依然显得十分重要。

回顾历史我们看到，相对于理论思考，实践本身对改革做了更为全面的诠释，对其历史样态进行抽象和描述，是对改革进行整合研究的前提。为此，站在检察制度60多年发展历史的角度，试对检察改革做描述性界定如下：

（一）检察改革是涉及检察的改革，是制度内生发展的实践场景

什么是检察改革，这涉及两个问题。第一个问题是检察改革的范围，是涉及检察的改革还是检察机关推行的改革？前者认为涉及检察制度与实践的改革都是检察改革，不仅指狭义改革实践还包括相关立法修改，可以说是广义的检察改革概念；后者则将"检察"视为改革主体而认为检察改革仅限于检察机关发动的改革。本书持第一种理解，认为这种广义概念涵盖实践与相关立法，有助于统揽分析改革的历史与贡献。按此，涉及检察的改革不论改革的发动主体是谁都是检察改革，地方检察机关自己推行而没有被中央司法改革之顶层设计规划吸纳的、在主流改革话语之外的改革创新，也在其中。为讨论方便起见，这种概念使用暂不涉及合法性条件的判断。这一定义涉及的第二个问题是制度生成以及改革的价值分析。即从制度生成角度看，检察改革是制度创新发展的路径和动态过程展现，这个过程是多元素的互动集合过程。该视角有助于

---

① 2002年4月，国家检察官学院与中国政法大学诉讼法学研究中心、珠海市人民检察院在珠海市共同主办了"中国法治之路与检察改革"理论研讨会，张文显教授等提出了"改革观"的问题。参见孙谦、樊崇义、杨金华主编：《司法改革报告：检察改革、检察理论与实践专家对话录》，法律出版社2002年版，第33页。

从中确定分析元素，建立新的分析框架。

（二）检察改革是检察制度创新发展的手段和过程

这是检察改革的功能定义，这里提及两点：一是概念区分。改革与制度发展在现实层面有重合，特别是当我们持广义改革观，即认为改革是包括立法修改在内的涉及检察的改革的时候。为揭示改革的贡献以及制度发展过程，需要侧重将改革作过程性观察，因此其有别于抽象意义和结果意义上的制度发展，是手段和过程。二是功能界定。中国检察制度创建本身是典型的国家制度创新成果。由于制度创建在当时呈现框架性和相当的制度移植特征，缺乏具体制度的支撑，缺乏实践经验的积累，决定了当时以至今日检察制度发展的探索性以及改革的同步性。60年中国检察制度的发展历程同时也是检察改革的历程。检察改革承载着制度定型化建构与发展运行的使命，这是60年检察改革的基本动力和内在发展逻辑，也是其核心价值所在。中央两轮集中推动司法改革以来，检察改革在国家政治体制改革的大环境下，完成了司法改革规划任务，奠定了刑事诉讼法、民事诉讼法修改的实践基础，并通过立法修改实现了以诉讼监督为重心的法律监督职能的巩固与强化，而这正是中国特色社会主义检察制度创新发展的集中体现。

（三）检察改革的内容涉及制度创新、体制改革和工作机制创新

首先要区分改革、创新、改良等词语。改革，是把事物旧的、不合理的部分改成新的、能适应客观情况的，如改革管理体制等。[①] 创新，是抛开旧的，制造新的，或者指创造性。[②] 改良，则指去掉事物的个别缺点，使更适合要求，以及改善的意思，如改良土壤、改良品种。[③] 可见，改革与改良语义上相近，只是应用领域和改变程度上有所不同，前者通常用在制度和机制等社会制度方面，后者则多强调技术性问题或者总体效果上的评判。改革与创新的差别在于改革强调改造，创新强调抛开旧的和强调创造性。由此，改革（含改良）与创新是相连也相对的概念。笼统地讲，制度创新可以是改革的前提和基础，改革通常可以包含局部的制度创新。从该角度看，新中国检察制度的创建是典型的国家制度建设意义上的制度创新，是宏观检察改革的开端、前提和基础。

---

① 《现代汉语词典》，商务印书馆2005年版，第436页。
② 《现代汉语词典》，商务印书馆2005年版，第214页。
③ 《现代汉语词典》，商务印书馆2005年版，第436页。

后续的一系列改良和发展包括体制改革和工作机制创新等可用检察改革统称之。①

再来观察改革的内容。以建国初期为例,这是检察改革十分频繁和活跃的时期,较为全面地展现了检察改革的基本样态和内容:一是制度创新。1949年颁布的《中国人民政治协商会议共同纲领》和《中华人民共和国中央人民政府组织法》,规定了我国检察机关的性质、体制和在国家体系中的地位。1949年12月20日颁布试行的《中央人民政府最高人民检察署试行组织条例》作为新中国第一部有关检察制度的单行法规,较为全面地规定了包括检察机关的职权、领导体制、内部领导制度、内部机构设置以及检察权行使与其他有关机关的关系等我国检察制度的基本内容,标志着社会主义中国检察制度体系和基本工作制度的正式确立。自此建立了我国前所未有的新型检察制度,为以后检察制度的发展和改革提供了制度依托和前提。可以说,此后没有这种意义上的制度创新。这是宏观中国检察改革的开始。② 二是检察体制改革。彼时检察工作以探索发展为主要内容,体制改革和机制创新十分活跃。如1951年通过的《最高人民检察署暂行组织条例》和《各级地方人民检察署组织通则》将检察机关的领导体制从《中央人民政府最高人民检察署试行组织条例》规定的垂直领导改为双重领导体制,可以称之为较早的检察体制改革。三是机制创新。比如在1954年镇压反革命运动中处理反革命分子投案自首工作中,创造了"免予起诉"这一新的法律处理形式。该制度在1956年经由中华人民共和国全国人民代表大会常务委员会《关于处理在押日本侵略中国战争中战争犯罪分子的决定》确认,正式成为一项中国特有的法律制度,③ 这是较早的工作机制创新。④ 上述三种改革内容在此后至今的检察改革中得到延续和呼应,成为检察改革的主要内容。

---

① 在此没有区分"制度"与"体制"。按照《现代汉语词典》的解释,制度主要指一定的历史条件下形成的政治、经济、文化等方面的体系,或者指要求大家共同遵守的办事规程或行动准则;体制主要指国家机关、企事业单位等的组织制度。从检察制度来看,建国初期的制度建设成就是以检察体制的建立为重点。这种情况至今有所体现。因此,在研究检察改革的时候通常会用"体制"来概括制度。用"检察体制改革"来概括"检察改革"。参见童建明、万春主编:《中国检察体制改革论纲》,中国检察出版社2008年版。

② 历史地看,这是中国检察制度的重大变革,其改革的对象是旧的检察体制。所以,新中国的检察改革,应包含这一制度创新,并以此为开端。另外,在此没有区分"制度"与"体制",主要取制度包含体制之解,不做细分,统之为"制度创新"。

③ 王桂五主编:《中华人民共和国检察制度研究》,中国检察出版社2008年版,第48页。

④ 在当时,免予起诉作为一种法律处理形式在特定的范围内建立和适用,因而是工作制度层面的创新。至后来基本法律将其规定为检察机关的一项权能,以及又将其取消,涉及了制度改革。

（四）检察改革的样态包括立法修改、实践创新、典型试验等

这是从分析角度所做的抽象区分，因为三者总体上并不能截然分开。立法修改是检察改革的最终也是最高形态，是最有效的改革创新，是制度发展的合法性标志。实践创新即通常所说的改革实践。典型试验则是一种特殊的改革形式，自始有之，如建国初期，1954年最高人民检察署召开第二届全国检察工作会议，强调要积极地、有计划有步骤地建设各项检察业务制度，提出要认真进行检察工作的重点试验，切实培养出一大批具有基点示范作用的地方人民检察署，以取得系统经验，全面推动。1954年6月12日中央批准了第二届全国检察工作会议文件，并在批文中强调了检察工作的典型试验等问题。① 彼时的典型试验属于检察系统内部发动的探索，而近十年来，有学者参与的改革试验在两轮司法改革过程中风生水起，表现出更为广泛的主体参与性，影响深及立法与实践，是制度创新发展的重要路径之一，是检察改革的重要样态。

（五）改革的发动主要有上下和内外两种观察角度

一是将改革主体视为一个集合体，改革采取自上而下或者自下而上两种方式推进。二是将改革主体大致分为内外两部分，按此，改革分为三种发动路径，即来自体制内部的改革、来自体制外部的改革和内外结合的改革。如学者和社会参与的改革试验等是典型的内外结合的改革。依第一种观察角度看，我国建国初期的体制改革以及近年来的中央关于司法体制与工作机制改革的部署，都是有组织地、自上而下地发动改革。自下而上的探索，是检察改革的常态，早如建国初期的免予起诉制度之产生和发展，近如主诉检察官办案责任制、附条件不起诉、附条件逮捕、刑事和解等，都属于自下而上形成和推进的工作机制创新，属于内生形态的检察改革，是典型的制度内生模式。这类改革尽管有些没有被中央的改革规划所包含，但是对于检察制度特别是检察实践发展具有更为实际的影响。第二种观察，是进一步析分改革主体及其对改革的发动作用。这两类各有意义，前者是封闭系统的观察，也是传统的研究方法，其对于技术分析更为方便。后者则更为开放，有助于在实践场景下对改革做制度生成之现实分析。尽管这其中会有交叉，但是依此大致可以对检察改革的演进过程进行解析，发现其中的交互关系、各自的价值与局限，以及不同历史时期改革的发展规律及走向。

---

① 王桂五主编：《中华人民共和国检察制度研究》，中国检察出版社2008年版，第45页。

（六）检察改革的主体是多元复合体

检察改革主体可以分为发动主体、参与主体两部分。一般而言，发动主体主要包括国家主体和检察机关自身，前者包括立法机关和党的领导，是国家主体的代表，后者指检察系统。参与主体包括相关的司法机关和部门、社会和学界以及诉讼参与人等。这些主体在改革中的地位和作用以及对于改革的期待均有所不同。从合法性的角度看，检察改革的发动主体只能是作为国家代表的立法机关、党的领导以及检察机关自身，其中党的领导主要体现在方向和政策指引上，检察机关的改革一般限于工作机制创新，涉及体制改革的内容则只能由立法机关决定。就参与主体而言，有关司法机关和部门主要是基于其工作制度与检察制度的相互关联而参与改革，是检察改革的配合与制约力量，是第一类参与主体。第二类参与主体是学界，主要是基于理论研究成果、学术视野优势以及研究取向而参与改革。有鉴于实际参与程度和影响力及本身与改革结果没有直接的利害关系等因素，学者参与改革创新受到越来越多的重视，一定程度上提高了检察改革的理论自觉性，同时也对检察改革的特质有相当的影响。第三类参与主体是包括犯罪嫌疑人和被告人在内的诉讼当事人以及其他诉讼参与人。他们可能是参与者，更是相关人和直接受益者。对改革进行主体分析十分重要，其可以全面揭示改革的影响因素以及检讨改革本身。

（七）检察改革是在宪法制度和诉讼制度二元维度上推进的法治实践探索

检察职能作为现代传统的司法职能之一，主要在诉讼中实现。检察体制改革和工作机制创新问题大多属于诉讼程序完善范畴，受到诉讼原理和诉讼规律的支配。这些诉讼原理和规律或者通过域外立法的引入与实践印证，或者通过对改革实践的理论指引和检讨，发挥对检察改革的规制作用，决定了检察改革的合法理性和普适规律性。另外，基于我国检察制度的特殊性质及其在国家政治制度中的重要地位，检察改革在根本上受到宪法制度的规制，这构成了中国检察改革的政治特性。国家政治体制改革的目标、原则等总体框架和思路、进程对检察改革具有深刻影响，检察改革在推进方式和界限方面的政治性和合法性要求较为突出，客观上决定了中国检察改革一定程度的保守性。与审判制度等其他司法制度改革不同，检察制度建立之初的制度移植特性、后续发展中面临的西方法治模式的影响，使得中国化问题始终是检察制度发展的核心问题，坚持中国道路成为客观发展逻辑。因此，检察改革更加强调宪法定位和中国国情。在合法理性与合法性、国际司法通例与中国特色之间寻求平衡，决定了中国检察改革的禀赋和走向，也展现了中国法治实践的特色。这也正是对检察改革和检察制度进行内生性观察的价值所在。

以上几方面是对检察改革历史发展的抽象总结，是实践样态描述，目的在于基本框定检察改革之思考基础和边界，对改革进行宏观回顾和分析。

二、检察改革的背景推动

学界对检察改革的分析主要集中在改革开放后 20 年的发展。有学者专门对改革开放 20 年检察改革进行了背景分析，认为始于 20 世纪 80 年代初，起步于农村包产到户，继而迅速扩展到城市及所有经济社会领域的中国改革，促成了中国最大的社会变迁。作为现代法制重要组成部分，检察制度的功能定位、功能实现以及检察改革本身，都是在社会变迁中实现的。① 这是对改革开放 20 年检察改革之社会背景的深刻揭示，有助于揭示制度发展的社会推动力。延展这一分析，本书认为，中国检察改革 60 年的发展，主要有三个方面的背景推动，即社会发展变迁、中国检察制度的实际发展状况以及中央关于司法改革的政治发动。这些背景在不同的方面决定了检察改革的禀赋与成就。

（一）国家发展与社会变迁推动检察改革取得三段论发展

检察改革肇始于检察制度创建之时，推动检察制度以及检察改革发展的根本力量是国家与社会发展，这可以分为三个历史阶段进行观察。

1. 第一个时期是建国以后至 1978 年的 30 年

建国初期，国家在政治上建立了新民主主义的国家制度，为巩固人民民主政权而开展了镇压反革命、"三反"、"五反"、新解放区的土地改革等一系列政治斗争和社会改革运动。经济上，对在旧中国遭受严重破坏的国民经济进行了迅速恢复，并在 1953 年进入有计划的经济建设时期，开始进行工业化建设和对农业、手工业和资本主义工商业的社会主义改造。法制领域，1954 年制定颁布了第一部《宪法》和《人民检察院组织法》等重要法律，基本完成了宪法制度建设任务。伴随着这一发展过程，中国检察制度从无到有，至 1957 年上半年，被称为我国检察制度发展历史上的第一个"黄金时期"。其中确立了前苏联模式的检察制度框架，强调了检察机关在国家建设和政治、经济发展中的服务和保障功能。发动了包括体制改革、机制创新和典型试验等形式的改革活动，是检察改革的第一个活跃期。1957 年下半年开始，全国范围开展了

---

① 孙谦：《检察：理念、制度与改革》，法律出版社 2004 年版，第 3 页。

严重扩大化的反右派斗争，受"左"的思想的影响，法制建设遭受冲击，在法律虚无主义的思想冲击下，以维护国家法制为专门职责的检察机关的组织建设和业务工作都遭受严重挫折，1966年"文化大革命"期间检察机关被撤销，检察制度开始了十年的中断时期。①

这30年是国家探索建立新的国家制度的过程，检察制度面临同质发展诉求。制度选择、探索发展和建设乃至后来的思想混乱与倒退直至制度取消，展现的是新中国国家社会发展对于检察制度的选择和孕育，以及法律制度移植后的现实发展要求。这一时期检察改革虽然没有在政策层面被突出提及，却在实践中通过制度选择的反复、工作机制的全面探索、业务工作的探索试验、组织机构的摸索建立等典型的改革创新形式演绎了检察改革历史上的第一个活跃时期，推动中国检察制度完成了经由制度移植的模式选择任务。

2. 第二个时期是1978年党的十一届三中全会以后至党的十五大之前

此时国家实行改革开放，经济社会和文化领域都发生了重要的历史变迁，检察改革从中获得了实现现代化发展的重要推动力。十一届三中全会以后，国家做出了把党的工作重点和全国人民的注意力转移到社会主义现代化建设上来的战略决策，开始大力推进社会主义法制建设，颁布了《宪法》、《人民检察院组织法》、《刑法》、《刑事诉讼法》等七部法律，国家进入了现代化发展时期。此后20年的时间里，中国社会发生了持续性变迁，推动了包括司法制度在内的社会制度深刻变革。检察制度迎来了新的创新发展时期，改革获得了深刻的社会推动力。首先，经济改革促成了公民在经济关系中主体地位的确立和多元利益主体的形成，客观上要求法制建设和司法工作尊重市场规则，加强权利保障，确立最终解决社会争端的权威以增强法制的可预测性，检察制度面临如何遵照现代司法规律，在制度建设和具体实践中实现发展的重大挑战。其次，经济改革引发了社会结构的变化。"改革后中国意义最深刻的变化在于，伴随着改革的发展，社会正发生着一场重大的社会结构转型。"② 国家、社会与个人之间的关系发生了持续的变化，促成了中国社会秩序的重新确定。旧的社会结构控制系统的逐渐消失和新的控制机制尚未建立的过程中，社会秩序出现了某种程度的危机，构成了对司法功能的重大挑战，促使国家的法制建设和司法工作进行改革，以强化对新的社会结构的保障功能，满足社会变迁对于社会控制功能的需求。最后，以张扬权利的理性思考为核心内容的意识形态领域的改革开放构成了检察改革的文化背景。20年间，经济、社会和文化等方面

---

① 王桂五主编：《中华人民共和国检察制度研究》，中国检察出版社2008年版，第40~52页。
② 张树义：《中国社会结构变迁的法学透视》，中国政法大学出版社2002年版，第9页。

的变革与发展推动检察制度实现现代化转型发展。1978年检察制度恢复重建以后，顺应社会发展需要，持续推进检察改革。与社会变革的动因及其由内而外的发展进路、摸着石头过河的发展道路相适应，检察改革在该时期也呈现出与前30年不同的特点，更偏重工作机制的创新，自下而上的改革一分活跃。改革的核心成就，是进一步巩固了检察制度的基本架构和社会功能，完善了检察权运行程序，基本完成了现代化转型建构。

3. 第三个时期是党的十五大以来

1997年党的十五大召开，提出要继续推进政治体制改革，进一步扩大社会主义民主，健全社会主义法制，依法治国，建设社会主义法治国家。提出要推进司法改革，从制度上保证司法机关依法独立公正地行使审判权和检察权。1999年，依法治国被写入了宪法，国家进入建设社会主义法治国家的历史进程。在中国特色社会主义理论体系和社会主义法律体系建立的过程中，司法改革得到中央的集中推进。检察改革从中得到了前所未有的、自上而下的发动。与此同时，国家的经济、社会进一步发展，社会转型加剧，工业化、信息化、城镇化、市场化、国际化的进程使得社会结构出现急剧变化和分层，出现了许多更加尖锐的新的社会矛盾，司法面临的新问题越来越多，建立稳定和谐的社会主义法治秩序的要求更加迫切。为回应社会需求，中央提出科学发展观、构建社会主义和谐社会等一系列重要指示，检察机关自觉推进了旨在增强检察工作社会功能的一系列改革创新，如刑事和解、附条件不起诉、不起诉听证、刑事被害人救助、取保候审制度改革试验等。另外，这一时期社会民主和文化大发展，以新兴媒体为代表的民意传达渠道越来越丰富，公民的权利意识、监督意识、参与意识进一步增强，促使检察机关根据中央的总体要求加强自身监督和制约，探索发展了如人民监督员制度、职务犯罪案件审查决定逮捕上提一级、职务犯罪讯问犯罪嫌疑人全程同步录音录像等工作机制创新。最后，社会主义法律体系建设给检察改革带来发展机遇，使改革实践成果得到了法律修改的直接固化。这十几年的检察改革，是国家深化经济和政治体制改革，实践依法治国和建设社会主义法治国家的重要体现，成为常态检察工作方式。以巩固检察制度的宪法定位、强化检察职能的法治功能、加强法律监督和自身监督为核心，检察改革得到全面推进。以刑事诉讼法和民事诉讼法修改为标志，以诉讼监督为重心的法律监督职能的巩固和强化构成了中国检察制度创新发展的最新历史成就，由此实现了检察制度现代化发展过程中的中国化发展。

(二) 中国检察制度的特殊发展基础决定了检察改革的价值目标与历史逻辑

中国检察制度的创建是带有制度移植特性的制度选择,其发展始终面临本土化建构的任务,经由不断的探索改革完成制度建设,成为一种历史必然。

建国初期,检察制度创建之后,检察改革频繁进行,体制改革多有涉及且出现反复选择的状况。随后至今的发展过程中,无论是自下而上自觉发动,还是自上而下统一推动,完成检察制度的中国化建构始终是核心驱动力和价值取向。20世纪80年代,检察前辈王桂五先生在阐述检察改革的必要性和目标时曾分析指出,由于"左"倾错误的干扰和封建主义残余的影响,我国检察制度曾经几起几落,一直处于不稳定和不健全状态。1979年制定的《人民检察院组织法》是一部比较好的法律,但是也有不足之处。现行检察制度存在职能单一、缺乏抵抗和排除干扰的机制、管理制度尤其是干部管理制度在某些方面已经老化,缺乏民主精神和竞争机制等诸多缺陷和弊端,导致检察制度的现状与现实的需要极不相适应。这是检察改革的客观根据和必要性。他进一步指出,检察制度是国家关于检察机关的组织与活动的法律规定的总和,包括检察机关的设置、在国家机构中的地位、职权、行使职权的程序、领导体制、组织与活动原则等。在此范围内,凡是有缺陷和弊端的,均应进行改革……鉴于我国检察制度还处于幼年时期,在许多方面都需要从头做起,而不是单纯的改革,因此检察制度的改革应当和建设相结合,应兴应革同时进行。[①] 这一阐述明确指出了检察改革的制度背景和发展逻辑。具体而言,中国检察制度建立的特殊性对检察改革的影响可作如下分析:

1. 检察改革始终以巩固宪法关于检察机关的定位为重心

检察机关是国家的法律监督机关,人民代表大会制度之下,检察制度具有与行政和审判平行的独立宪法地位,这是宪法关于中国检察制度的特殊规定。该制度尽管有前苏联等历史渊源的支撑,但是在60年的发展中,制度的本土化完善和证成始终是核心的任务。检察改革在不同的历史时期尽管有所侧重,但是它所面对的挑战和任务在根本上始终在于是否坚持宪法定位。巩固宪法确立的检察机关的法律监督地位,始终是检察改革的核心立场。尊重并巩固宪法关于检察制度的基本定位,在此基础上完善检察权配置及其运行机制建设,是检察改革的基本进路。面对宪法制度和诉讼制度的双重规制,检察改革在过去

---

① 王桂五:《关于检察制度改革的初步研究》,载王桂五著:《王桂五论检察》,中国检察出版社2008年版,第398~402页。

60年的发展中表现出以定位、定性为出发点和重心的发展战略，具体改革举措采取了高于诉讼制度改革的站位和出发点，并且在面对理论质疑和具体改革内容上表现出相当的制度保守性，这是其与审判制度改革等其他司法改革的不同之处，也是检察改革独立性的体现。

2. 检察改革以制度建构为核心价值目标

检察制度发展中的"应兴应革同时进行"，说明了制度发展的探索性和改革的必然性，反映了检察改革的制度构建取向。从纵向发展来看，建国之后的30年检察改革表现为不断反复的体制改革和大量自生的工作机制创新，完成了包括检察机关的地位、领导体制、基本职权内容的检察制度基本建构；此后的20年，在国家改革开放的历史进程中，检察机关迎接了制度现代化发展的挑战，改革大多属于自发进行并且以工作机制创新为主。另外，以立法修改为主要形式的检察改革直接指向了制度建构，即面向当代刑事司法惯例，进一步建立完善了检察制度与审判制度、律师辩护制度之间的现代法制关系，规制检察权能，取消免予起诉权、取消机动侦查权等，巩固了检察制度的基本架构；党的十五大以来，依法治国视野下如何完善检察制度发挥其功能成为核心任务，改革创新成为必要的发展途径与手段并得到集中推进，实践中如刑事和解、附条件不起诉、量刑建议等大量的改革创新完成了司法改革任务，同时其成果为2012年修订后的刑事诉讼法所固化和发展。以刑事诉讼法和民事诉讼法修改为标志，我国检察机关的法律监督地位和诉讼监督职能有了重大发展，包括对羁押必要性审查、对非法证据排除、对当事人和律师等诉讼参与人的控告申诉的受理等权能确立，集中表现了检察制度之中国特色的重大发展。可以说检察改革至此基本完成了以制度建构为核心目标的历史发展阶段。

3. 检察改革中形成了强化法律监督和强化自身监督并重之"双强化"要求

在巩固宪法地位、完成制度建设任务的过程中，证成检察制度的理论及实践合理性始终是检察改革要面对的重大挑战，这一挑战在根本上是由中国检察制度的特殊性决定的。理论上否定或质疑中国检察制度及检察职能正当性的思想始终伴随着检察制度的发展，其影响之深远可以从建国后50年代末反对直至取消检察制度，20世纪90年代理论界提出的改造检察制度使之成为公诉机关等观点，以及在司法改革过程中提出将审查批准逮捕权等剥离检察机关，检察机关也曾经主动提出将该权力划归人民法院的建议性方案等方面可见一斑。面对这一现实，检察机关在推进改革的过程中提出了"双强化"的目标要求，即强化法律监督与强化自身监督并重。这对于改革的推进和内容产生了重要影响，一方面，围绕这一要求近年检察改革推出了一系列创新成果，包括"上提一级"、同步录音录像等得到了大力推进；另一方面，这也构成了检察改革的一个特色,并且进一步提出了理论证成的问题,比如监督与自我监督的关系、自我监督机制的有效性和局限性等问题,这些问题最终回归了法律监督制度本身。总之,"双强化"的指导思想对检察改革的发展起到了重要的推动作用,也是中国检察制度进入一个新的发展阶段的体现。

(三)中央对于司法改革的政治发动决定了检察改革的目标、边界与成就

政治发动是检察改革的另一个重要背景。① 历史上,中央对司法改革的集中发动主要体现在两个时期,即建国初期和党的十五大以来。建国初期中央对于改革的推动主要体现为对于体制改革的直接领导,以及对检察功能定位的指引等方面,改革的直接目标是建立中国检察制度的基本架构。党的十五大以来,在推进依法治国的进程中,中央开始集中发动和推进司法改革,着力完善社会主义法治国家中的司法制度建设。党的代表大会分别提出了明确要求,十五大报告指出,要"从制度上保证司法机关依法独立公正地行使审判权和检察权"。十六大报告提出,社会主义司法制度必须保证在全社会实现公平和正义,要按照公正司法和严格执法的要求,完善司法机关的机构设置、职权划分和管理制度,进一步健全权责明确、相互配合、相互制约、高效运行的司法体制。"从制度上保证审判机关和检察机关依法独立公正地行使审判权和检察权。"十七大报告进一步提出深化司法体制改革,优化司法职权配置,规范司法行为、建设公正高效权威的社会主义司法制度,"保证审判机关、检察机关依法独立公正地行使审判权、检察权"。可见,自十五大以来,中央对于司法制度建设高度强调并且要求越来越明确具体。

十六大以后中央成立了司法体制改革领导小组,开始加强对司法体制改革的统一领导和统一部署。2004年12月28日,中共中央转发中央司法体制改革领导小组《关于司法体制和工作机制改革的初步意见》,确定35项改革任务。其中明确涉及检察改革的任务26项。要求检察机关要充分发挥法律监督的职能作用,保证司法部门的权力受到有效的监督和制约,并就完善检察机关对刑事立案、侦查、审判、执行、监管活动和民事、行政诉讼活动的法律监督制度,加强对司法工作人员渎职行为的监督,完善对办理职务犯罪案件的监督制约机制,加强对检察机关内部和外部的监督制约等提出了一系列明确具体的

---

① 政治发动与检察机关自主改革之关系问题,是研究中国司法改革的一个重要内容。尽管政治发动始终是检察改革的根本推动力之一,但检察机关在整个改革发展过程中也始终是核心改革主体之一。其中,由于中央对改革的具体领导方针和要求的不同,检察机关对于改革发挥着不同的主导作用,这一点可以在下文关于检察改革实践发展阶段的分析中得到反映。

改革要求。十七大后，2007年12月25日全国政法工作会议进一步强调了深化司法改革的要求。① 2008年12月中共中央转发《中央政法委员会关于深化司法体制和工作机制改革若干问题的意见》，提出要围绕优化司法职权配置、落实宽严相济刑事政策、加强政法队伍建设、加强政法经费保障四个方面深化改革，并确定了60项改革任务，其中检察机关牵头完成7项。由此，中央的推动为检察改革指明了方向，明确了重点，规定了原则和步骤，在以下几个方面决定了改革的发展：

1. 明确了检察改革的政治目标

加快建设社会主义民主政治，加快建设社会主义法治国家，是十五大以来中央推动司法改革的战略出发点。依此，保障司法机关依法独立、公正地行使审判权和检察权，保障司法部门的权力受到有效的监督制约成为改革的主要目标要求。检察改革乃至司法改革突出强调职权配置和监督制约工作机制建设，坚持以强化检察机关的法律监督为核心，同时高举"两个强化"之改革旗帜，即强化检察机关的法律监督和强化自身监督制约，这都反映了这一时期检察改革的目标追求。

2. 决定了检察改革的制度建设成绩

历史上，司法改革的政治发动主要体现在涉及检察体制的内容方面。最近十几年，经过中央集中推动的司法改革，特别是经过两大诉讼法的修改，检察改革遵循中央的规划，逐步完成了关系到司法制度建设的一系列改革实践，经由立法修改，检察制度巩固和发展了中国特色的制度建设。正如党的十八大报告强调的，未来要"进一步深化司法体制改革，坚持和完善中国特色社会主义司法制度，确保审判机关检察机关依法独立公正行使审判权检察权"。检察制度经过60年的发展，应当说基本完成了有中国特色的社会主义检察制度的建构任务，其核心标志是以诉讼监督为重心的法律监督职能的全面强化和发展。

3. 强化了检察改革中的理性建构进路

中央的发动使得检察改革作为国家政治体制改革的一部分，开始了强有力

---

① 胡锦涛总书记在同全国政法工作会议代表和大法官、大检察官座谈时强调：要继续积极稳妥推进司法体制改革，以满足人民的司法需求为根本出发点，从人民不满意的地方入手，以加强权力制约和监督为重点，优化司法职权配置，规范司法行为，努力建设公正高效权威的社会主义司法制度。要进一步规范司法行为，完善对司法权行使的监督机制，加强对诉讼活动的法律监督，切实解决执法不严、司法不公问题。参见《立足中国特色社会主义事业发展全局扎扎实实开创我国政法工作新局面》，载《人民日报》2007年12月26日。

的集中推进。按照中央的部署和要求,最高人民检察院于 2005 年 8 月 24 日下发了《关于进一步深化检察改革的三年实施意见》,2009 年 2 月制定下发了《关于贯彻落实〈中央政法委员会关于深化司法体制和工作机制改革若干问题的意见〉的实施意见——关于深化检察改革 2009—2012 年工作规划》及工作方案,统一部署落实各项改革措施。这些部署加强了对改革的组织领导,但同时也使得改革在一定时期内集中体现了其主观推动之特质。这种理性建构进路,对于制度演进而言具有相当的优势效能,是中国检察制度内生发展的重要决定力量。

4. 为检察改革提供了法制化保障

中央对于司法改革的推动常常伴随着相关立法修改的跟进,建国初期如此,近十几年依然如此。关于司法体制和工作机制改革的集中全面推进,既有时间上的明确要求,也包括内容上的明确设定,更与建立社会主义法律体系的要求相联系,从而为检察改革提供了法治化发展契机。司法改革与刑事诉讼法、民事诉讼法等基本法律的修改相结合,使检察改革围绕诉讼程序完善进行,加强了检察权运行过程中的司法程序规制,使改革成果及时得到国家基本法律的固定。

5. 为检察改革带来了更广泛的社会参与

中央的发动使检察改革成为政治改革的一部分,带动了更加广泛和多元的社会参与。特别是近年改革,除了相关权力部门的协调配合,学术界也更加广泛和深入地参与。2004 年中央集中推进司法改革以来,结合刑事诉讼法和民事诉讼法的修改,检察改革中的学者参与成为其推进特点之一。中央的推动在一定程度上引导了学术界对检察改革的态度,较之以往,学者们较少地停留于对检察机关宪法定位和基本职权的学术质疑和重构,而更多地转入实践主导的论证或者参与各种改革试验、试点,对深化改革发挥了重要作用。这使得近十几年检察改革同时表现出政治发动性、开放性和社会参与性特征。

检察改革 60 年的发展是在上述三个方面的背景推动下实现的,它们保障了改革的进行,决定了以往检察改革的成就与经验,也内在地决定了中国检察改革的特有禀赋。

三、检察改革的历史发展阶段及成果

现有研究中,关于检察改革发展阶段的理论总结有限。我国检察制度的产生与发展被归纳为四个历史时期①,其中认为,中国检察制度真正开始探索自己的发展道路,寻找应有的制度定位,是1978年恢复重建以来的事情。因此,理论研究中重点对1978年以后20年的检察改革高度关注,并将其划分为四个发展阶段加以研究。②此外,有关其他专题研究中偶有涉及检察改革发展阶段的分析。③本书基于前述对检察改革实践样态的总结认为,中国检察改革以检察制度创建为开端,同步走过了60年的发展历程。对于这一发展历史,可以进行多角度观察,如前述背景分析中提到的三段论发展,是以改革的制度贡献为标准的总结概括。为具体分析改革的发展进路、揭示其发展规律,以下从改革的发动之角度观察,检察改革60年发展可以划分为四个历史时期加以回顾总结,即检察制度创建和发展初期的改革创新(1949—1966年);检察制度恢复重建10年的改革创新(1978—1987年);检察机关正式发动和自觉推进检察改革时期(1988—1997年);中央统一部署集中推进司法改革时期(1998—2012年)。④

(一)中国检察制度创建和发展初期的改革创新(1949—1966年)

1949年9月21日《中国人民政治协商会议共同纲领》和《中华人民共和国中央人民政府组织法》颁布,确立了最高人民检察署的性质和在国家机构中的地位和设置,新中国检察制度正式创建。这是典型的国家制度创新成果,同时也是检察改革的开端。至1966年,检察制度完成了基本的制度选择、持

---

① 中华人民共和国检察制度的创建初期(1949—1953年);中华人民共和国检察制度的发展与波折时期(1954—1966年);中华人民共和国检察制度的中断时期(1967—1977年);中华人民共和国检察制度的重建和发展(1978年以来)。参见王桂五主编:《中华人民共和国检察制度研究》,中国检察出版社2008年版。

② 边工作、边建设,自觉探索改革的阶段(1978—1987年);开始实施检察改革阶段(1988—1992年);发展检察工作、被动改革阶段(1993—1998年);深化检察制度改革阶段(1999—2002年)。参见孙谦:《检察:理念、制度与改革》,中国法律出版社2004年版,第36~40页。

③ 如对中国检察基础理论研究的回顾与述评等。参见张智辉:《中国特色检察制度的理论探索——检察基础理论研究30年述评》,载《中国法学》2009年第3期。

④ 理论上,我国检察制度的产生与发展被归纳为四个时期,即中华人民共和国检察制度的创建初期(1949—1953年);中华人民共和国检察制度的发展与波折时期(1954—1966年);中华人民共和国检察制度的中断时期(1967—1977年);中华人民共和国检察制度的重建和发展(1978年以来)。参见王桂五主编:《中华人民共和国检察制度研究》,中国检察出版社2008年版。在这个过程中,研究认为,中国检察制度真正开始探索自己的发展道路,寻找应有的制度定位,正是1978年恢复重建以来的事情。因此,重点将20年检察改革划分为四个发展阶段:边工作、边建设,自觉探索改革的阶段(1978—1987年);开始实施检察改革阶段(1988—1992年);发展检察工作、被动改革阶段(1993—1998年);深化检察制度改革阶段(1999—2002年)。参见孙谦:《检察:理念、制度与改革》,中国法律出版社2004年版,第36~40页。

续推进了业务和机构建设,并经历了阻碍和波折。① 其间,改革创新自始得到开展,其内容体现在两个方面:②

1. 涉及检察体制方面的创新发展

包括:(1)1954年《宪法》对检察机关的名称做了改变,将各级人民检察署改为各级人民检察院,从而形成了全国人民代表大会及其常务委员会之下的国务院、最高人民法院、最高人民检察院的"三院"体制。(2)对检察机关组织体系进行调整,1953年起最高人民检察署提出逐步建立铁路、水运等专门检察署。1954年《宪法》和《人民检察院组织法》增加了专门人民检察署的设置。(3)改革检察机关的领导体制。1949年颁布的《中央人民政府最高人民检察署试行组织条例》规定,各级人民检察署均独立行使职权,不受地方机关干涉,只服从最高人民检察署指挥,即在国家机构体系中实行垂直领导体制。1951年9月3日中央人民政府审议通过了《最高人民检察署暂行组织条例》和《各级地方人民检察署组织通则》指出,鉴于原《中央人民政府最高人民检察署试行组织条例》规定的垂直领导体制因各方面条件尚不成熟,在实践中感到"有些窒碍难行之处",而将其改为双重领导体制,即各级地方人民检察署既受上级人民检察署的领导,又是同级人民政府的组成部分,受同级人民政府领导。1954年《宪法》和《人民检察院组织法》颁布时,又重新确定了检察机关的垂直领导体制,即规定地方各级人民检察院均独立行使职权,不受地方国家机关的干涉;地方各级人民检察院和专门人民检察院在上级人民检察院的领导下,并且一律在最高人民检察院的统一领导下进行工作。(4)调整检察机关内部领导制度。1954年《宪法》和《人民检察院组织法》将原来的"检察委员会议"改为"检察委员会",在检察长的领导下,负责处理有关检察工作的重大问题,并明确实行基于民主集中制原则的合议制。(5)调整检察机关的职权。1949年的《中央人民政府最高人民检察署试行组织条例》规定检察机关对于全国社会与劳动人民利益有关之民事案件及一切行政诉讼,均得代表国家公益参与之。后鉴于当时没有行政审判机构的设置,1954年《宪法》和《人民检察院组织法》取消了检察机关参与行政诉讼的职权。同时,取消处理人民不服下级人民检察署不起诉处分之声请复议事项的职权,增加对侦查机关的侦查活动是否合法、对刑事判决执行的监督权等。

2. 涉及工作机制的改革创新

该时期,检察机关按照中央的要求,坚持边建设、边工作的方针,重点建

---

① 具体参见本书关于背景分析部分的总结。
② 王桂五主编:《中华人民共和国检察制度研究》,中国检察出版社2008年版,第40页。

立健全检察机关的组织和工作系统,建设各项检察业务制度和工作机制。其中包括:(1)通过进行工作试验来建立各种工作制度。如1954年第二届全国检察工作会议提出,要积极地有计划有步骤地建设各项检察业务制度,建立重要刑事案件的侦讯及侦讯监督制度程序,建立审判监督制度、监所检察制度等。提出要认真大力进行检察工作的重点试验,切实培养出一大批具有重点示范作用的地方人民检察署,以取得系统经验,推动全面。随后,最高人民检察院根据《人民检察院组织法》的规定和典型试验中取得的经验,研究草拟了各项检察工作的试行办法。(2)创造了"免予起诉"的工作机制。在处理反革命分子投案自首工作中,各级检察机关创造了"免予起诉"这一新的法律处理形式。1956年全国人大常委会通过《关于处理在押日本侵略中国战争中犯罪分子的决定》将这一法律处理形式以立法加以确认,为检察权能建设做出了贡献。

政策层面,检察改革在这段历史时期没有被突出提及,实践中却频繁进行,其中展现了体制改革、机制创新和探索实验等检察改革的基本样态,客观上成为历史上涉及体制改革最为活跃和集中体现国家顶层设计的改革发展时期,建构了中国检察制度的基本内容。改革的发动,体现出国家主导的特征。1957年下半年开始检察工作进入了波折时期。"大跃进"过程中提倡公检法联合办案,实行"一长代三长"等,展现了一种负面变革,是制度和实践发展的历史教训。

(二)中国检察制度恢复重建10年的改革创新(1978—1987年)

1978—1987年间,是检察机关恢复重建,开始边工作、边建设时期。1978年我国颁布了第三部宪法,恢复了检察机关的设置。1979年颁布了《逮捕拘留条例》、《人民检察院组织法》以及《刑法》、《刑事诉讼法》等六部法律,民主法制建设进入新的发展时期。此后10年,是检察制度重建和发展的重要时期,也是以加强基层和基础建设、探索工作制度建设和拓宽法律监督领域为内容的改革发展时期。实践中初步提出了中国检察制度的发展方向问题并对"一般监督"问题给予了很大的关注和讨论。[1] 当时,扩大检察职能,增加检察机关参与和监督民事诉讼和行政诉讼的职能,增加检察机关在保障宪法实施方面的监督职能,赋予其违宪审查权,削减一些不属于检察机关法律监督职能的职权等观点十分活跃。[2] 检察改革的主要成果包括:

---

[1] 孙谦主编:《检察理论研究综述(1979—1989)》,中国检察出版社2000年版,第385~386页。
[2] 孙谦主编:《检察理论研究综述(1979—1989)》,中国检察出版社2000年版,第379~384页。

1. 1978 年《宪法》和《人民检察院组织法》对检察体制进行改革

包括：（1）明确规定了我国检察机关的性质是国家的法律监督机关。（2）将检察机关的领导体制再次改为双重领导。（3）调整了检察机关的职权，增加了对于叛国案、分裂国家案，以及严重破坏国家的政策、法律、法令、政令统一实施的重大犯罪案件的检察权；取消了"一般监督"职权；增加了对于刑事裁定的执行的监督权等；明确了检察机关对劳动教养机关的活动、对民事审判活动和行政诉讼实行监督的职权以及司法解释权等，并对检察人员的任免程序作了修改。

2. 探索建立健全检察工作制度

随着法制的不断健全，检察工作全面发展，检察机关的法律监督职能在实践中得到了很好的发挥，检察机关相继制定了《人民检察院刑事检察工作试行细则》、《人民检察院直接受理侦查的刑事案件办案程序（试行）》、《人民检察院劳改检察工作细则（试行）》等，规范了检察工作程序。

这 10 年中，检察改革继续了建国初期的方向，国家立法在改革中占主导地位，且依旧以体制改革为重心。经由一些重要的体制改革和部分工作机制建设，检察制度定位、领导体制和检察职能等检察制度基本问题进一步明确化。有研究者指出，这一时期检察制度的发展具有明显的粗犷型和依赖性特征，制度建设主要集中于宏观层面的问题，主要依赖《宪法》、《人民检察院组织法》等基本立法的引导，缺乏内在积极的自生性发展。[①] 这也从一个侧面反映了当时检察改革的特点。随着国家民主法制建设的发展，检察制度进入与实践的磨合阶段，立法和实践逐渐暴露出一些不太适应的情况，比如检察机关的监督职权如纠正侦查活动和刑事审判活动中的违法行为、对民事审判活动和行政诉讼实行监督等，还缺乏完善的法律程序和有效的监督措施；检察机关的领导体制也有待改进；检察工作中创造的一些工作方法如"检察建议"等有待立法上的确认；法律监督还存在空白点；等等。这为后续检察改革奠定了基础，也内在地决定了下一个时期检察改革的发动特点。

（三）检察机关明确发动和自觉推进检察改革时期（1988—2003 年）

党的十三大提出，改革是社会主义生产关系和上层建筑的自我完善，加快和深化改革是全党的重要任务。1988 年 2 月，最高人民检察院召开第八次全国检察工作会议，从"检察体制的改革是政治体制改革的一个组成部分"这

[①] 林贻影：《中国检察制度发展、变迁及挑战——以检察权为视角》，中国检察出版社 2012 年版，第 91 页。

个高度出发，开始部署检察改革问题。明确提出了检察体制改革的方针、任务和初步方案，第一次明确了"以充分发挥检察机关法律监督职能"为中心的改革设想，检察改革正式提上了检察机关的议事日程。

检察机关对改革的推动包括两个阶段：

1. 第一个阶段：1988—1997 年，检察机关明确发动改革

1988 年最高人民检察院工作报告指出：检察体制改革的目标是，建立具有中国特色的、法律监督功能完备的、富有效力的、与整个社会主义法制建设相协调的检察制度，充分发挥检察机关在健全社会主义民主政治和法制建设中的作用，更好地为社会主义物质文明和社会主义精神文明建设服务。即改革目标明确指向制度建设。从内容方面提出的改革框架包括：（1）增强法律监督职能，健全法律监督程序；（2）完善检察系统的领导体制，加强上级检察机关对下级检察机关的领导；（3）建立检察干部管理体制；（4）改善执法条件，为实施法律监督提供经费和物质保障；（5）增设派出机构，加强基础工作。① 1993 年以后，根据十四大关于建立社会主义市场经济体制的改革目标和"要严格执行宪法和法律，加强执法监督，坚决纠正以言代法、以罚代刑等现象"的要求，② 检察机关强调服务意识，提出了"严格执法、狠抓办案"的总体工作思路，以此为中心，检察改革自觉发动的这 10 年取得了很多实质性的成果。

其中，涉及检察体制的改革包括以下几个方面：一是推进了机构建设。在打击国家工作人员职务犯罪的过程中，建立健全了相应的专门机构。最高人民检察院设置了法纪检察厅，各级检察院也健全了法纪检察机构，同时全国各级检察院相继建立了举报机构。推广广东省人民检察院设立反贪污贿赂工作局的经验，在原经济检察机构的基础上组建反贪污贿赂局，最高人民检察院将经济检察厅改名为贪污贿赂检察厅，并设立了预防处。1995 年 11 月，最高人民检察院建立了反贪污贿赂总局，至 1995 年底，全国已有 28 个省级检察院、296 个市级检察院建立了反贪污贿赂局。③ 基本建立了集举报、侦查、预防功能于一身的反贪污贿赂专门机构，为惩治职务犯罪提供了组织基础。二是初步建立了内部制约制度。对检察机关自行侦查的犯罪案件实行内部制约，把侦查、预

---

① 《1988 年最高人民检察院工作报告》，载 http://www.spp.gov.cn/site2006/2006 - 02 - 22/00018 - 279. html，2012 年 3 月 15 日最后访问。

② 参见江泽民在中国共产党第十四次全国代表大会上的报告《加快改革开放和现代化建设步伐，夺取有中国特色的社会主义事业的伟大胜利》，载《中国共产党第十四次全国代表大会文件汇编》，人民出版社 1992 年版，第 34 页。

③ 《1996 年最高人民检察院工作报告》，载 http://www.spp.gov.cn/site2006/2006 - 02 - 22/00018 - 279. html，2012 年 3 月 15 日最后访问。

审与决定逮捕、起诉分开,由两个部门分别管理;实行免予起诉由检察委员会决定,并实行备案、备查制度;实行申诉由上一级检察院审查处理的制度等。① 三是调整了检察职权配置,经由1997年《刑法》和《刑事诉讼法》的修改,缩小了检察机关自侦案件的范围,废止了免予起诉制度,相应扩大了不起诉的适用范围。四是初步建立了检察官管理制度。颁布了《检察官法》,制定了《检察官等级暂行规定》、《检察官培训暂行规定》、《检察官考评委员会章程(试行)》等七个配套规定,尝试将检察官从一般的国家公务员中分离出来,作为司法官进行管理。

涉及检察工作机制的改革包括建立了举报、侦查、预防一体、提前介入对重大刑事案件的侦查、预审活动等工作制度,拓宽了监督途径,确定刑事诉讼监督、民事审判监督和行政诉讼监督重点等。制定了《人民检察院刑事诉讼规则》,会同有关部门制定了《关于刑事诉讼法实施中若干问题的规定》等,对检察工作机制做了进一步的规范。

检察机关明确发动改革的上述阶段,改革的推进上下结合,即自下而上与自上而下的改革相结合,特别对检察机关工作机制和机构设置等关系到检察权实际运行的问题进行了重要改革完善。

2. 第二阶段是1998—2003年,检察机关进入明确规划设计改革阶段

这一阶段的突出特点是检察机关内部对改革进行顶层设计。1997年党的十五大之后,司法改革成为国家政治和法律生活中的重大议题。在认真领会中央精神和反思恢复重建后检察工作及制度建设的经验教训后,检察机关提出"不改革,检察工作就没有出路;不改革,检察事业就不能发展;不改革,检察机关就没有活力;不改革,中国特色社会主义检察制度就难以完善和发展。"② 2000年1月10日,最高人民检察院通过了《检察改革三年实施意见》,推进了检察业务工作机制、组织体系、检察官办案机制、干部人事制度、内外部监督制约机制、经费管理机制六个方面35项具体改革。改革得到了扎实推进,其中主诉(主办)检察官办案责任制、专家咨询委员会、检务公开等一系列改革措施受到各界的高度关注,至今仍发挥着重要的实践推动作用。

这15年,是检察机关自觉自主推进改革时期,自下而上的改革占有相当

---

① 《1989年最高人民检察院工作报告》、《1991年最高人民检察院工作报告》,载http://www.spp.gov.cn/site2006/2006-02-22/00018-279.html,2012年3月15日最后访问。

② 和育东、王琰:《韩杼滨检察长在全国检察机关深化改革座谈会上强调:解放思想大胆实践,务求检察改革取得实效》,载《中国检察改革报告》,中国检察出版社2003年版,第6页。

比例，改革的实践面向十分突出，检察制度的发展与实践密切关联，呈现出立足实践，由实践探索到顶层设计提升的发展进路。改革取得了诸多重要发展成果，促进了机构设置、内部制约机制以及检察官管理制度等检察制度重要内容的发展。主诉检察官办案责任制等工作机制改革，直指检察权运行方式之核心问题，时至今日仍然具有重要的制度建设和实践价值。与此同时，检察机关实践了通过办案发展法律监督职能的思路。基本完成了检察机关法律监督的范围、途径、手段、制度、主体等内容的基本构建的发展过程，确立了检察机关的基本职能，建立了以职务犯罪侦查制度、公诉制度、诉讼监督制度等为基本内容的检察制度的基本框架。以取消免予起诉权，限制侦查权为主要内容的刑事诉讼立法修改构成了国家层面的重要检察改革，给检察制度的发展带来了深刻的影响。总之，这15年是检察改革的重要发展时期，"对于检察制度的发展来说，这一时期的改革在理论上是有深入的思考的，而在改革内容上也是有经验教训值得总结的"①。

（四）中央统一部署司法改革时期的检察改革（2004—2012年）

党的十六大进一步明确司法体制改革的目标和任务之后，中央成立了司法体制改革领导小组，自2004年起至2012年近9年间，集中部署和推进了两轮司法改革。

1. 2004—2008年，中央开始统一领导和部署司法改革时期②

2004年12月28日，中共中央转发了中央司法体制改革领导小组《关于司法体制和工作机制改革的初步意见》，其中确定了35项改革任务，涉及检察机关的改革任务有26项。2006年5月中共中央又下发《关于进一步加强人民法院、人民检察院工作的决定》，就加大检察机关法律监督力度，促进依法行政和司法公正，推进司法体制改革提出要求。按照中央关于推进司法体制改革和加强法律监督的要求，最高人民检察院制定了贯彻落实《关于司法体制和工作机制改革的初步意见》的工作方案和三年工作计划。于2005年8月24日下发了《关于进一步深化检察改革的三年实施意见》，明确了对诉讼活动的法律监督制度、检察机关接受监督和内部制约制度、创新检察工作机制规范执法行为、完善检察机关组织体系、检察干部管理体制、检察经费保障体制六个方面36项具体改革任务。

至第一轮改革结束，检察改革着重在工作机制创新方面取得了丰富成果，

---

① 孙谦：《中国的检察改革》，载《法学研究》2003年第6期。
② 万春：《党的十五大以来检察改革的回顾与展望》，载《国家检察官学院学报》2008年第4期。

包括：(1) 建立了行政执法与刑事司法相衔接的工作机制。(2) 进一步健全了审查逮捕、审查起诉工作机制，强化对刑事侦查和审判活动的法律监督。建立了审查逮捕听取犯罪嫌疑人及其律师意见制度、介入侦查引导取证工作机制、审查逮捕、审查起诉中的证据审查和排除非法证据制度、当事人权利义务告知制度和保障律师依法执业权利制度①、完善办理死刑案件的公诉程序和监督机制等②。(3) 建立对减刑、假释、暂予监外执行裁决工作的同步监督机制。(4) 完善民事抗诉制度。(5) 协调侦查、诉讼监督等职能，推进职务犯罪侦查一体化机制建设。(6) 贯彻宽严相济刑事政策，完善对未成年人犯罪案件办理程序，探索对轻微刑事案件的快速办理机制，探索刑事和解等。(7) 试行人民监督员制度。③ (8) 建立查办职务犯罪案件报上一级检察院备案、批准制度。④ (9) 推行讯问职务犯罪嫌疑人全程同步录音录像制度。⑤ (10) 深化检务公开。(11) 建立检务督察制度。⑥ (12) 深化主诉检察官办案责任制、对诉讼违法行为进行调查、被告人认罪案件普通程序简化审理、扩大简易程序适用范围、量刑建议、检察文书说理等改革。

此外，涉及检察体制的改革主要集中在两方面：(1) 推进检察管理制度改革。具体包括：推行公开招考、竞争上岗、双向选择、干部交流、岗位轮换、定岗定员等干部人事制度改革；改革检察官遴选制度，逐步推行上级检察

---

① 2004 年最高人民检察院下发《关于人民检察院保障律师在刑事诉讼中依法执业的规定》，2006 年下发《关于进一步加强律师执业权利保障工作的通知》，对保障律师会见犯罪嫌疑人、查阅案卷材料等作出具体规定。

② 最高人民检察院先后下发了《关于进一步加强公诉工作强化法律监督的意见》和《关于进一步加强刑事抗诉工作强化审判监督的若干意见》。同时，为配合死刑核准制度改革，还会同有关部门制定下发《关于进一步严格依法办案确保办理死刑案件质量的意见》等一系列规范性文件，加强了对办理死刑案件全过程的法律监督，保证了死刑案件公诉质量和出席死刑案件第二审法庭工作的顺利进行。

③ 为落实宪法和法律关于检察机关应当倾听人民群众意见、接受人民群众监督的规定，最高人民检察院报经党中央批准，并报告全国人大常委会，从 2003 年 9 月起开展了人民监督员制度试点工作。至 2007 年底，全国已有 86% 的检察院开展试点。

④ 根据中央的要求，最高人民检察院于 2005 年先后下发了《关于省级以下人民检察院对直接受理侦查案件作撤销案件、不起诉决定报上一级人民检察院批准的规定（试行）》和《人民检察院直接受理侦查案件立案、逮捕实行备案审查的规定（试行）》，进一步强化了上级检察院对下级检察院办案工作的监督。

⑤ 最高人民检察院从 2006 年 3 月起在全国检察机关分步推行讯问职务犯罪嫌疑人全程同步录音录像制度。截至 2007 年 8 月，占全国检察院总数的 81.7% 的检察院对职务犯罪案件在讯问时实行了全程同步录音录像。

⑥ 2007 年 10 月，最高人民检察院下发了《检务督察工作暂行规定》，在全国检察机关推行检务督察制度，突出了对检察人员履行职责、遵章守纪的事前监督和事中监督。2008 年初，又出台了《检察人员执法过错责任追究条例》，强化了检察机关内部监督的刚性和力度。

院检察官缺额从下级检察院检察官中遴选以及从符合检察官任职条件的专家、学者中选拔制度;开展检察人员分类管理改革试点,建立检察官检察津贴制度,完善检察官培训制度;推进部门、企业管理检察院体制的改革;完善检察机关司法鉴定机构和鉴定人的登记管理制度;等等。(2)改革和完善基层检察院经费保障机制。

这5年的改革,主要围绕诉讼监督工作机制建设全面展开,为下一轮检察改革向体制改革和立法修改发展奠定了基础。

2. 2009—2012年,中央部署深化司法改革时期

2008年底,中共中央转发了《中央政法委员会关于深化司法体制和工作机制改革若干问题的意见》(中发〔2008〕19号),从优化司法职权配置、落实宽严相济刑事政策、加强政法队伍建设、加强政法经费保障四个方面,就深化司法改革进行了总体部署。随后,中央司法体制改革领导小组做出了《关于贯彻实施〈中央政法委员会关于深化司法体制和工作机制改革若干问题的意见〉的分工方案》,将中发〔2008〕19号文件确定的改革归纳为60项任务并进行了分工。其中,最高人民检察院牵头7项,协办53项任务。2009年2月,最高人民检察院下发了《关于贯彻落实〈中央政法委员会关于深化司法体制和工作机制改革若干问题的意见〉的实施意见——关于深化检察改革2009—2012年工作规划》(以下简称《深化检察改革规划》)及工作方案,统一部署落实各项改革措施。据报道,截至2012年2月,最高人民检察院牵头的7项改革任务已基本完成,协办的53项改革任务和《深化检察改革规划》确定的各项改革任务大部分已完成,出台了一批改革文件。①

深化改革的这几年,检察改革取得了重要发展,主要体现在:

第一,强化法律监督职能。最高人民检察院制定了《关于进一步加强对诉讼活动法律监督工作的意见》,单独或者会同协办单位出台了一系列改革措施,对完善监督范围、明确监督手段、健全监督机制、提高监督效力等提出了明确要求。包括:(1)完善了诉讼监督范围。会同公安部制定下发了《关于刑事立案监督问题的规定(试行)》,会同最高人民法院会签下发了《关于对民事审判活动与行政诉讼活动法律监督试点工作的通知》,明确和完善了民事、行政诉讼检察监督的范围和程序,将生效调解和民事执行明确纳入检察监督范围。(2)增加了诉讼监督手段。会同最高人民法院、公安部、国家安全部、司法部会签下发了《关于对司法工作人员在诉讼活动中的渎职行为加强

---

① 参见最高人民检察院胡泽君副检察长于2012年2月9日在全国检察改革推进会暨经验交流会上的讲话。

法律监督的若干规定（试行）》，明确规定检察机关对司法工作人员在诉讼活动中的渎职行为可以采取调查核实、建议更换办案人等方式进行监督，调查核实可以询问当事人、知情人、查阅、复制、摘抄、调取有关材料等。"两高"关于民事审判与行政诉讼监督及民事执行监督的会签文件也明确了再审检察建议、检察建议等监督手段，丰富了监督手段体系。（3）健全了诉讼监督工作机制。会同有关部门联合发布的一系列改革文件，明确、规范了检察机关调阅审判卷宗材料的程序；建立了案件情况通报、信息共享平台、同步抄送备案、列席相关部门会议等制度，进一步建立非法证据排除机制、监管场所和刑罚执行监督机制；开展了量刑建议工作等。

第二，完善对自身执法活动的监督制约机制。推出了一系列强化自身监督制约的改革措施。包括：（1）推行职务犯罪案件审查逮捕程序改革。从 2009 年 9 月起在省级以下（不含省级）人民检察院有步骤地推行逮捕职务犯罪嫌疑人报请上一级人民检察院审查决定的制度。[1]（2）侦查权与抗诉权相分离，完善内部分权制约机制。（3）完善对执法活动的内部监督制度。（4）全面推行人民监督员制度。在充分总结 2003 年以来试点经验基础上，从 2010 年 10 月起全国检察机关全面推行了人民监督员制度，并改革了人民监督员的选任方式，扩大了人民监督员范围。[2]（5）深化和拓展检务公开。完善了接受人大监督、民主监督、社会监督的机制和措施，完善不起诉、申诉案件听证制度，推行检察法律文书释法说理改革。

第三，贯彻宽严相济形势政策，健全工作机制。推进三项重点工作、贯彻宽严相济形势政策成为深化检察改革的重要指导方向：（1）探索健全体现宽严相济的案件办理工作机制。包括：提前介入引导侦查取证、办理未成年人犯罪案件工作机制、快速办理轻微刑事案件工作机制、轻微刑事案件建立检调对接机制、对当事人达成和解的轻微刑事犯罪案件从宽处理机制等。（2）建立健全被害人救助制度，完善检察机关国家赔偿工作机制。（3）健全举报工作机制和执法办案风险预警评估机制，提高化解涉检信访矛盾纠纷的水平。（4）推进侦防一体化机制建设，完善行贿犯罪档案查询系统等，完善职务犯

---

[1] 2010 年 1 月至 6 月，职务犯罪"上提一级"案件不捕率为 8.5%，比 2009 年上升 4.4 个百分点；捕后不起诉率 1.6%、判无罪率 0.06%，分别比 2009 年下降 0.6 个和 0.03 个百分点。实践证明，这项改革强化了对职务犯罪侦查活动的监督制约，促进了执法规范化和侦查模式的转变，职务犯罪案件逮捕质量明显提高，犯罪嫌疑人的合法权利得到切实保障，同时也优化了基层检察院的执法环境。

[2] 截至 2011 年底，全国共选任人民监督员 41000 多名，监督案件 33000 多件。改革后的人民监督员制度进一步增强了公信力与监督活动的公正性，有利于更好地规范检察执法行为，并为人民监督员制度的法制化积累了经验。

罪惩治和预防工作机制。

第四，推进组织体系和干部管理制度改革。包括：（1）健全基层院建设和干部培训制度。[①]（2）健全检察委员会议制度，修改完善了检察委员会议事和工作规则，制定了检察委员会专职委员选任及职责暂行规定，加强检察委员会办事机构建设。[②]（3）推进干部管理体制改革，完善检察人员工资待遇和执业保障制度。[③]（4）开展铁路检察院管理体制改革。

第五，推进检察经费保障体制改革。以落实政法经费保障体制改革为重点，提高了全国检察机关的检务保障水平。制定人民检察院司法鉴定实验室建设规划，完善检察机关司法鉴定管理和工作制度，完成了国家级司法鉴定机构建设，规范了法医、文检、司法会计、电子物证、理化、心理测试等专业技术工作。推进检察机关信息化建设，启动电子检务工程，加快开发检察业务统一应用软件，检察工作科技含量进一步提升。

第六，两大诉讼法修改，巩固和发展了检察机关的诉讼监督职能。2012年刑事诉讼法和民事诉讼法相继修改颁布，巩固司法改革成果是其重要的立法指导思想之一。立法吸收了检察改革的上述诸多实践成果，同时新规定了一些检察职能与程序，集中巩固和发展了检察机关的诉讼监督职能。

中央集中推进两轮司法改革以来，检察改革得到全面发展，取得了丰富的成果，并由此达到了一个历史高点。检察制度建设完成了一个中国化的实践发展过程。其集中体现在，经由两大诉讼法的修改，进一步坚持和完善了检察机

[①] 最高人民检察院制定了《2009—2012年基层人民检察院建设规划》等文件，完善了以执法规范化、队伍专业化、管理科学化、保障现代化建设为目标的基层院建设工作机制。探索开展派出检察室、巡回检察等工作，推动检察工作中心下移、检力下沉，促进法律监督触角向基层延伸。推进教育培训工作的科学化、规范化和制度化建设。制定出台了一系列旨在加强检察人员职业道德体系和执法行为规范建设的改革文件，促进树立忠诚、公正、清廉、为民的核心价值观，规范检察人员执业行为和职业道德操守。

[②] 各级检察院积极改善、优化检察委员会的人员和知识结构，提高了检察委员会议事质量和水平，保证检察委员会议作为检察机关最高业务决策机构对重大、负责、疑难案件和检察业务工作重大问题的科学决策、民主决策、依法决策。

[③] 最高人民检察院会同有关部门下发了政法干警招录培养体制改革试点方案，拓宽基层检察机关人员准入渠道，2008年以来基层检察院招录定向培养大学生共3300余人，为基层检察机关特别是中西部和其他经济欠发达地区的基层检察机关提供了人才保障和智力支持。出台公开选拔初任检察官的实施意见，会同有关部门联合下发了解决法官、检察官提前离岗、离职问题的通知，为有效缓解检察机关案多人少的突出矛盾提供了政策依据。会同中组部制定下发《检察官职务序列设置暂行规定》，研究制定检察人员分类管理框架方案，为建设高素质、职业化的检察官队伍提供制度保障。根据检察机关司法警察工作的性质特点，明确司法警察的职责和权限，规范警务运行和人员管理机制。认真落实从严治检、从优待检要求，会同相关部门研究完善检察人员工资待遇、相关津贴、补贴和因公伤亡的医疗抚恤待遇，加强检察人员的执业保障。

关的法律监督性质和地位，检察机关的诉讼监督职能得到了全面巩固和发展，包括羁押必要性审查职能、非法证据排除职责、对于当事人以及律师等其他诉讼参与人控告申诉的审查处理职责等新规定，体现了诉讼监督职能的拓展和监督机制的完善，以法律监督为根本性质的中国特色检察制度的建设取得了新的发展成就。在这一发展过程中，检察改革实践了国家顶层设计，从权力配置、职能拓展、机制建设，到自我约束，都严格贯彻了中央的改革要求和发展方针，国家主导是该时期检察改革推动的主要特征。同时，顺应现实发展需要自下而上内生的改革成果发挥了重要推动作用。加之尚有大量不在中央司法改革方案中的实践探索，共同展现了作为制度发展之现实途径的检察改革场景与进程。应当说，依循中央司法改革部署，检察改革在全面探索的基础上，积累了实践经验，提供了立法渊源，搁置或超越了理论纷争，实现了制度发展。这是制度内生演化的实践展开，是进行制度分析的现实基础，其中蕴含的制度内生性发展规律以及内生发展力量是检察制度中国化发展道路、中国特色本身的证成与检验，更是未来制度发展的渊源与推动。

四、中国法治视野下检察改革的价值

作为一项复杂的、有多元主体参与的法律实践发展过程，检察改革同时也是中国法治实践探索的具体展现。放在中国法治建设之场景看，检察改革具有多方面的贡献与价值，值得进一步分析。

（一）检察改革实现了中国检察制度创新发展，提供了制度生成与正当性分析的实践样本

60年检察改革的核心成就是巩固和发展了以诉讼监督为重心的检察机关法律监督制度。法律监督是检察制度中国特色的集中体现，其坚持和完善是中国特色社会主义司法制度乃至中国特色社会主义国家制度的重要发展要求，是中国法治建设的发展成就。检察改革的特殊性，使得其对于中国法治建设的实践进程具有重要的说明意义。改革贯穿了制度建构的核心发展逻辑，体现了理性建构与经验推动、顶层设计与自觉改革交互作用的运行规律，展现了中国检察制度内生发展的实践场景、动态过程与生成结构，为深化制度生成和正当性分析提供了丰富的实践样本。面向改革实践，深化制度演化和变迁发展研究，总结检讨以往改革实践，对于发展未来司法改革战略研究，具有重要意义。

（二）检察改革为检察理论和法治理论研究提供了新课题

如何在中央主导的顶层设计与相关理论质疑、国家意志与社会公众认识、

司法机关与诉讼参与人、理论与实践等诸多方面，实现有效沟通，形成制度创新发展的基本共识，为未来发展提供理论支撑，是检察改革要面对的重要课题。检察理论研究需要增强其实践面向，解决如下问题：（1）如何经由中国检察机关法律监督性质和职能的现实合理性证成其理论正当性，进而在本土化与全球化的和谐中证成中国检察制度的发展成就；（2）检察改革及其评价中的主体结构问题；（3）强化法律监督与强化自身监督制约这一"双强化"的发展对于建立科学的检察权运行机制的实践、理论和制度发展价值；（4）平衡自觉改革与顶层设计之间的关系，关注内生性改革成果，在诸如主诉检察官制度、行政执法与刑事司法衔接、附条件逮捕等改革创新中寻找制度与实践发展的内生力量；（5）厘清诸如检察一体、客观义务、法律监督等基础检察理论，整合发展检察理论研究范式，确定理论范畴及发展重点，为实践发展提供扎实的理论指导；（6）推动改革评价研究，等等。

（三）检察改革为诉讼制度的发展提供了实践检验

检察改革与诉讼改革的发展具有密切联系，二者不仅具有内在的制度关联，还具有实践发展的同质性。在过去的发展中，二者交互进行，相互影响，相互说明，也互为检验。以刑事诉讼为例，检察改革的贡献主要体现在两个方面，一方面是诉讼法的许多修改直接来源于检察改革成果，特别是近十年的改革成果。[①] 包括：完善立案监督制度；审查逮捕讯问犯罪嫌疑人制度[②]；讯问职务犯罪案件嫌疑人全程同步录音录像[③]；规范强制侦查行为，防止超期羁押[④]；以及刑事和解、未成年人诉讼程序、对简易程序审理案件的法律监督、对减刑假释的检察监督等，几乎涉及了刑事诉讼的全过程。另一方面，检察改革成果为刑事诉讼制度的发展提供了实践检验。诉讼制度的发展有些就是检察

[①] 张智辉：《检察改革与刑事诉讼制度的完善》，载《国家检察官学院学报》2012年第5期。

[②] 最高人民检察院从2005年起要求改革审查批准逮捕方式，实行审查逮捕时讯问犯罪嫌疑人的制度。

[③] 这项改革早在2004年就在北京海淀、河南、宁夏等地检察机关开始试点。最高人民检察院2005年11月制定并下发了《讯问职务犯罪嫌疑人实行全程同步录音录像的规定（试行）》。2006年12月，又印发了《人民检察院讯问职务犯罪嫌疑人实行全程同步录音录像系统建设规范（试行）》和《人民检察院讯问职务犯罪嫌疑人实行全程同步录音录像技术工作流程（试行）》。

[④] 2003年5月开始，最高人民检察院在全国范围内开展集中清理纠正超期羁押专项监督行动，会同最高人民法院、公安部下发了《关于严格执行刑事诉讼法，切实纠防超期羁押的通知》、《关于人民检察院对看守所实施法律监督若干问题的意见》等文件，又单独制定了《关于在检察工作中防止和纠正超期羁押的若干规定》，建立了羁押期限告知、期限届满提示、检查通报、超期投诉和责任追究等八项制度。其中很多探索和规定都被写入刑事诉讼法，完善了我国羁押审查制度。

改革的内容，面临实践的进一步检验。同时，有些检察改革成果没有被修改后的刑事诉讼法吸收，有些没有完全吸收，新法同时还规定了一些新的制度。这些不交叉部分更加需要进行实践对比分析。如简易程序的修改，对照检察改革来看，其立法进步是有限和保守的。最高人民检察院于2007年2月颁布《最高人民检察院关于快速办理轻微刑事案件的意见》，探索对案情简单、事实清楚、证据确实充分，被告人认罪案件实行简化工作流程、缩短办案期限的快速办理机制。2008年颁布了《认罪轻案办理程序实施细则》、《认罪轻案办理程序实施方案》，并逐步在全国进行认罪轻案办理程序试点。与新法规定相比，试点有三个重要补充：一是试行在侦查、批捕、起诉环节都设置简易程序，使简易程序贯穿整个诉讼过程，实现诉讼全程提速；二是推出了一套包括程序全程简化、律师参与、制作认罪答辩笔录和确认认罪答辩、证据展示、收集核实证据简化、证明标准降低等内容的完整程序机制；三是探索了简易程序集中起诉、集中出庭模式等。这些探索，更加着眼于诉讼分流制度的建立，对于诉讼制度的发展具有重要参考。新建立的羁押必要性审查制度，与检察实践中的附条件逮捕之工作机制创新相比，显现出其制度投放特点以及缺乏实践融合性之局限。诸如此类，检察改革与诉讼制度发展的关联分析有待推进。

（四）检察改革在民主化建设方面取得了重要经验

基于法治建设要求，遵循检察权的功能定位，经过近年中央对司法改革的推动，加强权力制约和强化人权保障成为检察改革的重要价值目标。改革取得了民主建设的宝贵经验，包括：一是通过强化诉讼监督，加强了对司法权行使的监督制约。二是通过完善程序，提高了司法透明度和公众参与度。具体包括：加强了对律师执行职务的保障，如2005年以来检察机关试行审查批准逮捕阶段讯问犯罪嫌疑人和听取律师意见；探索附条件逮捕、不起诉听证、职务犯罪案件讯问犯罪嫌疑人实行同步录音录像、试行多媒体举证示证、量刑建议等，加强对当事人的权利保障；未成年人的特殊程序、刑事被害人的司法救助、诉讼中的告权制度、释法说理；等等。三是探索建立了强化自身监督的工作制度和机制。包括人民监督员制度、职务犯罪案件逮捕上提一级、职务犯罪案件一审判决上下级同步审查等，对于加强检察权运行的社会监督和自身监督，做了重要的探索。四是检察改革本身加强了社会参与，包括改革论证、试点试验、评估等都广泛吸收了社会各界的意见，对于实现司法制度的民主化发展积累了经验。

(五) 检察改革中的学界参与提供了中国法治建设的新经验，具有多元研究价值

一定程度上，检察改革中的学者参与较之法院系统的改革更为广泛和深入，是近年来检察改革的特点之一，值得关注。其中涉及理论与实践关系的发展、中国法治建设进程中理论研究的状况与作用、法学理论研究范式的转型发展等问题。我国学界认为，法律与社会脱节，法律与文化脱节，是当代中国法的最大困境。① 近年来，国内法学理论与实践相脱节的问题仍很严重，一方面，理论研究工作接触实践、深入实践、服务实践不够；另一方面，实际法律工作忽视理论研究成果，将理论研究成果用以指导实践严重不足。② 法学研究越发成为疏离社会现实而自闭、自洽和价值自证的文化活动。受此影响，中国法学对法治实践的贡献度和影响力正不断减弱。③ 这种情况在近年检察改革过程中展现了不同的趋向。近十几年来，相关学科的理论研究正在深入实践、服务实践、指导实践，检察工作也更加重视理论研究，自觉运用理论研究成果指导改革，二者出现了良性互动。以刑事诉讼法学研究领域为例，随着研究范式的转型，实证研究受到空前关注。2004年中央统一推进司法改革以及司法改革意见出台以后，学者开始了众多以试验、试点、证成为主要内容的研究项目，通过与地方检察机关合作，指导、策划、推动改革试验和评估，协助建立相关的工作制度，制定相应的法律文件，或者提出立法建议。④ 这是检察改革推进中的一个新样态，或可称之为学者主导型改革创新，对于制度完善和立法发展发挥了重要作用。

---

① 梁治平：《中国法的过去、现在与未来》，载《梁治平自选集》，广西师范大学出版社1997年版，第67页。
② 张文显主编：《世纪之交的中国法学》，高等教育出版社2005年版，第228页。
③ 顾培东：《也论中国法学向何处去》，载《中国法学》2009年第1期。
④ 据不完全统计，近十年来，刑事诉讼法学研究会的会长、副会长中，大多有主持过一项或者多达八九项的实证研究项目。比如，樊崇义教授2004年开始的与北京市海淀区、河南焦作市、甘肃省白银市合作的"侦查讯问时录音、录像、律师在场制度研究"；2012年与浙江省检察院、黑龙江省检察院等合作的"刑事证据规则制定"项目。卞建林教授2004年与山东东营市检察院合作"证据开示与庭审改革实证"项目；2007年与北京市朝阳区人民检察院合作"刑事和解与程序分流项目"。陈卫东教授2006—2009年在吉林省辽源市人民检察院等进行了"羁押巡视制度试点"项目；2009年在宁夏、安徽等地做了"看守所在押人员投诉处理实验"项目等。宋英辉教授2005年在浙江永康检察院做了"未成年人取保候审、酌定不起诉改革"项目；2006年在江苏省南京市等检察院做的"刑事和解"项目；2010年开始在北京、上海等地进行包括合适成年人参与诉讼、律师参与未成年人案件审查批捕程序、外来涉罪未成年人适用非羁押措施、涉罪未成年人心理矫治机制等内容在内的"未成年刑事司法改革"项目等。

检察改革中的这种互动弥足珍贵，其中包含了学界对于改革的"顶层设计"。改革成果经过学界的宣传和推动，对立法修改产生了重要影响，同时较好地提升了检察机关的理论自觉和检察工作品质。这种互动有助于消解基于制度移植特征所产生的实践逻辑与制度规定性之间的错位；促进立足于本土实践的法学知识的形成；促进包括检察理论研究在内的法学研究范式的转型，通过对中国现实问题的切实关注，形成内在化的价值核心和自我认同；以及消弭法律体系建构过程中，理论与实践相互疏离，乃至实践发展的理论准备不足等问题。而这些，对于中国法治建设具有重要意义。

五、制度内生视角下检察改革展望

制度研究应当包含对制度生成和演变的内生性解释。我国的法制发展和司法改革研究需要加强实践面向，关注制度发展的动态分析，揭示其生成规律，发展制度理论，推动实践科学发展。

制度是内生的，这是制度经济学关于制度研究理论的重要观点。制度的内生性表明，研究制度必须考察制度在其存在的时域范围内的被需要和有效性。与仅仅把制度停留在机械移植的外生考察不同，制度的内生性让人意识到国情因素、历史与文化传承、社会结构、发展阶段、社会管理系统、人的心理和行为方式等条件对于制度生成和演变的重要意义。没有内生性支撑的制度形同虚设。正是在这个意义上，有学者提出，不顾人的需要和经济社会现实，单纯"通过修改法律制度去强制性地改变各类主体行为的做法不会有多少效果"，因而主张"用内生性法律理论研究法律制度与经济体系"[①]。相关学科的理论研究为制度分析提供了理论工具，如传统制度博弈论研究方法，将制度的发展视为历史过程的结果，通过关注均衡和自我实施，为研究制度内生演化规律提供概念装置和分析结构与方法。进一步发展的主观博弈理论、归纳博弈理论试图通过把均衡和演化统一纳入分析框架中，进而分析制度的内生演化问题[②]。也有学者提出了制度分析的动态方法[③]。这些理论从不同的层面证明和研究制度的内生性，为发展检察制度和检察改革研究提供了借鉴和理论资源。

制度内生性理论，制度的被需要和有效性问题，为研究检察改革和检察制

---

① ［日］鹤光太郎：《用"内生性法律理论"研究法律制度与经济体系》，载《比较》2003 年第 8 辑。

② 黄凯南：《主观博弈论与制度内生演化》，载《经济研究》2010 年第 4 期。

③ 阿夫纳·格雷夫、戴维·莱廷：《内生制度变迁理论》，孙涛译，载《制度经济学研究》2005 年第 2 期。

度提供了新视角。依此审视改革历程,可以有两个话题,一是从国家制度发展来看,中国检察制度的历史演进完全展现了一个制度内生演化的过程,是制度内生结果。制度内生性是中国特色的一个寻证途径。二是作为中国检察制度内生演化的重要路径之一,检察改革本身展现了怎样的制度内生过程,以及如何尊重制度内生理论检讨和发展检察改革。依此视角,正在推进的新一轮检察改革应当重点关注以下几个方面:

(一)增强理论自觉,树立理性的改革观,避免泛改革观和消极改革观两种极端

通过对已有改革措施的实证调研分析和评估,增强对改革的理性认识,提高理论自觉性。

(二)加强动态和结构性以及有效性研究

系统分析检讨中国检察制度的内生演变过程,为新一轮改革提供理论指导。检察改革的历史包含了制度发展的实践场景、影响因素、内生或外生变量及其相互关系等诸多内容,如何在此基础上建立一个新的分析框架,确定制度内生演化的分析结构和分析方法,进而把握其发展规律,有待深入研究。传统的改革研究过于注重政策导向的正当性,忽略了其有效性研究。这遗留了诸多问题,如我们要在一个什么样的范围和结构中来看待检察改革,是仅仅将其视为一个封闭系统内的自上而下或者自下而上的简单推进过程,还是要充分关注改革主体的复合结构性,增强有效性分析;如何确定其中主要的内生决定力量,以把握制度发展走向;等等。

(三)强调实践面向,着力提高执法能力和执法效果,为推进国家治理体系和治理能力现代化作出贡献

一方面,检视以往的改革。以往检察改革无论从推进规律还是发展内容来看,都突出了制度建构之核心价值取向,带有明显的"制度建构"特征。这同时也是我国法治建设中的主观或者理性建构特征的具体体现。法律体系建构中所体现出来的"理性主义的建构思路",[①] 需要进一步的实践检视,检察改革亦如此。诸如羁押必要性审查等新的法律规定,要增强生成性研究,加强经验主义的观照和实践分析,进一步健全工作机制,以弥合制度与实践与经验之间的差距,避免新法制生成之后的成本和新问题的增加,保证新规定的有效落

---

① 张志铭:《转型中国的法律体系建构》,载《中国法学》2009年第2期。

地运行。① 另一方面，关注自下而上的内生性改革。正确处理顶层设计与摸着石头过河的关系。检察改革经历了大致四个阶段发展轨迹，即国家的制度选择—制度和机制发展的实践摸索—自下而上自觉改革创新—自上而下的顶层设计改革。其中，顶层设计与自下而上的改革探索交替进行，互动发展，二者的区分尽管不是严格的，但它揭示了改革的进路和发展动力，是重要的制度内生因素。无论是历史发展惯性分析，还是从制度演进规律解析乃至现实需要都表明，未来检察改革应当对那些自下而上的、内生的改革探索给予更多关注。一方面，实践中尚有一些不在中央司法改革意见中的探索，比如主任检察官办案责任制，从诞生至今有10多年的实践运行经验，其在应对两次刑事诉讼制度发展带来的挑战过程中都发挥了重要的作用。理论上该制度指向了检察权行使主体、检察权内部运行机制等问题。进一步的改革在强化分类管理、实行"员额制"等措施的过程中，不能忽视"权力清单"这一根本性问题。另一方面，实践中还有如派驻基层检察室、两法衔接等诸多改革，顺应了现实需要，蕴含着制度的内生发展力量。这些自下而上的改革同时也可能包含着不同程度的自我便利性倾向，因而有待理论和立法层面的顶层关注和规制，以保障其能够实现普遍性价值以及融入法治体系中。这既是统一规范执法的需要，更是进一步落实顶层设计的必然要求。

（四）从改革管理和内容两方面强调去行政化

改革管理方面，检察改革要继续坚持党的领导，坚持自上而下的集中管理，加强立法保障，这是中国检察制度内生发展规律的重要体现，是中国道路和中国特色必然要求。在此前提下，改革要更加尊重实践，克服对于制度投放和行政管理的依赖性，尊重司法规律，尊重来自于基层实践的改革创新自觉性及其成果。改革内容方面，按照中央关于深化改革的要求，检察权行使的去行政化应当成为未来改革的主要发展逻辑，要重视检察权行使主体之制度建设，统筹分类管理、内设机构建设与主任检察官办案责任制等改革，系统加强检察权行使的组织建设；加强检察权运行机制研究，从理论和实践两方面检讨和完善检察业务评价考评体系；要进一步融合检察权运行规律和职业纪律，立足于中国实践，结合域外检察官职业伦理的经验总结，发展我国检察职业伦理体系。同时，检察改革中的去行政化与民主化相关联，应当增强改革的社会参与，特别关注诉讼参与人的主体地位，增强对当事人及其他诉讼参与人的关

---

① 徐鹤喃：《中国的羁押必要性审查——法制生成意义上的考量》，载《比较法研究》2012年第6期。

照,重视他们对改革的评价和需求,在完善机制建设的同时加强释法说理,统筹提升检察工作品质,提高检察执法公信力,回应社会需求。

(五) 以切实提高检察执法能力为重心,着力完善工作机制

工作机制的完善应当是未来检察改革的重点之一。在新一轮改革继续深化体制改革和强调管理的去行政化等目标的同时,应当强调执法能力,特别是检察工作中的实际办案能力的提升。中央关于推进以审判为中心的诉讼制度改革的要求实际是遵从了诉讼发展规律,强调司法能力的提升。尽管这些改革的过程中都会涉及体制和职权关系等问题,但是应当重视对改革措施的技术化解读,重视在相关改革中切实提升司法能力这一根本问题。而类似检察工作中收集使用证据的能力、运用程序法的能力、化解社会矛盾、提升办案的社会效果的能力等,除了加强司法训练之外,是需要有工作机制保障的。应当在理论与实践相结合的基础上,加强检察工作机制创新。

第二章　我国刑事诉讼法修改的背景与走向

1979年《刑事诉讼法》是我国第一部刑事诉讼法典。该法是根据我国基本政治制度、依据宪法规定，在总结了我国社会主义民主法制建设经验与教训，结合国家与社会发展需要制定的一部基本法律。该法典在诉讼制度上继承了职权主义诉讼模式的传统，奠定了我国刑事诉讼制度的基本构造与模式特征。1996年3月17日第八届全国人大第四次会议对该部法律进行了第一次修订，充分吸收了现代程序法治的理念，借鉴了国外刑事诉讼制度的经验和做法，通过确立人民法院、人民检察院依法独立行使职权原则、吸收无罪推定原则的基本精神、明确检察机关对刑事诉讼的法律监督职责等，修正了诉讼模式，借鉴了当事人主义诉讼模式的有益经验，赋予了当事人更多的程序参与权。与前述对我国检察改革的背景推动分析相对应，刑事诉讼制度的这次修改可以说是基本完成了诉讼制度的现代化转型，是我国刑事诉讼制度发展中的一个里程碑。经过15年的司法实践，伴随着国家经济社会的全面转型发展，刑事诉讼法大约在2000年起开始酝酿第二次修改。经过多年的研究论证和实践探索，2012年3月14日，第十一届全国人民代表大会第五次会议审议通过了《关于修改〈中华人民共和国刑事诉讼法〉的决定》，对刑事诉讼法作了第二次修订。这次立法修改，对于我国社会主义法律体系建设，对于中国特色社会主义司法制度建设，对于司法实践的发展，都具有深远的影响。以下对其发展背景与走向做简要分析。

一、刑事诉讼法修改的背景

1996年刑事诉讼法对于推进我国的法治建设进程、强化刑事诉讼中的人权保障、依法打击和惩罚犯罪发挥了极为重要的推动和规范作用。经过十几年的实践，该法面临再次修改，以适应新的发展形势的需要。总的来看，2012年刑事诉讼法的修改，主要是在以下背景推动下进行的：

(一) 国家经济与社会的快速发展为诉讼制度的完善提供了强大推动力

1996年刑事诉讼法实施以后的15年，是我国经济迅速发展、社会快速进步，各方面情况包括社会矛盾形势、犯罪形势以及打击犯罪的能力均发生显著变化的15年。经济的迅速发展使国家成为世界第二大经济体，客观上促进了国家政治体制改革的深入进行，社会结构、文化领域都随之发生了重大的变迁。在这个过程中，作为国家司法制度重要组成部分、作为解决社会矛盾和社会纠纷的最后一道防线的刑事司法制度面临诸多重大挑战。包括法治原则、人权思想、公平正义的社会期待、越来越严重的犯罪发展态势，以及当今国际刑事司法发展潮流，都对诉讼制度与实践的发展产生了强大推动。在中国特色社会主义和中国特色法治国家建设的进程中，刑事诉讼制度开始了立足本国的经济社会发展实际、在中国国家制度框架内、寻求中国化发展道路的制度与实践探索。

刑事诉讼关涉公民私权利和国家公权力之间的激烈博弈，其过程和结果往往以公权力对私权利的限制和剥夺为表征。因此，刑事诉讼规范能否合理、有效地规制这种限制和剥夺，兼顾犯罪控制和人权保障的微妙平衡业已成为衡量现代国家法治程度的公认标准。宏观地看，各国在不断强化刑事诉讼犯罪控制力度的同时，也都更为注重人权保障制度的施行和完善以积极回应公众不断提升的权利要求。但在我国，打击犯罪在传统上成为刑事司法的主导思想，刑事程序本身所内含的防范权力滥用和侵害权利的价值不仅未能真正体现出来，而且也未得到足够重视。随着经济社会的不断发展以及国际交往的日益频繁，公众的权利意识得到了极大提升，民众对刑事诉讼过程中的人权保障问题更是倾注了极大的关注，被告人的权利保护问题愈加成为公共话题。而社会转型期内刑事犯罪所出现的诸多新变化，如犯罪数量剧增、新类型案件层出不穷以及犯罪的高科技化、高智商化等，使得刑事司法体制面临着严峻的考验。这些情况都意味着刑事诉讼必须完善其程序设置以迎接新的挑战。

(二) 社会主义法治国家理论与实践的发展为诉讼制度的完善提供了强大的政治推动

党的十五大提出了依法治国的基本原则。随之，依法治国、建设社会主义法治国家在1999年修改宪法时被作为基本方略正式写入宪法，标志着我们党和国家治国理政理念的深刻转变。2004年修改宪法时又将"国家尊重和保障人权"作为原则庄严载入宪法，坚持以人为本、尊重和保障人权、维护公民合法权益成为贯彻落实宪法原则的客观要求。2006年中央提出了社会主义法治理念的重大命题和以依法治国、执法为民、公平正义、服务大局、党的领导为核心的社会主义法治理念体系。2007年党的十七大提出了牢固树立社会主义法治理念、使国家生活的各个方面法治化，弘扬法治精神，提高立法质量和水平，深化司法体制和工作机制改革的总要求。这一过程中，素有"小宪法"、"宪法测振器"之称的刑事诉讼法的创新发展为各界所关注。加强对公权力的监督制约、加强人权保障成为司法制度发展的重要价值目标。中国特色社会主义法律体系建立完善的过程中，刑事诉讼法的修改完善成为一项重要内容得到了集中推进。

（三）我国刑事诉讼制度与实践的发展客观上要求对诉讼法进一步修改完善

我国刑事诉讼体制基本上沿袭了1979年的框架体系，尽管1996年的修改有了很大程度的改进，但其整体架构和制度体例没有发生本质变化，其固有弊端也日益凸显。在当事人主义模式和职权主义模式之间"相互借鉴，相互吸收的步伐不断加快，相互融合的趋势日益明显"①的格局下，我国刑事司法体制不仅未能在自身的程序规范设置上完成由权力主导向权利保障的适当转换，公权力极易因其相对优势而侵害公民权利，而且尚未充分吸收、消化国际社会就刑事诉讼所形成的一些共识性诉讼通则，与人权保障的最低标准尚有很大差距。同时，现行刑事诉讼法也未能成功对实践中的犯罪控制问题作出积极回应，为应对高科技社会中刑事犯罪的新动向所采取的犯罪控制措施未能得到及时确立和有效规范，客观上也阻滞了刑事诉讼犯罪控制功能的正常发挥。

伴随着法治理念的不断传扬和深入人心，法律对社会生活调控的力度和深度都达到前所未有的程度，社会公众开始对刑事诉讼给予越来越多的关注，舆论监督的广度和深度都有了很大发展。近十年来，诸如杜培武杀人案、刘涌黑社会犯罪案、佘祥林杀妻案、聂树斌杀人案、邱兴华杀人案等刑事案件经媒体披露后都引起了强烈的社会反响，极大地提升了公众对司法公正的要求和对刑事司法诸多问题的关注，促使国家不得不重新评估刑事诉讼程序进一步变革的必要性与可行性。与此同时，诉讼法学理论研究有了进一步发展，在比较研究和规范研究取得丰硕成果之后，研究范式出现转型，实证研究兴起，学者纷纷参与司法改革实践，客观上形成了推动刑事诉讼法修改的理论和实践推动。自2000年以来，我国刑事诉讼法再修改提上日程，经过多年的研究和探索，在总结实践经验的基础上，立足本国国情，循序渐进地推进

---

① 汪建成：《刑事诉讼法再修订过程中需要处理的几个关系》，载《法学家》2007年第4期。

了诉讼法的再修改。

(四) 司法体制和工作机制改革为刑事诉讼法的再修改提供了坚实的实践基础

以 1996 年刑事诉讼法的修改为起点，我国刑事司法改革开始走向纵深并延续至今。党的十五大、十六大、十七大报告都明确提出要推进司法改革，保证审判机关和检察机关依法独立公正地行使审判权和检察权。① 中央于 2003 年成立司法体制改革领导小组，先后两轮推进司法改革。我国的司法改革进入了以顶层设计为主导的发展阶段。2008 年中央政法委员会《关于深化司法体制和工作机制改革若干问题的意见》指出，司法改革应当进一步解决体制性、机制性、保障性障碍，优化司法职权配置，规范司法行为，建设公正高效权威的社会主义司法制度。据此，司法机关落实了具体改革方案。与此同时，长期存在于基层实践中的内生改革也获得了发展机遇，司法改革得到了全面发展。从内容上看，中央主导的司法改革核心在于调整司法职权配置、加强权力监督制约、促进司法独立，其具体措施则涉及刑事司法体制的各个方面。诸如辩护律师权利的强化、死刑核准权回收最高法院、两个证据规定等诸多改革措施的出台不仅有效地缓解了当前刑事司法中所存在的弊端，积极回应了公众对刑事司法的需求，而且积累了丰富的经验，为刑事诉讼程序的进一步修改提供了经验。

检察改革方面，自 1997 年党的十五大明确提出"推进司法改革，从制度上保证司法机关依法独立公正地行使审判权和检察权"以来，全国各级检察机关围绕检察体制和工作机制进行了一系列的改革探索。2001 年最高人民检察院颁布了《三年检察改革实施意见》，对检察改革进行了全面规划，涉及检察业务工作机制、检察机关组织体系、检察官办案机制等诸多方面；2005 年最高人民检察院推出了《关于进一步深化检察改革的三年实施意见》，有计划、分步骤地推出了一系列改革举措，涉及检察体制、检察制度、检察工作等方面；2009 年最高人民检察院再次制定了深化检察改革三年工作规划，提出

---

① 最初提出司法改革的党的十五大报告是在第六部分"政治体制改革和民主法制建设"中提出的："推进司法改革，从制度上保证司法机关依法独立公正地行使审判权和检察权，建立冤案、错案责任追究制度。"党的十六大报告是在第五部分"政治建设和政治体制改革"中提出推进司法体制改革的，其中指出："按照公正司法和严格执法的要求，完善司法机关的机构设置、职权划分和管理制度，进一步健全权责明确、相互配合、相互制约、高效运行的司法体制。从制度上保证审判机关和检察机关依法独立公正地行使审判权和检察权。"党的十七大报告在第六部分"坚定不移发展社会主义民主政治"中提出："深化司法体制改革，优化司法职权配置，规范司法行为，建设公正高效权威的社会主义司法制度，保证审判机关、检察机关依法独立公正地行使审判权、检察权。"

了当前和今后一个时期的改革任务,涉及检察职权配置的优化、检察院接受监督制约制度的完善、检察院组织体系和检察干部管理制度的完善等方面。① 在这些改革任务基本完成的情况下,最高人民检察院又根据当前群众日益增长的司法需求和制约检察工作科学发展的突出问题,提出了今后一个时期深化检察改革的六大任务。② 在这些改革中,"刑事检察改革是检察改革的重心所在,也是涉及面最广泛、涉及问题最多的领域"③,其具体举措包括加强立案监督和侦查监督、建立健全审查批捕、审查起诉中的非法证据排除规则及侦查人员出庭作证制度、推行量刑建议改革、强化审判活动监督等。这些举措的施行和推进,对于进一步探索完善刑事司法体制,实现刑事司法职权的优化配置,推动我国刑事司法程序的法治化具有积极的促动作用。巩固司法改革成果也是刑事诉讼法修改的基本思路之一,修改后刑事诉讼法的很多内容固化和发展了检察改革乃至司法改革的成果。包括检察改革在内的司法改革是我国2012年刑事诉讼法修改的重要实践基础和来源。也正因为如此,对包括检察改革在内的司法改革的研究,是揭示和总结我国刑事诉讼法的发展规律与经验教训的重要路径。

综上,刑事诉讼法的第二次修改是国家发展的客观要求。其于2000年开始酝酿,经过多年的研究论证,特别是近年来有关司法改革的推进,在包括立法机关、司法机关和法学研究机构的共同参与和达成广泛共识的基础上,实现了中国特色社会主义刑事诉讼制度的新发展。

二、刑事诉讼法修改的成就及发展走向

2012年刑事诉讼法修改是新中国刑事诉讼制度发展史上的一次重大变革,其中坚持和体现了如下指导思想和基本思路:

(一)秉持中国特色社会主义法治理念,从我国基本国情出发,循序渐进推进我国刑事诉讼制度的完善

这是此次修法的政治原则,决定了修法的基本方向和框架。其中,中国特色社会主义法治理念的坚持,在根本上决定了我国刑事诉讼制度的中国化发展方向。依此,2012年刑事诉讼法修改的核心成就在于通过肯定和固化司法改

---

① 张智辉:《检察改革要以检察职权优化配置为核心》,载《河南社会科学》2011年第3期;谢鹏程:《检察改革五年的回顾与展望》,载《法学》2009年第4期。
② 龙平川、张仁平:《深化检察改革六项主要任务确定》,载《检察日报》2012年2月10日。
③ 谢鹏程:《检察改革五年的回顾与展望》,载《法学》2009年第4期。

革成果，进一步发展了中国刑事诉讼制度的基本模式和诉讼结构，进一步推进了刑事诉讼制度之中国特色的发展。依据国情和循序渐进表明修法在明确方向的基础上，采取了谨慎和务实的态度和步骤。

（二）坚持惩罚犯罪与保障人权并重，统筹处理惩治犯罪与保障人权的关系

刑事诉讼具有惩罚犯罪和保障人权之双重目的，二者不可偏废。鉴于我国司法实践中长期存在过于强调刑事诉讼活动的打击犯罪的目的，乃至实践中违法行为大量滋生，侵犯公民权力的现象屡禁不止，本次修法将保障人权作为一项重要原则加以强调，以平衡诉讼目的。同时，严峻的社会现实对刑事司法打击犯罪的功能也提出了更高的要求，遵循现代刑事司法制度的国际惯例，强化对司法机关打击犯罪能力的程序保障成为重要的修法目的之一。由此，坚持惩罚犯罪与保障人权并重，统筹考虑平衡二者关系，成为此次修法最为重要的一项指导思想。

（三）落实中央关于深化司法体制和工作机制改革的要求，完善刑事诉讼法有关规定

本次刑事诉讼法修改的一个突出特点是与近年来中央统一推进的司法改革步调相随，基本在司法改革成果的基础上确定发展方向和内容，新法全面、充分地固定了中央推进的司法体制和工作机制改革的成果，固定和转化了一大批经过实践初步检验的司法改革经验与做法，着眼于解决司法实践中的突出问题，进行了制度创新发展。

（四）坚持贯彻宽严相济刑事政策，推进刑事诉讼法制进步

宽严相济刑事政策是近年来我国刑事司法实践的一项重要指导原则，其对于司法工作切实发挥化解社会矛盾、促进社会和谐发展的保障作用，实现司法工作政治效果、法律效果和社会效果的统一，发挥了重要作用，取得了一系列的创新成果。本次修法继续坚持贯彻这一刑事政策，确立了包括附条件不起诉、刑事和解等制度在内的一系列行使有效的诉讼制度，同时规定了包括未成年人司法程序、犯罪嫌疑人、被告人逃匿、死亡案件违法所得没收程序以及依法不负刑事责任的精神病人的强制医疗程序四项特别程序等内容，切实推进了我国刑事诉讼制度的科学化发展。

（五）强调着力解决在惩治犯罪和维护司法公正方面存在的突出问题

1996 年刑事诉讼法运行 15 年以来，实践中陆续暴露出许多问题，需要通

过进一步修法加以解决，执法机关也不断面临新的挑战、新的困境，其中不少问题也需要在立法层面加以解决。本着立足国情、循序渐进的原则，通过充分讨论、形成共识的民主化立法过程，本次修法着重解决了实践中的突出问题。包括全国人大执法检查过程中发现的刑讯逼供、律师会见难、超期羁押、证人出庭率过低四大问题，贪官外逃、检察机关的诉讼监督程序不完备、侦查手段匮乏、审理期限不够等问题，成为此次修法重点解决的问题。

在上述指导思想的指引下，我国刑事诉讼法完成了第二次修改，也是幅度最大的一次修改。新法对1996年刑事诉讼法中的225个条文修改了90条，增加了66个条文，其中合并了1个条文。从而使刑事诉讼法的内容更加充实、体系更加完备。在此基础上，刑事诉讼制度得到了重大发展。这种发展，一方面体现在八个方面的修改内容上，即明确并贯彻了"尊重和保障人权"之诉讼任务、在发展证据理念的基础上进一步完善了证据制度、在建立羁押替代性措施的基础上完善强制措施体系、强化律师诉讼权利保障的基础上发展了辩护制度、加强侦查能力的基础上完善侦查措施、重塑与完善了审判程序、构建了中国特色的刑事特别程序、完善了执行程序等；另一方面，从制度总结的角度看，这次刑事诉讼法修改，通过平衡诉讼任务，强调了保障人权；通过证据制度的完善，提升了刑事司法的品质；强化律师辩护制度，完善了诉讼结构；强化检察监督，发展了诉讼模式；通过健全诉讼程序，推动了司法进步。可以说，2012年刑事诉讼法的发展成就集中体现在以强化检察机关的诉讼监督为重点的中国特色建设和以强调人权保障为核心的诉讼目的平衡。综合二者，该法完成了我国刑事诉讼制度发展方向上的又一次重大调整和选择。

立足于刑事诉讼法实施的司法实践，特别是站在检察实践的视角观察，我国刑事诉讼制度未来的发展重点将是经由实践证成制度发展成就。为此将面临两个方面的挑战，一是贯彻实施，二是总结检视新法的发展。这两个任务的完成，固然有协调和完善相关法律法规、继续加强相关制度研究等方面的要求，但最为关键的是，要对具体司法实践特别是实践中的改革创新给予更多关注和研究总结。

第三章　检察改革与刑事诉讼法修改的发展逻辑

检察改革与刑事诉讼法修改是两个不同领域。从参与主体、内容、实践进程、理论研究等方面看，二者各自独立又相互关联。更多的时候，检察改革被作为部门法律实践问题在理论研究中受到一定程度的忽视，刑事诉讼法修改则是热门理论议题备受理论界的关注。如何看待二者的关联关系，并进行统筹分析，是一个有待重视的课题。本课题立足于检察改革实践发展的回顾总结，围绕刑事诉讼法修改中的一些重大问题，从检察工作视角分析其实践发展进路和制度生成逻辑，进而检讨刑事诉讼法的发展完善，促进检察改革的科学发展。这是一个突出实践向度的研究视角。为此以下首先对改革与法律修改的内在联系、相互影响、相互作用以及共同的价值等关联发展关系进行总体分析，以解释其交互关系、对于制度生成和中国法治道路形成等方面的共同贡献以及未来的发展走向。

一、检察改革与刑事诉讼法修改的交互关系

（一）在中国特色社会主义法治框架内，检察改革与刑事诉讼法修改之间呈现同质、共生关系

检察改革与刑事诉讼法修改在理论基础、指导思想、基本原则、主要内容等方面表现出趋同性，表现了二者具有同质性。概而言之，这种同质性体现在它们同处在一个坐标系内。一方面，共同的宪法基础是二者发展的横坐标，这决定了它们具有共同的中国特色社会主义发展模式，决定了检察改革与刑事诉讼法修改之间在体制上的根本联系，决定了检察改革和刑事诉讼法修改所具有的共同发展方向、边界、成就乃至局限；另一方面，检察改革与刑事诉讼法修改共同受到诉讼规律的引导和规制，这是二者发展的纵坐标。两轮司法改革过程中相关改革目标任务的设定以及改革的内容和刑事诉讼法修改的内容充分展现了这种同质性。

检察改革和刑事诉讼法具有共生关系，即二者相互交织、相互促进、互为条件的发展关系。这种共生关系体现在三个历史发展阶段上：一是新中国刑事

司法实践为刑事诉讼法的制定积累了经验,提供了实践基础。二是改革开放以来,检察改革的实践探索与刑事诉讼法的第一次修改相互促进、相互制约,实践为诉讼法修改提供了诸如诉讼职能、诉讼结构的完善、检察权能的规范行使等问题,如何更好地遵循和体现诉讼规律、诉讼原理成为当时的现实要求,诉讼法修改对此作出了回应。三是中央集中推进两轮司法改革以来,检察改革以刑事诉讼法修改为重要发展指向,刑事诉讼法修改深受检察改革实践经验的决定,并且对检察改革进行了立法选择和发展,二者相互决定,共同实现了中国特色社会主义制度模式的发展。其中,检察改革为刑事诉讼法的再修改提供了坚实的实践基础。详述见本课题总论关于"刑事诉讼法修改的背景"部分的相关分析。

(二)在法律实践的视角下,检察改革与刑事诉讼法修改各自发展、互相促进、互为检验

如前述关于检察改革的历史回顾所揭示的,我国的检察改革有着与检察制度同步的发展历史,60 年的发展过程从推进规律来看,可以划分为四个发展阶段。不同的发展阶段改革的目标和任务以及成果各有不同,但核心的发展目标是中国特色社会主义检察制度的不断发展完善,这是 60 年检察改革的核心发展逻辑。其中,坚持、巩固和发展宪法关于检察制度的基本定位,即坚持和强化法律监督始终是检察改革的主要目标。特别是自 1997 年党的十五大明确提出"推进司法改革,从制度上保证司法机关依法独立公正地行使审判权和检察权"以来,检察改革突出"两个强化"之改革发展目标,即强化法律监督和强化对自身执法活动的监督。以此为出发点,检察改革的许多内容虽然同时是刑事诉讼法修改的内容,但是改革的着眼点和侧重点显然有所不同,同时改革也有大量内容与刑事诉讼法修改是不对接的。而从刑事诉讼法修改的目标来看,遵照现代刑事司法的普遍规律和做法,完善相关诉讼制度,是其重要的发展方向,它对于检察改革具有重要引导和规制作用。

检察改革与刑事诉讼法修改互相促进。一方面,检察改革内容,无论是为了强化法律监督,还是为了强化对自身执法活动的监督,多数都与刑事诉讼制度有着密切的联系,甚至有的本身就是刑事诉讼制度修改完善的组成部分。可以说,近年来的检察改革在许多方面为刑事诉讼法的修改提供了实践基础。例如,为有效防止和纠正检察工作中存在的超期羁押现象,2003 年 5 月开始,最高人民检察院在全国范围内开展了集中清理纠正超期羁押专项监督行动,随后又会同最高人民法院、公安部下发了《关于严格执行刑事诉讼法,切实纠防超期羁押的通知》,联合公安、法院共同开展清理超期羁押活动。通过努

力，到 2003 年底，超期羁押问题在全国范围内基本得到纠正。为了巩固清理成果，最高人民检察院又制定了《关于在检察工作中防止和纠正超期羁押的若干规定》，建立了羁押期限告知、期限届满提示、检查通报、超期投诉和责任追究等八项制度。2010 年 10 月，最高人民检察院又会同公安部制发了《关于人民检察院对看守所实施法律监督若干问题的意见》，进一步强化了看守所法律监督工作，保障了在押人员的合法权益。这些改革举措，为羁押制度的修改完善奠定了实践基础。修改后的刑事诉讼法不仅明确规定，犯罪嫌疑人被拘留或者逮捕后，应当立即送看守所羁押，犯罪嫌疑人被送交看守所羁押以后，侦查人员对其进行讯问，应当在看守所内进行，而且明确规定"犯罪嫌疑人、被告人被羁押的案件，不能在本法规定的侦查羁押、审查起诉、一审、二审期限内办结的，对犯罪嫌疑人、被告人应当予以释放"，"犯罪嫌疑人、被告人及其法定代理人、近亲属或者辩护人对于人民法院、人民检察院或者公安机关采取强制措施法定期限届满的，有权要求解除强制措施"，"人民法院、人民检察院和公安机关收到申请后，应当在三日以内作出决定；不同意变更强制措施的，应当告知申请人，并说明不同意的理由"。刑事诉讼法还规定："犯罪嫌疑人、被告人被逮捕后，人民检察院仍应当对羁押的必要性进行审查。对不需要继续羁押的，应当建议予以释放或者变更强制措施。有关机关应当在十日以内将处理情况通知人民检察院"。这些规定，对于完善刑事羁押制度，充分保障被羁押人的权利，无疑具有重要的意义。而这些规定之所以被写入刑事诉讼法，应该说，与近年来检察机关在改革过程中同有关国家机关密切配合，开展防止和纠正超期羁押，加强对看守所的法律监督，有着密切的联系。① 此外，修改后刑事诉讼法关于审查逮捕程序的完善、讯问犯罪嫌疑人同步录音录像、刑事和解、非法证据排除、办理未成年人案件诉讼程序等内容的修改，都是对检察改革成果进行充分吸收的结果。另一方面，刑事诉讼法的修改巩固、剪裁、发展了检察改革成果，也为检察改革提出了许多新课题，包括新增职能的分工问题，侦查模式、侦查监督模式、公诉模式的转变问题，刑罚执行监督工作机制问题，等等。② 这些为未来检察改革提供了发展方向。

以刑事诉讼法的修改为标志，检察改革完成了一个历史发展阶段。以包括检察改革在内的司法改革为基础，刑事诉讼法完成了第二次修订，实现了发展方向和发展模式的巩固和完善。站在这样一个历史节点上看，检察改革与刑事诉讼法修改具有互为检验的价值。因为诉讼法是检察改革成果的巩固和发展，

---

① 张智辉：《检察改革与刑事诉讼制度的完善》，载《国家检察官学院学报》2012 年第 5 期。
② 张智辉：《检察改革与刑事诉讼制度的完善》，载《国家检察官学院学报》2012 年第 5 期。

所以特别体现出检察改革实践的检验价值。面对修改后刑事诉讼法实施的司法实践，诸多问题的解决有赖于从实践中探索和发展工作机制加以保障，一些新的规定也有待于现有实践做法的融合与协调，这些充分体现出实践的价值。以刑事诉讼为例，检察改革的贡献之一是诉讼法的许多修改直接来源于检察改革成果，特别是近十年的改革成果[1]，包括：完善立案监督制度；审查逮捕讯问犯罪嫌疑人制度[2]；讯问职务犯罪案件嫌疑人全程同步录音录像[3]；规范强制侦查行为，防止超期羁押[4]；以及刑事和解、未成年人诉讼程序、对简易程序审理案件的法律监督、对减刑假释的检察监督；等等，几乎涉及了刑事诉讼的全过程。另外，检察改革成果为刑事诉讼制度的发展提供了实践检验。有些检察改革成果没有被修改后刑事诉讼法肯定和吸收，有些没有完全吸收，新法同时还规定了一些新的制度。这些不交叉部分提供了诉讼制度发展的实践检验条件。如简易程序的修改，对照检察改革来看，其立法进步是有限和保守的。最高人民检察院于2007年2月颁布《最高人民检察院关于快速办理轻微刑事案件的意见》，探索对案情简单、事实清楚、证据确实充分，被告人认罪案件的实行简化工作流程、缩短办案期限的快速办理机制。2008年颁布了《认罪轻案办理程序实施细则》、《认罪轻案办理程序实施方案》，并逐步在全国进行认罪轻案办理程序试点。与新法规定相比，试点有三个重要补充：一是试行在侦查、批捕、起诉环节都设置简易程序，使简易程序贯穿整个诉讼过程，实现诉讼全程提速；二是推出了一套包括程序全程简化、律师参与、制作认罪答辩笔录和确认认罪答辩、证据展示、收集核实证据简化、证明标准降低等内容的完整程序机制；三是探索了简易程序集中起诉、集中出庭模式等。这些对于发展我国刑事诉讼分流机制具有重要的参考，另外前述附条件逮捕制度、行政执法与刑事司法相衔接等，蕴含着制度创新发展的生长点，有的提供了现实问题的

---

[1] 张智辉：《检察改革与刑事诉讼制度的完善》，载《国家检察官学院学报》2012年第5期。

[2] 最高人民检察院从2005年起要求改革审查批准逮捕方式，实行审查逮捕时讯问犯罪嫌疑人的制度。

[3] 最高人民检察院2005年11月制定并下发了《讯问职务犯罪嫌疑人实行全程同步录音录像的规定（试行）》。2006年12月，又印发了《人民检察院讯问职务犯罪嫌疑人实行全程同步录音录像系统建设规范（试行）》和《人民检察院讯问职务犯罪嫌疑人实行全程同步录音录像技术工作流程（试行）》。

[4] 2003年5月开始，最高人民检察院在全国范围内开展集中清理纠正超期羁押专项监督行动，会同最高人民法院、公安部下发了《关于严格执行刑事诉讼法，切实纠防超期羁押的通知》、《关于人民检察院对看守所实施法律监督若干问题的意见》等文件，又单独制定了《关于在检察工作中防止和纠正超期羁押的若干规定》，建立了羁押期限告知、期限届满提示、检查通报、超期投诉和责任追究等八项制度。其中很多探索和规定都被写入刑事诉讼法，完善了我国羁押审查制度。

实际解决方案,有待认真分析。

(三)从当下中国法治建设的现实需要出发,应当重返实践,加强检察改革实践研究,进一步推动制度内生发展

前述对检察改革和刑事诉讼法修改的发展过程的回顾和分析,展现了我国法治建设的实践进程,揭示了其中的理性建构特征和以顶层设计为主要推动的最新发展方向,简要分析了这一发展进路所具有的局限性。从法治建设的科学发展来看,中国法治的现实发展需要真正在实践中贯彻和落实法治精神、法治原则、包括修改后刑事诉讼法在内的社会主义法律体系,这种实践指向应该是未来法治建设的基本要求。另外,从检察实践的角度看,检察改革与刑事诉讼法修改的交互发展过程回顾与分析,更加明确地提出了一个重返实践的立场问题。即本书认为,应当加强对检察改革实践的研究,包括其实践样态、推进规律、发展阶段、成就与局限,特别是具体改革内容及其实践效果的分析和评估,在此基础上,更好地落实修改后刑事诉讼法,巩固实践经验。应当说,新法实施还面临诸多问题,其中包括如何与现有的做法衔接的问题,比如羁押必要性审查制度,[①] 其中涉及分工、新的工作机制的建立等内容,在实践角度看无疑又回到了改革之初的问题,而这些问题的解决,一个最为有效的途径就是立足于以往实践的分析总结,寻找答案。还包括非法证据排除、刑事和解、附条件逮捕等检察改革经验对于解决新法实施中的难题不无参照价值。基于这一立场,本课题研究主要选取检察改革与刑事诉讼法修改过程中相关的重要问题进行过程性回顾分析和总结,从实践角度寻求法制和实践科学发展的资源,保证修改后刑事诉讼法在检察工作中的全面贯彻和切实遵守,切实提升行使司法品质,回应社会需求。

二、制度内生:检察改革与刑事诉讼法修改之制度建设价值

十八届四中全会作出的《关于全面推进依法治国若干重大问题的决定》提出,全面推进依法治国的进程中,必须坚持从实际出发。强调,中国特色社会主义道路、理论体系、制度是全面推进依法治国的根本遵循。必须从我国基本国情出发,同改革开放不断深化相适应,总结和运用党领导人民实行法治的成功经验,围绕社会主义法治建设重大理论和实践问题,推进法治理论创新,

---

[①] 参见本课题总论关于"中国法治视野下检察改革的价值"之"检察改革为刑事诉讼制度的发展提供了实践经验和检验"的分析。

发展符合中国实际、具有中国特色、体现社会发展规律的社会主义法治理论，为依法治国提供理论指导和学理支撑。这是对法治建设中的理论研究提出的根本要求，为我们研究检察改革与刑事诉讼法修改问题提供了根本指引。

检察改革以及刑事诉讼法修改的过程展现了中国特色社会主义发展道路、蕴育了法治理论体系、发展了中国特色司法制度，这是我国全面推进依法治国的现实基础之一。制度是内生的，这是制度经济学关于制度研究理论的重要观点。它强调制度在其存在的时域范围内的被需要和有效性是制度生成的重要决定性，主张"用内生性法律理论研究法律制度与经济体系"①。可以说，检察改革和刑事诉讼法的发展是中国特色司法制度发展完善的实践展开，制度内生性是揭示其发展逻辑的一个重要视角。如前所述，可以有两个话题域：第一，从国家制度发展来看，改革与法律修改共同演进和展现了一个制度内生演化的过程。中国特色司法制度是内生的结果，制度内生性因而也是中国特色的一个寻证途径。这一点，揭示了改革与法律修改本身的另一个十分重要的价值和贡献，亦即它们是制度内生的重要路径和过程展现。在这个意义上思考研究改革与法律修改问题，要求我们在背景、发展阶段、推动形式、发展内容、阶段性成果等方面做统筹观察和分析，将其作为一个共同的制度生成过程关注其中共同的发展力量即决定因素，进而把握整体司法制度的内在禀赋和发展走向。这是制度生成研究以及制度构成研究。第二，如何用制度内生性发展的理论检讨和指导改革与立法发展，这是制度发展研究。这两个方面，实际上是在制度发展的框架和视野下考察改革和诉讼法修改的价值以及走向问题。

根本上，检察改革与刑事诉讼法修改的关系是制度与实践、立法发展三者的相互关系问题。它揭示的是改革与立法修改本身对于国家制度建设的价值与贡献。这是二者交互发展过程中的一个内在逻辑关联。

（一）在制度发展的视野下理解和界定改革与立法修改本身

如前所述，理论研究中对检察改革和刑事诉讼法修改分别给予了关照。在各自的研究领域内，改革和立法修改有着固有的理解和界定。怎么理解和界定改革与立法修改，这是一个重要的思维起点问题。以检察改革为例，十多年前在司法改革之初有学者提出怎样看待改革、什么是司法改革、应当坚持怎样的改革观的问题。② 随后这种提问被淹没了。在此起彼伏的改革潮流中，有的观

---

① ［日］鹤光太郎：《用"内生性法律理论"研究法律制度与经济体系》，载《比较》2003年第8辑。

② 参见本课题总论关于"检察改革的界定"部分的相关分析。

点认为只有中央司法改革框架内的改革内容才叫检察改革，有的认为改革是指十一届三中全会以后的改革创新，有的认为检察机关的改革就是检察改革，有的指涉及检察的改革都是改革，等等。形成这种区别的原因在于讨论的背景不同。如果我们在中国司法制度形成和发展这样的框架和背景下观察和研究改革与法律发展问题，那么情况就不同。依此背景，本课题将检察改革作广义理解，即首先认为检察改革是涉及检察的改革，其次将检察改革做历史性考察，认为新中国检察制度创建是检察改革的开端也是制度前提。从制度生成的角度研究，对概念做进一步的描述性的分析界定，如提出改革是制度创新发展的过程和手段；改革内容包括制度创新、体制改革和机制创新；改革的样态包括实践创新、典型试验、立法修改等；改革的发动有上下和内外两种观察视角；改革的主体是多元复合主体；以及检察改革是在宪法制度和诉讼制度二元维度上推进的法治实践探索；等等。① 这样的界定试图揭示改革实践发展中的诸多新的元素，是进行制度生成分析的必然要求和前提。

显然，制度发展的背景和框架提供了更广的视野。这对于刑事诉讼法修改的研究同样是十分必要的。我们不能够将刑事诉讼法修改仅仅看作是诉讼制度的发展完善的问题，还要考察到这是涉及公权力配置的一项公法制度完善问题。要充分尊重国家的宪法制度和权力结构，在这个视野下，检察改革与刑事诉讼法修改就会多一些共同语言和共同考量，而不是各自发展。理论和实践研究中关于检察机关法律监督性质和职能发展问题的争论和分歧很多是角度问题。仅仅站在诉讼结构的角度解读相关问题必然是走不通的，这也是导致相关理论讨论在指导实践方面显现苍白的原因所在。同时，诉讼法修改完善是一项实践问题，而不是简单的程序设计问题。实践问题需要有立足实践和能够面向实践。检察机关的诉讼监督之所以在立法和制度发展上不断巩固和强化，大多是因为实践支持决定的。同样，修改后刑事诉讼法的一些新的规定，只有立足实践才能有效发挥其实践效果，比如第93条规定的捕后继续羁押必要性审查制度，其现实境遇表明结合实践经验、考虑实践可行性条件对于新法的落实是多么必要。这是如前所说的实践决定性。

（二）改革和立法修改的背景、指导思想、目标、发动规律、阶段性成果等诸因素的分析同时是制度及其禀赋的生成分析

我们需要这种过程性考察，是因为它是司法制度中国特色的一种证成思路，是一种技术寻证。比较而言，以往我们比较习惯的政策性解读和政治性诠

---

① 参见本课题总论关于"检察改革的界定"部分的相关分析。

释式的研究风格，比较适合在制度创建，特别是政权和国家制度初创时期的理论思维，而在当下的中国法治进程中，我们更需要一种基础思维，一种客观分析和总结。这就需要克服轻视实践分析的研究风气。要对改革的背景、发动规律、目标确定、阶段成果、发展局限等进行认真的梳理分析，要对诉讼法修改的进路进行认真检讨，重视检察实践对其的检视价值。这样的综合分析能够提供中国司法制度的生成过程分析，进而揭示其客观性和历史决定性，同时发现其固有的惯性，寻找自我超越的着力点和内生力量。

通过课题对相关问题的研究，结合制度生成理论的分析，我们会看到：第一，在制度整体建构上，坚持和强化检察机关的法律监督是我国司法制度中国特色的一个重要体现。这是一种客观选择，是实践决定性的展现。这种选择包含了宪法制度结构的规制和要求，包含了司法和社会综合治理实践的客观需要、司法文化传统的影响，以及现实司法环境和条件的制约等决定因素。第二，职权主义的诉讼模式和司法习惯是我国司法制度禀赋的一个重要方面。这是历史形成的。其中包含了长期以来形成的司法机关主动积极承担社会责任、主动积极担负查明事实的职责、强调发挥司法机关的职能作用等传统惯性。这使得我们的整体制度在实现人权保障、法治化发展的进程中有自己的选择方式，相应的诉讼程序、工作机制建设体现中国特色。第三，中国化是我国司法制度发展的基本逻辑。本课题分论中证据展示和非法证据排除制度、逮捕制度等具体问题的研究都表明，中国化是这些制度建设的一个基本禀赋。相关制度完善无论从实践经验总结还是从立法选择和设计来看，都充分体现了本国特色。检察机关在非法证据排除中的贯通性责任、逮捕程序建设，包括附条件逮捕改革中对逮捕条件的探索、引导侦查和两法衔接等特殊侦查工作机制的探索、附条件不起诉、诉讼监督制度等，所有这些制度都具有一个突出的共同点，就是中国特色。第四，从关注诉讼规律和实践经验两方面增强实践面向，是我国司法制度发展完善的客观要求。课题对七个具体问题的分析研究表明，我国司法制度发展面临的一个重要挑战是如何进一步面向实践，增强实践面向。特别是实践中的发展状况、存在的问题、经验探索、发展走向等亟须关注研究，这是司法制度发展的当下制约也是继续发展的内生力量。加强对这一问题的关注，是我国司法制度的现实发展走向。而这其中，诉讼规律和实践经验是两个着力点。中国特色需要有诉讼规律和普适法治经验的补充，制度建构有待实践经验的衔接和支撑。

检察改革与刑事诉讼法修改的发展过程同时也是中国检察制度和刑事诉讼制度协调发展的过程。两项制度的协调发展应当建立在检察实践，特别是检察改革与刑事诉讼法修改完善在一些具体问题解决方面的融合与协调。这种实践层面的协调最终是制度协调发展的保证。这也是本书进行关联性分析的意义所在。

(三) 改革与立法发展的推进方式影响着制度禀赋和发展方向

本课题关于检察改革和刑事诉讼法修改的宏观回顾和具体分析,进一步揭示出贯穿其中的一种法治发展逻辑,即制度建构取向。整体司法改革和立法修改的过程都突出体现了顶层设计的决定作用,包括理论层面的顶层设计和政治层面的顶层设计,以及逐渐延伸的来自实践部门的对改革发展的主观设计倾向。尽管从司法改革的总体发展过程来看,有从顶层设计到自发改革再到顶层设计这样的发展脉络,其中自发改革阶段是检察制度和司法制度以及法学理论研究都十分活跃的阶段,但是总体而言,制度发展中的主观建构惯性还是较为突出的,这包括当下的新一轮改革仍然继续以推进顶层设计为发展走向。刑事诉讼法修改本身也更为明显,1996 年刑事诉讼法的修改被认为是学者主导型的法律修改进路,其中的成败优劣如今了然。总体来说,这种状况有其客观性,但也不无反思的必要。

值得关注的是,中央两轮集中推进司法改革以来,我国司法制度的发展呈现出明显的发展规律。即司法改革是一个重要的发展基点和连接纽带。经由顶层设计,司法改革有计划按步骤并且界限明确地进行试点推进,进而通过社会主义法律体系建立的推动,刑事诉讼法修改紧随其后,正如全国人大关于 2012 年刑事诉讼法修改的说明中所提到的,此次刑事诉讼法修改的一个重要的背景和指导思想就是巩固司法改革成果。立法修改之后,包括检察制度在内的我国司法制度得到了重大发展。这个进程中,是司法改革与立法、司法制度的发展是一个立体的关联关系。改革决定了立法还是立法领导和选择了改革,抑或是制度发展指挥了改革与立法,可以有不同角度的解读。一个总的逻辑是,我国司法制度的发展是一个客观发展的结果,这种客观进程中包含着鲜明的制度建构之主观决定性。这样的发展过程有两个启示,一是一定程度上说明了司法制度发展的现实合理性和决定性,即中国特色的客观性;二是未来司法制度的发展走向取决于对发展进路的总结反思和调整。如何在贯彻实施顶层设计的前提下,同时增强对内生改革经验和实践发展方向的总结把握,在推进"省级统管"等体制改革的同时,加强对诸如司法力量下沉、司法考评机制的完善等现实问题的有效解决,这是关系到司法制度可持续发展的现实问题。

三、中国道路：检察改革与刑事诉讼法修改之实践经验

中国特色社会主义制度是我国改革开放的重要历史成就。完善和发展中国特色社会主义制度，推进国家治理体系和治理能力现代化，是当下我国全面深化改革的总目标。作为中国特色社会主义制度的有机组成部分的中国特色司法制度的进一步发展完善，是深化改革、推进国家治理体系和治理能力现代化建设之改革目标的题中应有之义。改革总目标的落实，有待具体领域对治理体系建设和治理能力提高的切实推进。在这个意义上，检察改革与刑事诉讼法修改同为中国特色社会主义司法制度发展完善的推进过程，其共同的实践经验是探索了中国法治的发展道路。

理论上，制度内生性可以作为对中国特色和中国道路进行总结和证成的思想逻辑。单纯从实践角度观察，检察改革与刑事诉讼法修改的发展本身积累了丰富的实践经验，这些经验是中国经验。这包括一些决定性的经验，如坚持党的领导。这是我国司法改革和法律修改，乃至司法制度发展完善的根本保证和最重要的经验，也是中国法治建设的宝贵经验。概而言之，党的领导保证了对国家制度、人民利益的坚守，是改革发展方向的根本保证。党的领导也明确了改革和立法发展规划、明确了重点、凝聚了力量、保证了发展成效。坚持党的领导更表现为一种现实需要。其次，尊重国情。检察改革和刑事诉讼法修改的过程中始终面临如何对待域外经验，甚至一些所谓普适性现代法治原则问题。如是否按照"三权分立"理论改造我国的司法权力配置、是否规定沉默权、如何强化律师辩护权等问题。在解决诸多问题的过程中，尊重国情、坚持宪法原则、走自己的道路和循序渐进等成为重要的经验总结。这也是我国司法制度的中国特色得以不断巩固和强化的保证。再次，试验先行。在这方面，检察改革发挥了其试验田的作用，如前所述，无论从中央的总体规划步骤看，还是从具体改革的成果的价值来看，其对立法发展和制度完善提供了实践基础。刑事诉讼法修改总体上是经由改革得以推进形成的，尽管这当中改革与立法修改不完全对应重合。这种先行改革试验可以说是近年来我国司法制度发展的重要经验总结。最后，寻求社会控制与人权保障的有效平衡，也是改革和立法发展的共同价值追求；循序渐进是一个重要的方法论经验；等等。此外，在具体问题的研究解决方面，改革与法律修改过程中也形成了各自的发展经验，这一点更为重要。比如，引导侦查和两法衔接之侦查工作机制的建立方面，提供了一种完全中国化的经验。正确分析和引导，这些实践做法会提供建设中国的检警关系和检察权与行政权关系等重大问题的独特道路。这也是进行本课题研究的重

心所在,即经由经验分析寻找制度发展道路,促进制度发展和有效实施。这也是治理体系建设和治理能力现代化发展的实在发展道路。

所有的经验同时也是检讨的对象。中国道路的总结与检讨是同样重要的问题,其同样是检察改革与刑事诉讼法修改问题研究的任务之一。一定程度上,刑事诉讼法修改中的道路选择问题更值得检视,对改革本身的全面重视程度有待提升。以价值取向观之,刑事诉讼法修改更注重发展人权保障制度,更追求制度设计上的平衡和充实,而检察改革的过程表明,现实需要、办案社会效果的考量更为突出,导致其在人权保障等多方面的发展显现保守性。反过来看,刑事诉讼法修改中的一些内容,一定程度上带有脱离实际的问题,比如指定居所监视居住并没有得到实行,其羁押替代性措施的制度设计初衷基本没有实现。诸如此类的问题,提示我们在具体发展道路上,要对改革实践经验与立法方案进行综合的实证分析。本课题分论的研究贯彻了这一指导思想。

四、实践面向:检察改革与刑事诉讼法完善之路径选择

正如课题导论中所谈到的,我们需要强调一种实践观。无论是对近年来我国法学研究范式、理论与实践的关系、立法和制度发展道路等问题的观察思考,还是本课题对具体问题的分析研究,都表明,如何对待实践,是一个重要的思想方法和立场问题。

所谓实践面向,意在说明一种实践观,包含两个内容,一是实践决定性,二是实践的发展指向及其观照。前者是历史和制度分析的结果,是一种规律性总结;后者是现实发展要求。本书导论部分以检察制度为线索进行发展进路回顾,揭示了其中的实践决定性问题。其次,以检察制度的若干基本范畴为线索,总结了实践对于这些问题的全新诠释,以及由此给我们提出的任务。这一分析是学术思想方法的体现,也是本课题研究的支撑。

从分论涉及的刑事诉讼法修改中的七个问题的研究来看,上述所谓实践观的讨论涉及的是实践发展路径问题。以"逮捕制度的改革与立法完善"中的"附条件逮捕"问题为例,逮捕制度的改革与立法完善是一个重要的问题,其中,附条件逮捕是一项检察工作机制改革成果。逮捕制度本身的问题,包含了对逮捕条件如何理解把握,如何实现减少羁押保障人权的目标等问题。基于这些问题,实践中从规范审查批捕程序的工作中形成了附条件逮捕的工作机制创新成果。附条件逮捕本身曾引起理论和实务界的大讨论,在究竟是降低了还是提高了逮捕条件、是否符合法律精神等方面存在分歧。但是,一如主诉检察官办案责任制等检察改革成果一样,附条件逮捕在实践中发挥了积极的作用,取

得了多方面的执法效果。比如，加强了侦查监督、一定程度上限制了高羁押率、提高了案件质量，同时还产生了羁押必要性审查的监督经验，受到基层侦查和检察机关的普遍重视。相对而言，修改后刑事诉讼法第93条建立了新的继续羁押必要性审查制度，与改革经验不衔接，作为一项新的制度设计直接投入诉讼法和司法实践，一年多的新法实施表明，实施效果没有预期的好。最根本原因在于，在减少羁押、加强侦查监督等立法目的实现方面，作用发挥有限。那么，进一步的发展出路何在？越过这一问题直接再构建新的制度必将陷入不良循环，导致改革成本增大。该制度在实践中的落实已经有这样的情况。综合课题的研究立场我们认为，回归实践，增强实践面向是一条可行的发展路径。所谓实践决定性，可以帮助我们找到问题的焦点和解决办法，附条件逮捕已经给了充分的展示。而所谓实践指向及其观照，是要求我们认真调研实践做法，实证研究一下诸如附条件逮捕等工作机制的内容和具体运作情况，然后运用理论分析和制度经验判断这一实践做法的发展指向。这样我们或许会看到，实际上，侦查机关对于羁押必要性审查责任的担当是有充分的实践基础的，所谓自己批捕自己撤销有违公平和可能性的说法不尽然，况且这样的论证在理论上也不一定合理，一如审判机关自己判自己改、公诉机关自己诉自己抗等，基本概念内涵不清。而且我们也应当对这种权力叠加的思维惯性有必要的反思和纠正。这些讨论，仅意在说明一个观点，即检察改革与刑事诉讼法修改的未来发展，应当加强实践面向。改革本身因为受到整体法律思维的影响，也存在着为改革而改革的现象，所以增强实践面向在当下尤为重要。

分 论

检察改革与刑事诉讼法修改专题研究

第一章　证据展示和非法证据排除

证据制度在整个刑事诉讼活动中居于基础性的地位，从侦查人员收集证据到检察机关审查判断以及最后在庭审阶段的质证、认证，都需要依靠证据制度。检察机关承担着审查起诉的法定职能，在审查案件是否满足提起公诉的标准时，必须依靠一系列的证据予以决定，证据制度对于检察机关的重要性不言而喻。十八届四中全会通过的《中共中央关于全面推进依法治国若干重大问题的决定》明确指出，要"推进以审判为中心的诉讼制度改革，确保侦查、审查起诉的案件事实证据经得起法律的检验。全面贯彻证据裁判规则，严格依法收集、固定、保存、审查、运用证据，完善证人、鉴定人出庭制度，保证庭审在查明事实、认定证据、保护诉权、公正裁判中发挥决定性作用"。伴随着我国法治建设水平的进一步提高，重视证据、依靠证据已经内化至社会民众的意识当中，在客观上需要通过司法改革建立起较为成熟合理的证据制度。从近些年的改革措施来看，证据展示制度和非法证据排除规则成为检察改革中的重要问题，2012年刑事诉讼法的修改也集中体现了证据制度改革的成果。

一、证据展示制度

证据展示制度源于英美对抗制刑事诉讼模式。我国1996年刑事诉讼法规定，案件起诉方式由卷宗移送式转变为仅移送主要证据的方式，庭审方式由纠问式向抗辩式转变。要确保这种"抗辩式"的庭审方式能够真正促进法院裁判的公正性和效率性，还必须同时确立一系列与抗辩式审判方式相配套的原则、规则和制度。其中，证据展示制度作为抗辩式审判方式的关键性前置因素之一，对于有效实现庭审阶段的对抗和审判机关查明案件事实、正确适用法律具有重要意义。

（一）改革缘起

1996年刑事诉讼法实施之后，为了应对辩方难以知晓控方证据而带来的庭审对抗程度不高、无法形成有效的当庭质证和证据突袭等问题，有些地区开始就证据展示制度进行了不断的创新和试点。2000年8月,最高人民检察院在上海举行"公诉工作会议",要求在有条件的地方试行庭前证据展示制度。随后,不少地方的检察机关、法院、司法部门都在具体办案过程中对此进行了有益的尝试。2003年3月,最高人民检察院在向全国人大作工作报告时,将"完善向律师展示证据和听取意见的工作制度"列入了该年度要"着重做好的工作"。由此,作为庭审方式改革的一项配套制度,证据展示在我国建立的必要性和可行性引起了理论界及实务界的广泛关注。各地开始就刑事证据展示制度进行了摸索,一些试点单位还形成了有关证据展示的一些地方法规和内部规章。[①] 在证据展示制度改革的历程中,比较有特点和代表性的当属北京市海淀区人民检察院和山东省寿光市人民法院的试点工作。由于两者的主持单位在证据展示过程中所起的作用各有侧重,因此形成了特色分明的不同模式,其中北京市海淀区人民检察院的模式被称为"海检模式",寿光市人民法院的模式被称为"寿光模式"。除此之外,还有广州市海珠区人民检察院、广州市海珠区人民法院以及佛山市中级人民法院会同该市检察院、司法局试行的证据展示的"混合模式"。这三种模式在实践运作中均显现了一定的优势和成效,加之在制度建设上也较规范、完备,因此成为各地试点的效仿对象。

(二)改革内容

1. 海检模式

2002年6月,北京市海淀区人民检察院与北京市律师协会签订《证据展示协议书》,确定北京市的25家律师事务所就该院立案侦查的全部案件开展证据展示。[②] 具体内容包括:

(1)证据展示的主体。作为控辩双方以交换证据信息为主要内容的诉讼活动,证据展示的参与主体为检控方和辩护方,包括公诉人、代理人与辩护人。同时,由于该模式以《证据展示协议书》作为基础,故辩护人只以签订

[①] 如江苏省《关于刑事审判证据和定案的若干意见(试行)》、西安市《刑事案件庭前证据展示操作办法(试行)》、山东省寿光市《刑事证据展示操作规程》、广东省佛山市《刑事公诉案件证据展示规则》、浙江省建德市《关于公诉人与辩护律师庭前证据材料展示的若干规定》、江苏省丰县《刑事公诉案件证据展示规则》等。

[②] 据了解,之所以选定25家律师事务所,是因为:(1)法律对证据展示没有明确规定,协定所规定的处罚条款约束力比较弱,大范围的实行证据展示不利于北京市律协的有效管理;(2)海淀区检察院起诉部门人员少、案件量大,难以应付巨大的证据展示任务;(3)证据展示是新生事物,应当少而精。此外,由于律师有律师协会、律师执业规范等对律师的约束机制,能够保证律师在进行证据展示时遵守法律和职业规范。而无律师执业资格者缺乏相关制度约束,难以保证其依法而为,故亦被排除。

协议书的 25 家律师事务所的律师为限，未签订协议书并列入名单的律师事务所的律师或者无律师执业资格的代理人、辩护人均无权申请证据展示。同时，法官和被告人本人均无权参加证据展示程序，不属于证据展示的主体。

（2）案件适用范围。考虑到人民检察院立案侦查的自侦案件、法定最低刑为 10 年以上有期徒刑的案件和犯罪嫌疑人无罪的案件在基层检察院通常属于重大、疑难、复杂的案件，因此适用证据展示的案件主要包括：检察机关的自侦案件；法定最低刑为 10 年以上有期徒刑的案件；辩护人以正当防卫、紧急避险、不在犯罪现场、未达刑事责任年龄、不具备刑事责任能力为辩护理由的案件；犯罪嫌疑人为盲、聋、哑或者未成年人的案件。

（3）证据展示的内容。检控方应展示的证据包括：证明犯罪嫌疑人、被告人构成犯罪和罪行轻重、责任大小（刑事和民事的），拟在法庭审理时出示的证据材料；不准备在法庭上出示但对犯罪嫌疑人、被告人有利的证据。辩护方应展示的证据包括：正当防卫、紧急避险的证据；犯罪嫌疑人、被告人不在犯罪现场的证据；未达刑事责任年龄的证据；不具备刑事责任能力的证据；自首、立功的证据。

（4）证据展示的提起。证据展示程序既可由辩护人向公诉人提出要求而启动，也可以由公诉人向辩护人提出要求而启动。

（5）证据展示的阶段。证据展示限定在检察机关对案件审查完毕以后至提起公诉之前。第一次展示在人民检察院提起公诉 15 日之前进行，主要是辩护人阅卷（如辩护人有证据也可互相展示证据），主要解决辩护人对案件证据知悉权的问题；第二次展示主要是辩护人对证据进行确认和展示己方证据。此外，若辩护人在检察院提起公诉后取得新证据，应当在开庭前及时通知公诉人。

（6）证据展示的程序。证据展示由公诉人主持，由公诉人简要宣读展示规则和应注意的事项。首先由检控方展示证据，展示方式依证据种类而定，可宣读，也可出示，并应逐一征询辩护人的意见。双方可就该证据的内容和形式交换意见，无论是否达成共识，都应由书记员记录在案。其次，检控方展示完毕后转由辩护方展示。双方证据展示完毕后，应在书记员就证据展示时间、地点、过程、内容等所作的记录上签字。若在展示证据的过程中，双方就某件证据是否应该展示意见不一，公诉人应宣布暂时中止证据展示程序，书记员应将这一情况记录在案。双方约定未经展示的证据不得在法庭上出示，一方在法庭上出示未经展示的证据时，另一方可以提出休庭，展示证据一方不得反对。证据展示结束后,由公诉人将其中一份笔录送交人民法院。①

(7)违反证据展示的后果。对没有正当理由拒绝向对方展示证据的,检察院和律协相互通知,各依据本机关、组织的规定进行处罚,如取消律师事务所的证据展示资格,列入信誉评价体系,列入干警整体考核等。原则上控辩双方未经展示的证据不得在法庭上出示;若公诉人、辩护人在法庭审判过程中,向法庭提出应当展示而没有展示的证据,一方有权申请休庭,另一方不得反对,而且应当继续向对方展示此证据。对徇私舞弊,故意隐匿、毁灭证据而不向对方展示的,依照刑法有关规定追究责任人的刑事责任。

2. 寿光模式

2001年初,山东省寿光市人民检察院开始进行了刑事案件庭前证据展示的初步尝试。2004年底,寿光市人民法院牵头,与寿光市检察院、司法局以及部分律师事务所制定了《寿光市人民法院、寿光市人民检察院刑事证据展示操作规程》,主要包括以下内容:

(1)证据展示的适用范围。根据该《规程》的规定,除适用简易程序审理的其他刑事公诉案件,均可适用证据展示,但人民检察院认为不宜证据展示并经法院决定同意的除外。

(2)启动方式及参加主体。按照举行阶段的不同,证据展示分为自由展示和庭前会议,自由展示是在检察机关提起公诉之前,由控辩双方自行协商进行证据展示;庭前会议是在检察机关提起公诉之后庭审之前,控辩双方向法院提出启动证据展示、继续展示以及展示异议等申请,由法院决定是否启动证据展示程序以及有关争议事项的处理。庭前会议应在法院指定场所进行,参加的主体包括法院的法官助理或书记员、公诉人、犯罪嫌疑人(被告人)或其辩护律师。为防止庭前接触案件证据形成预断,案件承办法官不得参加庭前会议。

(3)证据展示的内容。证据展示的内容主要包括:公诉机关拟在庭审中使用的全部证据,包括有罪证据和无罪、罪轻证据,应予展示;公诉机关不准备在庭审中使用的对辩方有利的证据,经辩方提出展示申请,也应展示;辩方拟在法庭上使用的有关物证、书证、鉴定意见应当展示,如辩方欲作被告人不在犯罪现场、患有精神疾病、未达刑事责任年龄、正当防卫、紧急避险以及其他不负刑事责任的辩护的,应当展示与之相关的证据。② 对于一方提出的证据展示申请,被申请展示方可以如下理由进行抗辩:所询问的材料与本案的法律

---

① 覃卫、王会甫:《试行庭前证据展示制度的操作思考》,载《中国刑事法杂志》2001年第5期。
② 陈卫东:《寿光证据展示试点模式的理论阐释》,载《山东审判》2005年第1期。

和事实无明显关系;证据展示要求过分加重负担或不切合实际;展示资料涉及国家秘密或者国家安全;属于保密特权范围的诉讼信息;诉讼参与人对案件事实和证据经过判断推理、综合分析得出的结论或意见。

(4) 证据展示的方式。主要包括两种:一种是自由展示。按照犯罪嫌疑人或被告人有无委托律师辩护等实际情况,又可分两种方式:其一,辩护律师参与下的证据展示。起诉前,犯罪嫌疑人已聘请辩护律师的,检察院在决定起诉之前可以与辩护律师自行协商展示证据,允许律师对相关证据阅览、摘抄、复制;辩护律师知悉相关证据后,应当及时会见被告人交换意见,并在约定时间内将己方应当展示的证据向公诉机关展示。控辩双方应就已展示的证据,分别制作《异议证据展示清单》和《无异议证据展示清单》,载明双方对有关证据的异议与合意情况。该清单在检察机关提起公诉时,一并提交法院。其二,在被告人未委托律师辩护的情况下,检察院移送证据目录、主要证据复印件及有关照片时,应当制作涵盖全部证据的详细证据目录,法院在向被告人送达起诉书副本时一并向被告人送达证据目录,并听取被告人对起诉证据的大致意见。

另一种是庭前会议。如果控辩双方在自由展示中对案件基本事实与主要证据争议较大,或者控辩双方在自由展示后又获取了新的证据,抑或法院认为属于重大、疑难案件的,合议庭可决定在开庭审理之前举行庭前会议,继续进行证据展示,并固定无异议证据。庭前会议由法官助理主持,主要围绕解决以下问题进行:①整理控辩双方经过证据展示就相关证据形成的意见。控辩双方仅能就对方展示的证据表示有无异议,不得对证据进行质证。②处理控辩双方在证据展示中发生的争议以及要求进一步展示其他证据的意见等情况。根据一方申请,主持证据展示的法官助理可以视情况作出要求责任方进一步展示证据的决定,如在自由展示中争议较大的证据、任何一方新获得的证据、应当展示而未展示的证据,均应在庭前会议上继续予以展示。庭前会议中,书记员应当将庭前会议的全部活动记入笔录,并协助主持展示的法官助理制作《证据展示笔录》和《证据展示清单》,经控辩双方核对签字后,再交由合议庭审查以做好开庭准备工作。①

(5) 法律后果。对于应当展示而未展示的证据,公诉人与辩护律师在庭

---

① 根据有关报道,寿光市法院适用普通程序并经过证据展示程序审理的97起案件中,当庭审结、一次开庭成功率达91.2%,案件审理周期由原来的平均27.6天缩短至20.1天,这与"一步到庭"、"直接开庭"时的欲速则不达、经常需要休庭评议或者进行二次开庭形成了鲜明的对照。试行证据展示程序的97起案件,控辩双方全部服判,无一上诉或抗诉。

审中均不得出示该证据;对于未委托律师辩护的被告人,公诉机关在庭审中不得使用证据目录以外的证据进行指控。在庭审中,合议庭应当首先就《证据展示清单》载明的内容征询被告人和控辩双方的意见,如双方无异议,可以就相关的证据简化法庭调查程序并直接作出认定,法庭调查和质证重点则转移到经证据展示后双方仍存有异议的证据上。

3. 混合模式

混合模式是在推行庭前证据展示制度改革的实践中,总结先前其他证据展示模式的优缺点进行整合后提出的方案。主要设计思路是综合检察院模式与法院模式的做法,主要由控辩双方在提起公诉之前按照既有规则自主进行展示,一般只有在控辩双方就证据展示事宜发生争议时,才由法官介入进行裁决。

广州市海珠区人民检察院与海珠区人民法院所进行的证据展示就属于此种模式。两院联合制定了《海珠区人民法院、海珠区人民检察院刑事诉讼证据展示规则(试行)》,适用于以普通程序审理的、有律师辩护的第一审刑事公诉案件。① 庭前证据展示程序不是必经程序,是否展示证据由控辩双方协商决定。凡与案件事实或适用法律有关联、控辩双方拟在法庭上出示的证据材料都应当在庭前进行证据展示,但涉及国家秘密或国家安全、与证据有关的特情人员的情况、可能暴露特殊侦查手段的证据、其他展示可能会给社会公共利益造成损害的等除外。在展示过程中,若双方对某份证据是否应当展示不能达成一致意见,应当先展示其他证据,由控辩双方以书面形式确认后将争议事项送交法院裁定。证据展示后,法院根据不同的情况作出处理:①控辩双方在展示时无异议的证据清单,当庭予以认定;②控辩双方对展示中已达成一致意见的证据又提出异议的,应说明理由,经法庭确认理由成立的,可就该证据进行质证,合议庭根据具体情况予以认定;③控辩双方在展示时有异议的证据,由双方直接向法庭举证和质证,合议庭根据具体情况予以认定。

此外,根据该《规则》的规定,庭前控辩双方已掌握的证据,没有正当理由拒绝向对方展示的,不能在法庭上使用,法庭也应当拒绝采用该证据,但公诉人掌握的对被告人有利的证据除外。同时,对徇私舞弊、故意隐匿、毁灭证据而不向对方展示的,或者伪造证据故意向对方展示的,或者威胁、引诱证人违背事实改变证言的,依情节轻重,依照相关规定,对责任人给予相应纪律处分,或追究刑事责任。

---

① 王雄飞、刘远强:《刑事庭前证据展示制度之探索——来自广州市海珠区人民检察院的调研报告》,载《人民检察》2004年第12期。

4. 当前做法：阅卷与庭前会议相结合

2012年刑事诉讼法修改后，我国证据展示的方式有二：一是原有的阅卷方式，二是庭前会议方式。证据展示的时间主要集中在两个阶段：一是审查起诉阶段，可以在检察院阅卷；二是审判阶段，可以在法院阅卷。2012年修改后的刑事诉讼法对阅卷范围也有了扩大，规定辩护律师在审查起诉阶段的阅卷范围由"诉讼文书、技术性鉴定材料"扩展到"案卷材料"[1]，即所有的案件卷宗。通过案卷移送回归全卷移送主义的方式，[2] 保证了审判阶段律师阅卷范围扩展到所有的案卷材料。扩大辩护人阅卷权的规定，确保了证据展示功能在辩护方的充分实现。

此外，修改后刑事诉讼法第182条第2款规定："在开庭以前，审判人员可以召集公诉人、当事人和辩护人、诉讼代理人，对回避、出庭证人名单、非法证据排除等与审判相关的问题，了解情况，听取意见。"虽然刑事诉讼法的规定中没有使用"庭前会议"这个词，但最高人民法院《关于适用〈中华人民共和国刑事诉讼法〉的解释》把这个程序命名为"庭前会议"。该《解释》第183条明确规定："案件具有下列情形之一的，审判人员可以召开庭前会议：（1）当事人及其辩护人、诉讼代理人申请排除非法证据的；（2）证据材料较多、案情重大复杂的；（3）社会影响重大的；（4）需要召开庭前会议的其他情形。"《人民检察院刑事诉讼规则（试行）》第431条第1款也规定："在庭前会议中，公诉人可以对案件管辖、回避、出庭证人、鉴定人、有专门知识的人的名单、辩护人提供的无罪证据、非法证据排除、不公开审理、延期审理、适用简易程序、庭审方案等与审判相关的问题提出和交换意见，了解辩护人收集的证据等情况。"庭前会议制度的正式确立，意味着庭审前控辩双方可以在法院主持的正式程序中对证据进行交换，并对证据问题进行讨论和交换意见。

修改后刑事诉讼法还有限度地确立了证据双向展示制度，其第40条规定，"辩护人收集的有关犯罪嫌疑人不在犯罪现场、未达到刑事责任年龄、属于依法不负刑事责任的精神病人的证据，应当及时告知公安机关、人民检察院"。通过规定辩护人的证据展示义务，公安机关、检察机关在侦查阶段和审查起诉

---

[1] 《刑事诉讼法》第38条规定："辩护律师自人民检察院对案件审查起诉之日起，可以查阅、摘抄、复制本案的案卷材料。其他辩护人经人民法院、人民检察院许可，也可以查阅、摘抄、复制上述材料。"

[2] 《刑事诉讼法》第172条规定："人民检察院认为犯罪嫌疑人的犯罪事实已经查清，证据确实、充分，依法应当追究刑事责任的，应当作出起诉决定，按照审判管辖的规定，向人民法院提起公诉，并将案卷材料、证据移送人民法院。"

阶段也能够了解到辩护方的三类关键证据，能够有效防止辩护方证据突袭事件的发生。

根据修改后刑事诉讼法和上述两个司法解释的相关规定，当前证据展示的基本做法是，既通过原有的阅卷方式进行单方证据展示，也通过规定律师的证据展示义务和庭前会议制度初步确立了我国的双向证据展示制度。

由于庭前会议制度属于我国刑事诉讼程序领域的"新生儿"，各地方政法机关为将修改后刑事诉讼法的相关规定予以贯彻落实，省、市、县各级政法机关都纷纷制定出台了一系列具体性规定，比如浙江省高级人民法院、人民检察院和司法厅联合出台了《积极开展庭前会议的通知》，江苏省高级人民法院、江苏省人民检察院、江苏省司法厅发布了《关于刑事案件庭前会议工作的若干规定（试行）》，常州市人民法院、人民检察院和司法局联合出台了《关于刑事案件庭前会议工作的试行意见》以及睢宁县人民法院、睢宁县人民检察院经过会商后出台的《关于刑事案件庭前会议工作的意见（试行）》，等等。这些规范性文件中涉及证据展示方面的规定如下：

第一，公诉人、当事人和辩护人、诉讼代理人可以提出拟出庭证人的名单。对书面证人证言、鉴定意义有异议，可以申请证人、鉴定人出庭作证。公诉人、当事人和辩护人、诉讼代理人可以就出庭证人名单提出异议，是否通知由人民法院根据案件情况自行决定。当事人、辩护人、诉讼代理人可以申请公诉人提供的证人以外的证人出庭作证，或申请通知有专门知识的证人出庭，就鉴定意义提出意见，并提交该证人的详细身份信息、拟证明问题等相关证据材料。公诉人应及时审查相关材料，提出是否同意证人出庭的意见。

第二，当事人、辩护人和诉讼代理人对采用刑讯逼供等非法方法收集的犯罪嫌疑人、被告人供述和采用暴力、威胁等非法方法收集的证人证言、被害人陈述，以及违反法定程序收集的可能影响司法公正的物证、书证，可以向审判人员提出，并要求对该非法证据予以排除。当事人、辩护人和诉讼代理人提出的非法证据，如无直接证据证实，则不应启动排除程序。在开庭时如无新的证据提供，审判人员不予采纳。

第三，公诉人应就检察机关拟举证的证据进行证据展示，当事人、辩护人、诉讼代理人也应对拟在庭审过程中进行举证的证据进行证据展示。对于无异议的，记录在案，对于有争议的，明确争议焦点、争议的证据，记录在案后及时补充证据、排除矛盾。

据了解，2013年上海市公诉部门共参加庭前会议42人次，涉及40件案件，其中会议内容主要为证据展示的案件有24件，主要涉及非法证据排除的案件有11件，就主要争议事实、证据交换意见的案件有10件。江苏省试点单位在贯彻庭前会议制度过程中,也把证据材料繁多的案件纳入召开庭前会议的范围,并且强调召开庭前会议要突出重点,会议内容集中在排除非法证据等控辩双方分歧严重、影响开庭的主要问题上,不宜复杂化。此外,四川省试点单位采取的"简化式"庭前会议模式则与众不同,这种模式严格按照法条规定,只围绕回避、证人出庭、非法证据排除等与审判相关的问题,了解情况,听取意见,不进行证据展示等工作。

(三)评论与分析

证据展示制度被明文规定在修改后的刑事诉讼法中,反映了我国证据制度的日益成熟。律师阅卷与庭前会议展示证据相结合,构成了证据展示的中国模式。一方面,修改后刑事诉讼法回归"卷宗移送主义",使得辩护律师可以在审查起诉环节和开庭前阶段获得两次查阅、摘抄、复制公诉方案卷材料的机会,在客观上有助于解决辩护律师"阅卷难"的问题。通过开庭前的全面阅卷,辩护律师可以对公诉方所掌握的有罪证据进行全面查阅,进而做好防御准备,及时获悉那些有利于被告人的证据,甚至可以申请法院调取那些没有被检察机关装入案卷之中的证据。另一方面,通过规定辩护人的证据展示义务,公安机关、检察机关在侦查阶段和审查起诉阶段也能够了解到辩护方的三类关键证据,能够有效防止辩护方证据突袭事件的发生。根据刑事诉讼法第40条的规定,辩护人收集的有关犯罪嫌疑人不在犯罪现场的证据、犯罪嫌疑人未达到刑事责任年龄的证据和犯罪嫌疑人属于依法不负刑事责任的精神病人的证据,应及时向司法机关展示。原因就在于,这几类证据一旦查证属实,可能导致犯罪嫌疑人无罪,或者是犯罪嫌疑人不负刑事责任,或者是启动依法不负刑事责任的精神病人的强制医疗程序。所以辩护律师应该尽早展示这几类证据,以便侦查机关、检察机关查证属实后尽早改变对犯罪嫌疑人的强制措施,及早纠正。

庭前会议是修改后刑事诉讼法确立的一项新制度,是由法院主导的诉讼活动,以庭前会议为载体进行证据展示,不仅可以保证证据展示过程的权威性与公正性,而且可以保证法官能够了解双方的诉讼争议所在,提升正式庭审的诉讼效率。与我国旧有的律师阅卷制度不同,在庭前会议中进行证据展示,法院作为中立的第三方可以有效促进证据展示,进而通过确认进入审判的证据范围来减少未来庭审阶段新证据出现的可能性。但是,值得注意的是,由于立法的粗疏,刑事诉讼法及其解释并没有规定证据展示的具体程序和违反证据展示制度的责任。

（四）立法完善

由于庭前会议中进行证据展示在我国立法中是一项新制度，立法又规定的比较粗疏，因此在当前的司法实践中出现了一些不足，很多地区也在不断探索。这些探索的一个共同特点就是没有很好地关照实践，我们在实践中搞庭前会议很多年，是有成功经验的，如何与旧有经验、制度结合来落实庭前会议中的证据展示制度？在目前的实践探索中似乎没有关照这个问题，导致在实施这个制度时重回原点。修改后刑事诉讼法实施后，各地对实施庭前会议普遍开始建立新工作机制、出台相关文件，似乎我们从来没有实施过庭前会议、证据展示，这是一个误区。

实际上，"寿光模式"下的证据展示就是实施当前庭前会议证据展示模式下比较好的成功经验。庭前会议是在检察机关提起公诉之后庭审之前进行，按照控辩双方向法院提出启动证据展示、继续展示以及展示异议等申请，由法院决定是否启动证据展示程序以及有关争议事项的处理。庭前会议应在法院指定场所由法官助理主持进行，参加的主体包括法院的法官助理或书记员、公诉人、犯罪嫌疑人（被告人）或其辩护律师。为防止庭前接触案件证据形成预断，案件承办法官不得参加庭前会议。庭前会议主要解决以下问题：第一，整理控辩双方经过证据展示而就相关证据形成的意见。控辩双方仅就对方展示的证据表示有无异议，但不得对证据进行质证。第二，处理控辩双方在证据展示中发生的争议以及要求进一步展示其他证据的意见等。根据一方申请，主持证据展示的法官助理可以视情况作出要求责任方进一步展示证据的决定，主要包括：在自由展示中争议较大的证据、任何一方新获取的证据、应当展示而未展示的证据，均应在庭前会议上继续予以展示。庭前会议中，书记员应当将庭前会议的全部活动记入笔录，并协助主持证据展示的法官助理制作《证据展示笔录》和《证据展示清单》，经控辩双方核对签字后，再交由合议庭审查以做好开庭准备工作。

对于一方提出的证据展示申请，被申请展示方可以进行抗辩，理由包括：所询问的材料与本案的法律和事实无明显关系；证据展示要求过分加重了负担或不切合实际；展示资料涉及国家秘密或者国家安全；属于保密特权范围的诉讼信息；诉讼参与人对案件事实和证据经过判断推理、综合分析得出的结论或意见。对于应当展示而未展示的证据，公诉人与辩护律师在庭审中均不得出示该证据；对于未委托律师辩护的被告人，公诉机关在庭审中不得使用证据目录以外的证据进行指控，在庭审中合议庭应当首先就《证据展示清单》载明的内容征询被告人和控辩双方的意见，如双方无异议，可以就相关的证据简化法庭调查程序并直接作出认定,法庭调查和质证重点则转移到经证据展示后双方仍存有异议的证据上。

关于控辩双方违反证据展示义务的后果。一般来讲,违反证据展示义务的情况主要是未按照展示范围的要求展示证据材料。法官作为监督者和制裁者对证据展示中控辩双方的纠纷进行裁断。法官衡量司法利益后,综合考虑展示主体违反义务的原因、动机、过错程度以及造成的损害等因素和使用其他救济方式的可能性,可以作出以下三种决定:第一,强制展示证据。控辩双方认为对方未按照展示范围的要求展示有关证据材料,可以向法院提出展示申请,法官将对申请的正当性和合理性进行审查,裁定强制展示有关证据材料或是驳回申请。第二,决定延期审理。控辩双方有正当理由未在庭前展示有关证据材料,法院可依申请或依职权决定延期审理,给控辩双方一定的准备时间。第三,排除证据。因控辩双方的故意或重大过失未对有关证据材料进行展示,法院可以根据情况排除有关证据的适用。

二、非法证据排除规则

非法证据排除规则源自于20世纪初的美国,当今世界各国大多规定有非法证据排除规则,通常指在刑事案件中使用侵犯被告人宪法权利的方法取得的证据不得用于对被告人定罪的规则。我国于1996年修订刑事诉讼法时,针对非法取证的问题作出了专门规定,但由于各种因素的限制,刑事诉讼过程中的非法取证问题仍较为突出。为有效遏制非法取证行为,切实提升办理刑事案件的质量和水平,包括最高人民检察院所制定的诸多诉讼规则在内的司法解释都确认了非法证据排除规则。2010年,最高人民检察院会同最高人民法院、公安部、国家安全部和司法部联合发布了《关于办理死刑案件审查判断证据若干问题的规定》和《关于办理刑事案件排除非法证据若干问题的规定》(二者统称为"两个规定")。这两个规定的出台,对于完善我国刑事非法证据排除规则具有重大意义,其中关于检察机关排除非法证据的一些规定能够为实践操作提供指引。2013年1月1日正式实施的修改后刑事诉讼法吸纳了两个证据规定的合理内容,赋予了人民检察院享有对非法证据的调查核实权以及证明指控犯罪证据具有合法性的证明责任,进一步完善了非法证据排除规则。十八届四中全会通过的《中共中央关于全面推进依法治国若干重大问题的决定》明确提出推进"以审判为中心的诉讼制度改革"后,检察机关各个部门工作人员,都必须强化证据意识,必须要无限靠近法院裁判的证据意识,其中最为重要的内容之一就是排除非法证据的意识。

(一) 改革缘起

1996年刑事诉讼法第43条明确规定"严禁刑讯逼供和以威胁、引诱、欺骗以及其他非法的方法收集证据",从根本上否定了非法取证行为,但却没有明确规定对于违反法定程序所获得的非法证据究竟应该如何排除。程序性规范的缺失使得该条规定实际上沦为"纸面上的法",在实践中无法得以实行。可以说,非法证据排除规则并未真正以法律形式被确立。在这样的背景下,1998年颁布的最高人民法院《关于执行〈中华人民共和国刑事诉讼法〉若干问题的解释》第61条规定:"严禁以非法的方法收集证据。凡经查证确实属于采用刑讯逼供或者威胁、引诱、欺骗等非法方法取得的证人证言、被害人陈述、被告人供述,不能作为定案的根据。"由于该规定界定了"非法证据"的内涵,明确了"非法证据"的范围法律后果,有些研究者据此认为这表明我国刑事诉讼确立了非法证据排除规则。但由于缺乏排除非法证据的具体操作程序,该规定在实践中同样不具可操作性。

最高人民检察院1999年修订的《人民检察院刑事诉讼规则》第140条规定:"严禁刑讯逼供和以威胁、引诱、欺骗以及其他非法的方法获取供述。"第160条规定:"不得采用羁押、刑讯、威胁、引诱、欺骗以及其他非法方法获取证言。"第265条规定:"严禁以非法的方法收集证据。以刑讯逼供或者威胁、引诱、欺骗等非法的方法收集的犯罪嫌疑人供述、被害人陈述、证人证言,不能作为指控犯罪的证据。人民检察院审查起诉部门在审查中发现侦查人员以非法方法收集犯罪嫌疑人供述、被害人陈述、证人证言的,应当提出纠正意见,同时应当要求侦查机关另行指派侦查人员重新调查取证,必要时人民检察院也可以自行调查取证。侦查机关未另行指派侦查人员重新调查取证的,可以依法退回侦查机关补充侦查。"《人民检察院刑事诉讼规则》第一次明确规定检察机关在审查起诉阶段就负有排除非法证据的义务。同时,出于查明真相、惩罚犯罪的考虑,又作出了将非法证据转化为合法证据的规定。这一做法实际上将检察机关在审查起诉实践中应对最高人民法院《关于执行〈中华人民共和国刑事诉讼法〉若干问题的解释》所确立的非法证据排除规则的具体做法上升为"纸面上的法",一个难以避免的后果就是为侦查人员以非法方法收集言词证据打开了方便之门,最高人民法院《关于执行〈中华人民共和国刑事诉讼法〉若干问题的解释》所确立的非法证据排除规则实际上被架空。

随之而来的日益严重的刑讯逼供等非法取证问题促使检察机关不得不对排除以"刑讯逼供"等非法取证行为所获取的言词证据采取较之前更为严格的态度。2001年1月2日,最高人民检察院发布了《关于严禁将刑讯逼供获取的犯罪嫌疑人供述作为定案依据的通知》，重申各级人民检察院要加大对刑讯逼供犯罪的打击力度，要求"各级人民检察院要严格贯彻执行有关法律关于严禁刑讯逼供的规定，明确非法证据排除规则……发现犯罪嫌疑人供述、被害人陈述、证人证言是侦查人员以非法方法收集的，应当坚决予以排除，不能给刑讯逼供等非法取证行为留下余地。"尽管该《通知》强调了坚决排除刑讯逼供等非法取证行为收集的言词证据，以区别于其他可重新调查收集的证据，但其同样存在粗糙、抽象而缺乏程序性规定等问题，所以对于防止刑讯逼供等非法取证行为收集的言词证据进入刑事诉讼程序并未产生很大的效果。

可以说，我国1996年刑事诉讼法第43条虽然确立了严禁非法取证原则，但并没有确定非法证据排除规则，也缺乏对排除非法证据的程序性规定。"两高"的司法解释虽已建立起非法证据排除规则，但其法律效力有限，而且司法解释将排除非法证据的范围仅限于言词证据，对于非法取得的实物证据是否排除未作明确规定。同时，"两高"的司法解释存在过于原则、可操作性差的缺陷，对非法取证的证明责任如何承担更未作出规定，导致实践中难以适用排除规则。因此，司法实践仍然普遍存在"只要证据是真实的，即使是非法收集的，也认可其证据效力"的做法，真正排除非法证据的情况也很少。这显然不利于禁止非法取证的侦查行为，无法实现对犯罪嫌疑人诉讼权利的保障。

鉴于这种情况，许多省、自治区、直辖市的司法机关都制定了"地方性刑事证据规则"，其中不乏有关非法证据排除的内容。例如，湖北省2006年《关于刑事证据若干问题的规定（试行）》第11条规定："收集证据必须遵守法律规定的程序。禁止以刑讯逼供或者威胁、引诱、欺骗等非法的方法收集言词证据。"第32条规定："（一）凡经查证确定属于采取刑讯逼供或以威胁、引诱、欺骗、服用药物、催眠等非法手段取得的被害人陈述、证人证言、犯罪嫌疑人、被告人的供述，不能作为定案证据。（二）被害人、证人、犯罪嫌疑人、被告人及其辩护人提出所作的陈述、证言、供述是以上列非法手段取得的，应当列举相关事实。有关的公安机关、国家安全机关、检察机关必须进行调查核实，如不能作出排除非法取证的合理说明，上述被害人陈述、证人证言、犯罪嫌疑人、被告人的供述不能作为证明犯罪事实成立的证据使用。（三）侦查人员使用足以使人产生犯罪故意的引诱或者劝说等方法导致犯罪嫌疑人、被告人实施犯罪行为的，侦查人员获取的有关证据应予排除。"四川省2005年《关于规范刑事证据工作的若干意见（试行）》第23条规定："侦查人员、检察人员、审判人员询问证人、被害人，讯问犯罪嫌疑人、被告人，不得使用威胁、侮辱及不适当引导的语言和方式。严禁刑讯逼供。采用刑讯逼供或者威胁、引诱、欺骗等方法取得的言词证据，不能作为证据使用。采用变相刑讯逼供手段，或者以法律不容许的措施作为威胁，以拒绝或限制给予法律规定的利益作为威胁，承诺给予法律不容许的利益作为引诱、欺骗等变相威胁、引诱、欺骗手段获取的言词证据，不能作为证据使用。"江苏省 2003 年《关于刑事审判证据和定案的若干意见（试行）》第 52 条规定："凡经查证确实属于采用刑讯逼供或者威胁、引诱、欺骗等方法取得的言词证据，不能作为定案的根据。有证据证明侦查机关采用上述非法方法获取被告人供述或者证人证言的，则该被告人或者证人在该侦查机关所作的全部供述和证言均不具可采性。虽然存在被告人或者证人在一侦查机关被非法取证现象，但其在不同侦查机关或者检察机关所作的供述和证言，经查并无非法取证现象存在的，具有可采性。"

可以说，在全国性非法证据排除规则立法付诸阙如的情况下，各地司法机关自行创制当地"排除规则"的做法很有创新性，对当地的非法证据适用问题给出了较好的回答，在避免因为采信非法证据导致错案方面产生了积极的作用。这主要表现在以下两点：其一，明确了刑讯逼供的举证责任。由于刑事诉讼法对于如何证明办案人员是否对犯罪嫌疑人实施了刑讯逼供没有作出规定，导致在司法实践中往往由后者承担举证责任，但是限于自身的诉讼角色，辩方往往确实无法有效地收集能够证明自己受过刑讯的证据，审判人员只好推定不存在非法取证行为而采信相关证据。许多地方性法规都着力扭转这种状况，规定由辩方承担存在刑讯逼供的初始证明责任，如自己身体受伤，再由办案机关证明自己取证合法。如果控方不能证明取证合法，那么就推定存在刑讯逼供，该证据就不得被采纳为控诉证据。其二，对非法取证的手段和方式作进一步解释，"侦查陷阱"成为非法取证的外延之一。尽管"侦查陷阱"是否属于非法取证在学术界一直存有争论，但当下通说基于保护被追诉人权利的立场，一般将其视为非法取证，由此而获得的证据不得作为定案依据。

但值得注意的是，这些地方规范性文件并非完美无缺，其所存在的问题基本上和司法解释相似，即都没有解决非法证据的外延问题，仍将实物证据排除于非法证据之外。当然，单方面地寄希望于地方规范性文件建立起完善的非法证据排除规则不仅其现实性值得怀疑，而且有违反上位法之嫌。

2008 年《中央政法委员会关于深化司法体制和工作机制改革若干问题的意见》明确提出，"完善非法证据排除制度，明确非法证据排除的范围、证明责任、审查程序和救济途径等。" 2010 年 5 月 20 日，中央政法委第十三次全体会议暨司法体制改革第五次专题汇报会在北京召开。会上，全国人大常委会法工委、最高人民法院负责人分别就完善刑事诉讼证据制度、起草制定《关于办理死刑案件审查判断证据若干问题的规定》、《关于办理刑事案件排除非法证据若干问题的规定》作了说明。会议确定,由最高人民法院、最高人民检察院、公安部、国家安全部、司法部抓紧修改完善上述"两个规定"的文稿并联合发布实施。2010年5月30日,最高人民法院、最高人民检察院、公安部、国家安全部和司法部联合发布了上述"两个规定"并于2010年7月1日正式施行。"两个规定"不仅强调了采用刑讯逼供等非法手段取得的言词证据不能作为定案的根据,还进一步对审查和排除非法证据的程序、证明责任及讯问人员出庭等问题作出了具体规定。"两个规定"的颁布,标志着我国的非法证据排除规则进入实质性运作阶段。其后,2012年修改刑事诉讼法时对"两个规定"进行了选择性吸纳,第一次以法律的形式确立了非法证据排除规则。

(二) 改革内容

1. 修改后刑事诉讼法实施之前的试点情况

非法证据排除规则在法律规则上的突破无疑是建立在试点摸索的实践基础之上的。早在2009年,中国政法大学诉讼法学研究院就与江苏省盐城市中级人民法院合作进行了"非法证据排除规则试点项目",并积累了丰富的经验。据了解,为了有效监测和对比试点案件各项数据,盐城市中院未在全市法院全面展开案件试点工作,而是从全市9个基层法院中选择3个基层法院进行试点,试点期间为6个月,即从2010年5月28日至11月28日。试点期间结束后,盐城市中院组织对部分法官、检察官、警察和律师进行问卷调查。调查情况表明:

一是试点工作有效促成了各方在证明证据合法性的方式问题上形成共识。当法庭对证据的合法性存在合理疑问时,控方应当对证据的合法性进行证明,但在实践中控方如何举证则是难题。在对"非法证据排除程序中证明证据合法性最为有效的方式有哪些"这一问题进行调查时,参照组的建湖县8名刑事法官认为侦查人员出庭作证、提供侦查讯问的录音录像、提交侦查机关的说明材料三种方式并列最为有效,10名警察认为提供侦查讯问的录音录像、提交看守所的健康检查表两种方式并列最为有效,可见参照组相关人员对这一问题的认识相对模糊。而从实验组的调查情况来看,经过非法证据排除规则试点,无论是法官,还是检察官、警察、律师,对此基本能形成共识,即最有效的方式是提供侦查讯问的录音录像,其次是侦查人员出庭作证。

二是试点工作增强了侦查人员出庭作证的"意识",但出庭的实际效果并不理想。侦查人员出庭作证是控方证明证据合法性的一种重要方式,据对实验组警察的调查,其对出庭作证这种证明方式的心理接受程度较高,44名警察中明确表示愿意出庭作证的人数达 36 人，比例为 81.8%，在我国现阶段刑事诉讼格局和执法意识之下，这一数据还是令人满意的。尽管侦查人员在出庭意识上有了很大的改观，但其出庭的实际效果却不容乐观。据对"侦查人员出庭作证是否有利于非法证据的有效排除"这一问题的调查，法官中认为效果一般的人数居多，检察官和警察中虽然认为效果较好的人数及比例高于法官，但认为效果一般和没有效果的所占比例也不小。可见侦查人员出庭作证的实际效果尚未达到理想化的程度。

三是各方对非法证据排除规则可行性的认识有所提高。据对"当前中国实施非法证据排除规则是否可行"这一问题的调查，参照组 32 名法官、检察官、警察和律师中，有 25 人认为可行。可见，经过非法证据排除规则项目的试点，法律实务人员对该规则可行性的认识程度有所提高，说明试点工作对增强法律实务人员实施非法证据排除规则的信心起到了一定的效果，这有利于规则的施行。但值得我们高度重视的是，在这一问题上，无论是参照组，还是实验组，检察官对实施非法证据排除规则可行性的认识程度普遍偏低，其中参照组 9 名检察官中只有 4 人认为可行，比例仅为 44.4%；实验组 40 名检察官中有 31 人认为可行，比例为 77.5%，也低于实验组整体比例。

根据对试点项目参与人员的调查，该试点取得了以下三点成效：

（1）被告人的权利意识得以增强。经过试点法院在试点期间发放权利告知书等措施，被告人对自身的诉讼权利有了更好的了解，权利意识得以增强，能够更加积极地通过法律途径维护自身合法权利。从数据来看，3 个试点法院在试点期间有 34 件案件申请排除非法证据，申请率为 5.2%，而同期其他 6 个基层法院的申请率为 0.6%，3 个试点法院在试点前半年的申请率为 0.2%。可见，经过项目试点，被告人申请排除非法证据的比例得到了明显提高。

（2）涉及非法证据的案件总量相对较小。3 个试点法院在试点期间的申请率仅为 5.2%，总体比例较小，而动议被采纳正式启动非法证据排除程序的案件数量更少，被排除的非法证据少之又少。这说明，在刑事诉讼中涉及非法证据的案件并不多，一定程度上反映了我国当前侦查工作总体质量趋优，并非像人们通常所认为的那样不容乐观。

（3）律师参与诉讼的比例有所提高。3 个试点法院在试点期间，律师参与刑事案件的比例为 47.8%，而同期其他 6 个基层法院律师参与刑事案件的比例为 33.9%，3 个试点法院试点前半年律师参与刑事案件的比例为 30.7%。这说明，经过试点中的权利告知，被告人寻求法律服务的愿望更加强烈，希望借助律师的帮助来获得对自己有利的刑事认定。但律师直接申请排除非法证据的比例很低，反映了律师在非法证据排除中所起的作用并不理想，与被告人的预期之间尚有相当的差距。

2. "两个规定"的改革内容

"两个规定"对非法证据排除规则的重大改革内容主要体现在以下六个方面:

(1) 明确了非法言词证据的内涵和外延。《关于办理刑事案件排除非法证据若干问题的规定》第1条明确规定:"采用刑讯逼供等非法手段取得的犯罪嫌疑人、被告人供述和采用暴力、威胁等非法手段取得的证人证言、被害人陈述,属于非法言词证据。"其第2条明确了处理非法言词证据的基本原则,即"经依法确认的非法言词证据,应当予以排除,不能作为定案的根据"。《关于办理死刑案件审查判断证据若干问题的规定》对非法言词证据内涵和外延的界定与之基本相似。同时,区分了非法言词证据排除的范围。非法言词证据包括实体违法和程序违法,前者如以刑讯逼供、诱供等非法手段取得的言词证据,后者如侦查人员取证程序存在瑕疵而取得的言词证据。《关于办理死刑案件审查判断证据若干问题的规定》明确规定,对于存在实体违法的言词证据一律排除,对于因程序违法取得的言词证据,需要侦查人员作出合理解释或者予以补正,否则予以排除。

(2) 明确了对非法取得的物证、书证的排除问题。《关于办理刑事案件排除非法证据若干问题的规定》第14条规定:"物证、书证的取得明显违反法律规定,可能影响公正审判的,应当予以补正或者作出合理解释,否则,该物证、书证不能作为定案的根据。"

(3) 确定了人民检察院在审查批捕、审查起诉过程中应适用非法言词证据排除规则。《关于办理刑事案件排除非法证据若干问题的规定》第3条规定:"人民检察院在审查批准逮捕、审查起诉中,对于非法言词证据应当依法予以排除,不能作为批准逮捕、提起公诉的依据。"

(4) 明确了审查和排除非法证据的程序。首先,启动证据合法性调查程序。虽然控方承担对被告人审判前供述合法性的举证责任,但是,启动这一程序的初步责任应由被告人及其辩护人承担,以避免出现不负责任地随意启动对证据合法性的"审理"程序的情况。因此,在法庭调查过程中,被告人有权提出其审判前供述是非法取得的意见,并提供相关线索或者证据。其次,法庭初步审查。程序启动后,法庭应当进行审查。合议庭对被告人审判前供述取得的合法性没有疑问的,可以直接对起诉指控的犯罪事实进行调查;对供述取得的合法性有疑问的,则由公诉人对取证的合法性加以证明。最后,控方证明。公诉人应当向法庭提供讯问笔录、原始的讯问过程录音录像或者其他证据,提请法庭通知讯问时其他在场人员或者其他证人出庭作证;仍不能排除刑讯逼供嫌疑的，提请法庭通知讯问人员出庭作证，对该供述取得的合法性予以证明。

（5）明确由检察机关对被告人审判前供述的合法性负举证责任和相应证明标准。《关于办理刑事案件排除非法证据若干问题的规定》第7条规定，应由检察机关对被告人审前供述的合法性负举证责任。之所以作此规定，原因有二：一是符合刑事诉讼中由控方承担证明被告人有罪责任的基本原理。在诉讼过程中，被告方提出口供不具有合法性，实质上是否认控方证据的合法性，控诉方需提供证据证明口供的合法性，在口供的合法性真伪不明时法庭应当作出有利于被告人的认定。二是基于举证能力的考量。为了保证诉讼双方平等对抗，诉讼中举证能力较强的一方应承担较多的证明责任。相对于被羁押的被告人来说，享有国家追诉权的控诉机关具有举证的绝对优势，必须在审判中证明自身行为的合法性。一旦辩护方对证据提出异议，检察机关就必须承担证明被告人的供述具有合法性的责任。

（6）明确了非法言词证据排除规则的证明标准。《关于办理刑事案件排除非法证据若干问题的规定》第11条规定，"对被告人审判前供述的合法性，公诉人不提供证据加以证明，或者已提供的证据不够确实、充分的，该供述不能作为定案的根据"，从而确认了非法言词证据排除规则的证明标准。设定证明标准是贯彻无罪推定原则的必然要求，它为检察机关控诉行为的成败提供了评价标准。如果检察机关不能证明被告人庭前供述的合法性，那么该证据就应当被排除于审判程序，不能用于对被告人定罪，检察机关不举证，或者已提供的证据不够确实、充分，就应当承担不能以该证据证明指控的犯罪事实的法律后果。

3. 修改后刑事诉讼法的改革内容

修改后刑事诉讼法以现代法治原则为基础，吸收了"两个规定"对非法证据排除的相关规定，进一步完善了非法证据排除规则，第一次从基本法律层面确立了此项制度，被诸多学者认为是我国刑事证据制度的"一个跨越式"发展，其历史意义不可低估，主要表现在以下几个方面：

（1）增加不得强迫任何人证实自己有罪的规定。为从制度上进一步遏制刑讯逼供和其他非法收集证据的行为，维护司法公正和刑事诉讼参与人的合法权利，修改后刑事诉讼法第50条明确规定"不得强迫任何人证实自己有罪"。由于我国已加入《联合国公民权利和政治权利国际公约》，其第14条第3项规定，不得强迫任何人做不利于自己的供述，或证明自己有罪。修改后刑事诉讼法明确规定不得强迫任何人证实自己有罪，既是对我国已签署《联合国公民权利和政治权利国际公约》的具体落实，同时又是对修改后刑事诉讼法修订中增加的"尊重和保障人权"的回应，因此修改后刑事诉讼法增加的不得强迫任何人证实自己有罪的规定意义重大。

（2）明确规定了非法证据排除范围。修改后刑事诉讼法对非法证据采取有限排除的原则，即非法言词证据应当予以排除；对书证、物证的排除理由则由"取得明显违反法律规定，可能影响公正审判的，不能补正或作出合理解释"修改为"取得不符合法定程序，可能影响司法公正的，不能补正或作出合理解释"。修改后刑事诉讼法规定证据必须经过法定程序查证属实后才能作为定案根据，本身就凸显了证据的合法性意义。

（3）明确规定了非法证据排除的启动程序。主要涉及以下问题：①有关当事人及其代理人、辩护人申请排除非法证据的规定。增加了被告人及其辩护人在开庭前、庭审中、法庭辩论结束前对非法供述排除的程序启动权，在庭审中对非法取得的未到庭证人的书面证言、未到庭被害人的书面陈述排除的程序启动权。修改后刑事诉讼法增加了"当事人及其代理人"，规定了当事人及其代理人、辩护人有权申请法院排除非法证据，同时还享有向检察院控告的权利，这从多渠道赋予了当事人方的非法证据排除启动权。②有关检察机关排除非法证据的规定。检察机关对非法证据排除的程序启动权，一是接到报案、控告、举报，二是检察机关在办案中自身发现。该规定进一步强化和扩展了审查起诉环节的侦查监督权，对非法证据的调查核实权、一般情节的纠正意见权，严重情节的追究刑事责任权。③有关审判机关排除非法证据程序的规定。法院对排除非法证据的程序启动权，一是当事人及其辩护人、代理人有权申请法院对以非法方法收集的证据依法予以排除；二是在庭审过程中，审判人员认为存在以非法方法收集的证据，应当对证据的合法性进行法庭调查。规定了庭审中控辩审三方各自的职责，当事人方在申请排除非法证据时有提供线索或材料的义务。在法庭调查过程中，人民检察院对证据收集合法性有证明责任。法院对于经过法庭审理，确认或者不能排除存在刑事诉讼法第54条规定的以非法方法收集证据情形的，对有关证据应当予以排除。这些规定创新了检察机关对非法证据的监督方式，赋予人民法院对非法证据排除的最终决定权，有利于检察机关和法院正确行使职权，保证案件处理环节的"两个独立权"，最大限度地杜绝错案的发生。

（4）明确规定了对现有证据不能证明证据收集合法性的处理方式。修改后刑事诉讼法进一步细化了更详细规定现有证据不能证明收集的合法性时，有关的侦查人员或其他人员出庭说明情况的规定。一是人民检察院可以提请人民法院通知；二是人民法院可以通知；三是有关的侦查人员或其他人员也可以要求。该规定充分体现了对证据合法性重要地位的确认和对证据合法性源头的把关，为确保案件的公平、公正，从源头上防止冤假错案开辟了新的途径，更是办铁案的一个创新。

4. 修改后刑事诉讼法实施后调研情况①

修改后刑事诉讼法正式实施之后,很多省市地方政法机关为了确保准确适用修改后刑事诉讼法,在结合地方实际的基础上,纷纷制定出台了相关规范性文件。比如,江苏省检察院制定实施的《排除和预防非法证据的指导意见》,上海市检察院出台的《非法证据排除规则的实施细则(试行)》,上海市中级人民法院与市公安局形成了《关于被告人、辩护人申请启动证据收集合法性调查程序问题的若干意见》,上海市一分院制定了《关于非法证据审查排除工作的实施细则(试行)》,上海市虹口区检察院与区公安、法院会签了《关于落实非法证据排除的意见》以及浙江省绍兴市人民法院、人民检察院、公安局联合出台的《非法证据排除实施办法(试行)》,等等。此外,江苏省启东市检察院还与当地公安机关共同会签了《关于犯罪嫌疑人入所体检表随卷移送审查的实施办法》和《关于讯问犯罪嫌疑人实行同步录音录像的实施办法》,大丰市检察院制定了《职务犯罪案件公诉阶段非法证据排除听证制度》,等等,目的在于进一步解决地方性非法证据排除规则在司法实践中的相关问题。

在相关地方性法规出台的同时,我国不少地方政法机关也进行了一系列调研工作。比如江苏省大丰市检察院在当地看守所召开了关于犯罪嫌疑人顾某涉嫌受贿及挪用公款一案的证据合法性公诉阶段听证会。此次听证会采用全程同步录音录像,由承办该案件的公诉人主持,参加听证会的还有大丰院反贪局负责侦办该案的侦查人员、犯罪嫌疑人顾某及其辩护律师。听证会分为五个阶段:第一阶段,由公诉人出示本案侦查部门移送的犯罪事实及证据;第二阶段,犯罪嫌疑人就检察机关侦查阶段对其讯问形成的言词笔录等犯罪事实和证据是否存在非法证据排除事项提出异议;第三阶段,由辩护人对该案认定事实的相关言词证据的合法性发表意见;第四阶段,由侦查人员对证据合法性进行说明;第五阶段,由公诉人进行总结。整个程序设立的目的在于审查证据的合法性,排除相关非法证据。

对于司法实践中如何启动非法证据排除程序以及提起非法证据排除程序的主体、时间、方式、证明、审查等诸多问题,吉林省临江市人民法院探索了"2+3+4"模式,即以"二个并重、三段式审查、四项制度"来建立和完善非法证据排除机制,具体如下:

以"二个并重"确立非法证据排除的具体内涵。一是犯罪嫌疑人、被害

---

① 关于修改后刑事诉讼法实施后的调研情况,参见《新〈刑事诉讼法〉贯彻落实情况调研报告》,载《国家检察官学院学报》2014年第3期。

人及证人非法证据排除请求权并重。既注重听取犯罪嫌疑人及其辩护人的意见，又认真核实证人证言、被害人陈述的客观性、合法性。二是非法言词证据的绝对排除与瑕疵物证、书证等证据的附条件排除并重。只要发现侦查阶段中有一次的讯问或询问笔录源于刑讯逼供或暴力取证，一经查实，即全部排除，不管之后相同言词证据的收集是否采取刑讯逼供或暴力取证，以确实保障当事人的合法权益。对于瑕疵物证、书证则坚持附条件的排除，充分发挥《纠正违法通知书》的作用，只有当违法取得的物证、书证严重影响到司法公正并不能补证或作出合理解释时，才予以排除。

以"三段式审查"确保非法证据排除实效。一是捕前适时介入，引导侦查。坚持与侦查机关积极配合，将监督触角前移，对于涉黑犯罪案件、重特大案件、疑难案件适时提前介入，引导侦查取证，注意及时发现并纠正侦查机关在侦查活动中的违法行为，增强侦查意识，在源头上杜绝非法证据的形成。二是审查逮捕过程中严查细看，防微杜渐。每案必提，实现"三个必问"，每案必问是否检举、是否立功、是否文明办案；认真听取，注意倾听律师意见，多角度、全方位分析判断涉案的犯罪事实及所涉及证据材料的真实性和合法性；细致审核，从提押证以及讯问笔录的时间入手审查是否存在"车轮战"，从入所体表检查情况表入手审查是否存在刑讯逼供，从言词证据客观性审查入手判断是否存在指供、诱供，从物证、书证收集的程序入手审查判断是否需要进一步补证，从文证审查中判断鉴定意见是否具备科学性。三是捕后延伸职能，跟踪监督。对因排除非法证据未批准逮捕和主要证据不合法而监督公安机关撤销的案件，要求承办人开展释法说理；及时收集排除非法证据过程中所形成的法律文书等材料，建立监督档案统一保存；填写《非法证据排除案件跟踪监督备查表》，动态跟踪监督，监督侦查机关及时排除非法证据、补强瑕疵证据。

以"四项制度"规范非法证据排除程序。一是建立非法证据排除权利告知制度。在讯问犯罪嫌疑人及询问证人等诉讼参与人进行书面权利义务告知时，依法着重告知其有权向检察机关申请排除非法证据，并在告知书中专门设计了规范的告知语言，确立了救济和发现非法证据的程序。二是确立非法证据排除的证据标准。以收集相关证据以证实侦查活动的合法性与否取代以往仅让侦查机关出具证明说明其办案合法的做法，要求侦查机关出具同步录音录像，向看守所调取入所体检报告以及每次提审、提押出所的记录，要求相关办案人员作证等。三是确立非法证据排除审批制度。承办人对证据的合法性产生合理怀疑时，必须向部门负责人汇报，经集体讨论后，由分管检察长批准决定，案件重大复杂的，提交检察委员会集体研究决定。四是确立部门协作制度。在已有与刑事执行部门建立的"周通报"制度基础上，加强沟通协作，确实掌握入所人员的体检情况,通过驻所人员与在押人员的谈心制度,发现在押人员是否存在被刑讯逼供的情形;与公诉部门建立非法证据排除信息通报制度,承办人个案跟踪,关注涉及非法证据排除的案件进展,及时向公诉部门通报;与自侦部门加强协作,对发现的侦查人员刑讯逼供等职务犯罪线索及时移送。

(三) 评论与分析

修改后刑事诉讼法的颁布实施不仅从立法层面上确立和完善了我国非法证据排除规则,尤其对涉及人民检察院如何在审查起诉阶段正确审查判断和排除非法证据作出了具有"首创性"的规定。主要表现在三个方面:

1. 明确了人民检察院对非法证据的调查核实权

修改后刑事诉讼法第55条规定:"人民检察院接到报案、控告、举报或者发现侦查人员以非法方法收集证据的,应当进行调查核实。对于确有以非法方法收集证据情形的,应当提出纠正意见;构成犯罪的,依法追究刑事责任。"该规定在一定程度上吸收了1999年《人民检察院刑事诉讼规则》第265条的规定,确认了检察院对非法证据享有调查核实权,是对宪法赋予检察机关的法律监督权的进一步延伸。1996年刑事诉讼法虽然规定了人民检察院可以对侦查活动、审判活动行使监督权,并提出纠正意见,但是并没有规定如何具体地行使监督权,尤其是对侦查人员违反法律规定以非法方式收集证据的行为如何进行监督。因此,2012年修改后刑事诉讼法对人民检察院非法证据调查核实权的明确,不仅是立法层面上的创新,同时也为非法证据排除规则在司法实践中的适用创造了条件。根据该规定,人民检察院可以依照职权或者根据诉讼当事人、普通公民的报案、控告和举报,发现侦查人员以非法方法收集证据后进行调查核实。修改后刑事诉讼法扩大了人民检察院获知侦查活动违法的途径,一方面便于非法取证的受害人、当事人亲属或者一般公民寻求司法救济,另一方面也为人民检察院及时、准确地查明侦查人员是否违法取证提供了法律依据。人民检察院在调查核实相关事实后,应当针对不同的情况予以处理。对于确有违法取证行为且情节不构成犯罪的,必须提出纠正意见,要求侦查机关及时纠正并不得继续采取违法取证方法。上述行为构成犯罪的,应当启动检察院自侦程序,追究相关人员的刑事责任。

2. 明确了人民检察院负有证明控方证据具有合法性的证明责任

根据修改后刑事诉讼法第57条第1款的规定,如果审判人员认为可能存在本法第54条规定的以非法方法收集证据的情形,以及当事人及其辩护人、诉讼代理人申请人民法院对以非法方法收集的证据依法予以排除,且提供了相关线索,那么人民检察院负有证明指控证据合法性的责任。证明责任是指当事人对自己提出的主张有收集或提供证据的义务,并有运用该证据证明主张的案件事实成立或有利于自己的主张的责任,否则将承担其主张不能成立的风险。可以说,明确指控证据合法性的证明责任由控方承担不仅符合现代刑事证据法的发展趋势,而且对于进一步保障被追诉人的合法权益具有重要意义。1996年刑事诉讼法虽然明确了人民检察院对指控的犯罪事实负有证明责任,但由于当时立法并没有对审查起诉机关、审判机关采纳和采信证据的标准作出规定,自然也就没有规定人民检察院负有证明证据合法性的证明责任。这就导致司法实践中侦查机关出具的证据一般被推定为合法,不需要提出证据加以证明。即便有些当事人主张控方证据不具有合法性,但却要么被要求承担举证责任,要么不被理睬,导致控方证据畅通无阻地成为定罪根据。加之辩护律师的调查取证权受到种种限制,辩方既无能力也无意愿与侦查机关相抗衡,极易导致错案的发生。因此,确定控方对控诉证据的合法性承担证明责任对于保护被告人权利来说意义重大。

修改后刑事诉讼法第 57 条第 2 款则考虑了司法实践中可能出现的情况,即如果现有证据材料不能证明证据收集的合法性,人民检察院可以提请人民法院通知有关侦查人员或者其他人员出庭说明情况;人民法院可以通知有关侦查人员或者其他人员出庭说明情况。有关侦查人员或者其他人员也可以要求出庭说明情况。经人民法院通知,有关人员应当出庭。据此,刑事诉讼法明确规定了侦查人员负有出庭作证的义务。该规定的合理之处有二:其一,由办理案件的侦查人员或者其他人员出庭作证,由于其亲历了证据的取证环节,可以完整地陈述证据的取得过程,从而保证侦查行为得到全面的审视。其二,侦查人员出庭作证,便于控辩双方对侦查人员进行当庭质证,避免了过去以出具书面证言代替侦查人员出庭作证的现象,从而提高了庭审的对抗性,便于审判人员根据庭审情况认定案件事实。

3. 在一定程度上规定了人民检察院证明证据具有合法性的证明标准

修改后刑事诉讼法第 58 条规定,"确定或者不能排除存在本法第五十四条规定的以非法方法收集证据情形的,对有关证据应当予以排除。"此项规定的排除主体仅限于人民法院,也就是说在审判阶段由审判人员决定是否排除相关证据。值得注意的是,非法证据排除的证明标准是从相反的逻辑层面进行规定的。也就是说,如果人民检察院在庭审阶段所出示的证据属于或者可能属于"采用刑讯逼供等非法方法收集的犯罪嫌疑人、被告人供述和采用暴力、威胁等非法方法收集的证人证言、被害人陈述,或者收集的物证、书证不符合法定程序,可能严重影响司法公正情形的",就应当由法院予以排除。这就意味着如果人民检察院在庭审阶段无法证明指控犯罪的证据具有合法性,那么法院应当对有关证据予以排除,不得作为认定案件事实的证据。这在客观上又强化了人民检察院的证明责任,对于有效确定和排除非法证据,从而正确认定案件事实和适用法律具有重要意义。

诚如一位法学家所言"纸上的法律不等于现实中的法律",修改后刑事诉讼法实施之后,也暴露了一些问题,其中之一就是非法证据排除规则。客观地说,非法证据排除规则是舶来品,而我们确立的非法证据排除规则则非常具有中国特色,其最大的特点就是非法证据的排除主体不同。国外非法证据的排除主体是包括上级法院和最高法院的各级法院,由法院通过听审决定证据是否合法、是否予以排除;我国的非法证据排除规则不仅适用于审判阶段,还适用于审前阶段,排除非法证据的主体是多元的。但从实践来看,非法证据排除规则的运用也存在一些问题,主要表现在以下三个方面:

(1) 非法证据排除的范围问题。修改后刑事诉讼法第54条规定,"采用刑讯逼供等非法方法收集的犯罪嫌疑人、被告人供述和采用暴力、威胁等非法方法收集的证人证言、被害人陈述,应当予以排除。收集物证、书证不符合法定程序,可能严重影响司法公正的,应当予以补正或者作出合理解释;不能补正或者作出合理解释的,对该证据应当予以排除。"但在司法实践中,如何具体地判断某一证据是否属于非法证据而应予排除,界限似乎并不清晰。

随着一系列冤假错案的披露,为了更加明确何为应当排除的非法证据,2013年底最高人民法院《关于建立健全防范刑事冤假错案工作机制的意见》第8条规定,"采用刑讯逼供或者冻、饿、晒、烤、疲劳审讯等非法方法收集的被告人供述,应当排除。除情况紧急必须现场讯问以外,在规定的办案场所外讯问取得的供述,未依法对讯问进行全程录音录像取得的供述,以及不能排除以非法方法取得的供述,应当排除。"这条规定直接影响到检察机关如何适用非法证据排除规则的问题。而根据刑事诉讼法第54条的规定,① 最高人民法院《关于建立健全防范刑事冤假错案工作机制的意见》第8条对刑事诉讼法关于非法证据排除的规定实际上进行了扩大解释。

首先,冻、饿、晒、烤、疲劳审讯虽然是违法的,但是,冻、饿、晒、烤、疲劳审讯获取的证据是否必须排除,应具体问题具体分析。原因有二:其一,关于冻、饿、晒、烤、疲劳审讯如何界定,目前我们缺乏明确的界定标准;其二,冻、饿、晒、烤、疲劳审讯对犯罪嫌疑人、被告人人身的侵害程度

---

① 采用刑讯逼供等非法方法收集的犯罪嫌疑人、被告人供述和采用暴力、威胁等非法方法收集的证人证言、被害人陈述,应当予以排除。收集物证、书证不符合法定程序,可能严重影响司法公正的,应当予以补正或者作出合理解释;不能补正或者作出合理解释的,对该证据应当予以排除。

的界定不够清晰。根据《人民检察院刑事诉讼规则（试行）》第65条第2款和第3款的规定，刑讯逼供是指使用肉刑或者变相使用肉刑，使犯罪嫌疑人在肉体或者精神上遭受剧烈疼痛或者痛苦以逼取供述的行为；其他非法方法是指违法程度和对犯罪嫌疑人的强迫程度与刑讯逼供或者暴力、威胁相当而迫使其违背意愿供述的方法，即人身侵害程度要与刑讯逼供相当。冻、饿、晒、烤、疲劳审讯也有一个程度的问题，把冻、饿、晒、烤、疲劳审讯获得的证据全部予以排除，是不符合两高司法解释的初衷。

其次，除情况紧急必须现场讯问以外，在规定的办案场所外讯问取得的供述也不应一律排除。修改后刑事诉讼法第54条规定，"采用刑讯逼供等非法方法收集的犯罪嫌疑人、被告人供述和采用暴力、威胁等非法方法收集的证人证言、被害人陈述，应当予以排除。收集物证、书证不符合法定程序，可能严重影响司法公正的，应当予以补正或者作出合理解释；不能补正或者作出合理解释的，对该证据应当予以排除。"在规定场所之外讯问，属于违法行为，但不一定是非法行为，也不意味着所取得的证据就要排除。

同理，判处无期徒刑、死刑的案件，法律规定要录音录像；没有录音录像，就是违法的，但是违法不等于非法。录音录像只是固定证据的一种手段，没有全程录音录像并不意味着获取供述的方法是非法的。仅因没有全程录音录像就要排除证据，同样超越了法律规定的范围。

（2）证明标准和证明方式的不确定性。修改后刑事诉讼法第58条规定，对于经过法庭审理，确认或者不能排除存在本法第54条规定的以非法方法收集证据情形的，即采用刑讯逼供等非法方法收集的犯罪嫌疑人、被告人供述和采用暴力、威胁等非法方法收集的证人证言、被害人陈述，对有关证据应当予以排除。从这条规定可以看出，审判阶段非法证据排除程序中的证明责任由人民检察院来承担，那么其证明标准是否可以借用侦查、审查起诉和审判阶段认定被告人有罪所适用的"案件事实清楚，证据确实充分"的标准呢？此外，根据修改后刑事诉讼法的规定，如果"现有证据材料不能证明证据收集的合法性的，人民检察院可以提请人民法院通知有关侦查人员或者其他人员出庭说明情况；人民法院可以通知有关侦查人员或者其他人员出庭说明情况。有关侦查人员或者其他人员也可以要求出庭说明情况。经人民法院通知，有关人员应当出庭。"但是，该规定并没有明确负有出庭作证义务的侦查人员或者相关人员不出庭作证的责任。也就是说，即使侦查人员不出庭作证也不会承担不利的后果。这无疑会对该条规定的实践效果造成一定的消极影响。

（3）缺乏对犯罪嫌疑人权利的救济性规定。根据修改后刑事诉讼法以及《人民检察院刑事诉讼规则（试行）》的规定，当事人及其辩护人、诉讼代理人报案、控告、举报侦查人员采用刑讯逼供等非法方法收集证据并提供涉嫌非法取证的人员、时间、地点、方式和内容等材料或者线索的，人民检察院应当受理并进行审查。因此，对于犯罪嫌疑人而言申请排除非法证据是一项权利，而对于人民检察院而言则是一项义务，但是如果没有相应的不利后果作为保障，那么义务要求对于人民检察院将没有强制性约束力，而遗憾的是，法律并没有规定对于人民检察院不履行义务的制裁措施，这对于犯罪嫌疑人权利的保障显然是不利的。此外，由于人民检察院在非法证据排除程序中作出的决定直接关系到犯罪嫌疑人是否将被羁押或者被起诉，因此有必要赋予犯罪嫌疑人对相关决定提出异议的权利，但是法律规定似乎对此问题并没有涉及。对于人民检察院作出对犯罪嫌疑人不利的证据合法、不应当被排除的决定，犯罪嫌疑人没有相关的救济途径，这将违背权利救济的基本原则。

（四）立法完善

针对我国修改后刑事诉讼法对非法证据排除规则存在的立法和司法问题，建议从立法层面予以完善。

1. 明确非法证据的范围

刑事诉讼法第54条第1款规定："采用刑讯逼供等非法方法收集的犯罪嫌疑人、被告人供述和采用暴力、威胁等非法方法收集的证人证言、被害人陈述，应当予以排除。收集物证、书证不符合法定程序，可能严重影响司法公正的，应当予以补正或者作出合理解释；不能补正或者作出合理解释的，对该证据应当予以排除。"从刑事诉讼法规定来看，非法证据排除规则中所谓的"非法证据"实际上仅指以法定非法方法收集的证据。而司法实践中有违法之嫌的证据可以根据严重程度分为三类：第一类是非法证据，适用非法证据排除规则的证据。就是刑事诉讼法第54条规定的证据，即刑讯逼供和以威胁、引诱、欺骗以及其他非法方法收集的言词证据，以及取证不符合法定程序达到可能严重影响司法公正的程度，又不能补正或者作出合理解释的物证、书证。第二类是违法的证据，即不属于非法证据排除规则所规定的非法证据的范畴，但在取证中出现了一些违反法律规定的行为。比如刑事诉讼法规定，讯问犯罪嫌疑人必须由不少于两名的侦查人员进行，如果一个侦查人员进行讯问，得到的口供就是违法证据。第三类是瑕疵证据，即证据在形式上有缺陷，但既不属于非法证据排除规则中规定的非法证据，取证行为也不属于违法。例如，两名侦查人员讯问犯罪嫌疑人，但因为疏忽导致固定口供时在笔录上面的讯问人和记录人是同一个人。取证行为没有违法，但证据形式有缺陷、有瑕疵。按照现行法律规定，瑕疵证据、违法证据都不属于"非法证据排除规则"的排除范围。

2. 正确理解"刑讯逼供等非法方法"的含义

我们认为刑讯逼供由密切相关的两个行为组成。一是刑讯,"刑"指肉刑或者变相肉刑,即对犯罪嫌疑人或者被告人的身体进行伤害或者折磨,使之产生剧烈疼痛或者痛苦,包括殴打、捆绑、渴饿、冷冻、烤晒、烫淹等一切足以使他人肉体产生痛苦的行为;"讯"指司法人员询问犯罪嫌疑人或者被告人以获取案件的具体信息。二是逼供,从司法人员方面讲,是强迫犯罪嫌疑人或者被告人供述,从犯罪嫌疑人或者被告人方面讲,是违心地供述。刑讯与逼供构成手段与目的的关系。此外,关于"等非法方法"的理解,从危害后果看,是指足以造成被告人精神严重痛苦或者伤害的非法方法,如药物兴奋或者抑制的方法、置于险境的恐吓方法等。从违法后果看,是指违法程度和对犯罪嫌疑人、被告人的强制程度达到或者相当于刑讯逼供或者暴力所能达到的程度。需要注意的是,"等其他非法方法"不包括威胁的方法或欺骗的方法,因为这些非法方法不足以达到刑讯逼供的程度,对犯罪嫌疑人、被告人权利的侵害也较轻。

3. 合理适用非法证据排除的程序

根据修改后刑事诉讼法的规定,在法庭审判阶段排除非法证据,既可以在庭前会议进行,也可以在法庭审判过程中进行。笔者认为,审判人员在司法实践中不宜简单地将非法证据排除归于庭前会议或庭审中予以解决,而应当根据案件的具体情况和当事人提出申请的时间来适用。一方面,如果被告人在开庭审理前提出排除非法证据的申请,审判人员就应当启动庭前会议程序,召集控辩双方和相关当事人对非法证据排除问题进行审查处理,并作出是否排除相关非法证据的决定。即使被告人或者辩护人庭前没有提出申请的,如果案情复杂,需要召开庭前会议的,审判人员也应当在庭前会议中就是否存在非法取证询问控辩双方,并记录在案。另一方面,如果被告人在开庭过程中提出了申请,审判人员在公诉人宣读起诉书后可以先行启动调查程序,也可以根据案件具体情况灵活处理,例如,在存在多名被告人、案情复杂的情形下,如果随时启动调查程序可能拖延法庭审理的时间,此时就可以在法庭调查结束前,对其他证据调查结束后,再一并就非法证据排除问题进行审查、调查并作出决定。需要注意的是,如果不是先行启动非法证据调查程序,审判人员应征求公诉人、被告人及其辩护人的意见,在达成一致意见的情况下,才可以在法庭调查结束前,对其他证据调查结束后启动非法证据的调查程序。否则,此时最好由公诉人建议法庭延期审理,在延期审理期间,审判人员会同控辩双方重点进行非法证据的审查、排除工作,然后再恢复法庭审理。例如,笔者在调研中发现,某法院在审理被告人张某、郭某抢劫案件中,被告人张某开庭后突然提出其在侦查机关接受讯问时，存在非法获取证据的问题，并提供相关线索。法庭考虑到被告人的供述在该起犯罪中起主要作用，而当庭又不具备审查和排除该证据的条件，此时公诉人主动提出了延期审理的建议，合议庭同意延期，在延期期间，公诉机关调查了相关的证据，排除了案件存在非法取证的问题，之后恢复法庭审理。

4. 明确非法证据排除的证明标准

修改后刑事诉讼法第58条规定了人民法院适用非法证据排除的两个证明标准，但鉴于两个证明标准的不一致性，为了确保司法人员在实践中准确地采信证据、正确地认定案件事实，笔者建议应当采取后者，即存疑排除原则。理由有二：一是如果采用第一种"确实、充分"的证明标准，让司法人员去调查、核实证据的非法性，必然会造成审判资源的浪费，降低诉讼效率，司法人员无暇去处理，可能会导致忽视对该证据的审查判断；二是在实践中存在较多的情况是，被告人辩称被刑讯逼供，侦查人员出具"没有刑讯逼供"的书面材料或出庭自证没有刑讯逼供，并声称犯罪嫌疑人的身体伤残系"躲猫猫"、"玩跳跳"等行为形成。在这种"一对一"的情况下，司法人员结合被告人提出刑讯逼供的时间、供述的稳定性、讯问的时间和地点、讯问人员身份、出入看守所的健康检查表、讯问过程录音录像、看守所管教人员及同监室人员的证言等情况综合考虑，就很容易确定公诉人员的解释不符合逻辑和常理，就应当排除相关非法证据。

5. 完善侦查人员出庭制度

侦查人员出庭接受控辩双方的询问，对于司法机关正确采信证据和准确查明案件事实具有重要意义。针对司法实践中普遍存在的侦查人员"不愿出庭、不敢出庭"的现象，笔者建议从以下三个方面完善侦查人员出庭制度：

（1）明确出庭范围。在刑事审判中，每一个刑事案件的侦查人员都要出庭作证不仅没有必要，而且也行不通；相反，每一个刑事案件的侦查人员均不出庭作证，便又回到了原来的老路上，也更不为人所接受。人民法院作为侦查人员是否需要出庭作证的决定者，必须处理好诉讼效率与程序正义之间的关系，即按照修改后刑事诉讼法规定的"法院认为有必要出庭作证"要求，将侦查人员出庭作证的范围限定在两个方面：一是公诉机关提供的证据可能是非法证据。侦查机关作为证据的调查、收集、保管主体，侦查机关内部具体的办案人员也是取证活动每一阶段的亲临者和参与者，由办案人员出庭证明相关证据的合法性是应有之义。二是证据存在瑕疵需要侦查人员解释说明。对于存在瑕疵的证据，比如现场勘验、检查笔录没有侦查人员签名等情形，需要侦查人员出庭证明瑕疵存在的原因。

(2) 设定出庭责任。为了使侦查人员出庭作证制度真正成为一项名副其实的制度，必须为此设立相应的出庭作证责任，但单独依靠人民法院一家几无可能。鉴于我国司法组织体系的实际，笔者建议由当地政法委牵头，联合公安机关、检察机关和人民法院三部门，制定出台相关规范性文件，明确侦查人员在应当出庭作证而未出庭作证时应承担的法律后果。但这种后果不同于一般证人违反作证义务应当承担的法律后果，它一般表现为行政处分，审判人员可以对侦查人员无故不出庭的事实以书面形式通知公安机关的纪律部门，因为出庭作证不仅仅是侦查人员的义务，更是侦查人员的职责。与此同时，通过规范性文件进一步推动公安机关内部建立侦查人员出庭作证的保障机制，各级公安机关也应当给予侦查人员提供出庭作证的条件，对于在接到法庭传票后没有正当理由拒绝出庭作证的警察证人，纪律部门应当给予警告、记过、降职、撤职、开除等行政处分。根据笔者调研发现，北京市公安局与市检察院建立了专项协调机制，开通了绿色通道，确保侦查人员出庭作证。浙江省某地公安机关研究制定了侦查人员出庭作证奖励补偿制度，将出庭作证次数、效果与侦查人员的绩效考核、物质奖励挂钩，对无正当理由拒不出庭作证的有关侦查人员进行提醒、通报，鼓励侦查人员积极出庭作证。这些探索性的做法对于在司法实践中保障侦查人员出台作证具有重要意义。

(3) 明确保障措施。为使侦查人员能够毫无顾虑地出庭，并且能够在法庭上如实作证，应当设置对侦查人员的具体经济补偿措施。侦查人员作为国家机关工作人员出庭作证，目的是确保人民法院正确、充分地履行审判职能，相关的费用支出应当由国家来负担。鉴于我国司法组织体系的实际，笔者建议由当地政法委提请当地政府，将侦查人员出庭作证产生的交通费、差旅费、食宿、补贴等费用纳入年度预算，切实从物质上保障侦查人员出庭作证。

6. 构建相应的救济机制

西方法谚曰："无救济则无权利"，为了使权利真正得到实现，必须有相应的救济措施作为保障。具体到人民检察院适用非法证据排除规则的程序，我们认为应该赋予犯罪嫌疑人及其辩护律师对人民检察院所作出的决定提出异议的权利，即犯罪嫌疑人及其辩护律师对人民检察院作出的关于证据合法，从而不应当被排除的决定不服的，可以向人民检察院提出申诉；人民检察院对于犯罪嫌疑人及其辩护律师的申诉申请应该及时处理，并将处理结果告知犯罪嫌疑人及其辩护律师，犯罪嫌疑人及其辩护律师对此处理结果仍不服的，有权向该人民检察院的上一级人民检察院再申诉，以此来保证犯罪嫌疑人的权利得到充分的保障。此外，为了使人民检察院能够切实履行相关的义务，启动非法证据排除程序，保障犯罪嫌疑人及其辩护律师的程序性参与权等，可以启动程序性制裁措施，即通过宣告那些违反法律程序的侦查、公诉和审判行为无效，使其不再产生预期的法律后果的方式来惩罚和遏制程序性违法行为。这种制裁方式是通过"剥夺违法者违法所得的利益"或者令违法行为不发生预期的法律效果的方式，来达到阻遏和拒绝接受违法行为之法律效果的作用。具体言之，对于人民检察院不履行或者怠于履行自身义务，不对非法证据进行及时排除的，则人民检察院所从事的相关诉讼活动都应归于无效，以此来促使人民检察院积极履行相关的义务。

第二章 逮捕制度的改革与立法完善

按照 1996 年刑事诉讼法的规定，拘传、取保候审、监视居住、拘留、逮捕构成了强制力由低到高的强制措施体系。这对于完善强制措施体系，保障当事人合法权益，尽可能地不适用强制措施或者适用强制程度相对较低的强制措施具有重要意义。但从实践来看，这些强制措施的程序适用规范在设置上还存在一些问题，需要进一步改进和完善。例如，从理论上而言，作为直接导致被追诉人人身自由受限或暂时剥夺的拘留和逮捕应当被严格限制适用，除非在不逮捕、不拘留不足以防止发生社会危险性等不得已的情况下，否则应当优先适用诸如取保候审等非羁押性强制措施。但是在我国的实践中，基于多种因素的考量，有的办案人员仅从自身工作方便出发，从侦查阶段开始就会寻求将被追诉人羁押，先拘留再逮捕已经成为有的办案机关适用强制措施的常用思考和工作模式，只有在少数情况下，犯罪嫌疑人、被告人才可能被决定取保候审或监视居住。这就使得我国司法实践存在不应当逮捕而逮捕的情况，侵犯了当事人的合法权益。为了解决实践中的这些问题，促进强制措施体系的完善，最大限度地保障当事人的合法权益，完善强制措施制度就成为中央推动的司法改革的重要任务之一。与此同时，检察机关也自觉推进了包括审查逮捕工作机制改革在内的检察改革，这些改革以逮捕制度改革为重点，通过推动逮捕条件和逮捕程序的变革，为逮捕制度乃至整个强制措施体系的完善积累了宝贵经验。

一、改革缘起

实践证明，现有逮捕制度在设计上存在的一些问题，尤其是在司法实践中没有形成正确的执法理念，导致逮捕在适用中存在不应当逮捕而逮捕的问题等。为了尽快解决这些问题，进一步推进逮捕制度的法治化，更好地平衡实现逮捕所具有的人权保障和诉讼保障的双重功能，有关逮捕制度的改革成为近些年检察改革的核心问题之一。

(一) 实践中的问题

推动逮捕制度改革和立法完善的主要原因在于逮捕在实践中暴露出来的问题，这包括逮捕后羁押期限延长缺乏羁押必要性审查以及羁押期限过长、超期羁押严重等问题。

1. 批准逮捕执行中存在的问题

(1) 批准逮捕执行程序存在的问题

根据1996年刑事诉讼法第68条的规定，对于人民检察院批准逮捕的案件，公安机关接到通知后应当立即执行，并将执行情况通知人民检察院。但是，司法实践表明，检察机关批准逮捕的案件，在执行中存在两个问题：一是有的批准逮捕决定长期得不到执行，致使一部分犯罪嫌疑人在检察机关批捕后，长期在逃。这些人滞留社会，有的再次犯罪，给社会治安、人民生活安定带来了严重危害。二是公安机关执行逮捕后又自行撤销逮捕或者变更强制措施，检察机关对之缺乏有效监督。根据1996年刑事诉讼法第68条、第73条的规定，对于检察机关批准逮捕的案件，公安机关应当立即执行；需要撤销或者变更强制措施的，应当通知原批准逮捕的人民检察院。然而实践中，检察机关批准逮捕的案件，公安机关变更强制措施或者撤销逮捕，有的地方存在不通知检察机关或者不及时通知检察机关的问题，致使检察机关无法监督或者无法及时监督。这一问题不仅是检察机关在履行侦查监督职责中遇到的突出问题，公安机关本身也注意到了这一问题，并通过《公安机关办理刑事案件程序规定》规定了相应的解决办法。但是因为该程序规定的效力原因，导致这一问题没能从根本上解决。为了解决这一问题，我们认为，应当修改刑事诉讼法规定，把《公安机关办理刑事案件程序规定》第142条的相关内容吸收进来。《公安机关办理刑事案件程序规定》第142条针对检察机关批准逮捕而确实不能执行的问题，规定要将未能执行的原因通过送达执行回执通知人民检察院。同时，进一步完善检察机关的监督程序。对于确实因特定原因长期未能执行的案件，公安机关应当在规定期限内向检察机关说明原因及抓捕情况。对于能够执行而公安机关不执行或者不积极执行的，检察机关应当监督公安机关执行，公安机关应当及时执行。对于公安机关执行逮捕以及逮捕后撤销或者变更强制措施的，均应当明确规定通知检察机关的时间。

可惜的是，尽管这一问题已经在有关规定中得到明确，并经10多年司法实践的检验证明是行之有效的，地方公安机关、检察机关对该问题也反应强烈，但是这次修改刑事诉讼法仍然没能正视并加以规定。

（2）逮捕后超期羁押问题突出

在以无罪推定为基石建立起来的现代刑事诉讼程序下，强制措施特别是逮捕的适用是受到严格限制的。一方面，非逮捕措施在适用上是优先的，逮捕只能作为最后的强制手段以保障刑事诉讼的顺利进行；另一方面，即便必须适用逮捕，也必须遵循法定的程序，并将逮捕后的羁押期限尽量缩短。从目前各国的情况来看，一般逮捕后的羁押期限都在6个月以内。欧盟委员会曾在2003年对其成员国未决羁押情况进行统计，其结果表明，各成员国未决羁押的平均时间为167天，即5.5个月左右。① 而据英国司法部的统计，英国2009年未决羁押的时间在13周左右，即3个多月。② 在我国，按照1996年刑事诉讼法的规定，未决羁押期限一般情况下应当为5个月，出现特殊情况时可以延长，因而对于多数案件来说，其羁押期限应当被严格限制在5个月以内，只有少数复杂、重大、疑难案件或者符合法定条件的案件的被告人被羁押的时间会超过5个月。然而在实践中，不少案件被告人的羁押时间都超出了法定期限。2001年全国检察机关共对超期羁押提出纠正意见66196人，但截至当年底，仍有7212名犯罪嫌疑人、被告人被超期羁押，其中被羁押5年以上的有45人，被羁押8年以上的有23人。③ 亦有地方检察机关人士经统计指出，当地检察机关2005年批准逮捕的201名犯罪嫌疑人中，侦查羁押期限超过基本期限2个月的有63人，占31.3%，平均羁押期限达92.85天，即3个多月；侦查羁押期限最长的达240天，即8个月。④ 这还只是处于侦查阶段时犯罪嫌疑人被羁押的时间，考虑到我国刑事诉讼程序并未区分办案期限和羁押期限，如果再加上其后的审查起诉时间和审判时间，犯罪嫌疑人、被告人被羁押的时间还将会大幅度地增加。

超期羁押应当说是与逮捕制度有关的令人关注的一个问题，也一直是困扰我国刑事诉讼的一大顽疾。在我国，逮捕附带了羁押，但逮捕并不必然引起超期羁押，实践中的超期羁押更主要的是执行问题。2000年全国人大常委会对全国执行1996年刑事诉讼法的情况进行大检查后所作报告指出，超期羁押的

---

① European Commission: Accompanying document to the proposal for a council framework decision on the European supervision order in pre-trial procedure between member states of Europe Union, 2006, SEC (2006) 1079, August 29, 2006, pp. 10–11.

② Ministry of Justice and Cabinet Office Social Exclusion, Task Force, Short Study on Women Offenders, May 2009, p. 7.

③ 毛磊：《超期羁押绝不亚于错案》，载《人民日报》2002年7月31日。

④ 曲立新：《我国侦查羁押制度的实证考察与研究》，载《黑龙江省政法管理干部学院学报》2006年第5期。

问题非常严重,"一些地方超期羁押仍然较为突出:一是仍有一批超期羁押多年的案件没有得到解决。二是旧的超期羁押问题清理了,又出现新的超期羁押问题。三是变相超期羁押情况增多。"① 事实上,1996年刑事诉讼法尽管规定了侦查羁押期限及其延长的方式,规定犯罪嫌疑人及其法定代理人、辩护人可以申请变更强制措施,并在出现不当羁押时向办案机关反映,但是由于救济机制的缺乏,犯罪嫌疑人、被告人一旦被羁押,很难申请救济以变更强制措施,而羁押期限附属于办案期限的现状更是意味着,犯罪嫌疑人、被告人只要无法实现变更强制措施的要求,就会被一押到底。这导致羁押超出法定期限。在多数情况下,办案机关基于办案需要,往往采取通过羁押被追诉人的方式来获取更多证据,即便羁押期限届满,也不愿意及时释放被追诉人或者变更强制措施。在这种情况下,超期羁押不可避免地成为一项顽疾。

2. 不批准逮捕执行程序存在的问题

检察机关不批准逮捕决定能否及时执行,不仅关系到法律的权威问题,而且关系到当事人的合法权益能否及时得到保护的问题。据调查,在检察机关不批准逮捕的案件中,有相当比例的案件没能得到及时、有效的执行,这已经成为刑事诉讼法执法实践中相当突出的一个问题。这一问题的出现既有公安机关在执行过程中主观方面的原因,也有刑事诉讼法相关规定不健全的原因。

1996年刑事诉讼法第69条第3款规定:"人民检察院不批准逮捕的,公安机关应当在接到通知后立即释放,并且将执行情况及时通知人民检察院。对于需要继续侦查,并且符合取保候审、监视居住条件的,依法取保候审或者监视居住。"根据该规定,公安机关在检察机关作出不批准逮捕决定后,执行的方式有两种:其一,对不批准逮捕的在押犯罪嫌疑人、被告人立即释放;其二,对不批准逮捕的犯罪嫌疑人、被告人决定取保候审或者监视居住。同样,检察机关作出的不批准逮捕的决定也有两种:其一,因犯罪嫌疑人、被告人不构成犯罪或者具有1996年刑事诉讼法第15条规定的情形之一而不批准逮捕;其二,因现有证据还不足以证明有犯罪事实,需要补充侦查而不批准逮捕。对于检察机关的第一种不批准逮捕决定,公安机关以第一种执行方式执行,即对不批准逮捕的犯罪嫌疑人、被告人立即释放,这是没有问题的。而对于第二种不批准逮捕决定,实践中公安机关往往既难以以第一种方式去执行,也不能完全以第二种方式去执行。根据1996年刑事诉讼法第69条第3款的规定,对于

---

① 侯宗宾:《全国人大常委会执法检查组关于检查〈中华人民共和国刑事诉讼法〉实施情况的报告》,载http://www.npc.gov.cn/wxzl/gongbao/2001-03/09/content_5132037.htm,2012年9月1日最后访问。

需要继续侦查而不批准逮捕的犯罪嫌疑人，只有符合取保候审、监视居住条件的，才能够对犯罪嫌疑人取保候审或者监视居住。而如果犯罪嫌疑人并不符合1996年刑事诉讼法第51条关于取保候审、监视居住的条件规定，尤其是对可能判处徒刑以上刑罚的犯罪嫌疑人，对其取保候审、监视居住可能发生社会危险性的，则既不能依法取保候审或者监视居住，更不能立即释放。因为该种不批准逮捕案件的现有证据虽然不能达到证明有犯罪事实的程度，但犯罪嫌疑的确重大，必须继续侦查，不同于已经确定不构成犯罪或者具有1996年刑事诉讼法第15条规定的情形之一。如果对犯罪嫌疑人立即释放，则有可能造成证据的灭失，发生新的社会危险性，或者出现其他影响刑事诉讼顺利进行的情形。这就造成了对该类不批准逮捕的犯罪嫌疑人，公安机关欲放不能，采取取保候审、监视居住又于法无据的尴尬局面。这不能不说是1996年刑事诉讼法的疏漏之一。

造成这一立法疏漏的原因之一，是刑事诉讼法在修改过程中，在具体问题上没有注意与修改前的刑事诉讼法相衔接。在修改前的刑事诉讼法中，检察机关对于公安机关提请审查批准逮捕的案件，可以作出三种决定：一是批准逮捕；二是不批准逮捕；三是退回公安机关补充侦查。对于证据不足，需要补充侦查的案件，检察机关可以作出退回补充侦查的决定。对于被拘留的犯罪嫌疑人（当时称之为被告人），公安机关可以采用收容审查的方式继续羁押。1996年刑事诉讼法取消了收容审查，对于需要补充侦查的案件，检察机关只能作出不批准逮捕决定，使得检察机关不批准逮捕案件的范围相应扩大，而对公安机关执行不批准逮捕方式的规定则没有作出相应的调整。主要是对于需要补充侦查而不批准逮捕案件的执行方式上，只规定了一种情形，即对符合取保候审、监视居住条件的，依法取保候审或者监视居住；而对于需要补充侦查但不符合取保候审、监视居住条件的案件，检察机关决定不批准逮捕后，公安机关在缺乏收容审查手段的基础上如何执行则没有相应的规定，致使公安机关在执行此类案件时面临两难境地。实践中，不批准逮捕案件的难以执行，在很大程度上是因此导致的。要解决这一问题，就必须对刑事诉讼法的有关规定进行修正。对此，我们认为，应当修改取保候审、监视居住的适用条件，把检察机关不批准逮捕但是需要继续侦查的案件，作为对犯罪嫌疑人、被告人适用监视居住的条件之一。

值得注意的是，2012年刑事诉讼法的修改考虑到了这一问题，并在第72条关于监视居住的适用条件中规定："因为案件的特殊情况或者办理案件的需要，采取监视居住措施更为适宜的"，可以采取监视居住措施。依此规定对于需要逮捕而还需要补充证据的犯罪嫌疑人、被告人，可以采取监视居住措施。

（二）制度设计中的问题

1996年刑事诉讼法对逮捕制度作了重要修改，但是从实践来看，仍然存在诸多制度设计方面的缺陷。

1. 审查批捕程序的行政化

从制度运行的角度考量，审查批捕程序明显属于行政化审批程序。检察人员决定或批准逮捕主要根据侦查机关报送的书面材料，辩方和被害人都难以参与，程序运行缺乏公开和透明，而检察人员的最后决定还必须经过一系列行政审批才能最终生效，这就产生了一系列问题，具体包括如下：

（1）审查方式的书面化。1999年《人民检察院刑事诉讼规则》第92条规定，审查逮捕部门办理审查逮捕的案件，应当指定办案人员进行审查。办案人员应当审阅案卷材料，制作阅卷笔录，提出批准或者决定逮捕、不批准或者不予逮捕的意见。由此可以看出，检察机关在批准或决定逮捕时，最主要的活动就是审阅侦查机关的案卷材料并根据材料所记载的事实和证据作出决定。

（2）辩方难以参与决定逮捕程序。首先，批捕程序缺乏犯罪嫌疑人的参与。在审查逮捕阶段，犯罪嫌疑人作为诉讼主体不仅不能主动地介入审查批捕程序，甚至连被动地接受检察机关的讯问都变得愈加困难。《人民检察院刑事诉讼规则》第97条规定："审查逮捕部门办理审查逮捕案件，不另行侦查。在审查批捕中如果认为报请批准逮捕的证据存有疑问的，可以复核有关证据，讯问犯罪嫌疑人、询问证人。但讯问未被采取强制措施的犯罪嫌疑人的，讯问前应当征求公安机关或者本院侦查部门的意见。"上述规定尽管肯定在审查批捕环节检察机关可以讯问犯罪嫌疑人，但这种讯问程序仍有不少缺陷，主要表现在：其一，办案人员只有在认为报请批准逮捕的证据存有疑问时，才会去讯问犯罪嫌疑人，而且这种讯问限于核实案件的事实与证据，并不涉及与逮捕必要性相关的信息。这显然不利于检察机关全面评估犯罪嫌疑人的人身危险性。其二，除特定情况外，检察人员都是"可以"讯问犯罪嫌疑人。因此，讯问并不是审查批捕程序的必经环节。其三，讯问未被采取强制措施的犯罪嫌疑人，讯问前应当征求侦查机关的意见。这就意味着，如果侦查机关不同意讯问，审查逮捕部门则不能讯问。上述问题导致在当前的审查逮捕工作中，检察人员对绝大多数案件不提讯犯罪嫌疑人，即便是提审犯罪嫌疑人，其目的也是为了复核有关证据，而不是为了听取犯罪嫌疑人的申辩。其次，辩护律师不能充分介入审查批捕程序。1996年刑事诉讼法没有赋予律师介入审查批捕程序的权利，侦查阶段律师也难以从检察机关或通过自身的调查了解掌握有关案件及犯罪嫌疑人是否应当逮捕的任何信息。

(3) 被害人不能介入审查批捕程序。1996年刑事诉讼法没有规定人民检察院作出的不批准逮捕决定应当告知被害人。侦查阶段被害人知情权的缺失，导致其无法通过法定途径了解案件的进展情况以及犯罪嫌疑人是否被采取逮捕强制措施。

2. 错误羁押缺乏救济

建立多方参与的司法审查程序，是保障犯罪嫌疑人、被告人免受非法、无理羁押的权利的重要保障，也是现代各国的主要做法。我国刑事诉讼法及其司法解释尽管也规定了被追诉人申请取保候审、申请变更强制措施的权利，比如，1996年刑事诉讼法第52条规定："被羁押的犯罪嫌疑人、被告人及其法定代理人、近亲属有权申请取保候审。"第75条规定："犯罪嫌疑人、被告人及其法定代理人、近亲属或者犯罪嫌疑人、被告人委托的律师及其他辩护人对于人民法院、人民检察院或者公安机关采取强制措施超过法定期限的，有权要求解除强制措施。人民法院、人民检察院或者公安机关对于被采取强制措施超过法定期限的犯罪嫌疑人、被告人应当予以释放、解除取保候审、监视居住或者依法变更强制措施。"但是，这些规定存在诸多问题。

（1）对羁押救济的审查主体缺乏中立性。刑事诉讼法将对羁押救济的审查权依诉讼阶段赋予公、检、法三方，但是否对犯罪嫌疑人、被告人变更、解除强制措施，往往取决于公安、司法机关办案的需要，难以平衡人权保障。

（2）申请变更强制措施的主体无法参与审查过程。我国对羁押救济的审查程序，依然采用的是封闭式的行政化决定模式，公安、司法机关作出是否变更强制措施的决定，一般是在单方、不公开的情况下进行，犯罪嫌疑人、被告人及其聘请的律师不能在场，不能进行理性的说服和争辩，对结果难以施加影响。

（3）对公安、司法机关作出的不同意变更强制措施的决定，被羁押人没有进一步的救济权利。公安、司法机关对是否变更强制措施的处理决定往往是终局性的，不受任何复审程序审查，即使申请方对司法机关不同意变更强制措施的决定持有异议，也无法获得程序救济，从而使得被羁押的犯罪嫌疑人、被告人的救济权大多处于虚置。

上述三个方面的原因致使一些救济性措施在实践中难以取得应有的效果。犯罪嫌疑人等提出申请后，是否作出决定、什么时间作出决定完全取决于办案机关。即使司法机关作出不同意取保候审、监视居住的决定，当事人及其辩护人等也没有相应的申辩程序。这一点在审判阶段更为明显，可以说，审判阶段的超期羁押，绝大多数是由这一原因造成的。在延长羁押期限过程中，不仅犯罪嫌疑人及其法定代理人、近亲属或者犯罪嫌疑人、被告人委托的律师等无法就是否应当延长羁押期限进行辩解或者发表意见,而且对于不符合延长羁押条件被错误延长羁押期限的,既缺乏相应的申诉程序,也缺乏相应的审查救济程序,导致错误羁押救济途径的缺失。这在一定程度上也可以说是超期羁押产生的一个重要原因。

3. 未区分办案期限和羁押期限

根据 1996 年刑事诉讼法的规定,审查起诉和审判(包括一审、二审乃至死刑复核)期间,只有办案期限的规定,并无相应的犯罪嫌疑人、被告人羁押期限的法律规定;而对办案期限,也没有设定专门的审查监督程序,犯罪嫌疑人、被告人处于当然的长期羁押状态。如检察机关审查起诉办案期限为 1 个月,最长不超过 1 个半月;法院审理公诉案件,审理期限为 1 个月,至迟不超过 1 个半月,具有规定情形的,还可以经高级人民法院批准,再延长 1 个月;二审审理期限也是如此。这样犯罪嫌疑人、被告人在审查起诉、审判期间,一般情况下就可能被羁押 6 个半月,这还不包括检察机关两次退回公安机关补充侦查的期限、补充侦查后的审查起诉期限、改变审判管辖后重新计算的审判期限以及鉴定期限等。这实质上仍然是把司法机关的办案需要作为是否对被告人羁押的法律根据。这不仅不符合我国法律的立法原意,更不符合人权保障的思想。在如此长的羁押期间,只有极少数犯罪嫌疑人、被告人能被改变强制措施,对于众多的被羁押的犯罪嫌疑人、被告人来说,并无专门的审查程序来决定是否需要对其继续羁押。

4. 延长侦查羁押期限的审查批准主体有待调整

为了保障犯罪嫌疑人的合法权益,对于普通刑事案件犯罪嫌疑人的延长羁押期限问题,1996 年刑事诉讼法在第 124、126、127 条作了规定。从规定的具体内容看,审查批准延长的期限长短、条件严格程度与批准的机关是相互对应的。特别是对于需要按照刑事诉讼法第 126、127 条规定延长羁押期限的案件,刑事诉讼法明确规定必须由省级人民检察院批准。这既是保障犯罪嫌疑人合法权益的要求,也符合诉讼发展的过程和规律。但是对于省级检察院批准或者决定逮捕的案件,按照刑事诉讼法第 124 条的规定,需要延长羁押期限 1 个月的,应当报请其上级检察院即最高人民检察院批准,而对于需要按照第 126 条规定延长 2 个月、按照第 127 条规定再次延长 2 个月的,却可以由原批准或者决定逮捕的省级检察院批准延长羁押期限。这里显然存在矛盾之处。其一,不符合刑事诉讼法的立法意图。从刑事诉讼法第 124、126、127 条规定情况看,对于延长羁押期限这一诉讼活动来说,由省级检察院审查决定完全可以保证立法意图的实现,保障延长羁押期限活动的依法进行。刑事诉讼法第 126、127 条关于省级人民检察院批准延长 2 个月羁押期限的规定及近年来的实践充分说明了这一点。先由最高人民检察院批准延长羁押期限1个月,再由省级检察院批准延长2个月,则违背了刑事诉讼法规定的延长羁押期限长短、适用条件严格程度与审查批准机关的审级相对应的原则。其二,在实践中操作困难。实践表明,由于办案期限和地区距离的原因,最高人民检察院审查批准延长羁押期限,只能审查简单的案件材料,有时因办案期限问题只能审查案件的传真件,难以对案件进行全面审查,更不可能接触犯罪嫌疑人。

5. 重新计算羁押期限的规定不合理

根据1996年刑事诉讼法第128条的规定,在侦查期间,发现犯罪嫌疑人另有重要罪行的,自发现之日起,按照本法第124条的规定重新计算羁押期限。由于刑事诉讼法并没有明确规定重新计算羁押期限由侦查机关批准还是由检察机关批准,最高人民法院、最高人民检察院、公安部、国家安全部、司法部、全国人大常委会法制工作委员会《关于刑事诉讼法实施中若干问题的规定》第32条规定,对于需要重新计算羁押期限的,由公安机关决定,不再报检察院审查批准。但应当报检察机关备案,检察机关可以监督。我们认为,对犯罪嫌疑人重新计算羁押期限,即意味着对犯罪嫌疑人可以继续羁押2个月。对于犯罪嫌疑人来说,这无异于重新逮捕。即使公安机关决定后报检察机关备案,但是备案的滞后性、监督手段的匮乏及效力缺乏法律保障等因素也会使违法延长的行为难以得到及时、有效的纠正。实践中,许多地方存在利用这一规定规避法律、违法重新计算侦查羁押期限的情形。如在有些地方,犯罪嫌疑人涉嫌盗窃、抢劫两个罪名,但公安机关在办理立案手续时,仅以其涉嫌盗窃罪立案侦查,待需要延长羁押期限时,则以发现涉嫌抢劫罪为由重新计算羁押期限,从而故意规避法律。

二、改革的主要内容

围绕逮捕制度的完善,检察改革作出了积极的探索。从内容上来看,改革主要集中在逮捕条件和审查批准逮捕程序两个方面。

(一) 探索实行附条件逮捕

逮捕条件的设置目的在于明确逮捕的适用情形,避免逮捕被滥用而侵犯公民权利。世界各国都基于人权保障的目的设定了逮捕条件,以严格限制逮捕的适用。我国1996年刑事诉讼法规定了逮捕的三个条件,即证据条件、刑罚条件和必要性条件。为更好地执行刑事诉讼法的有关规定,保障逮捕措施的有效适用,提高审查逮捕工作的质量,最高人民检察院在实践中推行了附条件逮捕的改革。

1. 附条件逮捕改革的产生

附条件逮捕早在 1996 年刑事诉讼法实施伊始就已经出现，有的地方称之为风险性逮捕，有的地方称之为有条件逮捕。2006 年 8 月，最高人民检察院颁布了《人民检察院审查逮捕质量标准（试行）》，以文件形式正式确认了"附条件逮捕"的适用，并逐渐为公安机关所认可和接受。最高人民检察院于 2011 年 3 月 15 日颁布的《人民检察院审查逮捕质量标准》第 13 条，再次对该制度进行了规定，"现有证据所证明的事实已经基本构成犯罪，认为经过进一步侦查能够收集到定罪所必需的证据、确有逮捕必要的重大案件的犯罪嫌疑人，经检察长或者检察委员会决定批准逮捕后，应当采取以下措施：（一）向侦查机关发出补充侦查提纲，列明需要查明的事实和需要补充收集、核实的证据，并及时了解补充取证情况；（二）批准逮捕后三日以内报上一级人民检察院备案；（三）侦查机关在逮捕后二个月的侦查羁押期限届满时，仍未能收集到定罪所必需的充足证据的，应当撤销批准逮捕决定。"这可以说将实践中的成功做法以司法解释的形式肯定下来，也是目前检察机关侦监部门适用附条件逮捕制度的主要依据。

附条件逮捕的基本内涵是对确有逮捕必要的重大案件的犯罪嫌疑人，已经查证属实的证据能够证明有犯罪事实，但定罪证据尚未达到确实、充分的程度的，检察机关在向侦查机关发出补充侦查提纲，列明需要查明的事实和需要补充收集、核实的证据的情况下，可以批准逮捕，并对侦查机关继续侦查情况和羁押的必要性进行定期审查，对于侦查羁押期限届满时，仍未能达到《附条件逮捕继续侦查取证意见书》要求的，或者经审查后认为没有继续羁押必要的，应当及时撤销逮捕决定。在这个制度中，"附条件"是前提，"逮捕"是形式和手段，"定期审查"则是核心和重点。① 按照最高人民检察院朱孝清副检察长在全国检察机关第二次侦查监督工作会议上讲话的说法，"附条件逮捕是检察机关在审查批捕中的一项工作制度、工作措施，而不是法律制度"。这一改革举措，意图达到两个效果：一是对证据不足的重罪案件，检察院可以在具备一定条件时予以批捕并且定期审查；二是对证据不足的轻罪案件，坚决不捕。因此，只有重大案件才适用附条件逮捕，是这项制度的基本原则。例如，北京市人民检察院即发文要求只有对可能判处 10 年以上有期徒刑、无期徒刑或者死刑的重大案件的犯罪嫌疑人，才可以适用附条件逮捕。

---

① 苗生明、王传：《附条件逮捕定期审查制度若干问题研究》，载伦朝平、甄贞主编：《附条件逮捕制度研究》，法律出版社 2008 年版，第 7~8 页。

2. 附条件逮捕的改革内容

从各地的具体做法来看,附条件逮捕的核心在于检察机关在批准逮捕的同时附补充侦查提纲,并对侦查活动进行定期审查和监督。在各地检察机关针对附条件逮捕进行的改革中,北京市检察机关的做法较为典型,并且颁布了《关于对重大案件正确适用附条件逮捕加强定期审查工作的规定》(以下简称《附条件逮捕规定》)。下文主要以北京市检察机关的做法为例进行分析。

(1) 附条件逮捕的适用范围。各地关于附条件逮捕的适用范围并不一致,但大体遵循只对重大复杂案件适用的原则。例如,北京市检察机关就明确要求对可能判处10年以上有期徒刑、无期徒刑或者死刑的重大案件的犯罪嫌疑人,可以适用附条件逮捕。而对于可能判处3年以上10年以下有期徒刑的犯罪嫌疑人,一般不适用附条件逮捕,但对于符合下列情形的案件的犯罪嫌疑人,可以适用附条件逮捕:危害国家安全犯罪案件;恐怖犯罪案件;有组织犯罪案件;犯罪集团案件;事关群众利益和社会稳定的涉众型犯罪案件;有重大影响的犯罪案件。同时,对于可能判处3年以下有期徒刑、拘役或者管制的犯罪嫌疑人,不得适用附条件逮捕。

(2) 附条件逮捕之听取意见机制。为了避免检察机关对侦查机关提请批捕的卷宗材料的过分依赖,提高审查逮捕的准确度,在审查逮捕时听取犯罪嫌疑人意见就十分必要。在附条件逮捕的适用中,《附条件逮捕规定》第11条明确要求,对于拟适用附条件逮捕的犯罪嫌疑人,检察机关应当进行讯问,听取犯罪嫌疑人的供述和辩解。这就将讯问纳入审查逮捕环节,使讯问犯罪嫌疑人成为检察机关在决定适用附条件逮捕时的一项程序义务。这对于保护犯罪嫌疑人的利益,提高审查逮捕程序的公正度都具有十分重要的价值。

(3) 附条件逮捕后的定期审查。从名称和形式上看,附条件逮捕是在批准逮捕的同时,为侦查机关附加一定的条件。只不过,这种附加条件是对侦查机关进一步侦查工作的要求,其目的在于引导侦查机关的侦查取证工作,以使案件的证据能够达到起诉定罪的标准。实质上,附条件逮捕同时包含了对羁押必要性的审查。因此,在附条件逮捕后,检察机关应当对侦查机关的继续取证活动进行审查,以保证逮捕所附条件能够尽快得以实现。同时,附条件逮捕也导致犯罪嫌疑人被羁押,在羁押期间也需要对羁押必要性进行审查。因此,《附条件逮捕规定》第15条要求,对于附条件逮捕案件,检察机关应当在批准逮捕后第一个月届满前10日和侦查羁押期限届满前10日,对侦查机关继续侦查取证情况和羁押的必要性进行定期审查。同时,第16条和第17条还进一步明确了审查方式和审查重点,强调在审查时仍要听取犯罪嫌疑人的辩解及其辩护律师的意见。

(4) 附条件逮捕阶段的侦查监督。《附条件逮捕规定》第 18 条至第 20 条对附条件逮捕阶段的侦查监督活动进行了规定。首先，对于侦查机关的继续侦查取证行为，检察机关侦监部门应当跟踪了解，引导侦查机关补充、完善、核实证据，必要时还可以介入侦查引导取证。其次，在侦查羁押期限届满前，检察机关经审查认为继续侦查取证的条件已经丧失，或者没有继续羁押必要的，经本院检察委员会讨论决定或者检察长批准，应当及时作出撤销逮捕决定。侦查羁押期限届满时，检察机关经审查认为尚未达到《附条件逮捕继续侦查取证意见书》要求、定罪证据不足的，经本院检察委员会讨论决定或者检察长批准，应当作出撤销逮捕决定。对于确需继续侦查、延长侦查羁押期限的，应当报请上级人民检察院批准。最后，对于尚未经检察机关定期审查，侦查机关拟将案件移送审查起诉的，侦查机关应当提请检察机关审查。检察机关审查后，依法作出维持或撤销逮捕决定。

（二）改革审查批捕程序

近年来，除了前述附条件逮捕制度，针对我国审查批捕程序的行政化审查特征及其弊端，检察机关还全面推行了审查批准逮捕程序改革。这些改革包括以下内容。

1. 规定审查批捕时讯问犯罪嫌疑人

2003 年 9 月 24 日最高人民检察院第十届检察委员会第 10 次会议通过了《关于在检察工作中防止和纠正超期羁押的若干规定》，明确提出实行听取意见制度，要求人民检察院在审查决定、批准逮捕中，应当讯问犯罪嫌疑人；检察人员在讯问犯罪嫌疑人的时候，应当认真听取犯罪嫌疑人的陈述或者无罪、罪轻的辩解。犯罪嫌疑人委托律师提供法律帮助或者委托辩护人的，检察人员应当注意听取律师以及其他辩护人关于适用逮捕措施的意见。有的检察机关开始制定了统一的规范性文件，将本地区检察机关审查批捕讯问犯罪嫌疑人的改革举措加以适时总结、推广，为该项制度的进一步提高奠定了基础。例如，北京市人民检察院就根据当地实践，于 2008 年 4 月制定了《北京市人民检察院关于加强审查逮捕听取犯罪嫌疑人供述和辩解工作的意见（试行）》，规范了北京地区检察机关审查批捕时的讯问犯罪嫌疑人以听取其意见的工作。2010 年 8 月 31 日，根据中央司法体制改革的要求，最高人民检察院联合公安部颁发了《关于审查逮捕阶段讯问犯罪嫌疑人的规定》（以下简称《逮捕讯问规定》），推动了审查逮捕阶段讯问犯罪嫌疑人机制的建立。这一改革成果为立法完善提供了直接的实践基础，2012 年修改后刑事诉讼法就明确规定在特定情况下检察机关审查批捕应当讯问犯罪嫌疑人、被告人。

在具体的改革内容上，各地检察机关除明确要求试行审查批捕时讯问犯罪嫌疑人外，还进一步对讯问的程序进行了细化。例如，北京市朝阳区人民检察院通过《朝阳区人民检察院侦查监督处审查逮捕听取犯罪嫌疑人供述和辩解工作规则》，明确了审查逮捕阶段讯问犯罪嫌疑人的内容、流程、人员资格、职责范围等情况。而《逮捕讯问规定》则从更为宏观的层面上，对审查逮捕时讯问犯罪嫌疑人进行了规制，主要包括以下几个方面：

（1）明确了审查逮捕讯问犯罪嫌疑人的具体情形。《逮捕讯问规定》第1条规定，检察机关办理审查逮捕必要时应当讯问犯罪嫌疑人；第2条则进一步明确了应当讯问犯罪嫌疑人的四大类10种具体情形，使得审查逮捕时讯问犯罪嫌疑人的规定更为客观和具有可操作性。从具体内容来看，这10种具体情形的设置体现了检察机关对适用逮捕的慎重和谨慎，坚持了只要对适用逮捕存在疑问的，都必须先排除疑点再做决定的立场。

（2）设置了讯问的具体程序。主要包括：讯问时检察人员不得少于二人；讯问时应当出具提讯凭证、公安机关提请批准逮捕书、检察院报请逮捕书等法律文书；依法告知犯罪嫌疑人的诉讼权利和义务，认真听取其辩解；讯问应当制作笔录，并交犯罪嫌疑人核对或向其宣读，经核对无误后签名并存卷等。

（3）明确了讯问前的准备工作及讯问时的重点核实问题。讯问前的准备工作包括全面熟悉案卷材料，熟悉案情及证据情况；制作讯问提纲等。讯问时重点核对问题包括：犯罪嫌疑人供述存在的疑点；主要证据之间存在的疑点及矛盾等。这些规定明确有效地指导了基层检察人员讯问犯罪嫌疑人的实践，使得逮捕时的讯问工作能够有针对性地高效展开。

（4）明确讯问时应注重收集开展侦查监督活动的线索。《逮捕讯问规定》第7条将侦查活动是否存在违法情形作为讯问时应当重点核实的问题之一加以规定，第12条又明确指出了通过讯问发现侦查活动有违法情形应当如何处理，从而扩大了检察机关对侦查活动进行监督的线索来源，能够有效地防范侦查机关违法进行侦查活动，最大程度地保障了公民权利免受违法侦查行为的侵害。

（5）建立了听取律师意见机制。《逮捕讯问规定》第13条规定，辩护律师提出不构成犯罪、无逮捕必要、不适宜羁押、侦查活动有违法犯罪情形等书面意见以及相关证据的，检察人员应当认真审查；必要时，可以当面听取律师的意见。这种机制的建立，进一步增加了辩方意见在逮捕决定作出过程的分量，强化了辩方和侦查机关之间的力量平衡，能够较为有效地避免以前完全依靠侦查卷宗决定逮捕与否的弊端。应当说，这是一个极大的进步。同时，为了表明对律师意见的尊重，并限制检察人员滥用自由裁量权，该条还规定对律师提出的意见及相关证据，应当在审查逮捕意见书中说明是否采纳的情况和理由。

从各地的实践来看,《逮捕讯问规定》所建立的审查批捕时讯问犯罪嫌疑人制度取得了较为显著的实践成效,为立法提供了直接的实践基础,同时也暴露出了一些问题,为进一步的发展提供了参考。一方面,审查批捕时讯问犯罪嫌疑人有效地保障了犯罪嫌疑人的权利,也使得审查批捕程序的公开性得到大幅提升。在该机制下,犯罪嫌疑人能够亲自参与审查批捕的过程,陈述自己对相关问题的看法并提出证据,这不仅是确保正确作出逮捕决定的需要,更是对犯罪嫌疑人程序主体地位的确认和尊重,体现了程序正义的要求。同时,这种做法也打破以往封闭式、单向的审查批捕氛围,前所未有地提高了审查批捕程序的公开性,大大增强了审查批捕程序本身的公正性。这种改革的直接成效就是办案质量的显著提高。例如,据不完全统计,自 2010 年 10 月 1 日至 2011 年 9 月 30 日,北京市检察机关侦监部门承办人通过讯问程序发现未成年犯罪嫌疑人存在刑事责任年龄问题的案件有 5 件,发现犯罪嫌疑人患有精神疾病或其他不适宜羁押的案件有 3 件,发现证据存在问题的案件有 122 件,经讯问而进行侦查活动监督的案件有 10 件,发现诉讼监督线索的案件有 12 件。另一方面,该项改革在试行过程中也出现了一些问题。在客观条件方面,该项改革加剧了检察机关案多人少的矛盾,各检察院侦监部门普遍存在时间紧任务重、人员不足的情况。例如,2010 年 10 月至 2011 年 11 月,北京市海淀区人民检察院侦查监督部门共受理审查逮捕案件 4735 件(含少检处数据),平均每名承办人办理 189 件案件。在刑事诉讼法规定的 7 日办案期限内,侦监部门案件承办人要完成阅卷、提讯、汇报等办案流程,还要进行沟通、发卷等事务性工作,在一定程度上影响了审查批捕时讯问犯罪嫌疑人制度的预期功能的实现。在主观方面,部分检察人员对该项改革的重视程度有待提高,有些检察人员认为该项改革大大增加了工作量,因此持有懈怠甚至抵触情绪,这种想法实际上弱化了其制度价值;有些检察人员的讯问技巧有待提高,在讯问时自身心理定位欠准,对犯罪嫌疑人的狡辩或无由翻供常常无从应对,或者应对语言苍白无力,无法通过讯问查清案件疑点。而在具体程序的展开上,讯问过程也部分地存在流于形式的弊病。很多检察人员在阅卷以熟悉案情和全案证据材料的过程中,对案件事实存在先入为主的印象,对于听取过程中犯罪嫌疑人的供述、辩解以及犯罪嫌疑人反映的侦查活动违法情形往往不予认真核实,仅仅是记录下来了事,没有后续处理行为,既影响法律监督的效果,也与听取程序设计的初衷相悖。

2. 省级以下职务犯罪案件逮捕权上提一级

关于检察机关直接立案侦查案件的审查逮捕程序的完善,是近年来人们非常关注的焦点之一,也是各种观点纷呈、见仁见智的问题之一。在2004年中央关于司法体制和工作机制改革初步意见的研究论证过程中,就有人提出这个问题。2008年中央关于深化司法体制和工作机制改革的意见明确要求,完善检察机关职务犯罪案件审查逮捕程序,省级以下(不含省级)人民检察院办理职务犯罪案件嫌疑人的,由上一级人民检察院审查批准,以加强对检察机关自侦案件的法律监督。实践中,检察机关办理职务犯罪案件集侦查、逮捕、起诉于一体,缺乏监督制约。个别地方为钱办案和以案谋私现象时有发生,人民群众反映强烈。对于如何改革职务犯罪案件侦查监督制度,主要有两种意见:一种意见认为将职务犯罪案件的决定逮捕权移交人民法院行使。这一意见有以下好处:一是解决了检察机关办理职务犯罪案件集侦查、决定逮捕和起诉权于一身的问题,可以有效化解社会上多年来"谁来监督检察院"的担忧和质疑;二是可以切实加强检察机关办理职务犯罪案件的外部制约,有利于促进检察机关严格公正文明执法,提高办案质量和执法公信力;三是有利于树立我国保障人权的良好国际形象。但是,实行这一方案需要将作出逮捕决定的职权与刑事审判的职权予以适当分离,以防先入为主。因此,这一改革在我国目前法院的体制下不具有可行性。另一种意见提出,将地市和基层两级检察院办理的职务犯罪案件的决定逮捕权改由上一级检察院行使。这一意见的好处在于:一是有利于上级检察院加强对下级检察院办理职务犯罪案件采取逮捕措施的监督,克服本院内设机构之间制约乏力、把关不严的弊病,解决了同级人民检察院自行立案侦查、自己决定逮捕、自己起诉,缺乏监督制约的问题,有利于更好地保障犯罪嫌疑人的合法权利;二是该意见是在坚持决定逮捕权由检察机关行使的体制框架下的改革,符合宪法规定的人民检察院上下级之间的领导关系,符合法律规定的人民检察院履行法律监督的职责,有利于检察权的统一行使。对职务犯罪案件嫌疑人批捕权上提一级,未改变现行公检法三机关的分工模式,是一种渐进的改革方式。最高人民检察院根据中央关于深化司法体制和工作机制的部署,于2009年9月4日下发了《关于省级以下人民检察院立案侦查的案件由上一级人民检察院审查决定逮捕的规定(试行)》。

(1)改革主要内容

根据《关于省级以下人民检察院立案侦查的案件由上一级人民检察院审查决定逮捕的规定(试行)》要求,省级以下(不含省级)人民检察院立案侦查的案件,需要逮捕犯罪嫌疑人的,应当报请上一级人民检察院审查决定。下级人民检察院报请审查逮捕的案件,应当由侦查部门制作报请逮捕书,经本院侦查监督部门提出审查意见,报检察长或者检察委员会审批后,连同案卷材料、讯问犯罪嫌疑人录音录像资料以及本院侦查监督部门审查意见一并报上一级人民检察院审查。上一级人民检察院决定逮捕的,应当将逮捕决定书连同案卷材料一并交下级人民检察院,由下级人民检察院通知公安机关执行。必要时,下级人民检察院可以协助执行。下级人民检察院应当在公安机关执行逮捕3日以内,将执行回执报上一级人民检察院。上一级人民检察院决定不予逮捕的,应当将不予逮捕决定书连同案卷材料一并交下级人民检察院,同时书面说明不予逮捕的理由。犯罪嫌疑人已被拘留的,下级人民检察院应当通知公安机关立即释放,并报上一级人民检察院;案件需要继续侦查的,并且犯罪嫌疑人符合取保候审、监视居住条件的,由下级人民检察院依法取保候审或者监视居住。上一级人民检察院作出不予逮捕决定,认为需要补充侦查的,应当制作补充侦查提纲。对于应当逮捕而下级人民检察院未报请逮捕的犯罪嫌疑人,上一级人民检察院应当通知下级人民检察院提出报请逮捕犯罪嫌疑人的意见。下级人民检察院不同意报请逮捕犯罪嫌疑人的,应当说明理由。经审查理由不成立的,上一级人民检察院可以依法作出逮捕决定。对被逮捕的犯罪嫌疑人,作出逮捕决定的人民检察院发现不应当逮捕的,应当撤销逮捕决定,并通知下级人民检察院送达同级公安机关执行,同时向下级人民检察院说明撤销逮捕的理由。下级人民检察院认为上一级人民检察院作出的不予逮捕决定有错误的,应当在收到不予逮捕决定书后的5日以内报请上一级人民检察院重新审查,但是必须将已被拘留的犯罪嫌疑人立即释放或者采取其他强制措施。

(2)改革的成效及问题

职务犯罪案件审查逮捕权上提一级制度改革实施以来,各地检察机关认真贯彻落实,改革取得了初步成效。与此同时,改革也遇到了一些新情况、新问题,需要认真研究解决。

第一,基本情况及改革成效。自2009年9月最高人民检察院部署"上提一级"改革之后,各地根据本地实际情况,及时制定实施细则等规范性文件,对具体的工作程序等问题予以明确。同时,为保障改革的顺利实施,相关地方均增加了人员和装备。从我们对改革实施一年的调查情况看,初步统计,中部某省检察机关共受理职务犯罪审查逮捕案件1222件1474人,决定逮捕1107件1325人,不予逮捕138人。报请逮捕数占职务犯罪案件立案总数的36.26%,不捕率为9.36%。西南部某省全省检察机关受理职务犯罪审查逮捕案件734件873人,决定逮捕626件739人,决定不予逮捕80人,报捕率为39.97%,不捕率为9.16%。

改革的初步成效在以下几个方面得以体现:一是内部监督制约力度增强。改革后,侦查案件的不捕率明显上升。中部某省从改革前的2.68%上升到9.36%,上升6.68个百分点;西南部某省从改革前的5.99%上升到9.16%,

上升3.17个百分点。二是侦查部门的案件质量意识提高，办案方式有所转变。通过采取有效措施，提高报捕质量，职务犯罪案件的报请逮捕率有所下降。中部某省从40.08%下降至36.26%，下降3.82个百分点；西南部某省从45.56%下降至39.97%，下降5.59个百分点。三是保障了犯罪嫌疑人的合法权益。侦查部门在收集有罪证据的同时，也注意收集有无逮捕必要的证据，可捕可不捕的不捕，对部分案件犯罪嫌疑人采取非羁押性强制措施，更好地平衡了打击犯罪与保障人权之间的关系。四是增强了执法公信力，强化了对职务犯罪侦查活动的监督制约。上级院为促进办案，强化办案指导，帮助下级院排除办案阻力，使案件质量和办案效果均有明显改善和提升。

第二，改革实施中的问题。一是不同部门对改革的重视程度存在差异。调研中发现，部分地方检察机关对"上提一级"改革尚未形成整体一致的认识。有的相关业务部门对改革的认识停留在"上提一级"是侦监部门内部改革的层面上，缺乏主动配合改革的意识，改革还没有形成合力。二是办案时限紧张问题突出。办案时限紧张是座谈中各级检察机关反映最为集中、最迫切希望解决的问题。职务犯罪案件相对于一般刑事犯罪，具有隐蔽性、复杂性、智能性，时间地域跨度大、取证难度大等特点，对侦查监督部门而言，在"上提一级"改革前办案时限紧张问题就普遍存在，现在则更加突出。目前，侦查部门和侦查监督部门只能靠加班才能防止办案超过时限。长此以往，办案质量、监督效果以及干警的身心健康将令人堪忧。三是存在"立案下沉"问题。在"上提一级"改革实施过程中，部分地市级检察院将应由本级院立案侦查的案件交由下级检察院查办，这样下级院在查办案件中，需要逮捕犯罪嫌疑人的，报本地市级检察院决定逮捕就可以了，从而规避本地市级检察院侦查的案件在移送逮捕时要报省级检察院的规定。实践中，省级院在审查逮捕时，对逮捕条件的把握相对较严格。调查发现，两个省院的侦查监督部门都认为，地市级院立案侦查的案件数与改革前同期相比大幅下降，个别地市级院甚至在相当长一段时间内立案数为零，表明部分市级院侦查部门存在规避逮捕上提一级改革的嫌疑。四是同级审查流于形式。最高人民检察院在部署"上提一级"改革时，设计了"先横后纵"的制约机制，即先由同级院侦监部门审查后再报上级院侦监部门审查逮捕。由于办案时限十分有限，侦查部门挤占同级侦监部门的审查时间较为普遍，导致同级审查流于形式。改革实施以来，某省检察机关决定不予逮捕职务犯罪嫌疑人138人，同级院侦监部门提出不捕意见的仅有17人，占不予逮捕总数的12.3%，占审查逮捕案件总数的1.2%。省院作出不予逮捕决定的5人和侦查部门主动撤回报请的7人中，下级院没有一件提出不捕意见的。调研中也有部分同志认为同级审查没有实质意义。

针对上述问题，有必要进一步规范职务犯罪案件的立案管辖制度，保证改革成果落到实处。目前对于职务犯罪案件立案侦查的分级管辖、指定管辖以及案件交办程序等缺乏明确的规定，部分案件处于分州市院、县（区）院都可以立案的交叉地带，在"上提一级"改革后，市级院办理侦查案件遇到人员紧张的困难时，便将部分案件"下沉"到基层检察院。对此，应当通过明确相关规定加以解决。总的来看，职务犯罪逮捕权上提一级的改革试验基本实现了"确保逮捕质量，强化监督制约"的总体目标。

3. 审查批捕中的律师参与

在审查批捕环节，检察机关认定案件事实、决定是否对犯罪嫌疑人采取逮捕强制措施的依据仅仅为公安机关提请逮捕的意见书和移送的证据材料。尽管根据1996年刑事诉讼法的规定，侦查机关在侦查刑事案件过程中，要全面收集、调取犯罪嫌疑人有罪、无罪、罪轻或者罪重的证据材料，但侦查机关在刑事诉讼过程中所扮演的角色和所承担的诉讼职能决定了其往往更为关注指控的成功，因而更倾向于收集被指控人的有罪证据，这使得检察机关难以全面掌握逮捕必要性信息和侦查监督线索，影响检察机关作出的批准或不批准逮捕决定的准确性。同时，犯罪嫌疑人或由于人身自由受到限制，无法主动收集对己有利的证据材料，或囿于个人文化水平、法律知识的缺乏而无法清晰地做出对己有利的辩解，影响了犯罪嫌疑人在审查批捕阶段充分有效地行使辩护权。在这种背景下，在审查批捕环节引入律师参与，通过律师作用的发挥确保检察机关审查批捕决定的正确性既有必要，也较可行。最高人民检察院、公安部颁布的《关于审查逮捕阶段讯问犯罪嫌疑人的规定》确立了审查逮捕听取律师意见制度，而包括北京市海淀区人民检察院在内的多个基层检察院开始试行律师介入审查批捕程序制度，为审查批捕程序的进一步完善积累了宝贵的经验。

以北京市海淀区人民检察院为例，所谓律师介入审查批捕程序这项改革主要包括四个环节。一是告知程序。承办检察官收到提捕案件后，需及时对案卷材料进行初步审查，如果发现案卷材料里有律师会见函或者委托书等书面材料，应当按照材料中记载的受委托律师的联络方式及时与律师联系，通知律师案件已进入审查批捕环节，告知律师有参与审查批捕程序提出律师意见的权利，并就律师意见包含的范围进行说明。二是会见程序。犯罪嫌疑人聘请的律师在得知案件进入审查批捕环节后，有权决定是否提出律师意见及会见承办检察官。律师提出会见要求的，应当及时告知检察机关，简要说明会见意图及反映的情况，并在合理的时间内以书面形式提出律师意见。律师所提供的材料、反映的内容应当有事实、法律依据，不得伪造证据。承办检察官会见律师的，应有两名检察人员参加,在专门的律师接待室进行会见,由承办检察官对律师的执业证书等有效证件进行审查,以确认受委托律师的身份。承办检察官对律师递交的有关书面材料进行必要的核查,在听取律师意见后,将会见内容记录在案。三是审查决定程序。承办检察官将律师意见内容详细记入审查逮捕案件意见书,结合公安机关提捕的证据材料对律师提出的主张和理由逐一分析,提出是否采纳的处理意见并详细阐明理由。然后按照三级负责的内部工作程序,逐级审批,部门负责人和主管检察长在审批案件时对律师意见一并审核。(1) 对于律师提供的新的证据材料或者证据材料来源,前者需要转化,后者需要公安机关进一步核实。鉴于检察机关在审查批捕环节中没有另行侦查的权力,而仅就原有证据进行核实。对于律师提供的材料只能用来考察佐证已有的证据材料,或者进行一些补充。如果是新的证据材料,则应由检察机关转交给公安机关,并将获取证据的途径告知公安机关,由公安机关再按照法定程序进行收集。(2) 对于律师提供的犯罪嫌疑人不具有逮捕必要的材料和意见,检察机关自行或者通过公安部门核实犯罪嫌疑人自然状况,家庭状况,是否有固定居所、稳定工作和社会关系,是否具备有效监护、帮教条件,是否能提供保证金或者保证人,是否积极退赃、赔偿损失、取得被害人谅解等,根据案件具体情况综合考虑,依法决定是否采纳。作出无逮捕必要不予批捕决定的,应当将律师提交的相关材料随案卷、不捕决定书一起发回公安机关,以方便公安机关根据社会条件对其的约束程度来选择适用其他强制措施。(3) 对于律师出具的纯法律适用意见,侦查监督部门应当认真听取,承办人要在意见书中予以说明,并就是否采纳及其理由进行阐述。(4) 对于律师提供的侦查机关违法侦查的材料和意见,侦查监督部门核实后决定是否启动侦查监督程序,并在审查逮捕时将有关非法证据排除。四是结果反馈程序。对于律师参与审批捕的案件,案件办结后,检察机关侦查监督部门应当及时将处理结果反馈给承办律师。

从实践效果来看,律师介入审查批捕程序的最大功效在于部分律师的意见对于纠正错误逮捕、维护犯罪嫌疑人的合法权益确实发挥了重要作用。例如,某市检察机关在听取律师意见涉及的237名犯罪嫌疑人中,对其中128名犯罪嫌疑人批准或决定逮捕,逮捕率为54%。在未予逮捕的109名犯罪嫌疑人中,通过审查律师意见作出不予逮捕决定的有53人,占不捕总人数的49%。另外通过听取律师意见,改变侦查机关定性的有5件。但是,该项改革的最大问题在于,在当前律师辩护率偏低的情况下,律师介入率低导致制度功能尚不能充分发挥。如何提高律师辩护率,并引导律师积极参与该项改革是有待进一步探讨的重点问题。

三、逮捕制度改革之评论与分析

逮捕是刑事强制措施中对犯罪嫌疑人、被告人人身自由限制最为严重的一种，各国都基于无罪推定的要求将逮捕作为非优先适用的强制措施，并就逮捕的适用设置了严格的条件和决定程序，以防范逮捕被滥用导致公民权利受到损害。我国刑事诉讼法也基于这一价值取向，设置了逮捕制度。但是，由于立法技术不完善等多种因素的限制，逮捕制度在实践中出现了不当逮捕、超期羁押等问题。在理论界对这些问题展开对策性研究的同时，包括最高人民检察院在内的检察机关就如何完善逮捕进行了多年的改革探索，并推出了多项改革措施，为我们进一步完善逮捕制度积累了宝贵的经验。但是，既有的改革举措及其经验教训仍有值得我们深入挖掘之处，需要我们在以后的改革和立法修改时加以借鉴。其中最为关键的是，我们必须在改革逮捕制度之前，进一步明晰变革方向，确保逮捕制度的完善能够兼顾诉讼保障和人权保障，切实降低羁押率，并实现审查批捕程序的法治化。

（一）逮捕功能的定位

作为一项程序性强制措施，逮捕的功能应当如何界定是影响逮捕制度如何构建的决定性问题。从世界范围来看，许多国家都明确区分逮捕和羁押，实行捕押分离的制度安排。在这种体制下，逮捕前置于羁押，逮捕并不必然导致羁押，是否羁押必须经由司法机关审查后作出决定。因此，逮捕的主要功能在于强制犯罪嫌疑人、被告人到案。从国外的立法例来看，诸多实行逮捕前置主义的国家都明确地将逮捕作为强制到案的手段，逮捕被严格限定在程序法领域内，即如传统理论所言，逮捕的首要功能在于保障刑事诉讼程序的顺利进行。只有对那些存在严重妨碍刑事诉讼程序运行的风险，而采取其他强制措施又无法降低或消除这种风险的人才能适用逮捕，使其不致于再从事任何危及刑事诉讼顺利推进的行为。但是，考虑到逮捕的强烈侵权性，为防止侦查机关以保障刑事诉讼程序顺利进行为由随意适用逮捕而使公民权利沦为公权力铁蹄下的牺牲品，各国立法都明确将逮捕功能的发挥置于严格的程序限制之下，使得逮捕只能在刑事诉讼领域发挥作用。可以说，逮捕功能首先是程序性，其主要目标在于维护刑事诉讼既有的程序进路，防止由于被追诉人的缘故导致刑事诉讼程序陷入不必要的停滞或中止。

在我国的实践中，包括逮捕在内的刑事强制措施的功能定位没有形成正确的认知。长久以来，有人将逮捕视为刑罚的预演，一旦犯罪嫌疑人或被告人被逮捕，普遍的观点就是认为其有罪；而如果一个人被视为犯罪，那么公众的正常反应就是应将此人逮捕。这种双向等同逻辑使得逮捕被赋予了严重的实体惩罚功能，有相当一部分人认为逮捕本身就是对犯罪嫌疑人的惩罚，而刑法有关逮捕羁押期限可以折抵刑期的规定更是强化了这种观点。在这种强烈的实体惩罚观点面前，逮捕所具有的程序保障功能逐渐被边缘化甚至虚化，一旦能够确认案件的犯罪嫌疑人，被害人基于其强烈的惩罚欲望，希望办案机关能够迅速将犯罪嫌疑人逮捕，而办案机关则基于各种因素特别是应对被害人和公众压力的考虑，往往也倾向于逮捕犯罪嫌疑人，而不太顾及犯罪嫌疑人本身是否会阻碍刑事诉讼程序的顺利运行。也就是说，在当前的司法实践中，逮捕功能出现了一定程度的错位。对于逮捕制度改革而言，最为重要的是理论上廓清逮捕的真实功能定位。以程序保障、人权保障作为逮捕的首要功能，并以此为基准设定逮捕的适用条件和程序，确保逮捕能够发挥其应有功能，是未来的努力方向。

（二）改革的现实目标：尽可能地不适用逮捕，着重降低羁押率

羁押制度的设计和适用状况，往往从一个侧面表现出一个国家和地区的政治与法律制度的性质和司法水平。在以打击和控制犯罪为中心的法律制度里，羁押往往被视为侦查、打击和预防犯罪的手段；而在主张惩治犯罪与人权保障并重的制度下，只有当牺牲个体人身自由和其他权益的代价是惩治犯罪所必须时，羁押才是合理和公正的；在以民权至上、保障人权为核心的法律制度中，任何人不受任意逮捕和羁押，羁押仅仅是程序保障措施，排除侦查、预防及惩罚犯罪的功能。而在无罪推定原则的框架内，羁押应当定位于在其他替代措施无效情况下，不得已而为之的例外方法，其目的主要在于保障诉讼的顺利进行，其预防性功能只处于辅助地位。但是从实际效果看，羁押具有一定的惩罚性。羁押的效果波及诉讼、当事人及社会各方，其复杂性超过立法者设定的目的。[①] 人们在心理上仍然将其视为对犯罪的一种惩罚或控制手段，甚至认为是刑罚的先行预演。羁押一旦实施，犯罪嫌疑人、被告人将陷入人身自由被暂时完全剥夺的境地，同时导致一系列后果。

作为强制力最大的强制措施，逮捕一旦适用，就会给犯罪嫌疑人、被告人的人身自由造成极大的损害。尽管这种损害具有法律上的正当性，但这并不代表逮捕的适用就具有先天的优势。从当今各国的情况来看，以无罪推定为基础的刑事诉讼程序都不约而同地在大量发展羁押替代措施的同时，严格限制逮捕

---

① 郑禄、姜小川：《刑事程序法学》，群众出版社2001年版，第323页。

的适用。这种严格表现在两个方面,一是将逮捕作为最后适用措施,即在只有在采取其他任何强制措施都不能防范可能出现的危及刑事诉讼顺利进行的风险时,才可以适用逮捕;二是规定严格的逮捕适用条件和程序,提高逮捕的适用标准,尽量将逮捕的适用压制在较小的范围内。为此,各国都确立了羁押例外原则和司法审查机制,明确要求在实施逮捕后,必须经司法官审查才能确定是否羁押被逮捕人。事实上,在西方国家,大量被逮捕的犯罪嫌疑人都能附条件地被释放,在基本自由的状态下等候审判和准备辩护。如在德国的前西德各州,2000 年全年只有 36000 人受到审前羁押,大约占刑事法院判决人数的 4%,如果不考虑违警罪,被审前羁押的犯罪嫌疑人比例大约为 6%。① 而英国自《1976 年保释法》实施以后,羁押候审的比例大幅度下降,1990 年降至 10%,其后虽有一定程度的回升,但最高年份 2000 年也只有 14%。②

可以说,羁押例外已经成为各国所共同遵循的刑事司法准则,并在许多国家转化为现实的制度实践。许多国际性公约对此也予以确认。例如,《公民权利和政治权利国际公约》第 9 条规定,"等待审判的人被置于羁押状态不应当是一般的原则,但是释放时可以附加担保在审判时或司法程序的其他阶段出庭或者在案件需要的情况下于执行刑罚时到场的条件。"联合国大会 1988 年 12 月 9 日通过的《保护所有遭受任何形式羁押或监禁的人的原则》第 39 条规定,除了在法律规定的特殊案件中,经司法机关根据司法利益决定羁押的意外,被追诉者有权在等待审判的过程中被释放。联合国大会 1990 年 12 月 14 日批准的《非拘禁措施最低限度标准规则》第 61 条也规定,"在适当考虑对指控犯罪的调查以及对社会和被害人的保护的同时,审前羁押应当作为刑事程序中的最后手段加以使用。"

因此,在关于逮捕制度的改革中,应当明确以最大限度地保障当事人合法权益,把逮捕作为不得已而采用的强制措施,在打击犯罪与保障人权中寻找最佳结合点作为主要方向和改革目标。在具体制度构建上鼓励羁押替代措施的适用。

(三)改革的制度指向:促进审查逮捕程序的法治化

1996 年刑事诉讼法规定的审查批捕程序本质上是一种行政化的审批程序。

---

① [德]托马斯·魏根特:《德国刑事诉讼程序》,岳礼玲、温小洁译,中国政法大学出版社 2004 年版,第 95 页。

② [英]麦高伟、杰弗里·威尔逊主编:《英国刑事司法程序》,姚永吉等译,法律出版社 2003 年版,第 110 页。

各国较为普遍的做法是,将羁押和逮捕分离,并通过司法审查机制决定是否对被逮捕人予以羁押,从而使羁押决定机制呈现出明显的诉讼化形态。例如,美国《联邦刑事诉讼规则》第 5 条规定,无论是有证逮捕还是无证逮捕,在执行逮捕后,应当毫无延误地将被捕人解送至最近的联邦治安法官或者州和地方法官处。① 法官将开庭进行听审,根据警察提出的理由审查逮捕是否合法,并且决定下一步是否采取羁押。犯罪嫌疑人、被告人的委托律师一般会参加该听审程序,并与警察或检察官对是否应当羁押或保释进行辩论。在英国,"警察决定羁押后,由另外的审查官复查。羁押达到 36 小时后,被拘押人必须被释放或被指控,除非治安法院批准延长羁押,但指控前羁押期限累计不得超过 96 小时。当侦查警察认为已有充足证据进行成功控诉,就必须将犯罪嫌疑人带到羁押警官面前,由羁押警官决定是否指控。一旦决定指控,除非几种情况,被羁押者应被保释。羁押警官决定继续羁押的,必须尽快带到法院,由法院审查决定是否保释。"② 当羁押期限届满后,警察认为需要继续羁押的,应当向治安法院申请继续羁押的令状。治安法院一般会进行专门的言辞听审,由控辩双方就是否应当延长羁押期限进行辩论。德国为了防止犯罪嫌疑人受到不合法或不合理的羁押,规定只能由法官签发审前羁押令状。根据《德国刑事诉讼法典》第 125 条的规定,"当侦查仍在进行时由侦查法官签发,当正式指控已经提起时由审判法官签发"。③ 与英美不同,德国法律规定,在特殊情况下,如果延迟签发令状会造成危险时,法官也可以依职权不经检察官申请直接签发羁押令状,这也是德国职权主义诉讼模式的具体表现之一。这种意义上的羁押与逮捕并没有明确得到区分,但是即便根据法官签发的令状所进行的逮捕,也必须毫不迟延地向法官解送,由法官对犯罪嫌疑人进行讯问。在讯问的过程中,法官应当告知犯罪嫌疑人所享有的诉讼权利,而犯罪嫌疑人有提出辩解的权利。通过言辞听审后,法官将就继续羁押与否作出决定。经过这一审查程序,如果法官认为仍然存在合法的羁押理由,他就会维持羁押。如果法官发现羁押理由不正当或者羁押理由不再存在时,他就会撤销羁押令状,释放犯罪嫌疑人。日本实行"逮捕前置主义",因此只有已经被逮捕的人才会面对是否会被羁押的问题,而是否羁押则交由法官决定。经警察实施逮捕并交由检察官审查,最后提交法官审查的最长时限为 72 小时;而检察官自己实施逮捕后,提

---

① 陈卫东主编:《刑事诉讼法学研究》,中国人民大学出版社 2008 年版,第 415 页。
② [英] 约翰·斯普莱克:《英国刑事诉讼程序》,徐美君等译,中国人民大学出版社 2006 年版,第 17 页。
③ 陈卫东主编:《刑事诉讼法学研究》,中国人民大学出版社 2008 年版,第 416 页。

交法官审查的最长时限为 48 小时。接受检察官的申请后,法官会进行"羁押质问",并根据情况作出羁押与否的决定。① 但是"日本法官就羁押问题所作的讯问是单独进行的,也就是在法院的羁押性讯问室,在检察官、司法警察都不到场的情况下进行的讯问。"② 在法国,逮捕并非羁押的前置措施。"在听取当事人陈述后,如果预审法官认为有必要对其羁押的,以及如果犯罪包含有轻罪监禁刑或其他更严重刑罚时,预审法官即可作出羁押决定"。③ 大多数情况下,预审法官会应检察官的请求,经控辩双方言辞辩论后再作出是否羁押的决定。

上述描述表明,各国在决定是否对被逮捕人羁押时通常采取司法审查的方式,但大陆法和英美法在是否完全按照诉讼形态对羁押进行司法审查的问题上则有所区别。英美法国家一般采用听审方式进行,控辩双方会对是否应当羁押进行辩论,而大陆法一般采用法官单方面讯问的方式。共同点在于,对决定逮捕后的羁押审查普遍采取诉讼化的决定程序,这是逮捕程序法治化的重要标志。其中,包括犯罪嫌疑人在内的利害关系人的充分参与是必要条件。我国针对审查批捕方式的检察改革中,各地检察机关逐渐通过对犯罪嫌疑人、辩护律师参与的引入增强原有行政化审批方式的法治色彩,推动着审查批捕程序的诉讼化改造,应当说为审查批准逮捕制度的改革完善积累了宝贵经验,也为立法完善奠定了基础。更进一步的改革需要面对和解决的是,如何按照宪法规定,在我国检察机关作为法律监督机关的制度安排基础上,发展完成中国特色的以检察机关为主导的审查批准逮捕程序的诉讼化改造。

(四) 对附条件逮捕制度改革的评价

附条件逮捕是近年来司法实践中出现的关于逮捕问题的热点问题之一,特别是 2006 年 8 月 17 日最高人民检察院第十届检察委员会第五十九次会议通过的《人民检察院审查逮捕质量标准 (试行)》④ 公布后,附条件逮捕问题更加为人们所关注。可以说,附条件逮捕自诞生以来,外界就存在肯定和否定两种截然不同的观点,特别是该制度的法律依据、法理基础或者说该制度存在的正当性更是重要分歧点之一。对此,在刑事诉讼法修订后有必要对这一制度再次审视。这里先以修订前的刑事诉讼法为视角,探讨附条件逮捕有关问题。笔者

---

① 《日本刑事诉讼法》,宋英辉译,中国政法大学出版社 2000 年版,第 7 页。
② 陈瑞华:《问题与主义之间——刑事诉讼基本问题研究》,中国人民大学出版社 2008 年版,第 136 页。
③ 陈卫东主编:《刑事诉讼法学研究》,中国人民大学出版社 2008 年版,第 417 页。
④ 编者注:已由 2010 年 8 月 25 日最高人民检察院第十一届检察委员会第四十一次会议通过的《人民检察院审查逮捕质量标准》而废止。下同。

认为，在刑事诉讼法修订前，附条件逮捕的确有其法律基础和现实需要。

第一，附条件逮捕是基于修订前刑事诉讼法第 60 条、第 65 条等有关规定，对法律规定的逮捕条件的进一步阐释。由逮捕的特性及逮捕的条件可知，逮捕是对犯罪嫌疑人涉嫌犯罪达到一定严重程度，不逮捕不足以防止发生社会危险性而采取的强制措施，属不得已而为之。因此，根据 1996 年刑事诉讼法第 60 条的规定，逮捕必须达到有证据证明有犯罪事实的程度。对此，1999 年《人民检察院刑事诉讼规则》还进一步细化了有证据证明有犯罪事实的具体条件：有证据证明发生了犯罪事实的；有证据证明犯罪事实是犯罪嫌疑人实施的；证明犯罪嫌疑人实施的犯罪行为已有查证属实的。由此，我们可以看出，有证据证明有犯罪事实，对证据的要求还是比较严格的。对此，从保障人权的角度来看，我们是完全赞成也是应该赞成的。

但是同时我们还注意到，1996 年刑事诉讼法第 65 条规定，"对需要逮捕而证据还不充足的，可以取保候审或者监视居住。"这实质上是对于犯罪嫌疑人需要逮捕，但是证据上还不完全符合修订前刑事诉讼法第 60 条规定的逮捕条件中"有证据证明有犯罪事实"的要求，不完全符合《人民检察院刑事诉讼规则》规定的三个要件，需要进一步侦查补充证据情形的规定。那么在这种情形下，检察机关是作出批准逮捕决定还是不批准逮捕决定？根据修订前刑事诉讼法第 65 条的规定，笔者认为，对于法律规定的"需要逮捕"的情形，当然应当依法逮捕，这既是法律规定的要求，也是检察机关审查逮捕应当坚持的原则。但是我们还注意到，对于"需要逮捕而证据还不充足的"，在一定条件下，可以不批准逮捕，对该犯罪嫌疑人"可以取保候审或者监视居住"。

那么具体在什么情况下，检察机关可以作出不批准逮捕决定呢？修订前刑事诉讼法第 69 条第 3 款规定："……对于需要继续侦查，并且符合取保候审、监视居住条件的，依法取保候审或者监视居住。"这实际上是在法律上明确告诉我们，修订前刑事诉讼法第 65 条规定的"对需要逮捕而证据还不充足的，可以取保候审或者监视居住"中的"可以取保候审或者监视居住"的前提是"符合取保候审、监视居住条件"。也就是说，即使该犯罪嫌疑人需要逮捕，在符合取保候审、监视居住的条件下，对该犯罪嫌疑人取保候审、监视居住足以防止发生社会危险性的，可以对该犯罪嫌疑人不批准逮捕。对于那些需要逮捕但是证据还不充足，且该犯罪嫌疑人涉嫌犯罪严重，情节恶劣，具有一定的社会危险性，不符合取保候审、监视居住条件的，采取取保候审、监视居住不足以防止发生社会危险性的"需要逮捕"的犯罪嫌疑人，即应当批准逮捕。

但是鉴于这种逮捕和完全根据修订前刑事诉讼法第 60 条规定的逮捕条件

的批准逮捕又有所区别,即还需要进一步补充证据,故有必要在批准逮捕的同时,附加一定的前提条件。这实质上就是附条件逮捕产生的法律基础。

通过对修订前刑事诉讼法第65条、第69条规定的分析,笔者认为,修订前刑事诉讼法第65条在一定条件下,对修订前刑事诉讼法第60条规定的逮捕条件作了必要的修正和补充。这和修订前刑事诉讼法第56条第2款、第57条第2款一样,也是对我国修订前刑事诉讼法第60条规定的逮捕的条件补充。修订前刑事诉讼法第56条第2款规定:"被取保候审的犯罪嫌疑人、被告人违反前款规定,已交纳保证金的,没收保证金,并且区别情形,责令犯罪嫌疑人、被告人具结悔过、重新交纳保证金、提出保证人或者监视居住、予以逮捕……"第57条第2款规定:"被监视居住的犯罪嫌疑人、被告人违反前款规定,情节严重的,予以逮捕。"这实际上是我国刑事诉讼法关于取保候审、监视居住转化为逮捕的法律规定。我们认为,修订前刑事诉讼法第56条、第57条关于取保候审、监视居住转化为逮捕的法律规定,同样适用逮捕的法定条件,是与修订前刑事诉讼法第60条规定的逮捕的条件并存的逮捕条件。在审查逮捕工作中,不仅要充分重视第60条规定的逮捕条件,而且还要注意相关的条款,注意相关条款对逮捕条件的修正和补充。只有如此,才能防止以偏概全,全面理解法律规定的逮捕条件,依法适用逮捕措施。

第二,附条件逮捕是正确认识逮捕必要性的理性选择或者说是逮捕必要性在附条件逮捕中发挥了其应有的作用。如前所述,逮捕必要性包括两方面含义,一是具有社会危险性,二是采取取保候审、监视居住不足以防止发生这种社会危险性。二者有机结合,才能构成逮捕必要性的法律内涵。所谓"社会危险性",是指犯罪嫌疑人给社会带来新的危害可能性。社会危险性与社会危害性相比,不具有危害后果的现实性特点,只是一种可能性。判断犯罪嫌疑人是否具有社会危险性,可以从两个方面考量:犯罪嫌疑人人身危险性和罪行危险性。人身危险性是指基于犯罪嫌疑人人身因素可能给社会带来的危险性。罪行危险性是指基于犯罪嫌疑人的罪行因素致使犯罪嫌疑人可能给社会带来的危险性。该类犯罪行为因其特殊的性质或者情节,本身就说明犯罪嫌疑人只要涉嫌该类犯罪,就具有给社会带来新的危害的可能性。这实际上是根据犯罪嫌疑人涉嫌的犯罪性质来考察犯罪嫌疑人的社会危险性的。就是因为其涉嫌犯罪性质特别严重、情节特别恶劣给社会带来的危害的特殊性、严重性,因而人们对于该类犯罪的防范措施,当然包括对该类犯罪嫌疑人的审前羁押或者逮捕也严于其他一般犯罪。附条件逮捕,根据修订前刑事诉讼法第65条、第69条的规定,实质上就是针对那些涉嫌犯罪性质严重、情节恶劣的犯罪嫌疑人适用的一种逮捕。正是基于这一原因,对于附条件逮捕,一定要严格限制适用范围。并较一般的逮捕案件，适用更为严格的审查批准程序。这既是严格执法的需要、逮捕必要性本身的要求，也是防止逮捕权滥用、保障当事人合法权益的需要。逮捕的必要性原则要求：只有在不牺牲该犯罪嫌疑人的人身自由，不得不逮捕该犯罪嫌疑人时，才适用逮捕措施。这是逮捕必要性原则的核心思想。因此，我们在决定是否对犯罪嫌疑人适用逮捕措施时，必须牢固树立这一观念。只有在不逮捕不足以防止社会危险性，才不得不采取逮捕措施。这既是附条件逮捕赖以存在的法理基础，也是逮捕必要性原则的本质要求。

适用该类批准逮捕，应当同时符合以下条件：一是虽然现有证据还需要补充但是基本构成犯罪；二是该类犯罪嫌疑人具有社会危险性，且这种社会危险性是采取取保候审、监视居住不足以防止其发生的；三是涉嫌可能判处一定刑罚以上的重大犯罪。对此，有人认为应当可能涉嫌判处 10 年以上有期徒刑的犯罪才可以适用附条件逮捕，也有人认为可能判处 3 年以上有期徒刑犯罪的也可以适用附条件逮捕。

第三，附条件逮捕是在司法实践中破解不批准逮捕执行难题的必要选择。1996 年修改刑事诉讼法后的一段时期，检察机关严格按照刑事诉讼法第 60 条规定的逮捕条件，对于证据不符合逮捕条件的，作出了不批准逮捕决定。但是实践中发现，检察机关作出不批准逮捕后，不批准逮捕的执行出现了很大问题。对于该问题，逮捕制度实践中存在的问题中已经阐释。附条件逮捕制度，就是正视审查逮捕工作特别是执行中存在的问题，在全面理解刑事诉讼法规定的逮捕条件的基础上产生的，对涉嫌性质特别严重、情节特别恶劣的犯罪嫌疑人，在基本够罪，即使需要进一步补充证据，也可以附条件逮捕，这既解决了部分案件不批准无法执行的实际问题，又弥补了刑事诉讼法立法上的缺憾。

第四，附条件逮捕与以捕代侦的界限。以捕代侦一直是检察机关侦查监督工作中监督和纠正的重点之一。它与附条件逮捕的区别主要是：一是逮捕的性质和条件不同。以捕代侦是一种完全不考虑法律规定的逮捕条件，把逮捕作为侦查手段的错误行为，是错误适用逮捕措施的行为；附条件逮捕则是根据修订前刑事诉讼法第 60 条、第 65 条、第 69 条的规定适用逮捕措施的行为。二是逮捕的目的不同。以捕代侦适用逮捕是为了侦查的需要，为了侦查机关办案的需要；附条件逮捕则是为了防止发生社会危险性而对犯罪嫌疑人不得已采取的羁押措施。三是逮捕的适用范围不同。以捕代侦在适用案件范围上完全根据侦查机关办案的需要，由办案人员、办案机关随意作出决定；附条件逮捕则是仅限于需要逮捕而证据还不充足，不逮捕不足以防止发生社会危险性的案件。四是逮捕的适用程序不同。以捕代侦适用逮捕时往往由个人违法决定；附条件逮捕在程序上有较一般逮捕更为严格的要求，如需要经过检察委员会集体讨论，根据刑事诉讼法的规定依法作出决定。一般情况下，简化办案程序、节约诉讼资源是刑事诉讼追求的价值之一。但是对于涉及当事人权益保障的程序，不仅不能简化，而且必须规范。因为这既关系到当事人合法权益问题，而且关系到我国宪法规定人权保障原则的落实问题。为此，最高人民检察院在《人民检察院审查逮捕质量标准（试行）》中明确规定，附条件逮捕要经过检察委员会讨论决定。

从以上分析可以看出，附条件逮捕的存在，实质上是1996年修改刑事诉讼法时没有注意到第65条、第69条与取保候审、监视居住条件的规定相衔接，司法机关通过相关制度予以补充的结果。应当说，在当时的条件下，附条件逮捕是有其积极意义的。2012年修改刑事诉讼法，对修订前第65条进行了修改，即变成了修订后的第84条"公安机关对被拘留的人，应当在拘留后的二十四小时以内进行讯问。在发现不应当拘留的时候，必须立即释放，发给释放证明"，删除了原来规定的"需要逮捕而证据还不充足的，可以取保候审或者监视居住"的规定；同时，修改了取保候审、监视居住条件的具体内容，并把取保候审、监视居住的适用条件分别规定。其中在对监视居住适用条件的规定中明确提出"因为案件的特殊情况或者办理案件的需要，采取监视居住措施更为适宜的"。同时还规定"监视居住应当在犯罪嫌疑人、被告人的住处执行；无固定住处的，可以在指定的居所执行。对于涉嫌危害国家安全犯罪、恐怖活动犯罪、特别重大贿赂犯罪，在住处执行可能有碍侦查的，经上一级人民检察院或者公安机关批准，也可以在指定的居所执行。"在监管措施上规定："执行机关对被监视居住的犯罪嫌疑人、被告人，可以采取电子监控、不定期检查等监视方法对其遵守监视居住规定的情况进行监督；在侦查期间，可以对被监视居住的犯罪嫌疑人的通信进行监控。"这样，对于那些原来可以作为附条件逮捕的诸情形就可以依据此规定，对其监视居住，从而最大限度地减少逮捕措施的适用。

（五）对检察机关直接立案侦查案件的审查逮捕程序改革的评价

关于检察机关直接立案侦查案件的审查逮捕程序的完善，是近年来人们非常关注的焦点之一，也是各种观点纷呈、见仁见智的问题之一。在2004年中央关于司法体制和工作机制改革初步意见的研究论证过程中，就有人提出这个问题。2008年中央政法委员会《关于深化司法体制和工作机制改革若干问题的意见》明确要求，完善检察机关职务犯罪案件审查逮捕程序，省级以下（不含省级）人民检察院办理职务犯罪案件犯罪嫌疑人的，由上一级人民检察院审查批准，以加强对检察机关自侦案件的法律监督。实践中，检察机关办理职务犯罪案件集侦查、逮捕、起诉于一体,缺乏监督制约。个别地方为钱办案和以案谋私现象时有发生,人民群众反映强烈。对于如何改革职务犯罪案件侦查监督制度,主要有两种意见:一种意见认为将职务犯罪案件的决定逮捕权移交人民法院行使。这一意见有以下好处:一是解决了检察机关办理职务犯罪案件集侦查、决定逮捕和起诉权于一身的问题,可以有效化解社会上多年来"谁来监督检察院"的担忧和质疑。二是可以切实加强检察机关办理职务犯罪案件的外部制约,有利于促进检察机关严格公正文明执法,提高办案质量和执法公信力。三是有利于树立我国保障人权的良好国际形象。但是,实行这一方案需要将作出逮捕决定的职权与刑事审判的职权予以适当分离,以防先入为主。因此,这一改革在我国目前法院的体制下不具有可行性。另一种意见提出,将地市和基层两级检察院办理的职务犯罪案件的决定逮捕权改由上一级检察院行使。这一意见的好处在于:一是有利于上级检察院加强对下级检察院办理职务犯罪案件采取逮捕措施的监督,克服本院内设机构之间制约乏力、把关不严的弊病,解决了同级人民检察院自行立案侦查、自己决定逮捕、自己起诉,缺乏监督制约的问题,有利于更好地保障犯罪嫌疑人的合法权利。二是该意见是在坚持决定逮捕权由检察机关行使的体制框架下的改革,符合宪法规定的人民检察院上下级之间的领导关系,符合法律规定的人民检察院履行法律监督的职责,有利于检察权的统一行使。对职务犯罪案件犯罪嫌疑人批捕权上提一级,未改变现行公、检、法三机关的分工模式,是一种渐进的改革方式。最高人民检察院根据中央关于深化司法体制和工作机制的部署,于2009年9月4日下发了《关于省级以下人民检察院立案侦查的案件由上一级人民检察院审查决定逮捕的规定(试行)》(以下简称《规定》)。

《规定》要求:省级以下(不含省级)人民检察院立案侦查的案件,需要逮捕犯罪嫌疑人的,应当报请上一级人民检察院审查决定。下级人民检察院报请审查逮捕的案件,应当由侦查部门制作报请逮捕书,经本院侦查监督部门提出审查意见,报检察长或者检察委员会审批后,连同案卷材料、讯问犯罪嫌疑人录音录像资料以及本院侦查监督部门审查意见一并报上一级人民检察院审查。上一级人民检察院决定逮捕的,应当将逮捕决定书连同案卷材料一并交下级人民检察院,由下级人民检察院通知公安机关执行。必要时,下级人民检察院可以协助执行。下级人民检察院应当在公安机关执行逮捕3日以内,将执行回执报上一级人民检察院。上一级人民检察院决定不予逮捕的,应当将不予逮捕决定书连同案卷材料一并交下级人民检察院,同时书面说明不予逮捕的理由。犯罪嫌疑人已被拘留的,下级人民检察院应当通知公安机关立即释放,并报上一级人民检察院;案件需要继续侦查的,并且犯罪嫌疑人符合取保候审、监视居住条件的，由下级人民检察院依法取保候审或者监视居住。上一级人民检察院作出不予逮捕决定，认为需要补充侦查的，应当制作补充侦查提纲。对于应当逮捕而下级人民检察院未报请逮捕的犯罪嫌疑人，上一级人民检察院应当通知下级人民检察院提出报请逮捕犯罪嫌疑人的意见。下级人民检察院不同意报请逮捕犯罪嫌疑人的，应当说明理由。经审查理由不成立的，上一级人民检察院可以依法作出逮捕决定。对被逮捕的犯罪嫌疑人，作出逮捕决定的人民检察院发现不应当逮捕的，应当撤销逮捕决定，并通知下级人民检察院送达同级公安机关执行，同时向下级人民检察院说明撤销逮捕的理由。下级人民检察院认为上一级人民检察院作出的不予逮捕决定有错误的，应当在收到不予逮捕决定书后的5日以内报请上一级人民检察院重新审查，但是必须将已被拘留的犯罪嫌疑人立即释放或者采取其他强制措施。

应当说，改革职务犯罪案件审查逮捕程序的意义重大。首先，改革职务犯罪案件审查逮捕程序，是加强对检察权的监督制约、保证检察工作科学发展的需要，是推进检察机关执法规范化建设、提高办案质量的需要。加强对检察权的制约，是深化检察改革的重点之一，这既是党中央的明确要求，是人民群众的热切期望，也是推进检察工作科学发展的客观需要。其次，改革职务犯罪案件审查逮捕程序，是增强检察机关执法公正性和公信力的需要。职务犯罪案件审查逮捕决定权上提一级后，克服了立案、侦查、逮捕在同一平台操作的问题，有利于加强上一级检察院对下级检察院查办职务犯罪案件工作的监督制约。最后，改革职务犯罪案件审查逮捕程序，是进一步规范侦查行为、提高办案质量的需要。职务犯罪案件审查逮捕决定权上提一级后，上级检察院将严格按照逮捕的条件审查犯罪事实和证据，并支持下级院依法办案、排除干扰，有利于促使各级侦查部门切实摒弃"以捕代侦"的办案方式，更加注重案件初查，更加注重全面收集和固定证据，更加注重提高报捕案件的质量，更加注重办案数量、质量、效率、效果的有机统一。

《规定》下发实施以来，无论是决定逮捕案件的质量还是侦查监督的水平，都有了明显提升，侦查行为也得到进一步规范，侦查工作与侦查监督形成了良性互动，侦查规范化和侦查模式都有了很大进步。同时也发现了一些问题，即普遍反映审查逮捕期限需要延长。修订前的审查逮捕期限是根据同级人民检察院审查决定逮捕的情况规定的，决定逮捕权上提一级后，同级人民检察院和上级人民检察院均要对是否需要逮捕进行审查，原来规定的办案期限就显然不能适应办案的需要。为了解决这些问题，有人提出，在刑事诉讼法修改中，增加规定："设区的市级以下人民检察院立案侦查的案件，需要逮捕犯罪嫌疑人的，应当报请上一级人民检察院批准。"将修订前的刑事诉讼法第134

条修改为:"人民检察院对直接受理案件中被拘留的人,认为需要逮捕的,应当在十日以内作出决定。在特殊情况下决定逮捕的时间可以延长一日至四日。对于需要报请上一级人民检察院批准逮捕的案件,下一级人民检察院应当在上述期限内报请上一级人民检察院批准,上一级人民检察院应当在五日内作出决定。对于不需要逮捕的,应当立即释放;对于需要继续侦查,并且符合取保候审、监视居住条件的,依法取保候审或者监视居住。"对此,经过研究,有人提出,对于人民检察院直接立案侦查的审查决定逮捕报上一级人民检察院决定,虽然是中央司法体制和工作机制改革的明确要求,但是这一要求通过检察机关内部工作机制改革方式可以解决,因此在刑事诉讼法中可以不对此作出专门规定。至于审查决定逮捕的办案期限,修改后的刑事诉讼法第 165 条规定"人民检察院对直接受理的案件中被拘留的人,认为需要逮捕的,应当在 14 日以内作出决定。在特殊情况下,决定逮捕的时间可以延长一日至三日。对不需要逮捕的,应当立即释放;对于需要继续侦查,并且符合取保候审、监视居住条件的,依法取保候审或者监视居住。"这实际上是针对检察机关直接立案侦查审查决定逮捕的时间延长的规定。延长的时间是 1 日至 3 日。关于检察机关直接立案侦查案件的审查逮捕程序,则仍然应当按照《规定》规定的程序执行。检察机关在办理直接立案侦查案件中,需要逮捕犯罪嫌疑人的,要严格遵守刑事诉讼法规定的时限,及时提请上一级检察院审查,上一级人民检察院必须在法定期限内作出决定。

四、立法评析及其完善建议

2012 年修改后的刑事诉讼法对逮捕制度做了大幅调整,不仅对逮捕条件、批捕程序、逮捕执行程序等问题进行了再次完善,还进一步确立了羁押必要性审查制度,以期通过多种改进促使逮捕制度进一步法治化,并切实减少对犯罪嫌疑人的不必要羁押,提升刑事诉讼程序的人权保障力度。应当说,2012 年修改后的刑事诉讼法关于逮捕制度的改革有诸多值得赞许之处,也大体上符合逮捕制度的国际发展趋势,但同样不容回避的是,从实践的角度看,这些修改还有待进一步总结检验。

(一)2012 年修改后的刑事诉讼法对逮捕制度的改革

从具体条文的改动上来说,2012 年修改后的刑事诉讼法关于逮捕制度的改革主要集中在以下几个方面。

1. 细化逮捕条件

1996年刑事诉讼法就逮捕规定了三项条件,即证据标准、刑罚标准和社会危险性标准。但在实践中,实务部门过于关注证据标准,往往忽略了后两项条件。只要能够确定犯罪嫌疑人、被告人可以被认定有罪,决定机关往往就会批准逮捕或决定逮捕。实践中,逮捕率过高与此有着密不可分的关系。因此,为了解决逮捕适用过多所带来的弊端,2012年修改后的刑事诉讼法对逮捕条件作出了调整。

(1) 明确了具有社会危险性的具体情形

修改后的刑事诉讼法对逮捕的第三项条件,即采取取保候审、监视居住不足以防止发生社会危险性进行了细化,明确规定了五种情形可以视为具有社会危险性。按照修改后的刑事诉讼法第79条的规定,对于有证据证明有犯罪事实,可能判处徒刑以上刑罚的犯罪嫌疑人、被告人,采取取保候审尚不足以防止发生下列社会危险性的,应当予以逮捕:①可能实施新的犯罪的;②有危害国家安全、公共安全或者社会秩序的现实危险的;③可能毁灭、伪造证据,干扰证人作证或者串供的;④可能对被害人、举报人、控告人实施打击报复的;⑤企图自杀或者逃跑的。

除此之外,根据实践经验的总结,修改后的刑事诉讼法还特别规定了三种情况也属于具有社会危险性,应当对犯罪嫌疑人、被告人予以逮捕。其一是对有证据证明有犯罪事实,可能判处10年有期徒刑以上刑罚的,应当逮捕。该规定明确对可能判处重刑的犯罪嫌疑人、被告人应予以逮捕是有道理的,因为此类犯罪嫌疑人、被告人如果未被羁押,则其实施危害刑事诉讼的行为,甚至继续犯罪的可能性都非常高。事实上,这也是其他国家和地区的通行做法。例如,德国规定,对涉嫌犯谋杀罪、杀人罪、残害人群罪、故意危及生命、身体的炸药犯罪、暴力组织犯罪及为暴力组织提供帮助的犯罪、特别严重的伤害罪的犯罪嫌疑人、被告人,即使不符合适用逮捕的一般条件,也可以予以羁押。① 我国澳门地区也有类似规定。② 其二是对有证据证明有犯罪事实,可能判处徒刑以上刑罚,曾经故意犯罪的应当予以逮捕。该规定所描述的犯罪嫌疑人、被告人无疑具有较大的主观恶性,如果不予以羁押,很可能无法避免其在诉讼过程中再次危害社会,因此对其予以逮捕很有必要。其三是有证据证明有

---

① 参见 [法] 卡斯东·斯特法尼等:《法国刑事诉讼法精义》,罗结珍译,中国政法大学出版社1999年版,第623页;《德国刑事诉讼法典》,李昌珂译,中国政法大学出版社1995年版,第284页。
② 参见中国政法大学澳门研究中心、澳门政府法律翻译办公室编:《澳门刑法典 澳门刑事诉讼法典》,法律出版社1997年版,第209页。

犯罪事实，可能判处徒刑以上刑罚，身份不明的应当逮捕。身份不明的犯罪嫌疑人、被告人一旦潜逃，往往很难被抓获，也很难阻止其继续实施危害社会的行为，无法达到惩罚犯罪和预防犯罪的目的。因此，明确对该类犯罪嫌疑人、被告人应当逮捕是符合实际之举。

（2）规定对违反取保候审、监视居住规定，情节严重的犯罪嫌疑人、被告人，可以予以逮捕

被取保候审、监视居住的犯罪嫌疑人、被告人如果违反取保候审、监视居住的规定，并且情节严重，表明采取取保候审、监视居住尚不足以防止发生社会危险性，就有必要予以逮捕。1996年刑事诉讼法也规定对此类情形应当适用逮捕，只不过是在第56条和第57条规定被取保候审、监视居住的人应当遵守的行为规则时附带作出的规定，修改后刑事诉讼法将其集中到逮捕的适用条件中作统一规定，便于掌握和适用。

2. 完善批捕程序

1996年刑事诉讼法规定的审查批捕程序是一种典型的单向的、书面的审查程序。这不利于保护犯罪嫌疑人的权利，也不利于检察机关及时准确地发现侦查卷宗中可能存在的虚假或不实之处，从而无法保证正确作出逮捕决定，也无法监督侦查活动。最高人民检察院、公安部于2008年8月31日联合颁布了《关于审查逮捕阶段讯问犯罪嫌疑人的规定》，明确在四种特定情况下检察机关在审查逮捕时应当讯问犯罪嫌疑人。修改后刑事诉讼法吸收了这一改革经验，进一步强化了审查批捕过程中的言辞性，明确检察机关在审查批捕时可以讯问嫌疑人，在符合特定情形时应当讯问嫌疑人。不仅如此，修改后刑事诉讼法还规定，检察院审查批捕可以询问证人等诉讼参与人，听取辩护律师的意见；辩护律师提出要求的，应当听取其意见。这就使得检察机关审查批捕完全依赖侦查卷宗的情形大为改观。检察人员可以通过多种信息渠道，结合侦查机关和辩方所提供的事实和理由对是否应当逮捕犯罪嫌疑人作出更为准确的判断。这既能大大提高逮捕适用的准确性，也能进一步提高检察人员审查核实证据的能力，对于降低羁押率具有极为重要的实践意义。

3. 修改逮捕的执行制度

修改后刑事诉讼法对逮捕执行制度的修改主要体现在以下几个方面。

（1）规定逮捕后应当立即将被逮捕人送看守所羁押

对于被逮捕人是否应当立即送看守所羁押的问题，1996年刑事诉讼法没有涉及。由此带来的问题是，公安机关大多是在执行逮捕后将被逮捕人先带至公安机关讯问，待犯罪嫌疑人供认并取得相当证据后方将其送至看守所。在这一过程中，由于缺乏外部制约和监督，侦查人员为了尽快破案，往往以刑讯或

者威胁、引诱、欺骗的方式获取犯罪嫌疑人的口供,因此不仅导致犯罪嫌疑人的合法权利受到侵害,而且也导致出现许多冤假错案。近些年来经媒体披露而在国内掀起轩然大波的赵作海杀人案、佘祥林杀人案等都有刑讯逼供的阴影。鉴于诸如刑讯等非法讯问行为对犯罪嫌疑人权利和司法公信力的重大冲击,2012年刑事诉讼法修改对此给予了重点关注。中外司法实践已经证明,侦查人员控制犯罪嫌疑人的时间越长,其实施刑讯逼供等非法讯问行为的可能性就越大,因此,要遏制甚至根除非法讯问行为,就应当尽量缩短侦查人员控制犯罪嫌疑人的时间。因此,修改后刑事诉讼法规定,逮捕后应立即将被逮捕人送看守所羁押。不仅如此,还规定,犯罪嫌疑人被送交看守所羁押后,侦查人员对其进行讯问,应当在看守所内进行。

(2) 删除逮捕后可以有碍侦查为由不通知被逮捕人家属的规定

1996年刑事诉讼法规定逮捕后,在有碍侦查或者无法通知的情况下,可以不通知被逮捕人的家属。但修改后刑事诉讼法修正了这一规定,要求除无法通知的情形之外,在执行逮捕后必须通知被逮捕人的家属。之所以作这一修改,主要是因为我国在批准和决定逮捕上实际遵循着较高的证明标准,要求逮捕时必须达到提起公诉和作出有罪判决的程度,这意味着,在对犯罪嫌疑人、被告人实施逮捕时,办案机关往往已经掌握得比较充分。甚至是相当充足的证据,即使通知被逮捕人家属,一般也不会出现妨碍侦查的问题。而且,要求执行逮捕后通知被逮捕人家属也是一种人道主义的考虑。

但是,与1996年刑事诉讼法相比,修改后刑事诉讼法并未明确逮捕后通知的具体内容。1996年刑事诉讼法要求将逮捕的原因和羁押的处所通知被逮捕人的家属,但修改后刑事诉讼法只是简单规定了应当通知被逮捕人家属。对此,有关权威人士的解释是,尽管立法删除了逮捕后通知内容的规定,但通常情况下,仍然应当通知采取强制措施的原因和羁押的场所。但"实践中案件的情况非常复杂,通知的内容非常多,每个案件的情况又不同,不可能在法律里都一一作出规定。他举例说,在有的情况下,有了一个人涉嫌犯罪的线索,当时根据这个犯罪线索通知家属,但随着进一步侦查,可能一开始通知的涉嫌的罪名和后来的又不一致,案情也可能发生变化。"因此,"在实践中,司法机关应当根据这一规定,根据每个案件的实际情况来通知。"[①]

(3) 不再将犯罪嫌疑人所在单位作为通知对象

1996年刑事诉讼法规定,逮捕后应当将逮捕的原因和羁押场所在24小时

[①] 王逸吟、殷泓:《人大常委会法工委就刑事诉讼法修改答记者问"中国没有秘密拘捕"》,载《光明日报》2012年3月9日。

内通知被逮捕人的家属或所在单位,但修改后刑事诉讼法对此作了修正,只要求通知被逮捕人家属,而将被逮捕人所在单位排除在通知的范围之外。之所以如此规定,主要是考虑到被逮捕人社会声誉的保护和回归社会的现实需求。在我国,民众一直视逮捕为刑罚的预演,认为一旦被逮捕就标志着被逮捕人有罪。这种观念意味着一旦一个人被执行逮捕就对被贴上犯罪的标签,即便其在随后的程序中被认定无罪而解除羁押,民众对其的负面评价也难以完全消除,从而给其重新生活带来诸多困扰和障碍。基于此,在执行逮捕后,应当努力将逮捕对被逮捕人的影响控制在最小范围之内,再通知单位就显得有些多余。而且1996年刑事诉讼法规定通知单位是考虑到单位还具有社会管理职能,但在当前的社会环境下,单位这种计划经济体制下的产物更多的是承担纯粹的经济职能,可以说当时立法的社会背景已经发生了巨变,再作类似规定已经显得不合时宜。因此,删除逮捕后通知被逮捕人所在单位的规定也是顺应时事之举。

4. 确立羁押必要性审查制度

无罪推定作为一项原则在刑事诉讼中得以确定意味着,对犯罪嫌疑人、被告人应当尽量采取非羁押措施;如果确有必要羁押,应当尽可能缩短羁押的期限。从实践情况来看,随着案情的发展和证据收集工作的进行,原本作为羁押犯罪嫌疑人、被告人的事实或理由可能已经不复存在,此时就应当及时审查羁押的必要性,以确定是否对犯罪嫌疑人、被告人继续羁押。鉴于实践中存在严重的超期羁押问题,为了确保不应当继续羁押的犯罪嫌疑人、被告人及时解除羁押,修改后刑事诉讼法建立了逮捕后羁押必要性的继续审查制度,明确将羁押必要性审查的职权赋予检察机关,规定犯罪嫌疑人、被告人被逮捕后,检察机关仍应当对羁押的必要性进行审查;对不需要继续羁押的,应当建议予以释放或者变更强制措施;有关机关应当在10日内将处理情况通知检察院。

5. 完善申请变更强制措施程序

对强制措施的申请变更问题,1996年刑事诉讼法仅简单规定,被羁押的犯罪嫌疑人、被告人及其法定代理人、近亲属有权申请取保候审。修改后刑事诉讼法对此作了修改,建立起了相对比较完善的申请变更强制措施制度。具体而言,修改后刑事诉讼法第95条规定,犯罪嫌疑人、被告人及其法定代理人、近亲属或者辩护人有权申请变更强制措施。人民法院、人民检察院和公安机关收到申请后,应当在3日内作出决定;不同意变更强制措施的,应当告知申请人,并说明不同意的理由。相比之下,修改后刑事诉讼法关于逮捕后申请变更强制措施的规定有两点值得肯定。

第一,将申请取保候审改为申请变更强制措施,扩大了辩方申请变更强制措施的范围,有利于保护犯罪嫌疑人、被告人的合法权利。刑事强制措施体系从拘传到逮捕是一个强制力依次递增的层级结构,实践中辩方不仅可能申请将羁押变更为取保候审,还可能申请变更为监视居住,这一改变考虑到实践需求,使得羁押替代措施体系显得更为科学和合理。

第二,修改后刑事诉讼法增加规定了强制措施变更申请的决定程序,有利于保障辩方权利。1996年刑事诉讼法虽然规定被羁押的犯罪嫌疑人、被告人及其法定代理人、近亲属有权申请取保候审,但并未明确相应的审查程序。对于公安司法机关决定是否变更的审查程序,相关利害关系人不仅无法参与,而且连最基本的知情权都无法保障。这使得办案机关对辩方的变更申请经常置之不理,甚至阻碍了辩方申请变更强制措施权利的实现。修改后刑事诉讼法明确规定,对于辩方提出的变更强制措施的申请,人民法院、人民检察院和公安机关应当在收到申请后的3日内作出决定;不同意变更强制措施的,应当告知申请人,并说明不同意的理由。这一增加的规定有助于强化对决定机关的制约,促使相关机关认真对待辩方的申请,从而确保辩方申请变更强制措施的权利得以真正实现。

6. 其他

修改后刑事诉讼法还对逮捕制度的其他方面作出了较为细微的调整,主要包括以下两个方面。

(1) 延长了检察机关自侦案件中对被拘留人报请批捕及审查逮捕的时限

1996年刑事诉讼法对检察机关自侦案件报请批捕和审查逮捕规定了与普通刑事案件一样的时限,即通常情况是10日,特殊情况下可以延长1日至4日。修改后刑事诉讼法则在保持普通刑事案件报请批捕和审查逮捕的时限不变的情况下,延长了自侦案件对被拘留的犯罪嫌疑人报请批捕和审查逮捕的时限。修改后刑事诉讼法第165条规定,人民检察院对直接受理的案件中被拘留的人,认为需要逮捕的,应当在14日以内作出决定。在特殊情况下,决定逮捕的时间可以延长1日至3日。按照这一规定,检察机关自侦案件中被拘留的犯罪嫌疑人报请批捕和审查逮捕的基本时限由10日延长到14日,最长时限由14日延长到17日。

应当说,在省级以下检察机关立案侦查案件对犯罪嫌疑人的逮捕权上提一级之后,自侦案件报请批捕和审查逮捕的程序与以前相比更为复杂,需要的时间也更长。在这种情况下,适当延长自侦案件报请批捕和审查逮捕的时间是基于实践需求的考虑,具有合理性。

(2) 延长了一审、二审的办案羁押期限

我国立法一直未将羁押期限从办案期限中独立出来,因而在审判阶段,对被告人的逮捕羁押期限就是办案期限。修改后刑事诉讼法延长了一审、二审的办案期限，这也意味着被告人在一审、二审中的羁押期限随之而延长。首先，1996年刑事诉讼法规定公诉案件一审程序的基本期限为1个月，至迟不得超过1个半月；对四类案件①可以再延长1个月。而修改后刑事诉讼法规定，公诉案件的一审期限为2个月，至迟不得超过3个月；对可能判处死刑的案件、附带民事诉讼案件以及四类案件，可以再延长3个月；特殊情况下，经最高人民法院核准不受审理期限的限制。按照这一规定，公诉案件一审期限普遍被延长1倍以上，在办案期限和羁押期限尚未分离的情况下，这毫无疑问会导致逮捕后羁押期限的延长。其次，按照1996年刑事诉讼法的规定，二审基本期限为1个月，至迟不得超过1个半月；对四类案件可以再延长1个月。修改后刑事诉讼法第232条规定，二审通常应当在2个月内审结，对可能判处死刑、附带民事诉讼案件以及四类案件可以再延长2个月，特殊情况下，经最高人民法院核准，不受审理期限的限制。按照这一规定，二审期限普遍也被延长了将近1倍，导致二审中被告人被羁押期限的延长。

（二）2012年修改后的刑事诉讼法对逮捕制度修改的不足

应当承认，修改后刑事诉讼法对逮捕制度的修改有许多值得肯定之处。例如，对逮捕的社会危险性条件作出明确列举，并对应当逮捕和可以逮捕的情形作出明确规定，有利于提高逮捕的可操作性；完善审查批捕程序，强化审查批捕程序的言辞性，有利于保护辩方权利，提高检察人员审查核实证据的能力，从而降低羁押率；建立逮捕后羁押必要性的继续审查制度，完善申请变更强制措施的程序，有利于及时将不应当逮捕的犯罪嫌疑人、被告人变更强制措施为取保候审或者监视居住，避免超期羁押等。但修改后刑事诉讼法对逮捕制度的修改仍有许多有待完善的地方。

1. 对羁押必要性审查的规定过于原则和脱离实际

修改后刑事诉讼法首次确立了羁押必要性继续审查制度，这对于保障犯罪嫌疑人、被告人的权利，增强对被羁押人的权利救济、缩短羁押期限都具有重要意义，也值得我们在实践中对该问题继续关注。但是，修改后刑事诉讼法关于羁押必要性审查的规定也存在令人遗憾之处，其最大的问题就在于立法规定过于简单，使得该制度在实践中较为缺乏可操作性，可能影响该制度预期功能的正常发挥。事实上，自修改后刑事诉讼法颁布后，围绕羁押必要性审查制度的具体构建问题，各界已经产生了很大争议。

---

① 1996年刑事诉讼法第126条规定的四类案件是：交通十分不便的边远地区的重大复杂案件；重大的犯罪集团案件；流窜作案的重大复杂案件；犯罪涉及面广，取证困难的重大复杂案件。

（1）羁押必要性的审查主体

修改后刑事诉讼法只是规定了检察机关应当对羁押必要性进行审查，没有明确这一审查应当具体由检察机关的哪一业务部门负责。而自修改后刑事诉讼法于2012年3月通过之后，关于羁押必要性审查主体的问题在实务界和学术界引起了激烈争论。有人主张由负责审查逮捕的侦查监督部门负责羁押必要性审查，也有人主张由公诉部门审查羁押必要性，还有人主张由监所检察部门负责羁押必要性审查。尽管《人民检察院刑事诉讼规则（试行）》规定由公诉、侦监和监所三个部门分别负责羁押必要性审查工作，并规定了相应的工作机制。但从实践来看，这种"分段包干"的权力分配模式的实践运行效果并未达到立法预期，羁押必要性审查工作在一些地方并未落到实处。在刑事诉讼法未对羁押必要性审查主体作出明确规定，只能由最高人民检察院通过司法解释暂时妥协性地进行内部分工的情况下，羁押必要性审查工作的开展与否及其实践效果往往取决于相关部门是否有足够的意愿及动力将其付诸实践。

（2）羁押必要性的审查程序

修改后刑事诉讼法只是规定应当在羁押后继续对羁押必要性进行审查，但是对于审查羁押必要性的具体程序却未置一字，导致很多问题都有待进一步澄清。例如，羁押必要性审查程序如何启动？是由辩护方申请启动，还是由检察机关主动启动？如果由辩护方申请启动的话，那么辩方申请检察机关进行羁押必要性审查与刑事诉讼法第95条规定的辩方申请变更强制措施是何种关系？如果由检察机关主动启动的话，应当多长时间审查一次？对于这些细节问题，修改后刑事诉讼法都没有作出明确规定，极可能导致羁押必要性审查制度的功能在实践中大受影响。《人民检察院刑事诉讼规则（试行）》虽对此有所涉及，但从实践操作的层面来看，其可操作性仍比较差，无法完全满足实践运作的需求。

（3）检察机关审查羁押必要性的方式

检察机关采用何种方式对羁押必要性进行审查也是一个值得进一步明确的问题。是采取类似审查批捕的方式，仅对书面卷宗进行审查，还是引入言辞原则，明确审查时应当讯问犯罪嫌疑人、被告人？在审查时是否要听取辩护律师的意见？是否要询问证人、鉴定人、被害人等诉讼参与人？在事实认定出现重大争议时如何解决，是否要召集控辩双方开展听证？这些问题事关羁押必要性审查的具体开展方式，也直接决定着羁押必要性审查制度将以何种面目呈现在公众面前。稍有不妥，羁押必要性审查这一新生事物就会在实践中被异化，主持羁押必要性审查的检察人员很可能为提高效率、降低成本而采用简便方式，即仅对书面卷宗进行审查。若果真如此，那么羁押必要性审查制度在缩短羁押期限方面的作用将非常有限。道理是不言自明的：书面卷宗主要是侦查机关作出的，其主要内容是对犯罪嫌疑人、被告人不利的信息，检察机关仅根据侦查机关的书面材料决定是否羁押，显然无法实现制约侦查机关、及时解除不当羁押的制度预期。

（4）审查羁押必要性之后的处理方式

如果检察机关经过审查，认为不应当继续羁押犯罪嫌疑人、被告人的，应该如何处理？对于该问题，修改后刑事诉讼法仅简单规定，"对不需要继续羁押的，应当建议予以释放或者变更强制措施。有关机关应当在十日内将处理情况通知人民检察院。"这一规定留下了许多悬而未决的问题。例如，如果办案机关不同意释放或者变更强制措施怎么办？是否要向检察机关说明理由？检察机关如果认为办案机关的理由不成立，是否有权要求办案机关释放或变更强制措施？对检察机关的再次建议，办案机关是否必须执行？如果办案机关不执行，检察机关是否有权直接释放或者变更强制措施？对所有这些问题，修改后刑事诉讼法都未涉及，极有可能导致实践中出现办案机关对检察机关的建议置之不理而检察机关无计可施的局面。考虑到实践情况，这种考虑并非杞人忧天。实践中多次出现的检察机关要求公安机关立案而公安机关拒不立案的事实就是明证。

实际上，如前所述，在附条件逮捕制度的检察改革中，已经包含了对羁押必要性审查的内容。新法没有充分对接和借鉴这一改革实践，而是超越了实践设计出了一项新的制度，这是导致该制度在实践中出现诸多问题的一个重要原因。

2. 审查批捕程序不够完善

这主要表现为未明确不宜逮捕的情形，修改后刑事诉讼法第79条在规定了逮捕的一般条件后，又增加规定了三种应当逮捕、一种可以逮捕的情形。应当说，这种立法模式并无不妥之处。但从逻辑上推断，立法在规定应当或可以逮捕的情形之后，应当同时规定某些不宜逮捕的情形才符合常理。只有这样，才能体现立法在逮捕问题上坚持"该捕的就捕，不该捕的就不捕"的公正立场。尤其是在考虑到我国的司法实践，纠正畸高的逮捕适用率、降低羁押率是2012年刑事诉讼法修改的重要目标之一的情况下，这种立法更应当明确不宜逮捕的情形。但令人遗憾的是，修改后刑事诉讼法对哪些情形不应当逮捕却未置一词。这似乎是在传递一种暗示：该逮捕的就应当坚决逮捕，似乎立法的重心在于强调逮捕的适用，而非不适用逮捕。显然，这种取向不仅与矫正我国当前逮捕制度存在的问题的整体思路相悖，而且也不符合国际社会在逮捕适用上所呈现的整体趋势。

（三）进一步完善逮捕制度的建议

事实上，上文对现有逮捕制度、检察机关在逮捕制度方面的改革探索以及修改后刑事诉讼法的分析和评论已经暗含了如何进一步完善我国逮捕制度的建议。常言道，不积跬步，无以至千里，制度的改革和完善也是如此。面对地域差异过大的复杂国情，作为国家统一法律的刑事诉讼法不可能通过短时间的修改就变得无可挑剔。因此，在可以预见的未来，通过司法解释或者立法对既有的不足之处进行再次完善也势在必行。基于此种考虑，针对逮捕制度修改的不足提出如下建议。

1. 进一步完善逮捕条件

现有的逮捕条件包含三个方面，即刑罚条件、证据条件和社会危险性条件。正如上文分析所显示的，上述三个要件都或多或少地存在问题。其中，刑罚条件和社会危险性条件都涵括巨大，基本上绝大部分刑事案件的犯罪嫌疑人、被告人都符合该两项条件。这不仅不利于减少逮捕的适用、显著降低羁押率，也不利于逮捕功能回归常态。因此，笔者提出如下完善建议。

（1）提高适用逮捕的最低刑罚标准

如前所述，既有的三部刑事诉讼法典都规定对可能被判处徒刑以上刑罚的犯罪嫌疑人、被告人都可以适用逮捕。而除《刑法修正案（八）》新确立的危险驾驶罪的法定刑只有拘役外，其他所有犯罪的法定刑都包括有期徒刑，因此刑罚标准在实践中对逮捕的适用基本没有任何制约作用。参考当前司法实际情况以及国外立法例，笔者认为，应当提高适用逮捕的最低刑罚标准，确定对可能被判处3年有期徒刑以上刑罚的犯罪嫌疑人、被告人才可适用逮捕。事实上，在刑事诉讼法修改之前，就连向来对限制逮捕适用持反对意见的公安部门都开始主张将适用逮捕的最低刑罚标准提高至3年。① 而国外立法已普遍将3年确立为适用逮捕的最低刑罚标准。②

（2）调整社会危险性标准的具体内容

前文已经提及修改后刑事诉讼法将逮捕的社会危险性条件具体化为五种情形，其中包括"企图自杀"和"有危害国家安全、公共安全或者社会秩序的现实危险的"两种情形。但结合实际情况及法条本身的设置来说，这两种情

---

① 贾康：《简论逮捕条件》，载《中国法学会刑事诉讼法学研究会2007年年会论文》，第24页。
② 《法国刑事诉讼法典》第143-1条，载《法国刑事诉讼法典》，罗结珍译，中国法制出版社2006年版，第140页；《意大利刑事诉讼法典》，黄风译，中国政法大学出版社1994年版，第95~97页。

形都不应当纳入逮捕的社会危险性标准的范围之内。

首先,"企图自杀"是一种主观性很强的标准,将其作为适用逮捕的情形之一可能为侦查人员随意申请批捕提供一个便于寻找而辩方又难以反驳的借口。而且轻刑犯由于预期的刑罚不重,自杀的可能性很小,没有必要以"企图自杀"为由将其逮捕,而重刑犯虽然可能自杀,但考虑到其刑罚条件和自身的社会危险性,一般也会以其他理由将其逮捕,没有必要再适用"企图自杀"这一条件。而从其他国家的立法例来看,将犯罪嫌疑人、被告人"企图自杀"作为逮捕理由之一的也很少见,我国将其纳入逮捕的社会危险性条件而规定似有仓促之嫌。笔者认为,应当将"企图自杀"调整出逮捕的社会危险性条件范围之外,不应当将其作为逮捕的法定情形之一。

其次,对于"有危害国家安全、公共安全或者社会秩序的现实危险的"这一情形而言,由于危害国家安全、公共安全或者社会秩序的行为通常都已被界定为犯罪,如果有证据证明犯罪嫌疑人、被告人有这种危险,完全可以以"可能实施新的犯罪"为由将其逮捕,没有必要再适用该理由。相反,如果没有证据证明犯罪嫌疑人、被告人有危害国家安全、公共安全或者社会秩序的现实危险,仅仅凭主观推测认为其可能存在这种现实危险而对其适用逮捕的话,那很可能导致逮捕在适用上不仅随意,而且会被任意扩大。这既不利于保护辩方权利,也无法降低逮捕适用率。同样,国外立法例也很少有将该情形作为逮捕适用条件的。因此,笔者认为不应当将其作为逮捕的社会危险性条件之一加以规定。

(3)增加规定不应当逮捕的情形

应当通过司法解释另行明确不应当逮捕的情形。结合司法实践的需求来看,可以将诸如中止犯、防卫过当、避险过当、胁从犯、可能判处5年以下有期徒刑的未成年人犯、过失犯、初犯等情形作为不应当逮捕的理由,将这些社会危险性较小、又无重新犯罪之虞的犯罪嫌疑人、被告人排除于逮捕之外。

2. 羁押必要性审查制度的完善

作为新生事物,羁押必要性审查制度要发挥实际作用,还需要做很多努力,包括机制建设以及与既有实践做法的衔接。

从机制建设来看,要明确羁押必要性审查程序的启动方式。可规定,在犯罪嫌疑人、被告人被逮捕后,只要辩方提出申请,检察机关就应当对其羁押必要性展开审查。但考虑到检察机关的工作实际,为防止辩方随意提出申请,影响诉讼效率,可考虑将辩方提出申请限定期限比如每月一次。而如果辩方连续3个月没有提出申请,检察机关就应当主动启动审查程序,对犯罪嫌疑人、被告人是否需要继续羁押进行审查。之所以采取这种方式,是因为当前刑事辩护率很低，完全依靠辩方申请启动审查程序既不现实，也不利于保护犯罪嫌疑人、被告人的权利。在适当情形下，检察机关就应当主动介入，依职权主动进行羁押必要性审查。

另外，对于羁押必要性审查的决定的效力问题，修改后刑事诉讼法只是简单规定对不需要继续羁押的，应当建议予以释放或者变更强制措施，有关机关应当在10日以内将处理情况通知检察院，但并没有规定后续的保障检察机关的建议得到切实履行的措施。这极可能导致检察机关提出的建议得不到履行，直接影响羁押必要性审查机制的实践效果。尽管有部分司法解释涉及这一问题，但从实践来看，其能在多大程度上切实约束有关机关的行为，还是值得反思的。因此，建议进一步明确赋予检察机关要求办案机关释放或者变更强制措施的权力。可在修改后刑事诉讼法第93条后增加规定，"有关机关认为释放或变更强制措施不当的，应当向检察机关说明理由；人民检察院认为理由不能成立的，应当要求有关机关释放或者变更强制措施，有关机关应当执行。"

无疑，上述问题的解决在本质上是如何建立一项新的工作制度和工作机制的问题。这对于刚刚结束的长达十几年的刑事诉讼法修改，相当于一个新的轮回的开始。羁押必要性审查如何与既有实践探索相对接，从中寻找解决途径，需要进一步研究。目前该制度所面临的实践难题表明，如何反思我们的制度生成规律，如何更好地立足实践发展完善相关立法，是需要进一步思考的。

第三章 侦查措施与工作机制

一、同步录音录像制度

讯问全程同步录音录像,是指讯问犯罪嫌疑人时,应当对讯问全过程实施不间断的录音录像。行为的秘密性、信息的封闭性是犯罪侦查工作的特点,特别是对犯罪嫌疑人的审讯,作为侦查破案的关键环节,其具体过程更是严格保密,不为外人所知。因而,刑事审讯工作颇具几分神秘色彩。实行讯问全程同步录音录像,采用现代视听技术把讯问职务犯罪嫌疑人的全部过程真实记载下来,日后根据工作需要随时调用同步录音录像资料,客观再现审讯情况,这种做法揭开了侦查讯问工作的神秘面纱,打破了犯罪侦查工作一直沿袭的传统。对职务犯罪嫌疑人实行讯问全程同步录音录像,是检察机关职务犯罪侦查工作的重大改革,同时也推动了我国刑事讯问制度的变革。

(一)改革缘起

实行讯问职务犯罪嫌疑人全程同步录音录像是检察机关顺应法治进步的时代要求,强化对职务犯罪侦查权的监督制约,转变职务犯罪侦查模式,适应职务犯罪侦查与反侦查斗争的现实需要自上而下推动的一项检察改革。[1]

1. 改革的背景

(1)顺应法治进步的时代要求

党的十五大确立了依法治国的基本方略,使我们党的执政理念和治国方式发生了重大转变。程序公正是法治的外在体现。在我国刑事司法领域,以《刑事诉讼法》的修改和我国签署的《公民权利和政治权利国际公约》为契机,程序的价值被重新认识,程序正义、人权保障的观念逐渐强化。2004 年,

---

[1] 事实上部分检察机关,尤其是经济发展比较好的地区在 20 世纪 80 年代后期就开始探索实行全程同步录音录像。经过多年实践,形成了有关讯问职务犯罪嫌疑人全程同步录音录像的若干内部规定。但是这些探索仅在小部分地区实行,尚未形成推动改革的动力。

十届全国人大二次会议通过宪法修正案,将"国家尊重和保障人权"写入宪法,标志着我国对人权的尊重和保障进入一个新的历史阶段。人权保障不仅要求在立法上平衡不同主体间的不同权利,而且要求以政府为代表的公权力机关承担起尊重人权和保障人权的义务。在刑事侦查工作中,讯问犯罪嫌疑人既是最重要的侦查活动,也是人权保障的关键点和薄弱点,在长期以来形成的"重打击、轻保护"的执法观念影响下,一些办案人员只关注案件的侦破和实体结果,常常忽视犯罪嫌疑人的权利保障,刑讯逼供和变相刑讯逼供现象时有发生。为了切实强化职务犯罪侦查工作中的人权保障,从根本上杜绝刑讯逼供等违法办案现象,最高人民检察院顺应法治进步的时代要求,决定实行讯问职务犯罪嫌疑人全程同步录音录像制度。①

(2) 实现检察机关对自身执法活动监督制约的强化

进一步强化对司法权的监督制约是党的十六大以来我国司法体制改革的一个重要方面。职务犯罪侦查权是检察机关法律监督权的重要组成部分和国家重要的司法权力,加强对职务犯罪侦查权的监督制约,是检察机关落实中央关于司法体制和工作机制改革意见的重要内容。构建权力的监督制约机制一般包括两个方面:一是权力监督,即在国家权力的运行过程中,为确保国家权力在法定的职权范围内运作,而由权力监督机关和社会组织与社会及个体对其进行监视、督察、调控和纠正的一种活动;二是权力制约,即权利享有者和权力享有者运用各种有效途径,对权力行使者所形成的特定的限制与约束,既包括享有权力的国家机关及其工作人员的限制与约束,也包括不享有权力只享有权利的社会组织和公民,利用宪法和法律赋予的选举权、知情权、揭发权、检举权、控告权等权利对国家机关及其工作人员行使公共权力的行为实施限制、约束、监督。② 长期以来,检察机关对职务犯罪案件的自行侦查、决定逮捕的做法,受到多方争议和质疑,要求取消检察机关侦查权和逮捕权的呼声不断。最高人民检察院抓住讯问职务犯罪嫌疑人这一职务犯罪侦查权运行的关键环节,通过实行讯问职务犯罪嫌疑人全程同步录音录像制度,对侦查讯问过程实施监督和对侦查人员行为加以限制和约束,规范职务犯罪侦查权的行使、防止在讯问过程中违法办案、侵犯人权,回应社会对强化司法权的监督制约的关切。

(3) 适应检察机关打击职务犯罪的需求

20世纪90年代后期,检察机关在打击职务犯罪方面面临多重考验。其一是刑事诉讼法的修改亟须检察机关完善讯问方式。1996年修订的刑事诉讼法

---

① 王振川:《坚定不移地实行讯问全程同步录音录像制度》,载《人民检察》2007年第8期。
② 肖光荣:《积极探索权力监督及制约机制》,载《湖湘论坛》2009年第2期。

吸收了当事人主义诉讼模式的元素,一方面强化了检察机关的举证责任,检察机关作为控方所举的证据必须确实、充分、证据链完整;另一方面提升了被告人和律师的地位,加强了辩护职能在刑事诉讼中的发挥。然而长期以来,审讯主要采取"一支笔、一张纸、一张嘴"的方式,口供的获取方式缺乏相应的公开性和规范性。到审判阶段,口供的合法性问题往往成为案件的焦点和关键。因此,如何在审判过程中证明收集证据程序的合法性成为检察机关迫切需要解决的问题。同步录音录像具有客观性、动态直观性的特征,能对侦查人员行为进行规范、限制,适应新庭审方式下对取证程序的要求。其二是职务犯罪发展的新趋势促使检察机关亟待转变侦查模式。随着改革开放的深入,我国社会进入转型期,职务犯罪呈现出三大新特点:一是易发多发,特别是领导干部违法犯罪仍然比较严重,发案数量高位运行;二是逐利性强,犯罪不断向经济建设重要领域、重大项目特别是资金密集型领域和行业渗透,追逐领导机关、领导干部和权力集中的关键部位,从而诱发更多的大案要案,对经济社会发展造成更大危害;三是类型不断翻新,群体化、高端化、隐蔽化、智能化、国际化、期权化甚至家族化等现象突出。由于执法观念、办案水平、侦查手段等多方面因素的影响和制约,检察机关传统的办案模式基本上是由供到证,主要靠获取犯罪嫌疑人口供来突破案件。这种传统的办案模式明显不适应新的形势,检察机关的办案模式逐步由供证到供转变,立案前的初查工作明显加强,但总的来看,这种转变还很不彻底,不少地方在办案中仍然过分依赖口供。最高人民检察院实行讯问职务犯罪嫌疑人全程同步录音录像,一方面旨在规范侦查讯问工作,另一方面在于促进各级检察机关全面加强职务犯罪侦查能力建设,着力提高职务犯罪侦查水平,尽快实现办案模式的彻底转变。其三是侦查与反侦查的斗争日趋激烈。职务犯罪侦查活动中,大多数犯罪嫌疑人往往会千方百计规避法律、对抗侦查、推卸责任。特别是随着国家对人权保障的重视和加强,犯罪嫌疑人以遭受刑讯逼供等为借口翻供的现象日趋增多。据统计,在审查起诉或审判阶段,犯罪嫌疑人、被告人的翻供率达60%以上,而且基本上都把翻供原因归咎于侦查阶段侦查人员对他们实施了违法讯问。[①] 有的甚至对办案人员凭空诬陷,导致是非难辨。实行讯问全程同步录音录像,检察机关就可以通过向法庭提供同步录音录像资料,有力揭穿被告人的谎言,从而达到遏制翻供、证实犯罪、澄清是非、保护办案干警的目的。

2. 制度的建立和推行

讯问同步录音录像制度的建立肇始于中国诉讼法研究中心从2002年开展

---

① 陈卫东主编:《刑事诉讼法实施问题调研报告》,中国方正出版社2001年版,第176页。

的"三项制度"的改革实验。录音录像三项制度就是指在侦查人员讯问犯罪嫌疑人时,要有律师在场、对讯问过程进行全程录音录像的制度。该制度在樊崇义教授的主持下稳步推进。改革实验最先在珠海市人民检察院进行,取得较好的效果。随后,在珠海市检察院的实验基础上,北京市海淀区人民检察院、河南省焦作市人民检察院、公安局以及甘肃省白银市公安局也参与了试验,试验案例多达 1200 个。全国人大法工委发现这个制度能够在很大程度上遏制"刑讯逼供"等非法取证手段,于是也对这项试验进行指导。

在实践探索之路上,讯问同步录音录像试点取得了显著收获,已促使检察机关以此为切入口深入推进侦查讯问方式的改革。最高人民检察院在 2003 年 10 月 10 日出台了《人民检察院讯问室的设置和使用管理办法》,该《办法》第 8 条规定:"有条件的人民检察院还应当在讯问过程中同步制作两套录音录像资料。录像资料的图像中应当记录与讯问同步的时间数码。"但是,在侦查实践中,讯问犯罪嫌疑人时如何具体实施录音录像、录制的音像资料如何使用,对此尚没有统一规范,讯问犯罪嫌疑人的同步录音录像不能全面落实。2005 年 11 月 1 日,最高人民检察院第十届检察委员会第四十三次会议决定,为进一步规范执法行为,依法惩治犯罪,保障人权,提高执法水平和办案质量,检察机关对讯问职务犯罪嫌疑人实行全程不间断同步录音、录像。通过客观记录和再现讯问全部过程,加强对办案人员讯问活动的监督,规范执法行为,保障犯罪嫌疑人权利,随后,在同年 12 月 16 日,最高人民检察院印发了《人民检察院讯问职务犯罪嫌疑人实行全程同步录音录像的规定(试行)》,该《规定》要求自 2006 年 3 月 1 日起在全国检察机关逐步推行讯问职务犯罪嫌疑人全程同步录音录像。

最高人民检察院考虑到全国各地经济发展不平衡、地域差异等因素,于 2006 年 1 月 18 日在宁波召开全国检察机关推行讯问职务犯罪嫌疑人全程同步录音录像工作现场会,按照"分步实施、逐步推进"的原则将检察机关推行讯问职务犯罪嫌疑人全程同步录音录像工作分三步实施:第一步,从 2006 年 3 月 1 日起,普遍实行讯问职务犯罪嫌疑人全程同步录音,最高人民检察院、省级院、省会首府市院和东部地区分州市院办理贿赂案件和职务犯罪要案实行全程同步录像;第二步,从 2006 年底开始,中西部地区分州市级院和东部地区县区级院办理贿赂案件和其他职务犯罪要案,必须实行讯问犯罪嫌疑人全程同步录像;第三步,从 2007 年 10 月 1 日开始,全国检察机关办理职务犯罪案件讯问犯罪嫌疑人实行全程同步录像。[①]

[①] 肖玮:《分三步推行讯问全程同步录音录像》,载《检察日报》2006 年 1 月 18 日。

在"三步走"实施方案的指导下,各地检察机关积极争取党委、政府及有关部门的支持,根据全程录音录像的需要,大力加强有关硬件设施和技术装备建设,把全程录音录像所需经费列入办案经费项目。加强对侦查干警和技术人员的培训,使办案人员尽快适应同步录音录像的办案新要求,严格执行《人民检察院讯问职务犯罪嫌疑人实行全程同步录音录像的规定(试行)》。据统计,2006年至2007年8月,全国检察机关共投入经费5亿多元,在办案工作区建立同步录音录像讯问室4280个,在看守所建立同步录音录像讯问室872个,2829个检察院实行了讯问同步录音录像,适用案件34973件。2007年8月以来,此项改革得到了进一步深入推进。[①]

　　推行全程同步录音录像是一个系统工程,在加大资金投入力度之外,还离不开建章立制和人员保障。最高人民检察院办公厅于2006年12月印发了《人民检察院讯问职务犯罪嫌疑人实行全程同步录音录像技术工作流程(试行)》和《人民检察院讯问全程同步录音录像系统建设技术规范(试行)》,前者从检察技术工作环节对讯问同步录音录像的受理、录制、封签、保存到录制资料的调用、结案后归档等作出了规定,保障了同步录音录像工作程序规范;后者明确了同步录音录像的设备标准、技术指标和功能要求,为各级检察机关同步录音录像系统建设提供了依据。各地也结合全程同步录音录像实践,配套制定了工作要求,细化工作程序,完善操作规范,使这项工作有章可循。如安徽省检察院制定了《讯问职务犯罪嫌疑人全程同步录音录像实施细则》,对事前告知、事后确认和讯问的用语规范、行为规范等都作出了详细规定;河北省衡水市检察院针对同步录音录像资料的保密、归档、示证等,制定了《视听资料安全保密制度》、《音像档案管理办法》和《多媒体示证规范意见》。南京市人民检察院制定了《南京市人民检察院办理职务犯罪案件讯问犯罪嫌疑人实行同步录音录像的规定》、《关于贯彻省院同步录音录像意见办法》和《南京市人民检察院侦查指挥中心办案基地全程同步录音录像技术工作流程》等管理制度,对全程同步录音录像工作作出了严格的规定,实现了审录分离。[②]

　　2007年11月14日,最高人民检察院在湖北武汉召开推行全程同步录音录像工作经验交流会,认真总结这项工作开展以来的经验做法及存在的问题,从五个方面提出了进一步改进工作的措施:一是结合本地实际制定工作方案或实施意见,对推行这项改革作出具体规划部署。二是积极争取地方党委、政府

[①] 数据来源于《中国司法改革报告·检察篇》,载 http://www.jcrb.com/zhuanti/jczt/zgsfggb-gjcp/,2012年12月1日最后访问。

[②] 张勇、刘萍、董林峰:《全程同步录音录像工作问题与对策》,载《人民检察》2010年第18期。

支持，加大资金投入，购置设备，改造办案区。三是加强研究，制定一系列工作制度和规范，细化工作流程，完善操作规范。四是开展专项培训，帮助侦查人员逐步适应新形势下的审讯要求。五是职务犯罪侦查、技术信息、计财装备等多个部门密切协作配合，理顺工作关系，形成工作合力，保证改革的顺利开展。① 根据全程同步录音录像工作需要，2006年至2007年，全国检察机关增补录制技术人员1100余名；最高人民检察院和各省级检察院共举办讯问同步录音录像培训班90余期，集中培训侦查人员和检察技术人员5000多名，为讯问全程同步录音录像工作的顺利开展培训了一大批师资和骨干。②

各地检察机关按照最高人民检察院的工作部署，在自侦案件中广泛使用同步录音录像，积累了丰富的实践经验，取得了良好的法律效果和社会效果。2012年，立法机关在修改刑事诉讼法时，为从制度上防止刑讯逼供行为的发生，在修改后刑事诉讼法第121条规定："侦查人员在讯问犯罪嫌疑人的时候，可以对讯问过程进行录音或者录像；对于可能判处无期徒刑、死刑的案件或者其他重大犯罪案件，应当对讯问过程进行录音或者录像"。由此，同步录音录像制度成为法定的刑事诉讼制度。为了进一步规范执法行为，依法惩治犯罪，保障人权，提高执法水平和办案质量，最高人民检察院根据《刑事诉讼法》、《人民检察院刑事诉讼规则（试行）》等有关规定，结合人民检察院直接受理侦查职务犯罪案件工作实际，于2014年3月17日通过了《人民检察院讯问职务犯罪嫌疑人实行全程同步录音录像的规定》，从内部工作制度的角度进一步完善了同步录音录像制度。

（二）改革的积极作用

1. 规范了讯问行为，体现了程序的正当性

在传统的讯问模式下，办案人员不会对侦查人员实施刑讯逼供、折磨犯罪嫌疑人等非法讯问的情形或者环境予以记录；与此同时，犯罪嫌疑人也难以固定、收集侦查人员采取刑讯手段逼供的证据，从而为侦查人员采取刑讯逼供等非法讯问手段留下了空间。而对讯问的过程实施同步录音录像，不仅能够重现犯罪嫌疑人在讯问当时的精神状态和身体状况，而且使侦查人员的讯问方式得以固定并且能够在法庭上重现，这对侦查人员采取非法手段获取口供产生了很

---

① 王新友：《凡是讯问全程录像均未发现违法办案》，载《检察日报》2007年11月14日。
② 王新友：《凡是讯问全程录像均未发现违法办案》，载《检察日报》2007年11月14日。

大的威慑作用,从而最大限度地限制了讯问人员采取非法的手段获取口供。①另外,录音录像不仅记录讯问内容,而且以影视声像的方式记录了讯问的全过程,因此将促使侦查人员认真地履行讯问时的义务,按照法律规定的程序实施讯问。在侦查人员讯问的过程中,实行全程同步录音录像制度,将其讯问的过程公开化,能有效地规范侦查人员的讯问行为,促使其依法办案。这本身就是程序正义的充分体现。②

2. 固定了讯问内容,整体上提高了诉讼效率

职务犯罪案件侦查的推进依赖于犯罪嫌疑人口供的突破,特别是在受贿案件中,收集和固定案件证据一直是贿赂案件办案的重点和难点。贿赂犯罪从其实施的特点来看,往往采取一对一的形式,取证存在相当困难。传统的书面记录依靠的是手工记录,受记录人员认识能力、记录水平、文字功底、思想感情、精神状态等因素的限制和影响,纸质记录很难确保内容的完整性和准确性。有的记录人员为了能跟上讯问人员和犯罪嫌疑人的问答速度,不得不对一些讯问内容作删减的处理,以致不能完全地记录下讯问内容。在采取手工记录的情形下,不仅难以做到全面记录,也难以做到同步记录,从而丧失突破口供的有利时机。讯问是一个心理博弈的过程,需要讯问人员通过各种讯问技巧给犯罪嫌疑人造成心理压力,迫使其自愿供述。实践中,为了满足记录人员记录的需要,讯问人员不得不放慢讯问的进度,或者反复讯问某一犯罪事实,犯罪嫌疑人就会通过侦查人员反复讯问的过程,推测出侦查人员尚未掌握的事实,从而使审讯丧失突破时机,使侦查陷入僵局。为了克服这一缺陷,大多数案件中讯问都是在突破犯罪嫌疑人口供的情况下,侦查人员才开始制作笔录。然而,有的犯罪嫌疑人交代后,在侦查人员没有来得及记录前,已经判断出侦查人员掌握和不掌握的犯罪事实,便开始翻供。③ 由于口供没有及时用笔录固定,造成了直接证据的灭失,将案件办成"夹生饭"。此外,许多被告人选择在庭审阶段对侦查阶段的口供进行更改或翻供致使法庭不得不对侦查阶段被告人口供的合法性、真实性进行核实,拖延了诉讼。实行同步录音录像后,由于其具有高度的同步性和一致性,同步固定口供而又不影响讯问突破,准确真实地记录犯罪嫌疑人的供述,有效锁定证据,使犯罪嫌疑人的口供这种无形证据有形化,牢固证据链条,防止翻供翻证,客观上保证了口供的质量,一定程度

---

① 参见徐美君:《侦查讯问录音录像制度研究》,载《中国刑事法杂志》2003年第6期;阿儒汗:《论讯问全程同步录音录像制度的建构》,载《人民检察》2006年第3期。

② 高忠聚:《规范侦查行为,着力提升办案水平——全国检察机关推行讯问全程同步录音录像工作现场会述要》,载《人民检察》2006年第2期。

③ 肖志勇、瞿伟:《讯问全程同步录音录像若干问题探讨》,载《中国刑事法杂志》2007年第3期。

上弥补讯问笔录的缺陷,不仅增加了记录的准确性,而且提高了讯问的效率和口供的可信度,从而提高了诉讼效率。①

3. 固定了讯问过程和结果,一定程度上遏制和防止了犯罪嫌疑人、被告人翻供及诬告侦查人员

讯问同步录音录像有利于固定讯问成果,防止犯罪嫌疑人、被告人翻供。在办理职务犯罪案件中,犯罪嫌疑人、被告人翻供的现象比较普遍,尤其是一些重大案件的犯罪嫌疑人,在归案之初尚能如实交代自己的主要犯罪事实,但经过一段时间思考、权衡或被关入看守所后受到他人教唆,为逃避或减轻罪责而翻供。翻供的理由无非是侦查人员刑讯逼供或者变相刑讯逼供、笔录未经核对等。实行同步录音录像后,犯罪嫌疑人、被告人翻供和诬告侦查人员的情形大为减少。如南京市检察机关在2006年一年中共对172起职务犯罪案件进行了全程录音录像,案件翻供率由之前的15%左右下降为不足5%,对侦查人员的投诉率也下降了15%。② 据统计,开展讯问全程同步录音录像工作以来,全国各级检察机关共在法庭上出示讯问同步录音录像资料4802次,被法庭作为证据采纳4182次,采信率87.1%。绝大部分犯罪嫌疑人在法庭上的翻供理由都被依法认定不成立,讯问全程同步录音录像制度起到了有效遏制编造理由翻供,保障刑事诉讼顺利进行的重要作用。③

4. 促进侦查人员提高办案能力

职务犯罪的犯罪嫌疑人往往文化程度高、智商高、犯罪手段隐秘,因而案件的侦查难度较大。如何抓住犯罪嫌疑人心理、表情的细微变化,有效切入和突破案件是侦查人员的工作重点。在审讯过程中实施录音录像,利用监控技术协同作战,发挥现场指挥功能,准确把握办案时机,果断决策,及时突破案件,增强办案效果。此外,典型的讯问同步录音录像资料可供分析评判、教学交流之用,借以总结经验,汲取经验教训,提升指挥人员、讯问人员的办案水平和能力。④

---

① 杨维汉、张乐、卜云彤、吕雪莉:《侦查机关讯问嫌疑人同步录音录像》,载《检察日报》2006年3月12日。
② 李营:《全面开展全程录音录像构筑规范执法坚固屏障》,载《人民检察》2007年第10期。
③ 汪才透:《试析职务犯罪讯问全程同步录音录像的证据属性》,载《法制与社会》2008年第25期。
④ 高忠聚:《规范侦查行为 着力提升办案水平——全国检察机关推行讯问全程同步录音录像工作现场会述要》,载《人民检察》2006年第2期。

(三) 刑事诉讼法修改后同步录音录像制度在执行中存在的主要问题

1. 对录音录像性质界定不明确，导致实践中产生争议和混乱

刑事诉讼法规定了同步录音录像制度后，同步录音录像作为讯问犯罪嫌疑人的一种工作制度得到了确立，但是录音录像形成的音像资料的法律性质却仍然不明确，有的认为讯问同步录音录像本身不能作为证明犯罪事实的证据，而以工作性资料对待为宜，出庭时，笔录仍是举证质证的法定证据，但当被告人或辩护律师对讯问笔录提出异议或提出讯问过程可能存在刑讯逼供时，录音录像可以作为证明证据合法性的证据使用。① 有人认为，同步录音录像属于证据，但其证据类型是动态的，应根据其反映的具体内容和证明的目的来确定。在一般情况下，同步录音录像属于犯罪嫌疑人的供述和辩解。② 如果含有犯罪嫌疑人检举、揭发他人犯罪事实的内容，则应属于证人证言；如果从中发现侦查人员有刑讯逼供、暴力取证或者以威胁、引诱、欺骗等其他非法方法取证行为的，则属于侦查人员是否构成刑讯逼供、暴力取证或非法取证的视听资料证据。当有人销毁以光盘为载体的同步录音录像，该行为人涉嫌构成帮助毁灭证据罪，该光盘就是"口供"和物证的复合。③ 有人认为，从实体意义上看，讯问全程录音录像是一种固定保全证据的手段，从程序意义上看则属于视听资料证据。④ 还有人认为，同步录音录像资料是言词证据的附属资料（即附件），从本质上说，是一种固定言词证据的辅助手段。⑤

认识上的分歧造成司法实践操作中的混乱，主要体现为：一是同步录音录像是否随案移送做法不一。二是律师能否查阅、复制同步录音录像争议较大。一些案件开庭审理中个别律师因为查阅、复制同步录音录像要求未得到满足而退庭或者当场请辞辩护，致使案件多次延期审理。三是录音录像与讯问笔录不一致时处理方式不一。有的完全以笔录为主，对同步录音录像记载的内容采取

---

① 孙谦：《关于修改后刑事诉讼法执行情况的若干思考》，载《人民检察》2015 年第 7 期。
② 李领臣：《同步录音录像制度实施中的若干问题》，载《人民检察》2013 年第 20 期。
③ 潘金贵、陈永佳：《讯问犯罪嫌疑人同步录音录像的证据学分析》，载《湖南公安高等专科学校学报》2009 年第 2 期；陈奇敏：《讯问同步录音录像制度的现状、问题及完善》，载《上海公安高等专科学校学报》2009 年第 4 期；潘申明、魏修臣：《侦查讯问全程同步录音录像的证据属性及其规范》，载《华东政法大学学报》2010 年第 6 期。
④ 肖志勇、瞿伟：《讯问全程同步录音录像若干问题探讨》，载《中国刑事法杂志》2007 年第 3 期；孙洪坤、韦成虎：《检察机关全程同步录音录像制度实证研究》，载《淮北煤炭师范学院学报（哲学社会科学版）》2010 年第 5 期。
⑤ 重庆市人民检察院第一分院课题组：《讯问犯罪嫌疑人同步录音录像制度刍议》，载徐静村主编：《刑事诉讼前沿研究》（第五卷），中国检察出版社 2006 年版，第 261 页。

忽视态度；有的完全以录音录像为准，认为它更为客观地反映了犯罪嫌疑人供述的内容；还有的则结合其他证据综合分析，以能够得到其他证据印证为主。

2. 制度设计不完善导致操作不规范

刑事诉讼法仅对同步录音录像制度作了原则性的规定，《人民检察院刑事诉讼规则（试行）》和《人民检察院讯问职务犯罪嫌疑人实行全程同步录音录像的规定》对检察机关实施同步录音录像的范围、主体、地点、录音录像的时间、操作程序、录音、录像资料的使用以及录音录像的技术要求均作出了规定。但由于缺乏细致的操作规定和严密的监督机制，实践中，操作不规范的情况普遍存在，主要体现在四个方面：

（1）全程同步原则没有得到全面贯彻

自侦案件普遍存在"不破不立"的情形，检察机关侦查部门将大量精力和人员用于初查，对犯罪嫌疑人最重要的讯问也在初查阶段实施，然而按照《人民检察院讯问职务犯罪嫌疑人实行全程同步录音录像的规定》，讯问时录音录像应该开始于立案，因此，对犯罪嫌疑人讯问进行的录音录像既不是全程也不是同步。实践中不乏犯罪嫌疑人被事先"制服"后再进入讯问室接受询问和同步录音录像的情形。有的侦查人员先对犯罪嫌疑人进行讯问，然后根据犯罪嫌疑人的供述情况，再决定是否进行同步录音录像，如果犯罪嫌疑人的供述符合侦查人员的取证要求，再进行补录；有的则对承认有罪的情形录制，对不承认犯罪的情形不录制，实行有选择地录制。

（2）录审分离原则没有得到很好地执行

《规定》第3条规定："讯问录音、录像，实行讯问人员与录制人员相分离的原则。"但据调研，有的检察院将录音录像工作全部交给技术部门，自侦部门则对整个录制过程及最后形成的资料很少过问；有些检察院则完全由自侦部门负责，不愿意让技术部门协助。严重违背了《人民检察院讯问职务犯罪嫌疑人实行全程同步录音录像的规定》中实行讯问人员与录制人员分离的原则，不可避免地造成录音录像无人监督制约的局面，使录音录像工作缺乏技术保障，从而影响到最后形成的资料在法庭上的认可度。分析其原因主要在于：一是专职录制人员专职不专。基层检察机关的专职录制人员一般由检察技术部门人员担任，他们不仅要承担录音录像任务，而且通常还要承担全院的会务保障、设备维修、摄影摄像等工作，无法全身投入同步录音的技术保障工作中，影响了整体的工作质量。特别是有的基层院实行分组轮流审讯，单个技术人员无法胜任长时间、高负荷的工作强度；不少案件还采取异地审讯的方式，专职录制人员尤其是技术人员根本无法长时间离开本职岗位。二是承办案件的是自侦部门的工作人员，录音录像的是检察机关内部技术部门的工作人员，表面上看起来是各不相干的两个部门，但事实上都是检察院内部的部门无法实现权力的有效制约。三是兼职录制人员难以落实。根据实际情况，很多检察机关确定了兼职录制人员，但由于侦查人员和法警一方面认为自己分组独立办案，侦查任务十分繁重，存有抵触情绪；另一方面认为自身不具备执行现场封存等操作规程所需要的技术能力，存在畏难思想，造成侦查人员和法警不愿充当兼职录制人员，或兼职不积极、不到位，使现场封存等操作任务没有很好地落到实处。

（3）录制工作不够规范

根据《人民检察院讯问职务犯罪嫌疑人实行全程同步录音录像的规定》第10条、第11条第2款以及《人民检察院讯问职务犯罪嫌疑人实行全程同步录音录像技术工作流程（试行）》第7条、第9条、第12条规定，讯问过程中，因技术故障等客观情况无法录音、录像的，一般应当停止讯问，待故障排除后再行讯问。讯问停止的原因、时间和再行讯问开始的时间等情况，应当在笔录和录音、录像中予以反映。无法录音、录像的客观情况一时难以消除又必须继续讯问的，讯问人员可以继续进行讯问，但应当告知犯罪嫌疑人，同时报告检察长并获得批准。未录音、录像的情况及告知、报告情况应当在笔录中予以说明，由犯罪嫌疑人签字确认。录制结束后，录制人员应当将录制资料的正本交讯问人员、被讯问人员确认，当场装入人民检察院讯问全程同步录音录像资料密封袋，录制人员、讯问人员、被讯问人员三方封签，由被讯问人在封口处骑缝捺印手印。因特殊原因需要制作录制资料的，经检察长批准，检察技术人员应当以录制资料副本作为信号源，在办案人员的主持下进行复制。讯问结束后，录制人员应当及时制作讯问录音、录像的相关说明，经讯问人员和犯罪嫌疑人签字确认后，交由检察技术部门立卷保管。讯问录音、录像制作说明应当反映讯问的具体起止时间，参与讯问的检察人员、翻译人员及录制人员等姓名、职务、职称，犯罪嫌疑人姓名及案由，讯问地点等情况。讯问在押犯罪嫌疑人的，讯问人员应当在说明中注明提押和还押时间，由监管人员和犯罪嫌疑人签字确认。对犯罪嫌疑人拒绝签字的，应当在说明中注明。但是有的检察人员却没有按照上述规定，制作相关工作说明，没有对正本进行盖印封签，内容填写不规范、不完整，有的案件提押证、笔录与同步录音录像时间、内容有一定出入，个别案件中甚至存在复制、粘贴现象，引起当事人、辩护人和法庭的质疑，影响案件事实的认定。有的同步录音录像资料如没有时间、温湿度显示、未采用画中画格式等。

(4) 对同步录音录像资料的管理不规范

根据《人民检察院讯问职务犯罪嫌疑人实行全程同步录音录像的规定》第11条第1款的规定，讯问结束后，录制人员应当立即将讯问录音、录像资料原件交给讯问人员，经讯问人员和犯罪嫌疑人签字确认后当场封存，交由检察技术部门保存。同时，复制讯问录音、录像资料存入讯问录音、录像数据管理系统，按照授权供审查决定逮捕、审查起诉以及法庭审理时审查之用。没有建立讯问录音、录像数据管理系统的，应当制作讯问录音、录像资料复制件，交办案人员保管，按照《人民检察院刑事诉讼规则（试行）》的有关规定移送。但在实践中，有的检察机关录制完成后，没有立即将录制内容刻录封存，对侦查部门的备份也没有按照储存介质的特性予以保管。

3. 全程同步录音录像的确认有难度

根据《人民检察院讯问职务犯罪嫌疑人实行全程同步录音录像的规定》第11条第1款的规定，讯问结束后，录制人员应当立即将讯问录音、录像资料原件交给讯问人员，经讯问人员和犯罪嫌疑人签字确认后当场封存，交由检察技术部门保存。据此，制作完成同步录音录像资料后应由讯问人员和被讯问人对内容进行确认后才能生效。但实践中，绝大部分同步录音录像制作完成后，直接交由办案人员和被讯问对象确认，而没有再让被讯问对象对同步录音录像进行播放确认，其原因主要在于：对内容进行确认将耗费大量时间，既增加了办案人员的工作负担，又可能与拘传的时限规定产生冲突。

4. 对被讯问人的权利保护不力

检察机关实行的全程同步录音录像是检察机关刑事侦查权的一种方式。侦查讯问中犯罪嫌疑人对录音录像没有选择使用权，知情权受到很大限制，签字确认权存在技术障碍。此外，当被告人或者辩护人对讯问活动提出异议的，或者被告人翻供的，或者被告人辩解因受刑讯逼供、威胁、引诱、欺骗等而供述的，公诉人可以提请审判长当庭播放讯问全程同步录音录像资料，然而当辩护人提出该请求时，却往往以涉及国家秘密被拒绝。①

（四）进一步完善同步录音录像制度的建议

修改后刑事诉讼法第121条关于同步录音录像制度的规定一方面是对学术界的试验探索和司法机关推行全程同步录音录像的实践的积极肯定；另一方面也进一步完善了我国的讯问制度。但从检察机关就同步录音录像所进行的调研

---

① 陈行之：《浙江诸暨检察院被指越权办案拒绝公开争议录像》，载《南方周末》2008年1月24日。

来看，该条规定无论是从立法技术上，还是从实践操作上尚存在一些问题，笔者建议从以下几个方面进一步予以完善。

1. 同步录音录像的适用范围

目前对同步录音录像范围的规定存在两方面的不足。其一是录音录像案件范围未作选择性规定；其二是案件适用类型有待拓宽。前者是对于检察机关办理的案件而言，不做选择性的规定，既浪费司法资源，又无必要；后者则是对公安机关办理的案件而言，没有强制性的规定，录音录像制度降低为固定证据的手段。刑事诉讼法修正案将录音或者录像的适用范围分为两类，一类是任意适用的，范围没有限制，公安机关、检察机关可以根据具体情况选择适用；另一类是强制适用的，范围限定于"可能判处无期徒刑、死刑的案件或者其他重大犯罪案件"，对公安机关、检察机关而言是强制性的要求。① 这样的规定固然考虑到了司法成本、诉讼效率，也基本符合司法措施的比例性原则，但是从全面促进我国讯问制度的完善，实现与非法证据排除制度的衔接以及同步录音录像的制度优势发挥这些角度考量，乃至该条款的可操作性，则需要进一步完善。笔者认为，应当将同步录音录像的适用范围进一步明确，建议作出以下规定："讯问职务犯罪嫌疑人或者依法可能判处无期徒刑、死刑的犯罪嫌疑人，讯问过程必须进行全程同步录音录像。讯问其他犯罪嫌疑人，讯问过程也可以进行全程同步录音或者录像。"对于以下案件，讯问犯罪嫌疑人时，应当全程录音或者录像：（1）危害国家安全的犯罪案件；（2）重大的职务犯罪的犯罪案件；（3）杀人、抢劫、强奸、放火、爆炸、投毒等严重侵犯人身权利和危害公共安全的犯罪案件；（4）其他犯罪嫌疑人可能被判处无期徒刑或者死刑的案件；（5）犯罪嫌疑人要求录音、录像的。

2. 立法需明确侦查讯问阶段全程同步录音录像的制作程序规范和管理规范

全程同步录音录像的制作程序和管理程序主要包括讯问同步录音录像的录制、封签、保存以及录制资料的调用、整理、归档。对这些制作环节和管理环节都应有明确的法律规定，并对违反相关程序的行为和人员设定相应的法律后果。惟有如此，才能真正发挥技术力量在诉讼中的权力制约和人权保障作用，保证讯问录音录像的真实性和客观性。根据以上对检察机关在同步录音录像的探索和实践，笔者认为以下几个程序需要在立法中进一步明确：

（1）规范讯问地点

应当在司法解释中将讯问地点限定在具备录音录像设备的侦查机关的讯问

---

① 此款规定由于过于宽泛，实际上赋予了侦查人员很大的自由裁量权，在执行过程中容易走样。

室或者法定羁押场所内,并排除所有在法定场所之外获取的供述的证据资格。惟其如此,才能防止侦查人员以讯问场所不具备录音录像设备为理由规避该项规定,更能避免侦查人员先通过非法方式获取供述后再以录音录像的方式对犯罪嫌疑人的口供加以固定,以形式上合法取代实质上的非法。

(2) 全程录制

刑事诉讼法规定,录音或者录像应当全程进行,保持完整性。关于何为"全程",根据《人民检察院刑事诉讼规则(试行)》第201条和《公安机关办理刑事案件程序规定》第203条的规定,应为每次讯问的全过程。但从逻辑的严密性要求考虑,此处的"全程"显然不能仅局限于实施某一次讯问的全部过程,而是涵盖于犯罪嫌疑人在公安机关、检察机关控制下的每一次讯问。因为当犯罪嫌疑人实际置于侦查机关的控制之下,任何时间段内皆有可能发生非法取供的情况,而不必非在讯问室内,这些非正规的讯问场所也恰恰是非法取证的高发地点。从司法实践中的情况来看,在将犯罪嫌疑人押送前往侦查机关的路途中以及将其带出羁押地进行辨认、搜查、取赃等侦查活动的过程也确实最容易发生逼供、诱供和指供等非法取供的现象。

刑事诉讼法仅强调了全程录音或者录像,但没有提及同步,这似乎是立法的疏忽,但是就"全程"二字而言,应当还包括不中断、连续不断地录音录像这一层含义。这就要求侦查人员或技术人员不能仅根据侦破案件的需要或者个人主观判断任意取舍,也不能在讯问时随意中断或不连续录音录像。一般情况下,对同步录音录像的合理的中断包括两种情形:第一种是在讯问过程中机器出现故障。对于此种情形,如能当场排除故障,可在讯问笔录中记录相关情况,继续讯问并向犯罪嫌疑人说明情况;如不能及时修好机器,在征得犯罪嫌疑人同意的情形下可继续讯问,如犯罪嫌疑人反对继续讯问,则应停止讯问,保证全程录音录像过程不中断、保持连续。第二种情形是由于讯问时间较长,在讯问过程中安排必要的休息。对于此种情形,应当中止录音录像,并在讯问笔录中做好相应记录。

只有将整个过程都置于录音录像设备的监控之下,才能称之为全程同步录音录像,才是真正将整个讯问过程置于阳光之下,保证监控没有死角,保证影音资料的连贯性、完整性,形成封闭的监控证明锁链。①

(3) 审讯、录制、保存分离

为使参与讯问的各方形成相互监督制约的关系,保障录音录像资料的客观性,审讯、录制、保存三个工作环节必须在工作机制和人员上实现分离。为了

---

① 段学明:《侦查讯问录音录像制度探析》,载《国家检察官学院学报》2007年第1期。

贯彻执行修改后刑事诉讼法第 116 条和第 121 条的规定，保证各级人民检察院在直接立案侦查的案件中讯问在押职务犯罪嫌疑人在看守所进行，并实行全程同步录音录像，2012 年 10 月 8 日，最高人民检察院、公安部出台了《关于在看守所设置同步录音录像讯问室的通知》。该通知规定，看守所可以设置由人民检察院相对固定使用的讯问室，配置录音录像、信息网络传输等设备；看守所设置人民检察院相对固定使用的同步录音录像讯问室，应当由同级人民检察院负责提供录音录像设备，承担讯问室建设、改造以及录音录像设备的维护、保养费用；看守所设置的人民检察院相对固定使用的同步录音录像讯问室由看守所负责管理，优先保证人民检察院办案需要，同步录音录像设备由人民检察院指派技术人员操作。同步录音录像讯问室空闲时，看守所可以安排其他办案单位使用。上述规定可以看到检察机关进一步提高严格依法办案和规范执法水平的用心和决心，但是由于公安机关和检察机关的会签通知不具有强制执行的效力，且缺乏顶层设计，在实践中其效果将大打折扣。笔者建议，同步录音录像制度的构建和完善可以与我国司法机关当前正在进行的信息化建设结合起来，在羁押场所建立一个独立的录音录像资料录制管理机构，由其负责录制公安、检察、法院等机关工作人员在羁押场所的讯问活动，并将其同步传输到上述机关的技术部门，由其存储、归档、保管。如此一来，办案人员可以在第一时间获取讯问的录音录像资料，提高了效率，增强了监督制约效果。

3. 明确出示、使用和质证讯问阶段全程同步录音录像资料的程序

如前所述，侦查讯问阶段全程同步录音录像资料，一方面有证实并固定犯罪嫌疑人口供的作用，另一方面也可以客观反映侦查讯问人员是否存在非法取供的情形。但录音录像资料得以完整、客观地出示是其发挥作用的必要条件，而目前的法律却缺乏明确的相关规定，直接导致讯问同步录音录像资料作为证据的价值没有得到应有的发挥。对此，笔者提出以下建议：

（1）在立法上明确同步录音录像的证据资格

立法明确规定同步录音录像的证据资格，即依法录制的录音录像资料可以作为证据使用。讯问笔录记载的内容与录音或录影内容不符的，不得作为证据使用。

（2）明确移送程序

有人提出公安机关应当向检察机关移送全部录音录像资料，但存在一些问题，首先同步双录并非刑事诉讼法的强制性要求，只有对可能判处死刑、无期的案件才需进行；其次有些讯问存在被讯问人检举重大犯罪的情况，如果移送的话，律师在阅卷时会接触到，很可能通过摘抄、复制等方式泄露，因此对办

案秘密性甚至国家秘密造成威胁。因此，笔者认为，对于实施了同步录音录像的案件，应当在移送的案卷中注明存在讯问的同步录音录像材料。是否移送的决定权由下一个诉讼环节的机关掌握，即在侦查阶段，如果公安机关或者检察机关的侦查部门提请逮捕的，由批准逮捕的检察机关根据办案需要和具体情况决定同步录音录像材料是否需要移送；在审查起诉阶段，由检察机关决定侦查机关（部门）是否需要移送同步录音录像材料；在审判阶段，由法院决定是否需要移送同步录音录像材料。辩护人有权申请检察机关、审判机关要求侦查机关（部门）移送同步录音录像材料。

（3）完善录音录像资料的出示程序

首先，应保障辩护方对录音录像享有充分使用的权利。一方面应当赋予辩护方有权对录音录像资料的保管和使用进行监督的权利。根据2002年英国议会通过的《警察与刑事证据法守则F》第4条第19款的规定，会见结束时讯问人员应当给犯罪嫌疑人一份书面通知，说明录音录像资料的用途以及查看录音录像资料的方法，并告知犯罪嫌疑人如果其被起诉或者被通知将被起诉，警方将尽可能及时给他提供一份录音录像资料的复制品。笔者认为，这一做法值得借鉴。如果在侦查阶段对犯罪嫌疑人的讯问实施了全程录音或录像，在审查起诉阶段犯罪嫌疑人及其辩护人有权向检察机关申请调取录音或录像的复制品。另一方面，赋予辩护方在庭审中提请查看录音录像资料的权利。目前，有关查看讯问时的录音或录像的规定仅见于《关于办理刑事案件排除非法证据若干规定》，是作为法院查证侦查机关是否存在非法取证情形的重要方式。但其前提是被告人及其辩护人提供了侦查机关存在非法取证的相关线索或者材料。在实践中，非法证据的启动是比较困难的，如果赋予犯罪嫌疑人及其辩护人有权向检察机关申请调取录音或录像的复制品的权利，同时又赋予其提请查看录音录像资料的权利，则非法证据排除的程序启动就会相对容易一些。

其次，对于庭审中公诉人辩说涉及国家秘密等不能当庭播放的情况要区分处理。对于涉及本案以外其他未决案件案情的，可以在播放录像时调成静音或者抹去声音后再播放；对于涉及国家秘密的，应由国家保密局进行专门鉴定之后才能下结论。因此，庭审中如果出现第一种情形，审判长可以宣布休庭，待对录音录像资料做好技术处理后再行开庭；如果出现第二种情形，则审判长应停止庭审，由审判长报请院长作出决定。经审查之后，确实涉及国家秘密的，则应当由控辩审三方观看录音录像，不允许其他人旁听。参加庭审的人员应当签署保密协议。违反规定者，将被追究法律责任。

4. 确定违反录音录像制度的法律后果

构建一项法律制度，必须要有与制裁违反该项规则相配套的措施。建立录音录像制度的非法证据排除规则就是对违反录音录像制度的程序性制裁。

（1）对于严重违反法定程序生成的录音录像资料应当予以排除

对于应当录音录像而侦查人员无故拒绝录音录像并在讯问过程中实施了刑讯逼供或者在录音录像过程中实施了刑讯逼供等行为，由此生成的录音录像资料应当予以排除，不能作为定案的根据。按照英国《警察与刑事证据法守则F》的要求，在庭审中如果被告人向法庭提出自己被拒绝录音录像，或者声称自己在被录音录像的过程中受到了刑讯逼供等不公正的对待，而录音录像资料中并未显示的情况，法官就会让原来保存母带的警察机构提供母带，然后法官将庭审中已有的录音录像资料与原来的母带进行比对，进而确定是否排除录音录像资料。据此，在严重违反法定程序下生成的录音录像资料，在经过与母带的核对之后，若的确存在与母带不符的情况，可以确定予以排除。

（2）对存在轻微的不规范的讯问行为的录音录像资料不予排除

对于录音录像资料中显示的不规范的讯问行为，如其不影响供述的自愿性和真实性或者案件的公正处理，原则上对录音录像资料应当予以使用，不予排除。如侦查人员对犯罪嫌疑人进行的辱骂、羞辱等轻微的违法与不规范行为，一般情况下不予以排除。

（3）控方在不能证明其遵守了录音录像制度时所获证据应予排除

如果被告人提供了关于侦查机关违反录音录像法定操作流程并使录音录像资料丧失真实性或者讯问违法的线索或者材料，基于公平分配举证责任的原则，应当由控方证明取证行为合法，若无法证明时，推定为取证过程不合法，所取得的口供不合法，予以排除。适用于此种情况的情形主要包括：一是不提供录音录像资料或录制完成后擅自修改删剪录音录像资料。被告向法庭提出异议时，由侦查机关证明其录音录像程符合法定操作流程。二是现有的录音录像资料显示，侦查机关未全程连续录音录像。侦查人员不能于讯问开始时录音录像或者讯问途中任意中断录音录像，侦查人员应当对录音录像中没有记录的口供的取证合法进行证明。

二、特殊侦查措施

为有效控制职务犯罪，检察机关已经在实践中采取特殊侦查行为。然而立法的缺失，既妨碍有效地打击犯罪，也不符合我国"人权入宪"的基本要求。

在侦查法治化和专业化的背景下，检察机关在改革中着力推进特殊侦查措施的法制化。2012年修订的刑事诉讼法赋予检察机关技术侦查权，使检察机关在采取的特殊侦查措施的问题上由"只能做不能说"的状态转变到"在探索中依法做"的阶段。

（一）检察机关推动特殊侦查措施法制化的缘由

1. 打击职务犯罪，增强侦查能力的必然要求

当前我国职务犯罪的发展呈现出以下六大发展趋势。

第一，从犯罪行为的性质上看，大案逐年攀升。"大案"通常是指职务犯罪金额巨大的案件。近年来，职务犯罪的一个突出特点，就是大案呈现迅猛上升的势头。所涉及犯罪金额越来越大，由20世纪90年代的几万元到现在的几百万元、几千万元，甚至上亿元，给国家和社会造成的损害越来越大，人们对公职人员的廉洁度和信赖度的认可越来越低。我们对2001—2012年《最高人民检察院工作报告》以及检察年鉴中公布的贪污贿赂案件的数据予以整理，从这些数据的变化中，可以窥见这一趋势。

2001—2012年全国检察机关立案侦查的贪污贿赂案件数量

年度	立案数量
2001	5万元以上的案件18086件
2002	36447件
2003	37112件
2004	5万元以上的案件18515件
2005	35031件
2006	41447人
2007	38657件
2008	26306件
2009	25408件
2010	25560件
2011	25212件
2012	26247件

第二，从职务犯罪的行为主体上看，涉案人数和级别不断上升。从20世纪90年代开始，参与职务犯罪的人员日益增多，已经是不争的事实。虽然国家为打击职务犯罪投入了大量精力，但是职务犯罪发展却没有得到有效遏制。

进入21世纪后，参与职务犯罪的人员数量和级别又呈上升趋势。

第三，从职务犯罪行为领域上看，领域不断扩展蔓延。20世纪80年代，职务犯罪主要发生于经济管理领域，到了90年代，腐败活动开始向党政领导机关、行政执法机关、司法机关渗透。随着对内改革、对外开放的步伐不断加快，人、财、物的流动进一步加速，经济和社会生活的空间日益扩大，伴随而生的是涉及犯罪的领域越来越广。① 从2000年开始，检察机关、公安机关先后就国有企业转制、重组过程中私分、侵吞、转移国有资产的贪污贿赂犯罪，国家工作人员充当黑恶势力后台和"保护伞"的涉黑犯罪，行政执法和司法领域贪赃枉法、徇私舞弊等职务犯罪，发生于金融、教育、医疗、电力、土地、交通、民政等行业和领域的职务犯罪，发生于工程建设、土地出让、产权交易、医药购销、政府采购、资源开发和经销领域的商业贿赂犯罪等，开展了治理腐败专项活动。检察机关、公安机关开展的专项治理活动，几乎涉及我国社会所有领域。以前被称为"清水衙门"的部门如科学、教育、民政部门等也牵出大案要案。

第四，从职务犯罪行为方式上看，犯罪手段越来越隐蔽和复杂。实施职务犯罪的人员大都高智商、懂法律、通政策。为掩人耳目，行为人通常采取运用科技手段以较为隐蔽的方式交易，因此，职务犯罪的隐蔽性极强。除非双方反目或者有其他的意图，否则案件难以及时发现和查处。当前，职务犯罪的隐蔽性和复杂性主要通过以下方式实现：（1）行为人利用先进的科技手段，借助电子商务、网上购物、远程教育、自助银行等平台，实施贪污、贿赂、挪用公款或资金，或者使用网络以赌博的方式进行洗钱。（2）以"合法"方式掩盖犯罪行为。如在不少受贿案件中，行为人往往以"资助"、"赠送"、"捐赠"、"借用"、"入股"、"分红"、"投资企业"、"商业合作"等表面合法的方式利用职权索取或者接受对象提供的物质利益，为对方谋取利益。再如，洗钱犯罪者一般作案时或者将赃款转换成无形的匿名财产，或者将赃款放入某一产业的销售收入之中，或者通过某一交易过程，让非法收益的性质和来源模糊不清，致使此类案件发生后，往往不能被及时发现，造成侦查部门对犯罪案件底数不清，形成案件"黑数"。② 不少腐败分子通过金融机构隐瞒或掩饰犯罪收益。有的则利用犯罪集团拥有专门知识和技能专业的人员，例如律师、会计师、金

---

① 林喆、马长生、蔡雪冰：《腐败犯罪学研究》，北京大学出版社2002年版，第107页。
② 王银庭：《论洗钱罪的概念、特点及侦查对策》，载《湖北公安高等专科学校学报》2001年第6期。

融顾问等进行洗钱活动。① (3) 职务犯罪与其他违法乱纪的行为交织,在行为人东窗事发后往往避重就轻,转移视线。(4) 利用法律规定的漏洞,逃避法律制裁。例如有的行为人本人不直接接触对方也不直接收受贿赂,而是由近亲属或者其他关系密切人从中牵线搭桥。

第五,从职务犯罪行为人的组织方式看,由个体向群体发展。群体性的职务犯罪行为是近年来职务犯罪现象日益突出的另一个特点。过去为了掩人耳目,职务犯罪多是单个完成,但是在职务犯罪与反职务犯罪的博弈中,职务犯罪分子结成了错综复杂的关系网,使他们在实施职务犯罪时有预谋,在实施职务犯罪后有预备,在职务犯罪暴露后有对策,上下、内外串通,结伙作案,进入集体合作阶段,呈现结构的组织性。这在工程建设、土地出让、产权交易、医药购销、政府采购、资源开发、商业贸易等领域尤为明显。因此,检察机关、公安机关针对职务犯罪与走私、骗税、制假贩假等经济犯罪相互交织,"窝案"、"串案"增多的新特点,在办案中注意发现和查办"案中案"。例如广东省湛江特大走私、受贿案和广东省厦门特大走私受贿案,是建国以来走私数额最大、涉及党政机关、执法部门人员最多的两起严重经济犯罪案件,这两起案件最让人震惊的地方不仅是那些肆无忌惮的走私分子,而是走私分子背后的一把把遮风挡雨的"保护伞"。湛江、厦门的海关、边防等执法部门及党政机关一些领导和工作人员置党纪国法于不顾,大肆收受贿赂,为走私分子护私放私,甚至直接参与走私,致使湛江、厦门海岸监管严重失控,国门洞开,"私"潮涌动,走私猖獗,权钱交易横行,给国家造成巨大经济损失。其中湛江海关原关长曹某康,利用职务之便,收受贿赂 240 万元;湛江海关调查处原处长朱某成受贿 280 万元,尚有人民币 340 万元不能说明来源;茂名海关原关长杨某中收受贿赂 180 余万元;湛江市公安局边防分局原局长邓某、原政委陈某等人不但索贿受贿,而且有严重的贪污、徇私枉法、滥用职权的行为,邓某受贿 130 万元、贪污公款 23 万元、陈某受贿 43 万元、贪污公款 23 万元,两人另有巨额财产来源不明;湛江市原副市长杨某青,行贿 200 万元,参与走私,利用职务之便受贿 54 万元;中共湛江市委原书记陈某庆以权谋私,在为他人调动升职、安排工作、联系承包工程中受贿 110 余万元。湛江特大案件涉及的公职人员达 200 人,其中厅级干部 12 人,处级干部 53 人,内有 6 人被判处死刑。在厦门"远华"特大走私受贿系列案中,原公安部副部长李某周、厦门原市委副书记刘某、厦门原副市长蓝某、福建省公安厅原副厅长庄某顺、

---

① 尹军、安立平:《浅谈洗钱犯罪的侦查难点及对策》,载《吉林公安高等专科学校学报》2005 年第 2 期。

厦门海关原关长杨某线等身居要职的领导干部收受巨额贿款，与走私分子内外勾结，给国家造成巨大经济损失，截止 2001 年 6 月底，检察机关共对涉案的 279 人 28 个被告单位提起公诉，人民法院对其中 167 起案件 269 人作出判决。鉴于职务犯罪的这一新特点，《联合国打击跨国有组织犯罪公约》将职务犯罪列为有组织犯罪之一。

第六，从职务犯罪涉及的地域来看，有向国际化发展的趋势。近年来，公职人员职务犯罪国际化日趋明显增多。主要表现为：一是国家机关工作人员实施贪污、受贿、挪用公款等职务犯罪后携款外逃或者在境外或者全球赌博网站洗钱。有关数据显示，2003 年至 2007 年间，检察机关与公安机关紧密协作，抓获在逃的 4547 名职务犯罪重大嫌疑人，追缴赃款赃物 244.8 亿多元。[①] 二是假借对外投资、合资的名义，将国有资产转移到境外，再通过各种隐蔽的方法，将其变为私人财产。据报道，有的中国公司工作人员为了个人取得巨额回扣或者其他好处，经常操纵公司以高出市场 20% 至 100% 的价格在美国购置毫无价值的房地产。有的中国投资公司以巨资随意投入期货交易，而个人则通过期货交易人私下分得巨额交易手续费。[②]

职务犯罪迅猛的发展势头，对检察机关、公安机关的侦查能力提出了更高的要求。然而整体上看，目前检察机关、公安机关，尤其是检察机关打击职务犯罪的侦查能力还与实践的要求不相适应。这主要体现在以下几个方面。

（1）线索发现能力与打击职务犯罪的要求不符

案件线索发现或揭露职务犯罪的媒介，是启动立案、侦查的依据，能为侦查工作指引方向，保障侦查工作持续开展，在腐败案件的侦查中具有很重要的地位。然而，目前我国侦查机关在职务犯罪线索发现机制上存在以下不足：

一是自主发现案件线索能力有限。笔者以下试图通过黑龙江省 2004 年至 2008 年全省检察机关立案侦查的贪污受贿案件[③]线索来源情况来说明此问题。

[①] 数据来源于 2008 年《最高人民检察院工作报告》。
[②] 山东省人民检察院反贪污贿赂局课题组：《新时期新阶段贪污贿赂犯罪的发案趋势分析》，载最高人民检察院反贪污贿赂总局编：《反贪工作指导》（2004 年第 1 辑），中国检察出版社 2004 年版，第 104 页。
[③] 这仅是个通常的称呼，除贪污、贿赂案件以外，还包括挪用公款、巨额财产来源不明以及私分国有资产案件。

2004—2008 年黑龙江省检察机关立案侦查的贪污受贿案件线索来源情况

年度	举报		自行发现①		纪检监察移送		自首		其他②			
									公安机关法院移送		其他机关移送	
	件数	比例%	件数	比例%	件数	比例%	件数	比例%	件数	比例%	件数	比例%
2004	603	49.8	300	24.8	58	4.8	31	2.6	230		19	
2005	595	48.1	312	25.2	56	4.5	30	2.4	243		19.6	
2006	400	47.7	216	25.9	30	3.6	24	2.9	167		19.9	
2007	435	44.5	252	26.1	34	3.5	43	4.4	49	5	161	16.5
2008	442	43.4	229	22.5	30	2.9	55	5.4	65	6.4	197	19.4

虽然这些数据仅来自一个省份,但是这些数据是黑龙江省连续五年贪污贿赂案件线索来源情况的统计,数据之间具有可比性和连续性,而且黑龙江省在经济、社会发展方面在全国 31 个省中居于中等发展水平③,因此,笔者认为这些数据所反映出来的问题是具有代表性的。从以上数据中,可以看到检察机关在腐败案件发现机制上的一个特别突出的问题是:案件线索 65.5% 来源于外部机关的移送或者举报,检察机关自主发现职务犯罪线索的能力有限。

二是举报呈逐年下降的趋势。从上图提供的数据来看,通过社会各界举报提供的线索几乎占所有案件线索的 50%。但是从近年来检察机关受理举报的数量来看呈下降趋势。造成举报线索逐年减少的原因很多,从 2008 年《中国青年报》社调中心通过腾讯网专门针对职务犯罪举报情况的调研报告,可以窥见端倪:①缺乏充分的宣传教育,人们对举报职务犯罪的认识和热情不高。该调研以"你认为自己有举报腐败的义务吗"为题,对 3259 人实施的在线调查显示:面对腐败行为,40.1% 的人认为自己有举报义务,30.8% 的人认为自己没有举报义务,其余 29.1% 的人表示"不确定"。调查中,41.1% 的人认为

---

① 在自行发现的案件线索中,有 0.2% 至 0.3% 的案件来自检察机关根据管辖区域内发生的重大事件或者非正常事件,对事件发生原因、事件责任者等情况进行调查,而获得的案件线索。如通过"豆腐渣"工程、"烂尾楼"现象以及司法不公案件等,主动出击,及时立案,进而抛出这些反常事件背后的犯罪嫌疑人。

② 案件来源类型中的"其他"线索来源主要包括公安机关、法院的移送,海关、工商、税务、金融机构、证券管理机构、审计、反商业贿赂领导小组、反洗钱局、"打黑除恶"专项行动领导小组等行政执法部门的移送,以及上级机关及领导部门的交办。

③ 我们从国家统计局公布的地方年度统计公报中,对全国 31 个省 2005 年至 2008 年的 GDP 进行了比较,黑龙江省的排名分别为:14、14、16、15。

反腐与普通公民密切相关，35.9%的公众认为反腐败与自己无关，原因是感觉即使举报也没有结果。19.5%的人认为反腐败仅仅是国家有关部门的事情。②举报机制不完善，阻碍人们举报职务犯罪。调查中，公众给出的阻碍举报的因素排序依次为：担心举报"石沉大海"，得不到反馈（36.4%）；担心举报后遭到打击报复（34.9%）；担心没有"铁证"，举报没有结果（15.5%）；不知道有效的举报渠道（7.1%）。③人们对公安机关、检察机关打击腐败的效果不满。调查显示，公众对有效举报方式的排序依次为：网络曝光（35.8%）、传统媒体曝光（31.3%）、向纪委举报（17.2%）、向检察院举报（11.4%）、向上级政府机关举报（3.3%）、向公安部门举报（0.5%）。① 如果不完善现行的举报制度，又不提高检察机关自行发现职务犯罪线索的能力，打击腐败、遏制腐败将只是政治上的宣誓。

　　三是成案率不高。侦查实践证明，举报线索和情报信息的详细、具体程度，以及侦查人员对该线索相关情况、专业知识了解和掌握的程度，对于侦查人员分析研判案情，确定侦查方向，选择侦查途径，制订侦查计划，具有十分重要的意义。侦查人员掌握有关举报线索的情况越详细、越全面，对线索的分析判断就越准确，相应所采取的侦查措施就越具有针对性，所收到的侦查效果就越好。更重要的是，在线索初查或案件调查过程中，全面搜集犯罪情报，往往可以掌握侦查的主动权，达到事半功倍的效果。然而在有的侦查机关为线索匮乏而感到工作难以开展的同时，有的侦查机关却由于多头举报，举报人举报失实，侦查人员的侦查水平、侦查技巧、人员素质不能适应新形势下查处新型职务犯罪的需要等原因，对各方线索缺乏科学的评估和管理，从而使举报线索成案率低。据江西省吉安市检察机关调查统计，2000年1至3月，全市控申部门初查各类案件线索905件，初查成案51件，成案率只有5.6%。② 2004年，有人对某沿海开放地区检察机关对贪污贿赂等职务犯罪举报线索初查情况进行了调查，发现成案率基本在15%左右。③

　　（2）有限的独立性与侦查大案要案的需求不符

　　公安机关属于行政机关，受地方政府领导，就在权力机关中的法律地位而言，缺乏独立性。按照宪法的规定，检察机关依法独立行使检察权，但是检察机关现行领导体制使得检察机关的独立性受限。长期以来，我国对地方各级检

---

① 蒋欣静：《专家呼吁尽快制定举报法：10个反腐名人中9人遭报复》，载《中国青年报》2009年3月15日。

② 参见王安：《当前我市经济案件办案线索管理情况分析》，载《吉安检察》2002年第2期。

③ 詹复亮：《职务犯罪侦查热点问题研究》，中国检察出版社2004年版，第176页。该数据为该书作者调研所得。

察机关实行双重领导体制,以地方党委领导为主,上级检察机关领导为辅。但根据我国现行权力体制,检察机关在人事上受制于地方党委和地方人大,在经费上受制于地方政府,在许多重要案件的处理上受制于地方政法委。由于检察机关的人、财、物受制于地方,检察机关上下级之间实际的领导关系淡漠,造成检察机关地位的附属化和检察权的地方化,依法独立行使检察权难以在体制上得到保证。① 如前所述,参与职务犯罪的人数日益增加,人员的级别也越来越高,缺乏独立性的公安机关和只有有限独立性的检察机关要对抗职务犯罪分子编织的层层关系网和犯罪网络,缺乏机制上的支持和技术上的支援。于是,自党的十五大以来,就贪污贿赂类的腐败案件,检察机关与纪委进行了工作配合,逐渐形成我国办理大案要案的模式,即由纪委对其受理的明确的犯罪线索先查,成立一笔犯罪事实或者基本查清全部犯罪事实后再移送检察机关,依法进入刑事诉讼程序。这种侦查模式在当前的历史环境下,固然有其存在的合理性,但是,检察机关作为法定的打击职务犯罪的侦查机关,长期依赖纪委这样的党政机关办理大案要案,难免导致其侦查职能的弱化、萎缩,对检察事业的健康发展将产生长远的负面影响,此外,法治的发展是我国社会发展的大趋势,由党政机关行使刑事侦查权与法治的要求不符。

(3) 侦查行为的单一性难以满足收集证据的需要

职务犯罪案件,大多没有可供勘查的犯罪现场和犯罪痕迹,犯罪事实主要通过证人证言、会议记录、账册中的文字内容以及犯罪嫌疑人的口供等证据来证明,如贪污案主要靠审查账目、单据,贿赂案主要靠获取行受贿双方的口供等言词证据,洗钱案则主要靠获取知情人证言以及金融交易记录及账目、出入境记录。② 因此,在证据体系中,言词证据、文书证据的地位突出;在侦查行为上,询问证人、讯问犯罪嫌疑人以及搜查、扣押、鉴定书证等发挥的作用较大。而要采取上述侦查行为须以侦查机关必须掌握一定证据或者线索为前提。然而职务犯罪一般不会自行暴露,职务犯罪一旦被揭发,涉案人员也会极力否认,极尽其说谎、推卸、逃避妨碍侦查之能事,或三缄其口,或装聋充愣,或积极串供,伪造、毁灭证据,极力摆脱刑事追究。侦查机关仅采取上述几种单一的侦查行为,显然难以奏效。因此,有效收集、固定证据一直是阻碍打击职务犯罪的重要因素。

(4) 有限的科技运用能力不适应职务犯罪的高智能化、高隐蔽化

在"科技强检"、"科技强警"的工作思路指导下,检察机关、公安机关

---

① 龙宗智:《论依法独立行使检察权》,载《中国刑事法杂志》2002年第1期。
② 黄义:《洗钱犯罪案件特点及其侦查工作若干疑难问题探析》,载《公安研究》2008年第9期。

近些年在科技装备上有了长足的进步。但是要将现代科技手段与侦查人员有机结合，在职务犯罪侦查中得到有效应用，整体提升战斗力，还尚待时日。造成这种情况的原因主要有三：一是侦查观念的转换需要时间。实践表明，掌握一项新技术，并形成战斗力，非一日之功。由于使用新技术之初，操作不熟练，人们怕使用新技术不熟练而贻误战机，因此，大多"抄近路"沿用传统手段。二是由于各地经济条件不同，侦查技术装备建设进度各异。从有关方面的调查结果看，除省级检察院和少数沿海经济发达地区的检察院基本具备配置相应侦查技术设施的经济条件外，多数地（市）级特别是基层检察院在经费上很难得到保证。从对某沿海开放地区 11 个基层检察院侦查技术设施配置的调查来看，配备有关侦查技术设施的不超过 50%，并且多限于录音录像设施。① 三是技术队伍建设尚不能适应贪污贿赂等职务犯罪侦查科技化的需要。普遍存在专业门类技术人员短缺，基础队伍整体素质不高，且缺乏与业务部门配合协作的良好机制。

（5）有限的侦查监控能力不适应获取职务犯罪证据和防止职务犯罪外逃的要求

首先，从获取证据的角度来看，侦查机关对犯罪嫌疑人人身的监控难以发挥收集证据的作用。我国刑事诉讼法规定了五种控制犯罪嫌疑人的侦查措施，即拘传、取保候审、监视居住、拘留和逮捕。其中，逮捕对犯罪嫌疑人的控制力最强、心理震慑性最大，但法定适用条件较高，鉴于职务犯罪主体具备较强的反侦查能力，侦查机关通常是在掌握了被调查人员足够的犯罪证据后对其予以适用，故逮捕一般只是暂时剥夺被调查人人身自由，防止其妨碍诉讼顺利进行的手段，而不是查明案情、获取证据的有效手段。而取保候审和监视居住这两种侦查措施，由于它们对犯罪嫌疑人的人身自由限制较小，难以有效防止职务犯罪嫌疑人串供以及指使他人串供、毁证，因而也不能满足职务犯罪侦查的需要。实践中，一般是把它们作为证据获取并固定后的措施加以使用，而很少用于获取证据。就拘传而言，1996 年的刑事诉讼法规定，拘传的最长时间为 12 小时，而 12 小时的拘传往往只能起到讯问人与被讯问人互相摸底、了解情况的作用，职务犯罪嫌疑人一般不可能在 12 小时内交代问题。就拘留而言，1996 年的刑事诉讼法规定，侦查机关要适用拘留措施，往往会遇到很大的风险和压力，因为犯罪嫌疑人被拘传 12 小时后，一般尚未交代犯罪事实；拘留之后，犯罪嫌疑人能否肯定交代犯罪事实，侦查人员并无绝对把握，因为犯罪嫌疑人对口供具有可控性，在侦查实践中，拒不交代犯罪事实的人不在少数。

---

① 詹复亮：《职务犯罪侦查热点问题研究》，中国检察出版社 2004 年版，第 183 页。

而一旦拘留后不能获取口供以及其他证据,就会导致案件难以侦破而不得不放人。①

再从掌握职务犯罪被调查人活动去向、追缉犯罪嫌疑人的角度看。刑事诉讼法规定的五种强制措施都以公开的方式进行,一旦实施,也就拉响了对被调查人展开侦查的警笛,被调查人及其同盟将迅速展开反侦查活动。对这些反侦查活动,侦查机关如果采取适当的侦查行为予以监控,则一举两得,既能掌握职务犯罪被调查人活动去向,防止其逃跑,又能深挖证据和案件,获得再生证据,知悉其他同案人。对于那些已经逃跑的犯罪嫌疑人,采取这五种强制措施则收效甚微。由此可见,我国目前法律规定的控制职务犯罪嫌疑人的各种强制措施既难以满足有效控制职务犯罪嫌疑人,又难以为收集证据以突破案件创造条件。

2. 我国刑事诉讼模式转型的自然结果

刑事诉讼模式是指国家为了进行刑事诉讼活动而设立的框架形式,其实质和核心问题是如何配置侦查、起诉、审判程序中控、辩、审三方的法律地位和相互关系。从1979年刑事诉讼法的颁行至今,我国的刑事诉讼模式发生了诸多变化,这些变化也促使检察机关积极推进特殊侦查措施的法制化。

(1) 侦查进路从"由供到证"逐渐向"由证到供"转变

无论由公安机关侦查的案件还是由检察机关侦查的案件,侦查进路大多是"由供到证",犯罪嫌疑人既是被调查的对象,又是证据的主要来源。而刑事诉讼模式的转变则要求侦查机关按照"无罪推定"、"控辩平等"等原则的要求保障被调查人以辩护权为核心的诉讼权利,维护其诉讼当事人的主体地位,因而侦查进路也相应地转变为"由证到供"。这种转变的直接结果是侦查机关必须将侦查重心前移,把秘密调查作为侦查重心。之所以如此是因为:其一,根据修改后的刑事诉讼法的规定,侦查人员一旦正面接触、讯问犯罪嫌疑人,就会面临12小时的传讯时限和律师介入的问题,12小时届满后,如不能对犯罪嫌疑人拘留,侦查工作的回旋空间就较小。因此,将侦查重心前移至正面接触犯罪嫌疑人之前,开辟秘密调查的广阔空间,是适应修改后刑事诉讼法的必然选择。其二,被调查人一般行动诡秘、反侦查能力强,且关系网密、保护层厚,一旦察觉侦查机关对其进行调查,就会进行串供、毁证、逃跑等反侦查活动,并调动其关系网阻挠对其查处,故要尽可能采取秘密方法调查取证。其三,不少案件线索经调查后不存在违法犯罪事实,因此,秘密调查有利于维护被调查人的声誉,使其免受不必要的损害。从目前检察机关、公安机关办理职

---

① 参见朱孝清:《职务犯罪侦查措施研究》,载《中国法学》2006年第1期。

务犯罪案件中实施特殊侦查行为来看，化装调查、耳目内线、秘录秘拍较为常用。这些特殊侦查行为理应进入刑事诉讼法规范的领域。

（2）侦查方法从偏重于强攻硬取打疲劳战，转变为运用谋略和科技手段获取证据

产生这种转变的原因主要是：其一，随着刑事诉讼模式的转变，侦查程序的公开性逐渐增强。1998年最高人民检察院决定在全国检察机关实行"检务公开"，要求检察机关在侦查阶段应当主动告知犯罪嫌疑人的相关诉讼权利。在随后颁布的《人民检察院刑事诉讼规则》第145条中规定，检察人员在侦查阶段要告知犯罪嫌疑人有获得律师帮助的权利。1999年最高人民检察院在《关于检察机关反贪污贿赂工作若干问题的决定》中提出，在侦查中要做好证据的固定工作，对大要案件的讯问、询问、搜查等侦查活动，可同步录音、录像、照相，用视听手段固定、保全证据。2005年12月15日，最高人民检察院印发了《人民检察院讯问职务犯罪嫌疑人实行全程同步录音录像的规定（试行）》，决定从2006年3月1日起，按照"分步实施、稳步推进"的原则，在全国检察机关推行讯问职务犯罪嫌疑人全程同步录音录像。上述举措规范了侦查讯问工作，大大提升了侦查程序的公开性，促使检察机关全面加强侦查能力建设，着力提高侦查水平，尽快实现办案模式的转变。其二，随着刑事诉讼模式的转变，对侦查机关的内部、外部监督制约机制进一步加强。刑事诉讼法增加了对公安机关立案、侦查活动进行检察监督的条款，防止超期羁押和刑讯逼供。检察机关也通过人民监督员制度等完善内外部监督制约机制，加强对职务犯罪侦查活动的监督。内部、外部监督制约机制的加强也促使检察机关、公安机关在面对见多识广、经验丰富、社会关系广泛的职务犯罪案件当事人时运用谋略和科技手段获取证据。

（3）侦查决策从无风险决策转变为风险决策

在1996年刑事诉讼法修改前，由于对传唤犯罪嫌疑人的时限、监视居住的地点均无严格限制，检察机关、公安机关在办理职务犯罪案件时可以通过较长时间的传唤、监视居住来突破犯罪嫌疑人的口供，查明是否确有犯罪事实。故大多数案件是在口供已经突破、证据已经基本到位，在案件能否成立、犯罪嫌疑人是否有罪的问题上没有风险后才决定立案、拘留的。1996年刑事诉讼法修改后，由于对传唤的时限、监视居住的地点作了明确的限制，因而许多案件特别是贿赂案件，往往需要通过更长时间的讯问才能确定案件能否成立和犯罪嫌疑人是否有罪，因而在决定立案、拘留时，案件最终能否成立、犯罪嫌疑人最终能否构成犯罪，还存在一定的风险和不确定因素。因此，为减少侦查决策的失误，避免案件"夹生"，检察机关、公安机关必须在立案前或者对犯罪

嫌疑人采取强制措施前,运用技术侦查、特情侦查、化装侦查等方式收集案件线索和证据,充分做好立案前的调查工作。

职务犯罪侦查模式的转换有赖于特殊侦查行为法制化为其提供法律支持和技术支持,而特殊侦查行为法制化有助于检察机关、公安机关实现职务犯罪侦查模式的彻底转换,摆脱特殊侦查行为获取证据在运用上的困境。

3. 实现人权保障的内在要求

随着经济和社会的发展,尊重和保障人权已成为世界各国的共识,那种漠视人权、践踏人权的做法,不仅会受到国内法的惩处,还会遭到国际社会的谴责。从我国特殊侦查行为的发展历史看,我国长期以来将特殊侦查行为视为一种阶级斗争的工具和镇压敌对势力和敌对分子的有力武器。就我国当前的特殊侦查行为实施的现状而言,侵犯或不当限制公民隐私权、通信权等基本权利的情形时有发生,而且权利遭到侵犯后缺乏相应救济手段,这种状态要从根本上得到扭转仅靠侦查机关加强内部监督,提升侦查人员的业务素质,提高对违法违纪侦查人员的道德教养,或者采取其他自我约束、自行控制的措施或手段都难以收到成效。根本性的出路在于特殊侦查行为法制化。无论是以德国为代表的大陆法系,还是以美国为代表的英美法系,均经历了从滥用特殊侦查措施到从人权保障的角度规制特殊侦查措施的法制历程。只有通过特殊侦查行为法制化,将侦查机关使用特殊侦查手段的方式、范围、程序等进行规制,对侦查行为相对人的权利进行细化,人权保护才得以落到实处。

4. 协调国际公约相关规定的必然要求

如前所述我国于2003年签署了《联合国反腐败公约》,该公约第50条第1款规定,为有效打击腐败,各缔约国均应当在其本国法律制度基本原则许可的范围内并根据本国法律规定的条件,在其力所能及的情况下采取必要措施,允许其主管机关在其领域内酌情使用控制下交付和在其认为适当时使用诸如电子或者其他监视形式和特工行动等其他特殊侦查手段,并允许法庭采信由这些手段产生的证据。《打击跨国有组织犯罪公约》第20条第1款也作出大致相同的规定。《联合国反腐败公约》、《打击跨国有组织犯罪公约》鼓励各国对于特殊侦查手段缔结双边或多边条约,并声明无双边或多边条约的情形下,各国可根据需要和可能对个案作出适当安排。同时,由于犯罪的国际化水平的提高,不仅要求国家间加强合作,而且使得在国家层次上做出反应成为必然。国际一级使用特殊侦查手段也成为必然。① 按照公约的规定,在国际一级实施特

---

① 杨宇冠、吴高庆:《〈联合国反腐败公约〉解读》,中国人民公安大学出版社2004年版,第421页。

殊侦查行为有以下几种方式，具体为：第一，缔约国在公约涵盖的犯罪中，缔约国为国际一级使用特殊侦查手段缔结双边或者多边协定或安排的，缔约国应当根据双边或多边协定或安排的内容履行义务，经主管的司法机关授权或者批准，依照国内法规定的法定程序使用特殊侦查手段，获取的证据法庭予以采信。对于国内法与双边或多边协定或安排的内容有冲突的，采用双边或多边协定或安排优先于国内法的规则，优先使用双边或多边协定或安排的条款，优先保障特殊侦查手段的使用。第二，缔约国在为国际一级使用特殊侦查手段时，没有缔结双边或多边协定或安排的，缔约国可在个案情况的基础上，经过适当的途径可以协商或安排使用特殊侦查手段。必要时，有关缔约国还可以考虑就行使管辖权所达成财务安排或谅解，根据财务安排或谅解使用特殊侦查手段。第三，缔约国为国际一级使用特殊侦手段时，没有缔结双边或多边协定或安排的，缔约国应根据国际惯例或遵守"对等原则"，通过个案的必要的特殊侦查的有效而不可替代性，协商或安排使用特殊侦查手段。①无论是上述三种哪种情形下实施国际一级的特殊侦查行为，国内法关于特殊侦查行为的规定是进行合作或者谈判、协商、安排的前提。因此，我国应尽快完成特殊侦查行为的法治化，实现与《联合国反腐败公约》、《打击跨国有组织犯罪公约》有关特殊侦查手段规定的对接。

（二）刑事诉讼法修改前检察机关适用特殊侦查措施的基本情况②

根据调研，检察机关在侦查职务犯罪的实践中，较多地使用电话监听、电信侦听、手机定位等特殊侦查措施。从使用的效果来看，特殊侦查措施在成功侦破案件、抓捕逃犯等方面具有不可替代的作用。但由于缺乏法律明确的授权致使检察机关在采用特殊侦查措施时产生了一些突出问题。

1. 检察机关操作缺乏规范

（1）技术侦查操作欠规范

在刑事诉讼法修改前，仅有《人民警察法》和《国家安全法》授权公安机关、国家安全机关进行技术侦查的规定。检察机关内设侦查部门使用技术侦查的依据是1989年最高人民检察院、公安部颁布的《关于公安机关协助人民检察院对重大经济案件使用技侦手段有关问题的答复》。由于没有法律规范，

---

① 杨宇冠、吴高庆：《〈联合国反腐败公约〉解读》，中国人民公安大学出版社2004年版，第422页。

② 此处的调研情况来自最高人民检察院司法改革办公室于2009年6月在北京、上海、浙江、四川、内蒙古、吉林、湖南、湖北、贵州九省、市、自治区检察院有关特殊侦查措施专题的调研报告。

检察机关对技术侦查在实践中的操作欠规范。一方面，有的地方使用技术侦查措施比较随意，认为它比较管用，即使在一般案件中都运用了技术侦查措施；另一方面，有的地方则在有必要使用的时候，不敢使用，或得不到公安机关的配合自己又无能为力，或根本不知道该怎么操作。

（2）秘密侦查措施的使用两极分化

秘密侦查措施并无明确的法律依据，主要是侦查机关以内部文件形式加以确定。相较技术侦查而言，秘密侦查更缺少法律规范。因此导致了实践中的"两级分化"。一类是大量运用秘密侦查手段，因为秘密侦查审批程序比较宽松，且缺乏监督。另一类则相反，一方面考虑到秘密侦查可能涉及对人权侵犯的诟病，对秘密侦查的运用极为谨慎，很少运用；另一方面由于检察机关自身科技力量弱，经费不足，秘密侦查人才匮乏，专业侦查技能培训缺失，检察机关办案人员对许多秘密侦查手段还不会使用。

2. 请求公安机关协助使用技术侦查等措施的机制影响办案效果

（1）启动、审批程序复杂，中间环节多，影响办案效率

由于职务犯罪嫌疑人的特殊性，实践中存在使用这些手段过于敏感，难度很大，处级以上干部要报最高人民检察院和公安部审批，程序复杂，审批的时间较长，也容易贻误战机；特别是当公安机关自身案件较多的情况下，对检察机关要求协助采取技术侦查的案件，会出现拖延和协助不力的情况。如云南省交通厅原副厅长晋某某受贿案就是个例证。晋某某涉嫌受贿、巨额财产来源不明等犯罪，但是由于技术侦查等特殊侦查手段没有跟上，以致无法获取关键证据，当事人、证人大肆串供串证，检察机关不能有效控制涉案人的反侦查活动，最后只勉强认定晋某某受贿价值1.8万元手表一块，而其涉嫌伙同他人受贿30多万元的事实由于证据不足没能认定，60多万元巨额财产来源不明问题，被其以在北京出差时在出租车上拣到50万元现金这样荒唐的理由得以逃避处罚。

（2）协助效果不够理想

商请公安机关配合协作的可操作机制没有建立起来，最主要还是靠领导个人的关系与协调。在操作中公安等技术人员协助是否尽心也很难判断。在借用公安等部门的技侦、密侦手段时，由于技侦密侦的高度保密性，检察办案人员难以介入，难以知情，往往只能等待公安部门确定最终位置并把犯罪嫌疑人抓获。在这个过程中，检察机关不能掌握主动性，只有被动地等待，并且效率如何也无法掌控。公安等部门配合协作的成效直接影响职务犯罪侦查计划的实现，特别是公安人员并不完全了解职务犯罪侦查情况和侦查意图，协助效果不好时反而贻误战机。

（3）请求公安机关协助使用技术侦查等措施的前提是检察机关对该案已经立案，并采取强制措施手续

这一前提决定技侦对于职务犯罪的秘密初查没有帮助。特别是仅仅为了实现犯罪嫌疑人到案的目的使用技侦手段，可能线索本身存在未达到立案标准的瑕疵，比如一对一行受贿犯罪，已掌握行贿方口供或证言，已立案，已采用技侦手段，犯罪嫌疑人也已到案，但进一步侦查发现不构成犯罪或行贿方翻供，如果进一步导致撤案的后果，将直接影响到对自侦部门工作的考核，可能还会产生国家赔偿等相关后果。

3. 获取的证据需转化影响特殊侦查的运用效果

由于技术侦查、秘密侦查等特殊侦查手段未在刑事诉讼法中作出规定，通过公安、国家安全机关的特殊侦查手段获取的只是资料或信息，不具备证据效力，只有通过转换后才能作为证据运用或在法庭示证。但是，在很多情况下，通过特殊侦查所获材料无法转换，或者一旦转换将导致手段暴露的不利后果，在很大程度上影响了技术侦查功效的发挥。

（三）立法评述

1. 刑事诉讼法及《人民检察院刑事诉讼规则（试行）》关于技术侦查措施的规定

为完善侦查措施，赋予侦查机关必要的侦查手段，加强打击犯罪的力度，修改后刑事诉讼法在"侦查"这一章增加了"技术侦查措施"一节。这一节共5条，主要包括以下七个方面的内容。

（1）关于适用案件的范围

根据修改后刑事诉讼法第148条规定，人民检察院在立案后，对于以下案件及犯罪嫌疑人、被告人可以使用技术侦查措施：一是重大的贪污、贿赂犯罪案件；二是利用职权实施的严重侵犯公民人身权利的重大犯罪案件；三是追捕被通缉或者被批准、决定逮捕的在逃的犯罪嫌疑人、被告人。《人民检察院刑事诉讼规则（试行）》第263条对"重大贪污、贿赂犯罪案件"的范围作了进一步的解释，即涉案数额超过10万元以上、采取其他方法难以收集证据的重大贪污、贿赂犯罪案件；贪污、贿赂犯罪包括刑法分则第八章规定的贪污罪、受贿罪、单位受贿罪、行贿罪、对单位行贿罪、介绍贿赂罪、单位行贿罪、利用影响力受贿罪。

（2）关于使用技术侦查的程序要求

一是人民检察院在侦查中采取技术侦查措施必须是在立案以后。这里的"立案"是指根据刑事诉讼法第107条的规定，发现犯罪事实或者犯罪嫌疑

人，按照管辖范围立案侦查。二是人民检察院采取技术侦查措施是在采取其他方法难以达到侦查目的的情况下，即难以收集到关键犯罪证据证实犯罪等。三是要经过严格的批准手续。

（3）技术侦查的种类

修改后刑事诉讼法第149条规定，对于人民检察院提出采取技术侦查措施的，批准决定机关应当根据侦查犯罪的需要，确定采取技术侦查措施的种类和适用对象。这表明，检察机关使用技术侦查措施的种类，由办案单位报请有权批准决定的检察机关确定。根据检察机关职务犯罪的侦查实践，技术侦查措施主要包括麦克风侦听、电话侦听、窥视监控、邮件检查、外线侦查以及网络侦查技术等。

（4）关于技术侦查措施执行的主体

根据修改后刑事诉讼法第148条以及《国家安全法》、《人民警察法》的相关规定，公安机关和国家安全机关是有权执行技术侦查措施的主体，技术侦查措施的执行由公安机关、国家安全机关负责，其他机关或部门不得自行使用技术侦查措施。人民检察院决定采取技术侦查措施，应当按照相关规范性文件规定的报批程序和要求经批准后，交由公安机关执行，必要时也可以交由国家安全机关执行。

（5）技术侦查的期限

根据修改后刑事诉讼法第149条的规定，批准决定自签发之日起3个月内有效。对于复杂、疑难案件，期限届满仍有必要继续采取技术侦查措施的，经过批准，有效期可以延长，每次不得超过3个月。对此，《人民检察院刑事诉讼规则（试行）》在第265条予以明确："人民检察院采取技术侦查措施应当根据侦查犯罪的需要，确定采取技术侦查措施的种类和适用对象，按照有关规定报请批准。批准决定自签发之日起三个月以内有效。对于不需要继续采取技术侦查措施的，应当及时解除；对于复杂、疑难案件，期限届满仍有必要继续采取技术侦查措施的，应当在期限届满前十日以内制作呈请延长技术侦查措施期限报告书，写明延长的期限及理由，经过原批准机关批准，有效期可以延长，每次不得超过三个月。采取技术侦查措施收集的材料作为证据使用的，批准采取技术侦查措施的法律决定文书应当附卷，辩护律师可以依法查阅、摘抄、复制。"

（6）技术侦查获取信息和事实材料的使用、保密与销毁

修改后刑事诉讼法第150条第3款规定了技术侦查获得信息的用途，"采取技术侦查措施获取的材料，只能用于对犯罪的侦查、起诉和审判，不得用于其他用途。"《人民检察院刑事诉讼规则（试行）》第267条规定："检察人员

对采取技术侦查措施过程中知悉的国家秘密、商业秘密和个人隐私,应当保密;对采取技术侦查措施获取的与案件无关的材料,应当及时销毁,并对销毁情况制作记录。采取技术侦查措施获取的证据、线索及其他有关材料,只能用于对犯罪的侦查、起诉和审判,不得用于其他用途。"

侦查机关进行技术侦查,重要目的之一是获取有关案件的信息和事实材料,对于与案件有关的材料,侦查机关才能保存和记录,并且只能用于对犯罪的侦查、起诉和审判,作为证据使用或者用于其他正当的诉讼用途,不得作为个人或单位背景调查、权力倾轧的手段,更不能出卖以牟利,也不能用于其他与办案无关的用途。在实施技术侦查过程中,如通过监听,侦查人员可能会获得大量与案件无关的信息,其中有些信息可能涉及国家秘密、商业秘密或侵犯个人隐私,应当保守秘密,以免损害国家利益,危及国家安全,损害商家经济利益或侵犯个人的隐私权。在技术侦查中,对于获取的与案件无关的信息和事实材料,属于录制或记录下来的,应当及时销毁,以防止被人利用或使个人权利受到侵害。

(7) 使用技术侦查措施获取证据的程序要求及其采用

修改后刑事诉讼法第152条明确了采取技术侦查措施所收集的材料在刑事诉讼中可以作为证据使用,并对保证侦查人员、技术侦查方法和过程的安全作了特殊规定。《人民检察院刑事诉讼规则(试行)》在修订时吸收了刑事诉讼法的上述内容,规定了采取不暴露有关人员身份、技术方法等保护措施。"必要的时候"主要是指以下两种情况:一种是采取不暴露有关人员身份、技术方法不足以使法官确信这些证据材料的真实性、可靠性,无法作出判决;另一种是采取不暴露有关人员身份、技术方法等保护措施还是无法防止严重后果的发生。

2. 修改后刑事诉讼法关于秘密侦查的规定

根据修改后刑事诉讼法第151条的规定,为了查明案情,在必要的时候,经公安机关负责人决定,可以由有关人员隐匿其身份实施侦查。但是,不得诱使他人犯罪,不得采用可能危害公共安全或者发生重大人身危险的方法。对涉及给付毒品等违禁品或者财物的犯罪活动,公安机关根据侦查犯罪的需要,可以依照规定实施控制下交付。

3. 修改后刑事诉讼法关于特殊侦查措施规定的问题与不足

如前所述,对于技术侦查、秘密侦查,在刑事诉讼法未修改前,我国的法律规定存在两个方面的问题:一是作为基本法的刑事诉讼法对技术侦查、秘密侦查没有规定。二是对于有侦查权的检察机关并没有赋予技术侦查的权力。这造成了在实践中一方面不能满足检察机关侦查的需要,另一方面难以对公安机关、国家安全机关实施的技术侦查、秘密侦查行为予以规制。修改后刑事诉讼法对技术侦查、秘密侦查的规定从以下两个方面很好地回应了上述现有法律规定中存在的问题，即一是将已经有的安全机关和公安机关的技术侦查、秘密侦查通过刑事诉讼法规定而走向法制化；二是将技术侦查的批准权赋予检察机关。因此，技术侦查、秘密侦查写入刑事诉讼法，是此次刑事诉讼法修改的一大亮点。但是我们必须清醒地看到，技术侦查、秘密侦查对于公民的隐私权、言论自由权存在很大的影响，按照现有的科技发展水平，我们每一个人都可能随时处于被监视、监听的状态之下，如果不对技术侦查、秘密侦查进行程序上的限制，我们的国家就有陷入"警察国家"的危险。因此，对技术侦查、秘密侦查使用的限制就显得尤为重要。显然刑事诉讼法有关技术侦查、秘密侦查的这5个条文，难以完成这项艰巨的任务。同时刑事诉讼法有关"技术侦查措施"这一节的规定也存在以下不足和问题。

（1）授权和审批程序不完备

刑事诉讼法修改草案起草之初，规定技术侦查措施要经省级检察长批准，但后来发现这将导致技术侦查措施使用不便，故采用"经过严格的批准手续"这样的表述。同样，关于秘密侦查，在草案起草时规定在必要的时候，经县级以上公安机关负责人决定，后来也去除了"县级以上"的限制，直接规定为经公安机关负责人决定。虽然由于实际情况复杂，针对不同的适用对象、不同的犯罪情况采取的技术侦查措施种类是不同的，要经过的批准程序也不尽相同，而且公安机关、检察机关为适用刑事诉讼法也作了一定的限制性规定，但此种缺乏明确审批程序规定的立法方式极易造成技术侦查措施及秘密侦查措施的滥用，也不便于加强对其决定过程的监督。

（2）适用条件宽泛

根据刑事诉讼法第148条的规定，公安机关、检察机关"根据侦查犯罪的需要"，经批准，即可对刑事诉讼法规定的案件适用技术侦查措施。对如何掌握"侦查犯罪的需要"这一标准，有学者指出，可以参照比例原则进行理解和判断。比例原则包含适当性原则、必要性原则，其基本精神是指公权力机关在行使权力的时候，除了遵循法制原则（即有法律授权作为依据）之外，还必须选择对侦查对象侵害最小的方式进行，避免对侦查对象和其他人员的权益造成不必要的损害，将这种损害限制在尽可能小的范围和限度之内。① 《人民检察院刑事诉讼规则（试行）》则将"侦查犯罪的需要"界定为"采取常规侦查手段难以达到侦查目的"的情况。笔者认为，这样的适用条件过于宽泛，尤其是其缺乏有关证明标准的要求，既不利于侦查机关在申请、实施时适

---

① 张建伟：《技术侦查的程序规范和信息处理》，载《检察日报》2012年7月4日。

用,又不利于审批机关在审查、批准时适用。

根据刑事诉讼法第148条第2款的规定,人民检察院在立案后,对于重大的贪污、贿赂案件可以采取技术侦查措施。为便于执行,《人民检察院刑事诉讼规则（试行）》将重大的贪污、贿赂案件界定为涉案数额在10万元以上的案件。但在实践中,各地检察机关的认识和理解是不一致的。具体而言,"涉案金额"10万元以上,是指举报数额、供述数额、查实数额,还是只认为通过深挖可能达到的犯罪数额,是个人犯罪的数额还是窝案串案中多人犯罪的数额；技术侦查措施规定的"立案后"是仅限于以人立案还是包括以事立案,等等,均有不同理解,不同的理解造成了不同的执行效果。

(3) 缺乏规范和细化的操作规程

为了全面了解全国检察机关贯彻执行修改后刑事诉讼法的情况,最高人民检察院组织调研组进行了全面系统的调查研究,就技术侦查措施的适用情况来看,由于缺乏规范和细化的操作规程,导致了两方面的问题。一个问题是检察机关查办重大职务犯罪案件对侦查技术措施的使用率较低,具体表现为:一是手续过于繁琐,审批周期长；二是一些地方公安机关力量不足,执行不到位以及公安机关和检察机关工作衔接不畅,妨碍了使用效率和效果；三是严重侵权案件的侦查对象多为公安人员,当地公安机关执行时往往积极性不高,影响了使用。

另一个问题是造成采取技术侦查措施收集的材料在证据审查和法律监督中遇到一些障碍。主要表现有三:一是有的侦查机关（部门）以保密为由不愿向审查逮捕部门和审查起诉部门提供技术侦查获取的证据材料,不愿在审判过程中向法庭出示；二是技术侦查合法性难以审查,一些侦查机关（部门）不愿提供合法性方面的证据；三是对技术侦查难以监督。

(4) 对违法采取特殊侦查措施的程序性制裁未作妥善规定

如前所述,特殊侦查在提高打击职务犯罪效率的同时,也增强了侵害民权的风险,因此对特殊侦查行为要规定程序性制裁从而予以严格规制。这其中的途径即是通过排除非法特殊侦查获取的证据以遏制对特殊侦查措施的滥用。虽然修改后刑事诉讼法确立了非法证据排除规则,但是我国的非法证据排除规则在操作上存在以下缺陷:一是排除非法获取的实物证据困难重重。我国刑事诉讼法及司法解释中排除非法证据的范围主要限于言词证据,对于非法取得的实物证据是否可以采信,从目前的规定来看,对于非法获取的实物证据,我国目前采取了裁量排除的方式。法院是否排除非法获取的实物证据要看侦查行为是否"明显违法",其违法程度是否达到影响公正审判,而且在经过补正或者侦查机关、检察机关合理解释后能够弥补其瑕疵,如果上述三个条件不能同时满足的话，非法获取的实物证据依然可以使用。二是非法证据排除规则的配套措施尚不健全。我国对非法言词证据的排除未与相关刑事诉讼制度相配套，如缺乏关于被追诉人获得辩护权的保障体系，没有实行侦查与羁押分离，没有实行较为严密、规范的讯问程序设置等，因而仍然没有形成具有内在逻辑联系、层次分明的、系统的刑事证据规则体系。即使《关于办理刑事案件排除非法证据若干问题的规定》对非法证据排除的内容、排除程序、操作规程作出了具体规定，但终因被告人无法获知特殊侦查行为实施过程及方法，无法在审前获知用于指控其犯罪的证据（通过特殊侦查行为获取的）的内容，因而要排除非法特殊侦查获取的证据实属不易。三是对刑事非法证据的衍生证据的采证问题，即以非法证据为线索衍生而来的证据即所谓"毒树之果"的采证问题，我国法律规范未明确规定。对特殊侦查行为进行司法控制的一个重要方面就是通过非法证据排除规则对非法或者不当的特殊侦查行为予以否定，对侦查主体予以程序性制裁。如果没有完善的非法证据排除规则作为保障，特殊侦查行为的合法化将成为特殊侦查行为滥用的开端。

（5）权利救济机制不健全

在特殊侦查措施法制化的道路上，各国均注意对犯罪嫌疑人、被告人的权利保障。虽然刑事诉讼法以义务性的规定要求公安机关、检察机关严格控制特殊侦查措施的适用，但是没有设置专门的条款解决犯罪嫌疑人、被告人的权利救济问题。而且，根据刑事诉讼法第152条规定，如果使用采取侦查措施收集的证据，可能危及有关人员的人身安全，或者可能产生其他严重后果的，应当采取不暴露有关人员身份、技术方法等保护措施，必要的时候，可以由审判人员在庭外对证据进行核实。这样的规定在一定程序上侵害了犯罪嫌疑人、被告人的知情权、质证权。

（四）进一步完善特殊侦查措施的建议

基于目前刑事诉讼法关于特殊侦查、秘密侦查规定的不足和问题，笔者建议以其他国家的相关立法为参考，结合检察机关及公安机关实施技术侦查、秘密侦查的实践和我国国情，对有关技术侦查、秘密侦查的规定提出进一步完善制度的建议。

1. 修改该节的标题

"侦查"一章之第八节以"技术侦查措施"作为标题，从逻辑上看不严密。该节除了对技术侦查措施予以规定之外，还规定了包括控制下交付、卧底侦查等秘密侦查措施。"技术侦查"与"秘密侦查"在概念内涵与外延上并不一致，技术侦查可视为秘密侦查之一种，但秘密侦查并不限于技术侦查。从其他国家的法律规定以及相关国际公约看,所谓"技术侦查",主要指的是"通讯监听"以及"监视录像";而所谓"秘密侦查",则主要指的是"控制下交付"、"特工行动"、"诱惑侦查"等。两者可以统一称为"特殊侦查手段"。《联合国打击跨国有组织犯罪公约》第 20 条规定,特殊侦查手段包括"控制下交付"以及"其他特殊侦查手段,如电子或其他形式的监视和特工行动"。《联合国反腐败公约》第 50 条规定:"为有效地打击腐败,各缔约国均应当在其本国法律制度基本原则许可的范围内并根据本国法律规定的条件在其力所能及的情况下采取必要措施,允许其主管机关在其领域内酌情使用控制下交付和在其认为适当时使用诸如电子或者其他监视形式和特工行动等其他特殊侦查手段,并允许法庭采信由这些手段产生的证据。"从严密立法用语的角度,借鉴其他国家及相关国际公约的称谓,用"特殊侦查手段(或措施)"作为该节标题应该更为准确。

2. 完善法律授权的方式

法律的授权是权力运行的逻辑起点。"对权力的确认、权力主体的确定、权力的实施,到权力实施的结果以及实施后的反馈的全过程,也就是将法律上的权力转化为实际生活中国家机关及其工作人员权力的过程,是体现权力的政治价值和社会效益的过程。"① 就特殊侦查行为的授权而言,主要有三种授权方式:明确授权方式、概括授权方式以及综合授权方式。明确授权方式指的是刑事诉讼法对特殊侦查行为的主要种类、适用范围、适用条件、实施程序等作出明确规定的立法方式。概括授权方式指的是刑事诉讼法只是授权侦查人员在必要情形下实施某些特殊侦查行为,但对这些秘侦取证行为的种类、适用范围、实施程序等未能予以进一步明确的立法方式。综合授权方式是指对特殊侦查行为区分不同情形,分别采取明确授权方式或者概括授权方式。三种授权方式中以综合授权方式兼具明确授权方式的严谨性和概括式授权的灵活性,是一种比较合理的立法授权方式。在刑事诉讼法再修改时,应当采取综合授权方式,根据不同特点、类型的特殊侦查行为进行授权,具体而言:

第一,对于监听、电子监控等通讯监控型的技术侦查以及卧底侦查、诱惑侦查、控制下交付等欺骗型的秘密侦查应当采取明确授权方式。理由有四:一是这类特殊侦查行为直接触及公民的宪法性权利,采取明确授权方式有助于严格控制其使用;二是侦查机关通过实践已经对实施这类特殊侦查行为积累了比较好的经验,进行明确授权方式有实践基础;三是这类特殊侦查行为对实施主体的依赖性不大,具有比较好的可控性,采取明确授权方式立法具有可行性;

---

① 公丕祥:《法理学》,复旦大学出版社 2006 年版,第 221 页。

四是绝大多数国家都对这类特殊侦查行为进行了明确授权式立法，我国在立法时可资借鉴。

第二，对于包括线人、耳目在内的秘密侦查应采取概括式授权。理由有二：一是特情侦查主要以提供情报、线索的方式发挥作用，一般不触及公民的宪法性权利；二是为了保护线人、耳目的生命安全和保证特殊犯罪侦破的有效性，对线人、耳目的运用不宜由刑事诉讼法进行详细的规制。

3. 完善审批程序

特殊侦查措施的审批是特殊侦查行为法律制度的核心内容，也是实现特殊侦查措施法制化的关键。首先，我国立法应明确特殊侦查行为的审批主体。目前我国的特殊侦查行为的审批权掌握在侦查机关自己手中。这种做法既违背法治的原则，也不符合国际惯例。如前所述，在世界主要法治国家中，按照特殊侦查行为侵权风险及可控性的程度等，对特殊侦查行为的授权机制实行以司法审查为主结合行政授权的模式。因此，司法令状和行政长官的授权是实施特殊侦查行为的法律依据。考虑到我国的实际情况，目前还不具备将特殊侦查措施的批准权授予法院的制度条件和人力资源，就刑事诉讼法有关审批程序的规定而言，应当在以下几个方面予以完善：

（1）技术侦查的审批程序

实施技术侦查的申请和授权必须采取书面形式。这也是西方法治国家的通行做法。申请应写明拟实施侦查的对象、地点、期限和理由，特别要根据案件的具体情况说明实施特殊侦查行为的必要性。申请机关应当在批准文书上载明以下内容：①被监控者的身份；②监控设备的性质及监控范围；③被监控的通讯的类别以及与该通讯有关的犯罪；④被授权进行监控的机构的名称以及授权进行监控的人员的身份；⑤授权进行监控的期限及当预期的信息获取后是否应自动停止。

（2）秘密侦查的审批程序

对卧底侦查、诱惑侦查、控制下交付、特情侦查等秘密侦查实行行政授权。即当需要实施上述特殊侦查行为时，由负责该案的侦查机关的负责人批准。但侦查人员应事先以书面形式提出申请，并在申请书中呈明拟实施侦查的对象、地点、期限和理由。

4. 明确审批机关

目前，刑事诉讼法仅是笼统地赋予公安机关实施、检察机关技术侦查的决定权，但在具体的案件中应当由哪一级机关进行审批并没有明确。笔者认为，一方面为加强对技术侦查、秘密侦查手段的限制，防止其滥用；另一方面为保证侦查效率，在审批机关的设置上，可以根据不同案件和情形设置审批机关。

对于危害国家安全犯罪、恐怖活动犯罪、黑社会性质的组织犯罪、重大毒品犯罪或者其他严重危害社会的犯罪案件以及重大的贪污、贿赂犯罪案件以及利用职权实施的严重侵犯公民人身权利的重大犯罪案件，均应当由侦查机关的上一级机关审批。对于追捕被通缉或者批准、决定逮捕的在逃的犯罪嫌疑人、被告人实施技术侦查或者秘密侦查的，应当由侦查机关的负责人批准。

5. 明确实施主体

赋予公安机关实施特殊侦查行为的权力，对此从学界到实务部门都持肯定态度，现在立法也予以了肯定。但是对于检察机关是否享有实施特殊侦查行为的权力，一直存在争议。有观点认为，检察机关可以享有实施跟踪盯梢、守候监视、秘密辨认、化装侦查的权力，但不宜享有实施监听、诱惑侦查、卧底侦查的权力，理由是：检察机关所管辖的案件大多并不具备实施诱惑侦查、卧底侦查的能力，勉强使用，不仅收不到功效，反而会导致各种不利局面的出现，尤其是容易使内线侦查沦落为打击政敌、排除异己的"肮脏"手段，从而危及党和国家的统治根基。对于技术侦查，检察机关也不适合实施，理由主要是与检察机关法律监督的地位不符。① 有的学者则主张，应当赋予检察机关实施电话监听、谈话窃听、邮件检查、跟踪定位、卧底、线人、诱惑侦查的权力。② 此次刑事诉讼法也仅是赋予检察机关实施技术侦查的决定权。笔者认为，应当赋予检察机关全面实施特殊侦查行为的权力。理由如下：第一，职务犯罪的严峻形势，全面赋予检察机关适用特殊侦查行为是打击职务犯罪的现实需要。第二，职务犯罪与有组织犯罪、毒品犯罪一样，都严重地威胁了社会稳定与安全，但职务犯罪破坏民主体制和价值观、道德观和正义并危害着可持续发展和法治。按照比例原则，检察机关也应当有权实施特殊侦查行为来查处性质严重的职务犯罪。第三，检察机关在法律上享有独立的法律地位，有能力控制和管理好特殊侦查行为的实施。第四，目前，检察机关如需实施监听、特情等侦查行为，须借用其他侦查机关的力量。这种做法一是不够规范化；二是由于审批环节多、启动程序复杂、运作时间长，在办案中也容易贻误战机甚至泄露案情。③

6. 完善适用特殊侦查的证据条件

正如各国对特殊侦查行为适用司法令状的范围各有差异，对授权实施特殊侦查行为时，所采取的证据标准也是不同的。例如，美国法院在签发准予监听

---

① 邓立军：《秘密侦查法治化》，四川大学 2004 级诉讼法专业硕士学位论文。
② 参见朱孝清：《试论技术侦查在职务犯罪侦查中的适用》，载《国家检察官学院学报》2004 年第 1 期；陈卫东：《完善职务犯罪侦查体制的两个维度》，载《法学论坛》2008 年第 4 期。
③ 参见鞠改言：《侦查职务犯罪亟需技术侦查措施》，载《检察日报》2004 年 11 月 22 日。

的令状时，侦查机关提供的证据应使法官相信存在"合理根据"（probable cause）。所谓"合理根据"，根据美国联邦最高法院在 Carroll v. U.S 案件中作出的解释，即"当官员掌握有可能合理地相信其真实的信息，根据这些信息所获取的事实和情况本身足以使有合理谨慎人相信犯罪已经发生或者正在实施时，合理根据即已存在。"① 英国将令状的实体要件称为"有合理怀疑"。英国《1984年警察与刑事证据法》第8条对"合理的根据"规定为："（a）一项严重可捕罪已经发生；并且（b）在申请书载明的场所存在着可能对查清该犯罪具有重大作用的材料（不论该材料单独还是与其他材料一起发生这种作用）；并且（c）该材料可能成为相关的证据；并且（d）它不属于本条第（3）款所规定的任何条件。"《德国刑事诉讼法》明确规定，秘密拍照、排查、传送数据等侦查行为需要司法令状授权。在签发令状时，德国的判例中以"充分的怀疑"作为批准令状的证据条件。我国香港地区的《截取通讯及监察条例》第31条规定，实施通讯监控必须存在有合理怀疑，怀疑有任何人曾涉及、正涉及或相当可能涉及——"（a）有关特定严重罪行；或（b）构成或会构成对公共安全的有关特定威胁的任何活动；及（c）在采取以下步骤之下，该截取或秘密监察对谋求及进行该截取或秘密监察达到的目的是必要的，并且与该目的相称。"借鉴上述国家和地区对授权实施特殊侦查行为所设定的证据条件，并结合我国法律授权实施搜查、扣押及逮捕等强制性措施所采取的标准。笔者认为，对于授权实施监听、电子监控等通讯监控型的特殊侦查及卧底侦查、诱惑侦查、控制下交付等欺骗型特殊侦查行为时，侦查机关应当提供一定的证据，以证明被调查人正在实施或者已经实施了较为严重的罪行或者其存在潜逃、串供、毁灭证据等重大可能性，实施上述侦查行为存在合理根据。至于实施特情侦查也应当有证据显示被调查人存在重大嫌疑。

7. 完善实施程序

由于特殊侦查是一个集合概念，包含了各种各样的具体的侦查行为，而这些侦查行为在概念、特点、实施范围、实施方式等方面均存在不同程度的差异，因此，应当对每一种侦查行为有针对性地设置程序性规定。但是这些程序性规定中也有一些规定是相同的，这主要是要对特殊侦查行为的期限及延长程序作出统一的规定。从立法例来看，特殊侦查措施的期限大致有两种类型，一是"酌定期限"，即法律不对特殊侦查行为的实施期限作出明确规定，而是由享有特殊侦查行为批准权的法官或者检察官根据案件的复杂程度作出决定。二是"法定期限"，即法律对特殊侦查行为的实施期限作出明确、具体的规

---

① Carroll v. U.S, 267U.S.132, 162 (1925).

定,侦查人员必须遵守该有关期限的规定,否则将承担不利法律后果。上述两种立法例各有优劣,"酌定期限"之立法例顺应了特殊侦查行为的灵活性与机变性的要求,有利于查清案件事实真相,但由于存在较大的自由裁量空间,可能会损及公民权益。"法定期限"的立法例充分体现了特殊侦查行为的严肃性,虽然有利于保障公民权益,但未免过于僵化,不过其延长期限的规定程序在一定程度上弥补了它的缺陷和不足。刑事诉讼法第149条规定,"批准决定应当根据侦查犯罪的需要,确定采取技术侦查措施的种类和适用对象。批准决定自签发之日起三个月以内有效。对于不需要继续采取技术侦查措施的,应当及时解除;对于复杂、疑难案件,期限届满仍有必要继续采取技术侦查措施的,经过批准,有效期可以延长,每次不得超过三个月。"这一规定,还是比较符合我国国情的,但是批准的机关应该仍然是侦查机关的上一级机关,而且应当在申请延期时对继续采取技术侦查的必要性进行审查。

8. 完善犯罪嫌疑人、被告人的权利救济机制

在对犯罪嫌疑人、被告人采取技术侦查、秘密侦查措施时,应当赋予犯罪嫌疑人、被告人如下权利:一是特殊侦查行为结果的知悉权。执行特殊侦查行为的机关应在侦查结束后的法定期间内,将侦查结果通知犯罪嫌疑人、被告人,以便犯罪嫌疑人、被告人做好辩护的准备。二是特殊侦查行为合法性的异议权。即当犯罪嫌疑人、被告人对特殊侦查行为的合法性存有异议时,可以向批准特殊侦查行为实施的检察机关要求复议,也可以向其上一级人民检察院申请复核。三是申请对适用特殊侦查行为所获得的材料、信息予以销毁的权利。由于适用特殊侦查行为所获得的材料或者信息是建立在干预公民隐私权的基础上的,长期保存会增强犯罪嫌疑人、被告人隐私的扩散的危险性,应当赋予犯罪嫌疑人、被告人申请销毁对适用特殊侦查行为所获得的材料、信息的权利。四是对特殊侦查行为所获信息的使用权。特殊侦查行为所获得的信息既可能包含着对犯罪嫌疑人、被告人不利的证据,也可能包含着对犯罪嫌疑人、被告人有利的证据,从控辩平衡的角度出发,一旦公安机关或者检察机关使用特殊侦查行为所获信息作为指控犯罪嫌疑人、被告人犯罪的证据使用,应当给予犯罪嫌疑人、被告人查阅、摘抄、复制这些信息的权利(涉及国家秘密的内容除外)。五是申请排除非法证据的权利。侦查人员违反法律规定进行特殊侦查行为的,不仅法院可以根据违法的严重程度和违法人员的主观状态分别作出排除所获证据、侦查行为无效的决定,犯罪嫌疑人、被告人也应有权提出异议,以排除非法实施特殊侦查行为获得的证据。六是赔偿请求权,即当侦查机关不法行使特殊侦查或者不当实施特殊侦查行为对公民造成损害时,其有权申请国家赔偿,或者就其损害提起民事诉讼。

三、侦查工作机制

（一）检察引导侦查

检警关系是现代刑事诉讼制度与实践中的重要问题之一，也历来是我国刑事诉讼制度发展和司法实践中的重要问题。伴随着检察改革的推进，检察机关如何协调与公安机关之间的关系，成为基层检察改革实践关注的热点问题之一。特别是1996年刑事诉讼法修改以后，为了适应新的庭审方式的改革，提高公诉质量，检察机关更加关注侦查案件质量，加强了与侦查机关之间的工作联系，广泛探索了检察引导侦查取证的工作机制。理论界也对中国的检警关系问题给予充分关注。理论与实践的共同推进下，出现了几种改革发展思路，包括体制上改革检察机关与刑事警察之间的组织领导关系、业务上改革对刑事侦查的检察机关领导关系和在工作机制上探索改进和发展检警关系。相比较而言，地方检察机关推行的检察引导侦查取证改革，是技术性改进我国检警关系的进路，取得了很好的实践效果，也为立法完善积累了经验，指明了方向。

1. 改革缘起

检察引导侦查是顺应实践之需而生，在最高人民检察院的大力倡导下逐渐发展的一项工作机制。1996年刑事诉讼法以权力制约、控辩平衡、人权保障等原则作为指导思想，改革庭审方式，加强了控辩双方的对抗，弱化了法院的职权主义倾向，从而使作为控辩双方争议焦点的证据在整个刑事诉讼活动中的地位更加重要，承担着控诉职能的检察机关败诉的风险增大。为保证起诉的质量，检察机关必须从严掌握证据。不批准逮捕、退回补充侦查的情形随之增加。1997年6月9日至11日，公安部在河北省石家庄市召开了全国刑事侦查工作会议，针对当时的犯罪形势和打击犯罪工作的需要，部署全国公安机关开展刑侦改革。这次改革以责任区刑警队建设为核心，以推行侦审一体化为载体，将侦查办案任务和目标落实到每个侦查员身上，每名侦查员须对一起刑事案件从立案、侦查、审讯、取证直到提请逮捕、移送起诉，一办到底。改革以后，公安机关提请检察机关批捕案件的数量大幅度上升，但由于缺少了预审部门的把关，一些地方提请批捕的案件质量下降，对于审查批捕、提起公诉的要求,一些侦查人员不了解,导致不捕、不诉比例增大,影响了对犯罪的打击力度。① 一方面检察机关要从严把握证据,履行法律监督职能;另一方面,公安机关要提高侦查效率,打击犯罪,于是,提高和保障追诉质量与效率、改善检警关系成为公安机关和检察机关共同关注的工作主题。

率先进行检察引导侦查探索并取得一定成效的是河南省周口市人民检察院。1999年河南省周口市人民检察院在办理检察机关自侦案件中实行了"三三制"的办案机制。所谓"三三制",即检察机关在办理自侦案件中"实行三个延伸,坚持三项跟踪,明确三段责任"。其中的"三个延伸"是指批捕部门向前延伸至立案环节,起诉部门向前延伸至审查逮捕和侦查预审环节。在"三三制"中,自侦部门负责案件的侦查,而批捕和起诉部门在向前延伸中除对侦查活动是否合法开展监督外,还对证据的收集、固定和完善从审查逮捕和出庭公诉的角度提出自己的建议和参考性意见,对适用法律提出指导性意见。周口市检察机关推行"三三制"后,较好地解决了长期困扰自侦案件办理过程中批捕、起诉与自侦部门配合不够和制约不够的问题,提高了自侦案件质量,加快了办案速度,实现了公正和效率的统一。借鉴"三三制"中"三个延伸"的做法,将之运用到公安机关立案侦查的案件上,由此产生了检察引导侦查的机制。②

周口市人民检察院的举措尽管仅仅是检察机关内部相关部门关系的实验性改革,但是它已经将刑事司法中侦查与起诉的默契衔接和检察对侦查的有效监督纳入了新形势下刑事司法改革的领域中。在周口市检察院实践的基础上,2000年8月,最高人民检察院召开了全国检察机关公诉改革会议。会议要求公诉改革要"在公正和效率间找一个最佳结合点"、以实现办案效率和办案质量共同提高的目标与要求,提出了"进一步完善主诉检察官办案责任制"等八项改革措施,其中一项措施就是建立与侦查机关加强工作联系的新机制,目的是通过加强侦查工作和起诉工作的联系,在一定程度上实现公诉工作引导侦查工作,使证据依法得到巩固,力争做到追诉有力、"弹无虚发"。而后,最

---

① 据调查,北京市顺义区人民检察院2001年共受理侦查移送起诉案件468件,其中退补案件95件(包括侦查撤案或建议侦查撤案11件)占22.9%,一次退补案件78件,二次退补案件17件;2002年共受理侦查部门移送审查起诉案件611件,其中退补案件187件(包括侦查撤案或建议侦查撤案25件)占30.5%,一次退补案件148件,二次退补案件39件。数据来源于卢桂荣、郭小峰:《从退补情况析公诉引导侦查取证机制》,载http://www.women.jcy.gov.cn/dispnews.Asp,2014年5月15日最后访问。

② 李和仁、王治国:《引导侦查取证——周口的实践与理论碰撞》,载《人民检察》2002年第8期。

高人民检察院审查批捕厅、审查起诉厅和公安部刑事侦查局联合下发《关于公安机关刑侦部门、检察机关批捕部门、起诉部门加强工作联系的通知》。通知要求,为适应与刑事犯罪作斗争的严峻形势,及时、准确地打击犯罪,提高办案质量和办案效率,各级刑侦部门、批捕部门、起诉部门要加强工作联系和协调,及时共同研究解决新情况、新问题。重大案件的发、破案等情况,刑侦部门应及时向批捕、起诉部门通报,认为需要批捕部门提前介入的,应及时通知批捕部门,其中对犯罪嫌疑人执行逮捕后,要尽快通知起诉部门介入。批捕、起诉部门接到刑侦部门要求去现场或参加案件讨论的通知后,应及时派员参加,提出积极的建议。2000年9月,最高人民检察院又召开了全国检察机关第一次侦查监督会议,提出将"全面履行职责,加强配合,强化监督,引导侦查"作为侦查监督工作改革的总方向,引导侦查即是加强侦查监督的一项十分重要的工作措施。2002年3月11日,在九届全国人大第五次会议上,最高人民检察院检察长韩杼滨在《最高人民检察院工作报告》中指出,要"深化侦查监督和公诉工作改革,建立和规范适时介入侦查、引导侦查取证、强化侦查监督的工作机制"。同年5月,全国刑事检察工作会议召开。此次会议提出了"坚持、巩固和完善'适时介入侦查、引导侦查取证、强化侦查监督'的工作机制"等四项改革措施,并将《人民检察院引导侦查取证试行办法》提交给与会代表进行了讨论和修改。① 自此,检察引导侦查改革在全国全面展开。2008年10月,最高人民检察院发布《人民检察院公诉工作操作规程》,明确规定,"公诉部门应当加强与侦查机关(部门)的联系和配合,完善相互协调机制,保证案件质量。根据办案工作需要,应侦查机关(部门)要求,经检察长批准,可以派员提前介入侦查活动,引导侦查取证。" 2014年,最高人民检察院出台《关于贯彻落实〈中共中央关于全面推进依法治国若干重大问题的决定〉的意见》,将建立重大、疑难案件侦查机关听取检察机关意见和建议制度列入检察改革项目,并在山东等地进行试点,加强和规范重大疑难案件介入侦查引导取证工作,确保审查逮捕案件质量,强化对侦查活动的监督。2015年,最高人民检察院下发《关于在侦查监督环节建立重大敏感案件快速反应机制的意见(试行)》,要求在三类案件中②建立重大敏感案件上下联动办案机制。对于尚未提请批准逮捕的重大敏感案件,应当提前介入侦

---

① 柴春元、张安平:《以改革推动"严打",在严打中深化改革——全国刑事检察工作会议综述》,载《检察日报》2002年7月17日。
② 三类案件包括:严重危害国家安全、公共安全等案件,以及可能或者已经引起严重群体性事件和严重极端事件的案件;可能或者已经引起网络媒体炒作、社会舆论高度关注的案件;在特定地区、领域、时期发生的其他重大敏感案件。

查，引导侦查机关全面收集、固定证据，并对侦查活动是否合法进行监督。对于已经提请逮捕的，要严把事实关、证据关、法律适用关，严格适用逮捕条件。对于在法律适用等方面存在问题把握不准的，要及时向上级院侦查监督部门请示。有关部门组织协调的案件，本院正确意见不被采纳的，要及时向上级院报告。

2. 改革内容

检察引导侦查作为检察机关深化侦查监督和公诉工作改革的一项重要工作机制，由于得到最高人民检察院的重视，各地检察机关根据本地案件的特点以及与公安机关的联系状况，积极开展检察引导侦查的工作。总结各地检察机关引导侦查的情况，① 其引导侦查的案件范围、方式以及程序基本如下。

（1）检察引导侦查的案件范围

对于检察引导侦查案件的种类，各地检察机关的规定各不相同，基本上都是结合当地当时的社会治安情况作出符合当地刑事案件特征的规定。从行文模式上看主要有三种：第一种是列举罪名式。例如，惠州市人民检察院、惠州市公安局《关于检察机关介入公安机关侦查工作办法（试行）》规定，检察机关提前介入侦查的案件主要包括：涉外犯罪、严重暴力、严重破坏市场经济秩序、危害公共安全、黑社会性质、恐怖活动、集团犯罪、上级机关交办或者领导批示督办的案件以及公安机关挂牌督办案件、在当地影响较大案件等11类重大、疑难案件。第二种是案件类型概括式。例如，周口市检察院和公安局制定的《关于检察机关指导侦查暂行规定》、《关于检察指导侦查工作实施细则》将检察指导侦查的案件范围划分为五类：一是重特大、疑难、复杂案件；二是社会影响大、群众反映强烈的热点案件；三是上级机关或领导交办、督办的案件；四是立案监督的案件；五是公安机关或检察机关认为有必要指导的案件。第三种是混合式。例如，重庆市的试行规定将引导侦查的案件范围规定为：黑恶势力犯罪及其他有组织犯罪案件，涉及外国人犯罪案件；企业改制、征地、环境污染及违反金融管理法规等引发的群体性、突发性事件中涉及的犯罪案件；对适用法律和证据有争议的案件等。

（2）检察引导侦查的启动程序

各地检察机关提前介入的启动形式基本一致，分为邀请引导和主动引导两种情况。前者提起的主体是公安机关，后者提起的主体是检察机关。对于公安机关邀请检察机关引导侦查的，一般公安机关须经部门负责人或者主管领导批

---

① 笔者总结的情况来源于四川省、重庆市、周口市、惠州市、芜湖市等地检察机关与同级公安机关会签的有关检察机关介入侦查引导取证的文件内容及相关调研报告。

准后，以书面形式向检察机关侦查监督部门、公诉部门提出，并将案件情况抄送检察机关。侦查监督部门、公诉部门接到请求介入侦查的意见后，认为需要派员介入的，由部门负责人批准。重大案件，还应当报请分管副检察长或者检察长决定。对于侦查监督部门、公诉部门认为需要主动介入侦查、引导取证的案件，一般应当经部门负责人批准，并向分管副检察长报告。对一些在当地有重大影响的案件，分管副检察长或检察长可以直接指令检察人员介入侦查，引导取证。以四川省眉山市检察机关开展检察引导侦查的情况为例。对严重影响社会治安的重大恶性案件，涉及面广、侦查取证困难的重大疑难复杂案件，党委政府重视或是在本地区有重大影响的三类案件，公安机关会及时通知检察机关提前介入。如余某某强奸案发生后，考虑到受害人家属情绪激动，可能引发群体性事件，公安机关及时向洪雅县检察院通报案情，通知提前介入引导侦查，洪雅县院及时派出侦监干警提前介入，参与案情分析，引导侦查取证，并在报捕后仅1天就作出逮捕决定，迅速平息了事态。2007年1月至2008年12月，眉山全市检察机关以这种方式介入重大、有影响的案件438件。检察机关在报刊、电视、群众交谈中发现涉及社会稳定、民生或有重大社会影响的案件线索后，可以向公安机关了解案件情况，主动介入侦查。如轰动全省的刘某以抗震募捐为名的诈骗案，眉山市检察院侦监处在群众中获得案件线索，主动向公安机关核实情况，并通过提前介入引导公安机关收集固定犯罪证据，最终刘某被判处有期徒刑5年。①

（3）检察引导侦查的方式

第一种是设立派出机构。这要首推河南省周口市人民检察院，他们在引导侦查工作中进行了大胆的实践，开创了此项工作的先河。2001年4月16日，周口市检察院、周口市公安局联合下发了《关于在全市公安机关设立指导侦查室的决定》，周口市政法委以文件形式转发，要求在全市两级公安机关设立检察机关驻公安机关指导侦查室。截至2001年6月，全市两级检察机关驻公安机关指导侦查室全部挂牌成立。② 周口的检察指导侦查室设在公安机关，由检察机关侦查监督部门和起诉部门派出主办、主诉检察官进驻。指导侦查室的职责主要是从审查逮捕和出庭公诉的条件和标准出发，提出收集、固定、完善证据，查清犯罪基本事实的意见和建议，并从适用法律方面提出指导性意见，对批准逮捕案件或不批准逮捕案件的执行情况，对公安机关决定、执行、变

---

① 资料来源于最高人民检察院侦查监督厅所编的侦查监督工作情况内部资料。
② 李和仁、王治国：《引导侦查取证——周口的实践与理论碰撞》，载《人民检察》2002年第8期。

更、撤销强制措施的情况，以及漏罪、漏犯、漏捕、漏诉等情况，依法进行监督。对违法情节较轻的以口头方式向侦查人员或公安机关负责人提出纠正意见。对情节较重的违法情况，报请检察长批准后，向公安机关发出《纠正违法通知书》，并监督落实。

周口市检察指导侦查室设立以来，成效显著，起到了较好的示范作用。各地检察机关因地制宜设立了检察引导侦查的派出机构。2004年4月，江苏省无锡市开发区检察院与区公安分局商定设立了检察介入侦查联系办公室，将主诉检察官派向各基层派出所适时介入侦查，建立了介入侦查备案制、介入承办人负责制、不捕案件反馈制、疑难案件会诊制、类案引导制等各项制度。[①]2005年初，山东省枣庄市人民检察院向公安机关派驻"侦查监督工作联络室"，将引导侦查取证与履行监督职能相结合。[②] 2008年9月北京市门头沟区检察院挂牌成立"驻警引导侦查取证办公室"，对一些取证困难、证据难以固定、证明标准不好把握的案件进行重点引导。

第二种是个案介入侦查引导取证。这种情况主要是对重大疑难、复杂的案件或侦查机关内部对案件有分歧的案件。介入侦查引导取证的方式包括：一是列席现场勘验、检查，对勘验、检查方案提出合理化建议。二是旁听讯问犯罪嫌疑人、询问被害人、证人，就讯问、询问的方法、角度、内容提出建议，必要时建议公安机关对讯问、询问过程以视听资料形式固定或要求其书写亲笔供词、亲笔供述。三是参与公安机关的案件讨论。四是发现违法问题及时提出纠正意见。五是复验、复查。由于案件本身在当地受到关注，公安机关承受的压力大，检察机关的介入可以加强办案力量，提升办案效果，侦查机关往往乐于接受。

第三种是联席会议制度。公安机关、检察机关通过定期召开联席会议的方式，研究解决办案中遇到的问题，促进检察机关与公安机关高层之间的工作联系，不断巩固和深化双方在工作中经常性的协作关系。它有利于减少或防止工作中的扯皮或推诿情况，有利于提高案件的处理质量，有利于推动执法水平的提高。

第四种是案件质量责任区制度。这是一种分片包干责任制，即检察机关公诉部门、侦查监督部门要发挥主诉检察官、主办检察官的作用。根据本辖区公安机关侦查部门责任区的设置情况，对口划分相应的审查起诉、审查批捕责任

---

① 李明耀、何莹、陈飞雪：《无锡开发区：侦查监督从静到动》，载《检察日报》2005年3月24日。

② 李晓波：《枣庄：在公安机关设侦查监督联络室》，载《法制日报》2006年9月1日。

区，每个片区落实主诉检察官、主办检察官负责该片区内刑事案件审查起诉、审查批捕工作。代表检察机关与公安机关进行经常性联系，了解、掌握片区内案件情况，注意发现侦查工作中的薄弱环节，共同研究工作中遇到的疑难、复杂问题，寻求法律政策上的解决办法。同时，主诉检察官、主办检察官要主动加强相互间的联系，互通情况，交换意见，避免各自为战，以保持引导侦查工作思路的一致性。该项制度是检察引导侦查制度的组织保障，实质上将审查批准、审查起诉的关口向侦查活动前移，在侦查取证问题上做到事前预防和同步引导。①

第五种是个案侦查失误通报制度。制订个案侦查失误通报制度，完善案件处理信息反馈机制，是检察机关拓展引导侦查的另一个渠道。有的检察机关定期对无罪判决、撤诉、不诉、退查另处等案件进行系统的总结分析，并及时反馈给公安机关，以减少公安机关侦查取证失误。②"这种实证分析的方法可以促使公安机关在侦查活动中正确分析原因，认真吸取教训，改进侦查取证方法，从而使责任追究机制和引导侦查制度有机地结合起来，这也是确保案件侦查质量的务实选择。"③

3. 评论与分析

（1）检察引导侦查的主要成效

第一，拓宽了检察机关侦查监督的渠道。依据宪法和刑事诉讼法的规定，检察机关有权对侦查机关的侦查活动实施法律监督。在未实施检察引导侦查之前，检察机关主要以听取侦查人员介绍案情，共同研讨案情，勘查现场，提供收集、固定、完善证据的建议等个案指导的方式有限参与刑事侦查。检察引导侦查制度则将引导方式延展到一般指导和类案指导的层面，并摸索出检警联席会议、退回补充侦查协商、诉前会审、个案侦查失误通报、专题经验交流、不捕案件反馈等固定方式对刑事侦查施以集中和长远的影响，监督形式更为灵活，介入程度较高，有利于发挥检察机关的监督职能。同时，从最高人民检察院2000年下发《关于公安机关刑侦部门、检察机关批捕部门、起诉部门加强工作联系的通知》到2002年全国刑事检察工作会议提交讨论《人民检察院引导侦查取证试行办法》，从周口市检察院下发《关于检察引导侦查工作的暂行规定》到各省市检察机关与公安机关会签检察引导侦查的文件，全国检察系

---

① 参见郭清君、周泽春、温立新：《"办案质量责任区"强化侦查监督》，载《检察日报》2005年12月13日。

② 万春：《改革，为了司法更公正——对四川省刑事检察改革的调查与思考》，载《人民检察》2002年第8期。

③ 周泽才、郭春芳：《引导侦查的四条途径》，载《人民检察》2001年第9期。

统自上而下地总结出一系列正式的制度性文件，使检察引导侦查的范围、方式、程序、效力等内容趋于规范和完善，避免了检察官自由裁量的任意性和提前介入的滥用，实现了侦查监督的有章可循和有序实施。

第二，提高了案件办理质量。对于公安机关而言，破案率是考核其工作成绩的主要指标。在这样的考核体系下，不少公安机关及其工作人员将精力和注意力投入到案件的侦破和犯罪嫌疑人的抓捕上，往往忽略对法律关于及时、全面地收集证据的要求，不注意收集证据的合法性、规范性，从而出现案件侦破了，证据却没有形成证据链或者对关键证据的收集程序有瑕疵，导致在审查起诉、审判环节，因证据不足而难以对犯罪嫌疑人定罪量刑。检察机关的适时介入，有利于将公安人员在侦查技术、技巧、经验方面的优势与检察官在审查、判断证据方面的优势结合起来，从工作机制上做到"严把事实关和证据关"，从而保证案件的侦查质量和诉讼质量。例如，2001年4月，河南省淮阳县人民检察院成立了检察引导侦查室。经过检察引导侦查，当地不捕率由36%降到10%以下，退查率由60%—70%降至20%以下，公安机关刑事拘留提请逮捕率由9%提高到50%—60%，批捕率达到90%以上，90%以上的刑事案件一次性受理起诉。①

第三，提高了诉讼效率。检察机关通过引导侦查，既缩短了批捕的时间，也缩短了起诉的时间，使诉讼效率明显加快。因为侦查监督部门在引导公安机关获取证据的同时，也在以提起公诉的证明标准来衡量、审查公安机关收集的证据，并提出新的补充侦查意见，从而使侦查机关收集证据的行为更具目的性，保证了检察机关在侦查终结的同时便可提起公诉，在确保公正的同时最大限度地实现了效率，与我国公正与效率的司法改革目标相契合。以四川省眉山市检察机关为例，自2007年1月至2008年12月，该市检察机关审查批捕提前介入率为51.3%，办理批捕案件平均周期为3天，比1996年刑事诉讼法规定的7天的批捕时间减少了4天。如震惊该市的严某入室抢劫、故意杀人案，检察人员通过引导侦查，在关键时刻为侦查人员指明侦查方向，使案件迅速告破，并在1天内作出批捕决定。

（2）检察引导侦查的不足

检察引导侦查在发挥了积极作用的同时，存在以下三个方面的问题：

第一，检察引导侦查的原则难以贯彻。检察机关将引导侦查的原则总结为"引导而不干扰，引导而不代替，引导而不领导，参与而不联合"，但这个原

---

① 魏新建、朱德润：《河南淮阳：检察引导侦查获办案质量和效率双丰收》，载《检察日报》2002年1月28日。

则在实际操作中不好把握。从创建引导侦查机制的意图来看,检察机关从法律监督的高度,从有利于追诉犯罪的角度,去把握引导侦查取证工作,就公安机关收集证据、固定证据提出指导性意见和建议,对侦查机关来讲是一种建议权。如果超越了这个界限,将会影响检察机关在诉讼中的法律监督地位。但是,在实际开展介入侦查、引导取证的工作中,检察人员不太好把握自身的定位,处理不好配合与制约的关系。具体在实践中主要有以下表现:一是将介入侦查、引导取证定位为"领导"侦查取证,或是与侦查机关联合办案,以领导者或者侦查机关的身份自居,将工作重心放在破案上,全面参与侦查活动。二是将引导侦查取证单纯界定为协助、配合公安机关办案,而对侦查机关在侦查活动中的违法行为视而不见,或者完全站在侦查机关的立场上,在介入侦查、引导取证过程中没有切实履行法律监督职责。三是先入为主,影响审查逮捕案件的依法办理。由于提前介入侦查活动,检察人员对于案件事实有了一定的了解,难以站在中立、客观的立场上审查案件事实和证据。①

第二,引导侦查的效果取决于公安机关的认可程度。在我国,现行的以配合制约为内容的检警关系强调检警之间的平等分立和双向制约。这种双向制约,实际上是强调侦查职能相对于控诉职能的独立性,试图以控诉职能对侦查职能的平等性来代替侦查职能与控诉职能之间的"分工负责、互相配合、互相制约"的关系,这就违背了侦、控职能的配置规律,模糊和混淆了检察职能与侦查职能之间应有的关系。从实践效果来看,检察引导侦查工作机制主要依靠检察机关与公安机关联合发文才能推动,联合发文的机关主要在地市级和县级,有相当一部分地区的公安机关尤其是刑侦部门并未给予积极回应,即使在签署了检察引导侦查工作机制文件的地区,也时常出现公安机关不采纳准确的指导意见、对案件的侦查我行我素而检察机关又无可奈何的情况,究其原因,主要有两个:首先,除逮捕的审查批准外,刑事侦查活动一直由公安部门独立负责进行,检察引导侦查,虽然在实质上是检察机关对公安机关的一种工作建议和监督,但容易让公安机关视为侦查指挥权收归检察机关,触及了权力的调整和分配,因此公安机关对此工作机制整体上表现不积极。其次,侦查权作为以查明案件事实真相为主要目的的行政权力,具有主动性、单方性,在具体行使时又以高效、封闭为原则,因此,从其权力属性上看,对来自外部的监督制约一般是消极甚至抗拒的。检察机关对于侦查机关的引导,目前在实质上

---

① 郭嗣彦、许娟:《检察引导侦查的价值评价》,载《甘肃社会科学》2008 年第 3 期。

只具有"行政合同"的效力。① 但是，正因为仅止于行政合同，所以检察引导侦查的效果很大程度上取决于公安机关的认可、配合和重视程度。

(3) 对检察引导侦查的评价

我国的检察机关、公安机关长期处于彼此分离的状态，过去两机关分工负责、独立办案的疏远关系与诉讼资源有限，要求侦、诉力量集中之间的矛盾并不十分突出。随着检察官举证责任的确立、加强犯罪嫌疑人人权保障等刑事诉讼制度的变革，庭审对控诉证据的要求越来越高，控诉犯罪的难度也越来越大，诉讼资源紧张、诉讼效率低下的弊端日益凸显，控诉不力上升为这一时期检警关系的主要矛盾。检察引导侦查以引导侦查取证为着手点，密切了检警关系，提高了控诉犯罪的及时性和有效性，缓解了控诉压力与隔离办案之间的矛盾。此外，检察引导侦查弥补了检察提前介入的诸多缺陷，使单一的检察实践趋于制度化、合理化，检察引导侦查的试行尚未对"分工负责、互相配合、互相制约"的检警关系立法原则产生明显抵触，不致加剧旧的检警矛盾或引发新的检警问题，不失为检警关系过度分离的状态下密切检警关系的良方，是在目前刑事诉讼法规定的检警关系内部框架之下，一种相对合理、现实可行的做法。② 但检察引导侦查应有度而为，其引导的方式、范围、内容、效力应设置法律界限，不得干涉公安机关侦查权的独立、正常行使，不得影响审查批捕、审查起诉的独立进行。若检察引导侦查对引导不设法律边界，检察官将因深陷入侦查事务而带上浓厚的行政色彩，丧失其履行客观义务的非偏倚品格和独立性，丧失了其"过滤"与制约的功能。③ 对关系疏远的矫枉过正，将使检察官与侦查人员的角色错位，而导致检警关系滑向另一极端。我国检警关系的改革应继续坚持并不断完善这一尝试，并应注意以下几个关键问题。

一是关于引导方式。检察机关对公安机关的引导应体现为就侦查机关的证据的收集、提取、固定及侦查取证的方向，提出意见和建议。引导方式应包括类案引导与个案引导。个案引导是以具体案件为对象，一般是针对重大疑难案件，目前实践中主要以具体引导为主。笔者认为，以后应当着重发展类案引导。检察机关应针对本地区同类案件出现的共性问题或侦查活动中出现的普遍问题，按照公诉环节审查证据的要求，对侦查取证进行引导，并总结制定类案证据参考标准或者类案取证参考标准以供侦查人员参照适用。

---

① 但伟、姜涛：《侦查监督制度研究——兼论检察引导侦查的基本理论问题》，载《中国法学》2003 年第 2 期。

② 周口市人民检察院：《检察引导侦查研讨会观点摘编》，载《国家检察官学院学报》2002 年第 5 期。

③ 龙宗智：《评检警一体化——兼论我国的检警关系》，载《法学研究》2000 年第 2 期。

二是确定介入引导的方式。根据检察介入侦查的主动性程度不同，介入方式可以分为依申请介入和依职权介入两种。在办理重大疑难案件或者当地具有重大影响的案件时，警检两家在做好分工负责的基础上，应加强相互配合，公安机关可以主动邀请检察机关介入，检察机关也可以在通知公安机关后主动介入。对于一般的刑事案件，警检两家应更加注重相互制约，检察机关一般不应介入，确有必要介入时，可在通知公安机关的前提下介入，公安机关应积极配合。各地方检察机关和公安机关应根据本地区实际情况确定介入引导的方式，以明确引导案件的范围及检察机关介入侦查的时间。

三是关于引导的内容。根据检察引导侦查制度的任务，检察机关主要是按照刑事诉讼法对证据客观性、关联性、合法性的要求和标准，引导侦查机关取证。长期以来，由于受到执法水平和执法观念的影响，部分侦查机关和侦查人员不重视证据的收集程序、方式，不注意证据证明力的保全和固定，缺乏证据链条意识，导致证据收集不全面、证据收集方式违法（不合法）、证据存在瑕疵等情况而影响案件质量。随着修改后刑事诉讼法的施行，刑事诉讼法有关各种证据可采性及证明力的证据规则将对诉讼结果产生直接的影响。因此，检察机关应当发挥其专业特长，引导侦查机关合法收集具有可采性、证明力强的证据。

四是建立案件信息共享机制。可借鉴行政执法与刑事司法相衔接的工作机制，建立案件信息共享平台，一方面使检察机关能够及时了解侦查工作的重点和难点，确保检察机关在引导取证时有的放矢，富有成效；另一方面检察机关可以通过个案的指导及时总结类案引导的原则、方法等，更好地保证案件质量。

4. 立法建议

侦查程序应当实现的目的有三个层次：一是直接目的，即有效寻获证据、查缉甄别犯罪嫌疑人；二是深层目的，即有效衔接起诉阶段、提升公诉质量和效果；三是根本目的，即有效规制侦查权力、保障公民权利。从本质上来说，侦查程序中的检警关系亦是侦查程序自身的一个组成部分，合理的检警关系模式，应相应具备实现上述目的的功能。[①]

如果以此来考量我国警检关系和判断其发展方向的话，我国目前公安机关为侦查主体、享有独立侦查权的现行侦查体制有利于侦查程序直接目的的实现，也与英美法系和大陆法系国家警察机关在侦查程序中所处的实际地位相

[①] 卞建林：《论我国侦查程序中检警关系的优化——以制度的功能分析为中心》，载《国家检察官学院学报》2005年第2期。

符。由实务部门推动的检察引导侦查机制,既能弥合以往侦查与公诉各自为战的割裂状态,促使侦查活动与公诉活动有效衔接,提升公诉质量,又能够充分调动和发挥公安机关基于维护秩序、打击犯罪的角色定位而进行侦查活动的积极主动性,提升侦查活动的质量和效率。

在有效规制侦查权力方面,英美法系和大陆法系国家主要通过司法审查来实现。对于我国侦查程序中出现的侦查机关滥用权力的问题,不少学者针对我国检察机关监督不力的局面提出在我国建立西方式的司法审查制度的观点。笔者赞同司法审查机制的理论意义,但是如果以此作为解决问题的方法,在实践中将面临以下问题:一是我国司法权相对薄弱,无力形成司法控制所需要的独立司法力量。二是检察机关是宪法规定的国家法律监督机关,刑事诉讼法从法律监督的角度在立案、审查逮捕、审查起诉等环节设置了侦查监督制度,取消这一制度,将涉及刑事诉讼法的全面修订。三是现行的侦查监督体制在规制侦查权力方面之所以没有发挥应有的作用,主要是由于缺乏相关的保障制度和配套措施。建立这些保障措施和配套措施远比另起炉灶重新建立一套新的司法制度要实际、可行。

也许是考虑到建立司法审查权的现实障碍和检察机关在权力制约方面发挥的作用,立法机关在进行司法改革和修改刑事诉讼法时都在积极推进规制侦查权力的制度建设,促进我国警检关系的合理化发展。《中央司法体制改革领导小组关于司法体制和工作机制改革的初步意见》(中发〔2004〕21号)规定,检察机关发现或接到反映、举报司法工作人员在办案过程中有刑讯逼供或其他损害当事人合法权益的行为时,应予以受理并进行调查,对涉嫌犯罪的应依法立案侦查。同时该文件还规定,检察机关发现司法工作人员在侦查活动中有渎职行为或其他影响公正办案情形的,可以建议有关部门依法更换办案人。《中央政法委员会关于深化司法体制和工作机制改革若干问题的意见》(中发〔2008〕19号)明确提出:"依法明确、规范检察机关调阅审判卷宗材料、调查违法、建议更换办案人、提出检察建议等程序,完善法律监督措施。"为将中央有关司法改革的意见要求体现在立法上,2012年《刑事诉讼法修正案(草案)》规定:"人民检察院接到报案、控告、举报或者发现侦查人员以非法方法收集证据的,应当进行调查核实。对于确有以非法方法收集证据情形的,应当提出纠正意见,必要时可以建议侦查机关更换办案人。对于以非法方法收集证据,构成犯罪的,依法追究刑事责任。"上述规定旨在通过赋予检察机关对违法侦查行为的调查权和纠正权、对违法人员的监察建议权和刑事立案侦查权,以增强检察机关侦查监督的力度,促使侦查机关和人员规范侦查取证行为。但遗憾的是,由于种种原因该条文未能最终通过,从而使得对侦查监督制度而言最有效的保障机制未能建立。故此,笔者建议再次修订刑事诉讼法时,加入上述条款。

(二) 行政执法与刑事司法衔接工作机制

行政执法与刑事司法衔接工作机制(以下简称"两法衔接"),是检察机关会同公安机关和有关行政执法机关探索实行的旨在防止以罚代刑、有罪不究,使行政执法与刑事司法形成合力的工作机制。对该机制的形成始于地方检察机关加大查处破坏市场经济秩序犯罪案件力度的实践探索。在检察机关的积极推进下,最高人民检察院联合公安部及其他中央部委出台了一系列相关规定。2008年11月下发的《中央政法委员会关于深化司法体制和工作机制改革若干问题的意见》更是将"建立和完善刑事司法与行政执法执纪有效衔接机制"列入司法改革任务。2009年10月,全国人大常委会在审议最高人民检察院《关于加强渎职侵权检察工作促进依法行政和公正司法情况的报告》时,对落实和推进"两法衔接"工作提出明确要求。检察机关在推动"两法衔接"方面做了大量卓有成效的工作,对于整顿和规范市场经济秩序、促进依法行政意义重大。同时,该项改革对于进一步探索形成检察机关与相关行政机关之间在刑事侦查框架下的业务关系,以及探索发展我国的侦查主体结构问题,具有十分重要的实践价值,值得深入分析和研究。

1. 改革缘起

(1) 保障市场经济秩序,"两法衔接"初现雏形

行政执法与刑事司法相衔接,是中央针对整顿和规范市场经济秩序工作提出、检察机关积极推动的一项重要工作。2000年10月,国务院在全国范围内开展了一场声势浩大的严厉打击制售假冒伪劣商品违法犯罪活动的联合行动。截至2001年4月底,全国共出动行政执法人员492万人次,捣毁制假售假窝点4.3万个,查获假冒伪劣商品货值65亿元,依法惩处违法犯罪分子5100人。[①] 但是,在整顿市场的过程中,一个重要的法律问题摆在了行政执法机关面前:行政执法机关对查获的涉嫌犯罪的案件如何向司法机关移送,缺乏明确的法律规定。2001年4月27日,国务院发布《关于整顿和规范市场经济秩序的决定》。该决定提出,"加强行政执法与刑事执法的衔接,建立信息共享、沟通便捷、防范有力、查处及时的打击经济犯罪的协作机制,对破坏市场经济秩序构成犯罪行为的,及时移送司法机关处理。"该决定首次提出了"行政执法与刑事执法的衔接"的概念,但没有规定行政执法与刑事执法的具体办法。

---

① 徐日丹:《实现行政执法与刑事司法的有效衔接》,载《检察日报》2010年2月21日。

2001年7月，国务院发布了《行政执法机关移送涉嫌犯罪案件的规定》。该规定强调：行政执法机关移送涉嫌犯罪案件，应当接受人民检察院和监察机关依法实施的监督；公安机关应当接受人民检察院依法进行的立案监督。检察机关作为国家的法律监督机关，对国家法律的统一正确实施负有重要责任。按照中央的要求，最高人民检察院开始积极着手研究"两法衔接"。2001年9月，最高人民检察院颁布了《人民检察院办理行政执法机关移送涉嫌犯罪案件的规定》，各地检察机关开始探索如何在本地区开展"两法衔接"。2002年底，最高人民检察院对河南省洛阳市检察机关监督行政执法机关移送涉嫌犯罪案件的情况作了专题调研，经过深入细致的调查研究，肯定了河南省洛阳市检察机关监督行政执法机关移送涉嫌犯罪案件的做法，并向全国整顿和规范市场经济秩序领导小组办公室（以下简称"全国整规办"）提出：检察机关要帮助行政执法机关建立移送涉嫌犯罪案件的渠道，并督促其及时向公安机关移送。① 至此，检察机关"两法衔接"初现雏形。

（2）总结经验出台制度，"两法衔接"基本成型

2003年4月召开的全国整顿和规范市场经济秩序工作会议提出"进一步解决行政执法与刑事司法的衔接问题，加强案件移送和监督检查，不得以罚代刑"的要求。2003年最高人民检察院部署开展了经济犯罪立案监督专项行动。以此为起点，检察机关开始在全国范围内全面探索建立行政执法与刑事司法相衔接工作机制，特别是对行政执法机关移送涉嫌犯罪案件的监督，并把它作为刑事立案监督工作新的增长点，积累了不少好的经验，取得了显著成效。2003年9月25日至26日，最高人民检察院在重庆召开了"建立行政执法与刑事司法相衔接工作机制座谈会"，邀请国务院有关部委业务部门负责人与全国检察机关侦查监督部门负责人共商加强"两法衔接"工作事宜。这次会议是检察机关推动建立行政执法与刑事司法相衔接工作机制的一个重要转折点，即由最初响应中央号召、落实刑事政策者转变为"两法衔接"的推动者。2004年3月18日，最高人民检察院与全国整规办、公安部联合下发了《关于加强行政执法机关与公安机关、人民检察院工作联系的意见》。该意见明确提出"建立信息共享机制（情况信息通报制度、联席会议制度）、强化案件移送工作（移送备案制度、重大案件通报咨询制度、查询案件制度）"。至此，"两法衔接"工作机制以法规的形式得以确立。

（3）组织专项活动，促进"两法衔接"完善

2004年3月至2005年底，最高人民检察院又部署开展了打击制假售假、

---

① 元明：《行政执法与刑事司法衔接工作回顾与展望》，载《人民检察》2007年第5期。

侵犯知识产权犯罪专项立案监督活动。在这项活动中，检察机关发现，破坏市场经济秩序犯罪案件发案数逐年增长，各级行政执法机关的查办数也相应增加，但真正进入刑事诉讼程序的却与之并不相称，有的地方、有些案件还呈下降的趋势。究其原因主要有三：一是受地方保护主义的影响和部门利益的驱动，行政执法与刑事司法之间存在案件移送不及时或不移送甚至"以罚代刑"的问题。二是行政执法中获取的证据不能直接在刑事司法中使用。刑事诉讼法对收集证据的主体有明确的规定，行政执法机关作为行政处罚的主体收集的证据能否直接作为刑事司法的证据，缺乏法律依据，司法机关往往不予采信，需重新收集，也在一定程度上挫伤了行政机关移送案件的积极性。三是行政执法与刑事司法机关之间信息不畅，不能形成打击犯罪的严密体系和合力。为了促进"两法衔接"工作机制的建立和完善，针对"两法衔接"存在的问题及产生的原因，最高人民检察院于2005年初开始牵头起草并于2005年12月1日由检察委员会审议通过了《关于在行政执法中及时移送涉嫌犯罪案件的意见》。2006年1月26日，最高人民检察院、全国整规办、公安部和监察部共同会签并联合下发了该文件。该意见规定，行政执法机关在查办案件过程中，对符合刑事追诉标准、涉嫌犯罪的案件，应当制作《涉嫌犯罪案件移送书》，及时将案件向同级公安机关移送，并抄送同级人民检察院。该意见的出台，进一步细化了衔接机制的相关规定，而且具有更强的可操作性。

2015年，为贯彻《中共中央关于全面推进依法治国若干重大问题的决定》，统筹推进党的十八届三中、四中全国部署的司法改革和检察改革任务，最高人民检察院出台了《关于深化检察改革的意见（2013—2017年工作规划）》（2015年修改版）。根据该意见，健全行政执法与刑事司法衔接机制被列为检察改革重点任务，以强化法律监督职能，完善检察机关行使监督权的法律制度。

2. 行政执法与刑事司法衔接工作机制的内容

随着2001年7月国务院发布的《行政执法机关移送涉嫌犯罪案件的规定》，2001年12月3日最高人民检察院颁布的《人民检察院办理行政执法机关移送涉嫌犯罪案件的规定》，2004年3月18日最高人民检察院与全国整规办、公安部联合下发的《关于加强行政执法机关与公安机关、人民检察院工作联系的意见》以及2006年1月26日最高人民检察院、全国整规办、公安部和监察部共同会签的《关于在行政执法中及时移送涉嫌犯罪案件的意见》相继出台，行政执法与刑事司法相衔接机制在实践中形成了相对固定的模式。

（1）信息共享机制

主要包括情况信息通报制度、建立信息平台及联席会议制度。

①信息通报机制。防止部门之间因信息沟通不畅而带来的移送不畅、立案不能、监督不力的问题。各单位应当定期相互通报以下情况：行政执法机关向公安、检察机关通报查处案件情况以及向公安机关移送涉嫌犯罪案件情况；公安机关向行政执法机关、检察机关通报行政执法机关移送案件的受案、立案、追逃、强制措施适用、呈捕、移送起诉以及撤案情况；检察机关向行政执法机关、公安机关通报涉嫌犯罪案件的立案监督、批捕、起诉和判决情况。

②联席会议制度。定期召开检察机关、公安机关、监察部门和行政执法机关的联席会议。会议由检察机关、公安机关和整顿和规范市场经济秩序领导小组办公室轮流组织，联席会议之前，由负责组织的部门向其他部门收集这一阶段各自的执法情况、存在的问题及解决问题的对策和建议，整理成文，并作为中心文件讨论。会议中，对属于共性的问题重点讨论，能解决的写入会议纪要，共同执行；不能解决的列入下阶段各部门共同调研的重点，予以坚决解决。

③建立信息共享平台。信息共享平台是实践中探索出的一种解决公安机关、检察机关及时获取涉嫌犯罪案件或案件线索和检察机关及时监督刑事立案的重要手段，它是指行政执法机关、公安机关、检察机关在充分发挥各自职能作用，依托网络建设，加强保密工作的前提下，把案件信息在行政执法部门与公安机关、检察机关之间进行共享的一种工作互动、协调配合机制。它对提升案件管理模式、增强检察机关的侦查监督能力、保障行政执法和刑事司法的公平、公正，具有重要意义。2005年6月，上海市浦东新区人民检察院在全国率先建立了"行政执法与刑事司法信息平台"。该平台不仅将行政执法机关和刑事司法机关相衔接的案件信息纳入到数据库，而且对进入平台的所有案件提供从受理到审判的全过程记录。

（2）案件移送制度

①案件移送程序。行政执法机关对应当向检察机关移送的涉嫌犯罪案件，应当立即指定2名或者2名以上行政执法人员组成专案组专门负责，核实情况后提出移送涉嫌犯罪案件的书面报告，报经本机关正职负责人或者主持工作的负责人审批。行政执法机关正职负责人或者主持工作的负责人应当自接到报告之日起3日内作出批准移送或者不批准移送的决定。决定批准的，应当在24小时内向同级公安机关、人民检察院移送；决定不批准的，应当将不予批准的理由记录在案。向公安机关、检察机关移送涉嫌犯罪案件，行政执法机关应当随附下列材料：涉嫌犯罪案件移送书；涉嫌犯罪案件情况的调查报告；涉案物品清单；有关检验报告或者鉴定意见；其他有关涉嫌犯罪的材料。

②案件受理程序。对于行政执法机关移送检察机关的涉嫌犯罪案件，统一

由人民检察院控告检察部门受理。人民检察院控告检察部门受理行政执法机关移送的涉嫌犯罪案件后，应当登记，并指派2名以上检察人员进行初步审查。人民检察院控告检察部门审查行政执法机关移送的涉嫌犯罪案件，应当根据不同情况，提出移送有关部门的处理意见，3日内报主管副检察长或者检察长批准，并通知移送的行政执法机关：对于不属于检察机关管辖的案件，移送其他有管辖权的机关处理；对于属于检察机关管辖，但不属于本院管辖的案件，移送有管辖权的人民检察院办理；对于属于本院管辖的案件，转本院反贪、渎职侵权检察部门办理。对于性质不明、难以归口办理的案件，可以先由控告检察部门进行必需的调查。对于不属于人民检察院管辖但又必须采取紧急措施的案件，人民检察院控告检察部门在报经主管副检察长或者检察长批准后，应当先采取紧急措施，再行移送。

③案件处理程序。对于行政执法机关移送的涉嫌犯罪案件，人民检察院经审查，认为符合立案条件的，应当及时作出立案决定，并通知移送的行政执法机关。对于行政执法机关移送的涉嫌犯罪案件，人民检察院经审查，认为不符合立案条件的，可以作出不立案决定；对于需要给予有关责任人员行政处分、行政处罚或者没收违法所得的，可以提出检察意见，移送有关主管部门处理，并通知移送的行政执法机关。

④复议程序。对于人民检察院的不立案决定，移送涉嫌犯罪案件的行政执法机关可以在收到不立案决定书后5日内要求作出不立案决定的人民检察院复议。人民检察院刑事申诉检察部门应当指派专人进行审查，并在收到行政执法机关要求复议意见书后7日内作出复议决定。行政执法机关对复议决定不服的，可以在收到人民检察院复议决定书后5日内向上一级人民检察院提请复核。上一级人民检察院应当在收到行政执法机关提请复核意见书后于5日内作出复核决定。对于原不立案决定错误的，应当及时纠正，并通知作出不立案决定的下级人民检察院执行。

（3）案件移送备案制度

行政执法机关在查办案件过程中，对符合刑事追诉标准、涉嫌犯罪的案件，应当制作《涉嫌犯罪案件移送书》，及时将案件向同级公安机关移送，并抄送同级人民检察院。对未能及时移送并已作出行政处罚的涉嫌犯罪案件，行政执法机关应当于作出行政处罚10日以内向同级公安机关、人民检察院抄送《行政处罚决定书》副本，并书面告知相关权利人。

（4）立案监督制度

行政执法机关在依法查处违法行为过程中，发现违法事实涉及的金额、违法事实的情节、违法事实造成的后果等，根据刑法关于破坏社会主义市场经济秩序罪、妨害社会管理秩序罪等罪的规定和最高人民法院、最高人民检察院关于破坏社会主义市场经济秩序罪、妨害社会管理秩序罪等罪的司法解释以及最高人民检察院、公安部关于经济犯罪案件的追诉标准等规定,涉嫌构成犯罪,依法需要追究刑事责任的,必须向公安机关移送。公安机关自接受行政执法机关移送的涉嫌犯罪案件之日起3日内,依照刑法、刑事诉讼法以及最高人民法院、最高人民检察院关于立案标准和公安部关于公安机关办理刑事案件程序的规定,对所移送的案件进行审查。认为有犯罪事实,需要追究刑事责任,依法决定立案的,应当书面通知移送案件的行政执法机关;认为没有犯罪事实,或者犯罪事实显著轻微,不需要追究刑事责任,依法不予立案的,应当说明理由,并书面通知移送案件的行政执法机关,相应退回案卷材料。行政执法机关接到公安机关不予立案的通知书后,认为依法应当由公安机关决定立案的,可以自接到不予立案通知书之日起3日内,提请作出不予立案决定的公安机关复议,移送案件的行政执法机关对公安机关不予立案的复议决定仍有异议的,自收到复议决定通知书之日起3日内建议人民检察院依法进行立案监督。行政执法机关也可以不复议而建议人民检察院依法进行立案监督。人民检察院接到行政执法机关提出的对涉嫌犯罪案件进行立案监督的建议后,应当要求公安机关说明不立案理由,公安机关应当在7日以内向人民检察院作出书面说明。对公安机关的说明,人民检察院应当进行审查,必要时可以进行调查,认为公安机关不立案理由成立的,应当将审查结论书面告知提出立案监督建议的行政执法机关;认为公安机关不立案理由不能成立的,应当通知公安机关立案。公安机关接到立案通知书后应当在5日内立案,同时将立案决定书送达人民检察院,并书面告知行政执法机关。对立案后久侦不结的案件,检察机关有权督促;在审查批准逮捕过程中,必要的时候,人民检察院可以派人参加公安机关对于重大案件的讨论,协助公安机关及时侦结案件。

(5) 案件移送督促制度

案件移送督促主要包括以下方式:

①发出检察意见。人民检察院对行政执法机关不移送涉嫌犯罪案件,具有下列情形之一的,可以提出检察意见,以督促行政执法机关移送涉嫌犯罪案件:(a) 检察机关发现行政执法机关应当移送的涉嫌犯罪案件而不移送的;(b) 有关单位和个人举报的行政执法机关应当移送的涉嫌犯罪案件而不移送的;(c) 隐匿、销毁涉案物品或者私分涉案财物的;(d) 以行政处罚代替刑事追究而不移送的。

②提出移送的书面意见。人民检察院接到控告、举报或者发现行政执法机关不移送涉嫌犯罪案件,经审查或者调查后认为情况基本属实的,可以向行政

执法机关查询案件情况、要求行政执法机关提供有关案件材料或者派员查阅案卷材料，行政执法机关应当配合。确属应当移送公安机关而不移送的，人民检察院应当向行政执法机关提出移送的书面意见，行政执法机关应当移送。

(6) 协同工作机制

协同工作机制是指行政执法机关与司法机关认真贯彻中央整顿和规范市场经济秩序有关会议精神，根据职能分工，打破行政执法机关与司法机关之间的工作界限，建立符合现行执法与司法要求，安全性高、实用性强、跨部门、跨平台的协同工作机制。该机制主要包括互设联络员、开展学习交流、执法司法合作等内容。比如检察机关对于行政执法机关、公安机关办理的涉嫌破坏市场经济秩序的重大案件，可以派员提前介入，也可以根据行政执法机关、公安机关的要求参加案件的讨论。对于公安机关提请审查批捕的案件，检察机关审查后认为证据不足的，在作出不批准逮捕决定时，应当列出补充侦查提纲，引导侦查。行政执法、公安、检察机关在案件查询、检验、鉴定等工作中密切配合、相互协作。对于需要保存或固定的涉案物品等证据，行政执法机关应妥善保存或固定，公安机关立案侦查后，依法移交公安机关管理。对于需要检验、鉴定的涉案物品，由立案侦查的公安机关委托法定机构负责检验、鉴定，行政执法机关配合公安机关做好检验、鉴定工作等。

(7) 重大案件介入机制

对重大、有影响的涉嫌犯罪案件，人民检察院可以根据公安机关的请求派员介入公安机关的侦查，参加案件讨论，审查相关案件材料，提出取证建议，并对侦查活动实施法律监督。

3. 评论与分析

(1) "两法衔接" 机制的成效

前述四个文件的出台，为我国衔接机制建设的初始阶段提供了依据。中央各部门之间及各地据此纷纷制定适用于相关领域及本地区的衔接机制文件。目前，衔接机制已在全国范围内初步建立，在促进依法行政、规范执法行为、查处经济违法犯罪案件等方面发挥着显著的推动作用。衔接机制建设的成效主要体现在：一是信息共享机制初步形成。许多省市都建立了各个层次的信息共享网络平台，用于网上移送、办理案件及流程跟踪监督。二是协助配合制度日趋成熟。各地公安、检察机关与行政执法机关之间逐渐形成了一些有效的联络形式和协助手段。就联络形式来看，主要表现为"三固定"，即固定机构（如公安联络室）、固定人员（如联络员）、固定会议（如联席会议）。就工作手段来看，主要表现为联合执法、提前介入、相互培训等形式。三是法律监督力度不断加大。检察机关将行政执法机关移送涉罪案件活动纳入法律监督范围，通过备案审查、不定期走访、调查、阅卷、网上监督等形式进行法律监督。① 上述成效的集中反映是，近年来国家查处经济犯罪案件数量持续增加。

(2) "两法衔接"机制的不足

行政执法与刑事司法衔接工作机制还存在如下突出问题与不足：

第一，"有案不移"、"以罚代刑"的问题依然突出。从近年办案情况看，尽管经济违法犯罪案件发案数逐年增长，行政执法机关查处的案件也在增加，检察机关监督力度逐步加大，但经行政执法机关移送而进入刑事诉讼程序予以处理的案件比例较低。据全国"打击侵犯知识产权和制售假冒伪劣商品专项行动"领导小组办公室统计，专项行动期间，行政执法机关共立案155948起，移送司法机关1702起，移送率仅为1.1%，这与相关领域犯罪案件多发的现状明显不符。最高人民检察院、公安部、监察部、商务部自2010年10月至2011年12月联合开展了"对行政执法机关移送涉嫌犯罪案件专项监督活动"。根据湖南省人民检察院就该专项监督活动所进行的调研显示：2008年以来，湖南省各级行政执法机关共立案查处各类行政处罚案件323526件，作出行政处罚316891件，向公安机关移送涉嫌犯罪案件4179件，移送率为1.29%；湖南省各级行政执法机关共向公安机关移送涉嫌犯罪的4179件案件中，公安机关立案2070件，移送后立案率为49.53%。② 根据四川省人民检察院对该专项监督活动的调研，2008—2010年四川省公安机关对行政执法机关移送的案件共立案1388件，在公安机关立案侦查的1388件1937人中，提起公诉737件1182人，占立案数的53.1%和61.2%，即近40%的犯罪嫌疑人在立案后没有进入公诉和审判环节。③

第二，信息共享机制运行不畅。虽然通过情况信息通报制度，使得公安机关、检察机关与行政执法机关之间的信息互通，公安机关、检察机关在一定程度上可以了解和掌握行政执法机关可能移送案件的情况。然而，信息共享平台及联席会议制度的运行却存在较大问题。

信息共享平台建设的问题主要表现为：一是多数地方尚未建立信息共享机制。建立信息共享机制，需要各级政府主导并给予一定财力支持。由于全国整规办撤销，目前这项工作缺少主要牵头部门，单靠检察机关一家推动困难重

---

① 喻建立：《行政执法与刑事司法衔接工作经验交流会综述》，载《人民检察》2009年第12期。

② 数据来源于湖南省人民检察院侦查监督处：《关于开展"对行政执法机关移送涉嫌犯罪案件专项监督活动"的情况汇报》。

③ 数据来源于四川省人民检察院侦查监督处：《四川省检察机关2008—2011年5月"两法衔接"工作情况调研报告》。

重。① 二是在已经建立的信息共享平台中,录入案件范围是该机制的核心问题。然而,信息共享平台设计时录入案件范围只有涉嫌犯罪案件,这很可能导致许多行政执法部门在录入案件时存在主观臆断性,让某些涉嫌犯罪案件逃离公安、检察机关的视线。实际上,在许多地方,信息共享平台录入案件已流于形式。②

联席会议存在的问题主要表现为:一是联席会议的牵头部门不统一。2011年中共中央办公厅、国务院办公厅《转发国务院法制办等部门〈关于加强行政执法与刑事司法衔接工作的意见〉的通知》,要求"各地要根据实际情况,确定行政执法与刑事司法衔接工作牵头单位"。实践中,有的地方由法制办牵头,有的地方由商务部门牵头,有的地方由检察机关牵头,有的地方由监察部门牵头,有的地方由公安机关牵头。由于牵头部门不统一,导致联席会议难以顺利召开。二是牵头部门没有根据联席会议的类型确定参会部门,这种僵化的参会成员部门模式,不仅可能影响整体政策的贯彻与落实,而且可能造成不必要的资源浪费。三是联席会议参与部门无相关制度约束,完全依据部门自身需要参与,不利于形成打击违法犯罪的整体合力。③

第三,行政执法与刑事司法之间的程序衔接不畅。"两法衔接"机制建设的重心是行政执法与刑事司法程序衔接机制的建设。然而,行政执法与刑事司法之间的程序衔接不畅,主要体现在以下两个方面:④

一是移送与接收案件的程序不明确。行政机关在移送案件时,经常会由于移送的程序不明确,如关于移送案件的标准、移送的期限、不依法移送和不依法接收移送的法律责任等,而无所适从;与此对应的是,公安机关、检察机关在接收案件时,由于程序规定不明确,如检察机关内部应由何部门进行接收、接收的程序、反馈机制,以及接收后认为不应当接收等各种情况该如何处理等问题,也无所适从。

二是对于证据衔接的程序问题。在行政执法的处罚证据与刑事诉讼证据衔接和转化上均存在一些障碍,这一障碍导致行政执法部门与公安机关在移送过程中出现分歧而相互扯皮。一方面,检察机关按照刑事司法的要求反复要求行政执法部门补充证据,行政执法部门认为案件移送后与己无关,在一定程度上

---

① 元明:《行政执法与刑事司法相衔接的理论与实践》,载《人民检察》2011年第12期。
② 甄珍、申飞飞:《行政执法与刑事司法衔接机制刍议》,载《人民检察》2011年第15期。
③ 参见甄珍、申飞飞:《行政执法与刑事司法衔接机制刍议》,载《人民检察》2011年第15期。
④ 张彩荣、母光栋:《浅析行政执法与刑事司法衔接中的证据转换》,载《中国检察官杂志》2006年第12期;刘远、汪雷、赵玮:《行政执法与刑事执法衔接机制立法完善研究》,载《政法论丛》2006年第5期。

影响了部分行政执法部门移送案件的热情。另一方面，公安机关接收移送的案件，常因其与检察机关、审判机关在证据要求上存在不一致的观点，有些案件多次被退回补充侦查，迫使公安机关对行政执法部门移送的案件实行高门槛，从而出现移送的案件不符合公安机关的要求就不予接收的现象，在一定程度上也影响了行政执法部门移送案件的积极性。①

第四，检察机关监督乏力。检察机关监督权的有效行使是保障"两法衔接"机制顺利运行的重要措施。但是，检察机关对行政执法机关执法过程的监督乏力，具体表现在以下两个方面②：

一是监督手段不力。检察机关在履行法律监督职能过程中发现行政执法机关违法处理涉嫌犯罪案件，只能发出检察建议或将自己掌握的情况移送给有管辖权的公安机关，其监督手段比较软弱，缺乏刚性和力度。只有当情节严重时，才能依据《刑法》第402条，以"徇私舞弊不移交刑事案件罪"对行政机关执法人员进行处理。而这样的案例在实践中并不多见。

二是检察人员的法律专业水平还达不到履行法律监督职能的要求。目前，我国检察机关的法律监督权主要限于诉讼领域，从三大诉讼法颁行，到行政执法与刑事司法衔接机制建立前，检察监督基本还没有涉及到行政执法领域，对广泛的行政执法机关在行使行政执法权过程中存在的"以罚代刑"现象，检察人员在知识储备、思想认识、办案技能等方面均显得力不从心。

4. 进一步完善"两法衔接"机制的建议

"两法衔接"机制之所以存在上述问题与不足，笔者认为主要有以下四个方面原因：一是行政法与刑事法律规定不能有效衔接、"两法衔接"规范立法位阶低、现有的规范性文件比较原则，影响了"两法衔接"的效力和效率。二是行政执法部门利益化以及经济犯罪案件侦查模式导致案件移送困难。三是我国行政执法检察监督的现行模式限制了"两法衔接"的深入推进。四是由于对行政执法机关移送涉嫌犯罪案件是否必须遵循"一事不再罚"、"刑事先理"原则以及行政证据能否与刑事诉讼证据相衔接等理论问题存在认识上的分歧，导致行政执法与刑事司法之间衔接不畅。基于行政机关、公安机关及检察机关在"两法衔接"的现有规定、已取得的成效及经验，应当从以下几个方面推进"两法衔接"工作，完善我国的刑事侦查机制和行政执法检察监督

---

① 参见王敏远、郭华：《行政执法与刑事司法衔接问题实证研究》，载《国家检察官学院学报》2009年第1期。

② 李建国：《"四法"完善行政执法与刑事司法衔接机制》，载《检察日报》2007年7月30日；陈宝富、陈邦达：《行政执法与刑事司法衔接中检察监督的必要性》，载《法学》2008年第9期；王敏远、郭华：《行政执法与刑事司法衔接问题实证研究》，载《国家检察官学院学报》2009年第1期。

机制。

(1) 完善法律法规，为"两法衔接"提供立法保障

立法完善是行政执法与刑事司法衔接机制的根本保证。由于行政执法与刑事司法的衔接跨越了行政和司法两个领域，规范的是行政执法机关与刑事司法机关如何衔接的问题，属于权力运行、制度架构等国家基本制度范畴，根据《立法法》第8条、第9条的规定，必须制定法律予以规范。唯有如此，才能保证行政执法与刑事司法衔接的法律效力，从而从根本上解决行政执法与刑事司法的有效衔接。

完善行政法与刑事法律，使行政法与刑事法律规定无缝衔接。首先，完善现行行政法律法规，使其所规定的可能构成犯罪的情形与刑事法律可以对应。近年来，我国通过行政立法已初步构建了市场经济的法律体系，部门行政法已涉及了社会关系的各个方面，如经济、财税、治安、教育卫生、文化出版、农林、环境与资源等，但是，大量行政违法行为在法律上止于行政法律法规，现有的行政法律中对于行政违法设置了许多处罚措施，然而，对于涉及犯罪行为的却很少涉及，即使有所提及，也是一般原则性地规定为"构成犯罪的，依法追究刑事责任"，但是，刑法中并没有合适的罪名或罪状与之对应。其次，完善刑法的相关规定，使行政法规定的行政责任和刑事责任之间形成过渡和衔接关系，改变目前刑事处罚与行政处罚截然分开的状况。

(2) 进一步修改刑事诉讼法和相关司法解释，使行政执法与刑事司法之间衔接顺畅

一是确立检察机关对行政执法行为的监督权。1954年《宪法》和1954年《人民检察院组织法》对检察机关一般监督权的规定，面面俱到，缺乏可操作性。1982年《宪法》对检察机关的监督权限没有再作列举式规定，只是原则上规定其为法律监督机关，而据此制定的1979年《人民检察院组织法》则大大限缩了法律监督的范围，尤其是将监督行政机关的内容完全删去，又矫枉过正。适当扩大检察机关法律监督范围，赋予检察机关监督行政执法之职权的需要，早在20世纪90年代就已显现。当时有学者批评道："检察监督那种消极、被动的、羞羞答答的运作状况已引起社会民众的不满。"① 2006年5月发布的《中共中央关于进一步加强人民法院、人民检察院工作的决定》指出，各级行政机关要增强依法行政观念，尊重和服从司法审判和检察。可见，赋予检察机关监督行政执法之职权，势在必行。笔者建议除了在《宪法》和《人民检察

---

① 章剑生：《论影响实现行政诉讼价值目标的法律机制及其对策析》，载《法律科学》1996年第2期。

院组织法》中确立检察机关对行政执法行为的监督权外，在刑事诉讼法总则部分明确检察机关对行政执法部门的监督权，条文拟定如下："行政执法机关在依法查处违法行为过程中，发现违法事实涉及的金额、违法事实的情节、违法事实造成的后果等，根据刑法及相关司法解释的规定，涉嫌构成犯罪，依法需要追究刑事责任的，必须依照本法向公安机关、人民检察院移送。行政执法机关移送涉嫌犯罪案件，应当接受人民检察院依法实施的监督。任何单位和个人对行政执法机关违反本规定，应当向公安机关移送涉嫌犯罪案件而不移送的，有权向人民检察院举报。"

二是涉嫌犯罪案件移送程序法定化。虽然对行政执法机关移送涉嫌犯罪案件的条件、程序及违反规定应承担的责任已有规定，但是在实践中缺乏实际可操作性。

基于上述理由，笔者建议在刑事诉讼法"立案"一章增加以下内容：其一是行政执法机关移送涉嫌犯罪案件的程序。其二是规范公安机关受理和办理移送涉嫌犯罪案件的程序。其三是完善检察机关对行政执法机关移送涉嫌犯罪案件的监督权。完善检察机关对行政执法机关移送涉嫌犯罪案件的监督权主要体现为，赋予检察机关对行政执法机关行政处罚结果的查询权和行政处罚依据的质询权，以及对行政处罚是否合法的适度调查权。条文拟定如下：人民检察院接到控告、举报或者发现行政执法机关不移送涉嫌犯罪案件，经审查或者调查后认为情况基本属实的，应当向行政执法机关查询案件情况、要求行政执法机关提供有关案件材料或者派员查阅案卷材料，行政执法机关应当配合。确属应当移送公安机关而不移送的，人民检察院应当向行政执法机关发出《移送案件通知书》，行政执法机关应当在接到《移送案件通知书》后7日内移送。对重大复杂案件，人民检察院可以询问有关当事人或者知情人，查阅、调取或者复制相关法律文书或者报案登记材料、案卷材料、罪犯改造材料，对受害人可以进行伤情检查，但是不得限制被调查人的人身自由或者财产权利。

三是确立行政执法机关依法获取的证据的运用规则。在行政执法与刑事司法衔接机制中，证据如何转化和使用是一个很重要的问题，因为行政执法机关移送涉嫌犯罪的案件往往会涉及随案移送的证据如何使用，而现有规定没有对此方面作出明确规定，实践中争议也较大，因此有必要对在行政执法过程中形成的证据进入到司法程序后的地位及证据证明规则作出明确规定。修改后刑事诉讼法第52条第2款规定："行政机关在行政执法和查办案件过程中收集的物证、书证、视听资料、电子数据等证据材料，在刑事诉讼中可以作为证据使用。"此款规定可以看作是立法对刑事与行政执法相衔接机制的一个肯定。但是，此款规定还有待完善，其中很重要的一个问题是没有回答行政机关收集的言词证据是否可以作为刑事诉讼中的证据使用。对此笔者建议,在相关机关作司法解释的时候,可以将该款规定作如下解释:"行政机关在行政执法过程中收集的物证、书证、视听资料、电子证据等实物证据,经过司法机关核实,可以作为定案的证据使用。行政机关在执法过程中制作的调查笔录、谈话笔录、询问笔录,以及行政相对人的陈述笔录等言词证据,侦查人员、检察人员必须重新制作或收集,但确因有不可抗拒原因无法重新收集的,经与其他证据印证属实,可以作为定案的证据。但是行政机关严重违反法定程序收集的证据材料,不得作为定案的根据。"

(3) 重构经济犯罪案件侦查模式

如前所述,行政执法与刑事司法衔接机制始于打击破坏经济秩序犯罪的实践。我国目前侦查经济犯罪案件的模式是一种单一、独立的侦查模式。这种模式直接导致两个弊端:一是侦查人员专业素质难以适应经济犯罪案件侦查的要求。由于经济案件涉及工商、税务、金融、保险、知识产权、食品药品安全等众多领域,侦查人员的专业素质不仅要求其掌握侦查工作的基本规律,而且需要具有较高的侦查能力和侦查技巧,但从目前实践看,侦查人员对经济犯罪侦查相关的法律理论和经济知识储备尚不足。侦办中临阵磨枪,不得要领,发现不了深层次的问题。二是独立的侦查程序使得检察机关难以与经济监管机构进行有效的配合。在我国,为了保证国家经济的依法有序运行,国家建立起了一套经济监管体系。这些监督管理机构处于经济活动的最前沿,在日常的监管和行政执法工作中,能全面了解经济领域的违法犯罪情况及特点,熟悉相关的业务知识和法律政策。如果这些机关与检察机关直接衔接,可以充分发挥专业与法律结合的优势,提高办案效率,保证指控的成功率。但现有侦查模式中,侦查是经济犯罪案件在诉讼中的必经程序,可能的优势被侦查程序分割成两个互不相干的阶段。监管机构发现的犯罪嫌疑只能按规定移送侦查机关,检察机关对案件审查后,如果需要补充侦查,除非特殊原因自行补充,受人力限制,只能退回侦查机关补充侦查。由此,侦查机关往往演化成经济监管机构与检察机关之间的"二传手",除了在实施强制措施等技术性手段时发挥自身作用外,对案件证据的收集和犯罪事实的查证作用不大,不但不利于形成指控优势,而且增加了诉讼成本,延长了诉讼时间,不利于保护犯罪嫌疑人的诉讼权利。① 显然,侦查主体的单一性和侦查程序的独立性割裂了检察机关与经济监管机构的联系,限制了我国打击经济犯罪的有效性和及时性,加剧了行政执法与刑事

---

① 参见李江海:《经济犯罪侦查模式之完善》,载《经纪人学报》2005年第1期;马冬江:《当前经济犯罪趋向模式及侦查对策研究》,载《上海公安高等专科学校学报》2008年第4期。

执法之间的"断裂"。不仅如此,由于我国行政执法强制手段的有限性,使大量经济管理领域的犯罪线索无法及时发现,从而无法进入刑事司法程序予以惩治。

当前,其他国家在经济犯罪的侦查上形成了多种模式,虽然这些模式各具特色,但也有共同之处:一是在侦查的领导体制上保持侦查机关的独立性。侦查机关具有一定的侦查独立性是侦查有效的基本保证,因而得到了许多国家的肯定,例如在英国,负责侦查经济犯罪的反重大欺诈调查局,不仅独立于检察机关,而且独立于警察机关。又如在新加坡,其廉政公署也独立于检察机关,直接隶属于行政长官和政府首长等。侦查机关的这种独立的领导体制,可以有效排除外界对侦查活动的干预。二是在侦查主体上注重行业、专业之间的有效配合。发挥各专业优势是侦查经济犯罪的客观需要,各国都认识到其重要性,例如在英国,其反重大欺诈犯罪调查局的组成人员包括各专业人员,如律师、警察、经济专家等;在日本,其对经济犯罪的侦查程序,要求行政机关的调查人员、警察机关的警察与检察机关的检察官进行密切合作。三是在侦查程序上注重侦查效率。侦查效率是侦破经济案件的有效保证,各国都十分注重侦查效率的提高。例如在日本,为了提高经济犯罪案件的侦查效率,行政机关进行调查后,可以不经过警察机关的侦查,直接移送检察机关。在美国,经济犯罪案件由检察官负责,检察官集侦查、起诉于一体,也是为了提高诉讼效率。笔者认为,可以结合我国实际,借鉴上述国家的做法,调整经济犯罪的侦查模式,将诸如洗钱犯罪、侵犯知识产权犯罪、金融诈骗犯罪等专业性或行业性很强,且其监管机构已具备证据收集能力的案件交由监管机构侦查,同时赋予其一定的调查取证权,满足其侦查犯罪的需要。

(4)完善"两法衔接"的工作机制

第一,建立和完善信息共享平台。一是规范平台的建立顺序。信息共享平台的建设应加强顶层设计,由省级政府、省政法委、省检察院、省公安厅、省法院、省纪检等部门联合制定信息共享平台的建设方案,进行集中统一部署或者逐步推进。目前,已经建成三级"两法衔接"平台的四川、福建、广西、河南等省份均采用此模式。① 二是规范和拓展平台联网单位,将涉及行政处

---

① 福建省"两法衔接"信息共享平台于2013年底建成,覆盖省、市、县三级。该平台依托福建省政府电子政务网和云计算平台,福建全省各级检察机关、纪检监察机关、公安机关、行政执法机关按照各自权限统一在省级平台上进行网上移送、网上受理、网上监督,实现全省行政执法和刑事司法信息互联互通。广西省"两法衔接"平台采取省、市、县三级集中部署模式建设,机房设置在省检察院,与"行政权力依法规范公开运行平台"数据对接,各用户单位通过电子政务外网,以B/S方式访问并使用系统平台。

罚、公共安全、民生保障等领域的行政执法单位纳入平台。三是完善移送案件标准和程序，建立司法机关与行政执法机关的信息共享、案情通报、案件移送制度，明确信息共享范围、录入时限、案件上网标准、上网信息内容。四是建立责任追究机制和监督考核工作制度。将平台的规范应用纳入绩效考察范围，定期组织相关职能部门开展联合检查。①

第二，完善"两法衔接"联席会议制度。关于牵头部门的构成，有学者提出应当具备三个条件：一是牵头部门应是两个部门，而且行政执法部门与刑事司法部门各一个；二是牵头部门应在所属执法领域具有较高权威；三是牵头部门应当具有行使权力的积极性。据此，应由监察部门和检察部门来负责牵头。② 笔者赞同这一说法。联席会议的召开应坚持定期与不定期两种形式。同时，召开不同的联席会议，可以邀请不同部门的人员参加。其中，定期会议一般是研究和落实本地方或上级部门的有关重大部署、向各部门汇报有关情况或者听取各部门的阶段性工作、总结前一阶段的工作经验或者研究制定下一阶段的工作等。由于定期会议涉及各方面的工作，因而所有成员部门都应当参加。定期会议可以一季度召开一次，不宜召开过多。不定期会议主要为了解决临时性重大案件或者突发事件，需要协调各方面的工作。因此，参加不定期会议人员主要是与重大案件或者突发事件有关的一些部门领导，只要有这些问题出现，就应当及时召开不定期会议。无论是定期会议，还是不定期会议，都应当由部门有关负责人参加，以保证会议的精神得到有效落实。

---

① 实践证明，这一做法是行之有效的。2014年，内蒙古鄂尔多斯市检察院全力促成市委市政府下发了《贯彻内蒙古自治区关于加强行政执法与刑事司法衔接工作的实施意见的通知》，明确要求"行政执法单位必须将所有行政处罚案件及时录入'两法衔接'信息共享平台"，"'两法衔接'工作纳入市委市政府对旗区及市直部门领导班子年度考核体系"，收到了明显成效。截至2014年底，全市"两法衔接"平台成员单位已达379个，两级行政执法单位共录入行政处罚案件8112件，是前4年总和的3.2倍；通过平台向公安机关移送涉嫌犯罪线索139件，立案77件，是前4年总和的1.8倍。

② 张福森：《浅析行刑衔接联席会议中的牵头部门》，载《检察日报》2010年12月8日。

第四章 附条件不起诉与量刑建议

从整个刑事诉讼程序来看，起诉上承侦查，下启审判，构建更为合理而符合国情的起诉制度既为司法实践所必需，也是促进我国刑事司法进一步法治化的必由之路。近些年，基于更好地履行起诉职能的考虑，各地检察机关不断推陈出新，积极探索完善起诉制度的崭新路径，创生出诸如附条件不起诉、量刑建议等改革措施，有力地回应了司法实践的需求。

一、附条件不起诉

不起诉制度是公诉制度的重要组成部分，也是检察机关行使公诉裁量权的重要表现。近年来，随着社会的文明进步和公众人权保障意识的不断提高，促进了我国的司法改革，并满足了社会对司法公正的需求。在我国司法改革中，优化职权配置和有效监督制约国家权力是其中的一项重要内容。在检察改革中，为了优化检察机关公诉权的配置和有效制约公诉权的行使，保证公诉权的正确行使，我国检察机关对不起诉制度进行了改革探索，主要集中在附条件不起诉制度上。

（一）改革缘起

在我国，随着社会转型和经济的发展，社会各方面的矛盾日益突出，犯罪率不断上升。在司法实践中，案件不断增多，办案压力越来越大，尽管1996年刑事诉讼法规定了三种不起诉方式，但实践中适用不起诉决定的案件比例非常低，导致不起诉的制度效用无法得到充分发挥。据有关方面统计，1997年不起诉人数占审查起诉案件总人数的4.2%，1998年则为2.5%，其后若干年来一直都在2%—3%之间徘徊。[①] 而从我国的审判实践情况看，相当一部分案件被法院宣告无罪或者被判处拘役、管制、免予刑事处罚或单处附加刑。据统

[①] 陈光中、汉斯·约格阿尔布莱希特主编：《中德不起诉制度比较研究》，中国检察出版社2002年版，第168页。

计，2002—2005 年间，每年生效判决宣告无罪、判处免刑、拘役、缓刑、管制、单处附加刑的人数占当年生效判决所涉被告人总数的比例在 35.52%—45.15% 之间。① 这一事实表明，在审查起诉阶段不起诉有着很大的适用空间。

基于实践的情况，为了解决案多人少、司法资源有限的矛盾，提高办案效率，我国检察机关在实践中就不起诉制度的改革进行了有益探索。早在 1992 年，上海市长宁区人民检察院就采取"诉前考察"的形式，对一名涉嫌盗窃的 16 岁的未成年犯罪嫌疑人进行延期起诉，考察期为 3 个月。之后，湖北省武汉市江岸区人民检察院、河北省石家庄市长安区人民检察院、江苏省南京市江浦区人民检察院等，也先后探索试行这一类似裁量不起诉方式。由于这一不起诉方式主要针对未成年人，能够得到社会各界的理解和支持，也符合世界不起诉制度改革的发展趋势，因而很快在全国范围内得到许多检察机关的效仿，如河南省登封市检察机关 2003 年就对 19 人作出了暂缓起诉的决定。② 2004 年，为了配合刑事诉讼法修改，就有人组织刑事诉讼法再修改专家建议稿与论证课题组，开始研究不起诉制度的改革，当时学者们普遍主张借鉴外国经验，确立暂缓起诉制度，但在称谓问题上产生了争议。清华大学的张建伟教授提出，无论叫暂缓起诉或者起诉犹豫，或者叫美国的审判分流，都不够准确，而叫"附条件不起诉"的名称要更好一些③。此名称一经提出，就得到了多数法学专家的认可。

2006 年 10 月 11 日，中共中央十六届六中全会通过的《中共中央关于构建社会主义和谐社会若干重大问题的决定》提出："实施宽严相济的刑事司法政策，改革未成年人司法制度"。2006 年 11 月召开的全国政法工作会议要求，"在和谐社会建设中，各级政法机关要善于运用宽严相济的刑事司法政策，最大限度地遏制、预防和减少犯罪"。2008 年中央启动了最新一轮的司法改革，申明了"宽严相济"的刑事政策，明确提出对轻微犯罪和未成年人犯罪实行

---

①

年份	人数	宣告无罪	免予处罚	判处拘役	判处缓刑	判处管制	单处附加刑	所占比例
2002	706707	4935	11266	45438	117278	9994	1212	35.52%
2003	747096	4835	11906	53092	134927	11508	14275	38.73%
2004	767951	2292	12345	59472	154429	12553	17611	42.82%
2005	844717	2162	13317	64676	184366	14604	19575	45.15%

以上数据来源于 2003—2006 年《中国法律年鉴》公布的有关统计资料。
② 孙力主编：《暂缓起诉制度研究》，中国检察出版社 2009 年版，第 180 页。
③ 陈光中：《不起诉制度改革与完善专题——关于附条件不起诉问题的思考》，载《人民检察》2007 年第 24 期。

宽缓挽救的处理方针。最高人民检察院在《关于在检察工作中贯彻宽严相济刑事司法政策的若干意见》中也指出："检察机关在批捕、起诉等各项工作中，都要根据案件情况，做到该严则严，当宽则宽，宽严适度。"

2009年2月，为了贯彻宽严相济的刑事政策，根据中央新的司法改革的意见与精神，最高人民检察院在总结各地检察机关有关不起诉改革探索实践的基础上，下发了《关于深化检察改革2009—2012年工作规划》，明确提出要依法建立附条件不起诉制度。至此，附条件不起诉这一名称正式进入司法改革的视野，并成为司法改革的重要组成部分。

（二）改革的历程和内容

在我国，关于附条件不起诉制度的改革探索，最早是从基层检察院开始的，然后得到学术界专家的推崇。由于实践的改革探索取得了较好的社会效果，因而得到了中央司法改革方案和最高人民检察院的认可，成为一项正式的司法改革项目。由此可见，我国附条件不起诉制度的改革走了一条"从地方到中央"的改革道路，呈现出明显的阶段化色彩，并在不同阶段侧重于不同的改革内容。

1. 改革历程

具体来看，附条件不起诉制度的改革探索可以分为三个阶段。

（1）初步探索阶段，即在中央将附条件不起诉作为正式改革项目之前检察机关进行改革探索的阶段

这一阶段从1992年到2008年，其主要内容是对未成年犯罪嫌疑人进行暂缓不起诉处理，并设立一定的考验期。例如，1992年上海市长宁区人民检察院对一名涉嫌盗窃的16岁的未成年犯罪嫌疑人进行暂缓起诉；2000年湖北省武汉市江岸区人民检察院对一名未成年犯罪嫌疑人进行暂缓起诉；2001年河北省石家庄市长安区人民检察院对未成年人的轻微犯罪设定一定的考察期，期满不予起诉；2002年3月，苏州沧浪区人民检察院对一名涉嫌盗窃的在校未成年学生，决定暂缓起诉，考察期为半年，半年后该未成年人未被起诉，最终被某大学录取。2005年5月30日，山西省榆社县人民检察院对两名16岁少年抢劫的案件作出暂缓不起诉决定，确定了一年的考验期限，由公安局、检察院、学校、家长共同签订帮教考察协议书。在一年的考验期限内，两名未成年人没有违法行为，2006年7月20日，榆社县人民检察院对其作出不起诉决定。2006年6月，河南省桐柏县人民检察院对一高中学生因与同学争执持水果刀故意伤害致死同学的案件作出暂缓起诉决定，给予其一年的暂缓起诉考验期。该案后被媒体称为"中国'暂缓起诉首例命案'"。2007年8日，辽宁省

盘锦市双台子区人民检察院对一名涉嫌敲诈勒索的高二学生作出暂缓起诉决定，考验期为一年，在考验期间内，该学生在高考中以优异的成绩被沈阳市某大学录取。2008年10月16日上午，双台子区人民检察院邀请区政法委、区人大代表、人民监督员、学校教师等各界代表，召开了案件终结听证会。同年11月11日，双台子区人民检察院最终对其作出不起诉的决定。

随着时间的推进，部分检察机关对附条件不起诉的探索和适用开始走向规范化，陆续出台了一些有关附条件不起诉的规范性文件。2002年10月，南京市人民检察院出台《检察机关暂缓不起诉试行办法》，要求全市检察机关对轻微犯罪的未成年人，可以作出暂缓不起诉决定。在作出暂缓不起诉决定前，检察机关可以召集由公安局、学校、法学教授及犯罪嫌疑人与被害人家长参加的"暂缓不起诉"听证会，听取各方意见。2003年1月，南京市浦口区人民检察院对一名涉嫌盗窃的大学生，经过听证决定暂缓不起诉，确定了"帮教实施方案"和为期5个月的考察期。

2004年5月21日，北京市海淀区人民检察院、区公安局、区妇联、区团委联合签署了实行暂缓起诉制度协定书，标志着犯罪未成年人的暂缓起诉制度首次在北京实施。该制度的适用对象是未成年人，要求案件犯罪事实清楚、犯罪情节较轻、可能判处3年以下有期徒刑，被暂缓起诉的未成年人有1个月至6个月的考验期，在考验期间内由海淀区人民检察院等共同设立的未成年犯罪嫌疑人帮教委员会负责落实具体的帮教工作。在考验期内，被暂缓起诉的未成年人没有严重违法行为的，则由检察机关撤销暂缓起诉决定，公开宣布对其犯罪不再起诉。

（2）发展推广阶段，即在中央将附条件不起诉作为正式改革项目后各地检察机关进行改革探索的阶段

这一阶段从2009年至2011年8月，适用范围也从未成年人犯罪案件扩大到老年人、在校大学生等其他轻微犯罪案件，检察机关对犯罪嫌疑人不再作暂缓不起诉决定，而是作附条件不起诉决定，并设立一定的考验期限。该阶段的特点是在上一阶段个别地方检察院探索的基础上，各地检察机关纷纷制定相应的规定，并进行大规模的探索试点工作，如山东省、河南省、四川省、江苏省、浙江省、湖南省、吉林省、辽宁省、上海市、重庆市等省市，都进行了附条件不起诉改革的探索。据不完全统计，全国有1/3以上的省市进行了附条件不起诉改革的试点工作，如2010年7月1日，河南省人民检察院通过了《河南省人民检察院关于适用附条件不起诉的规定（试行）》，要求全省各试点基层检察院从2010年8月1日起按照此规定进行试点。

虽然附条件不起诉制度已被正式提上立法日程，但对于立法应当如何规定

等问题,理论界和实务界并未达成共识,因而各地检察院在进行改革探索时,围绕这些问题进行了有益的探索,如湖南省长沙市人民检察院在附条件不起诉决定作出前,探索了公开听证程序;山东平阴县人民检察院在附条件不起诉决定作出后,引入了人民监督员对其进行监督的机制;四川广安市人民检察院在附条件不起诉探索中,建立了被附条件不起诉人帮教基地;南京市浦口区人民检察院为了对被附条件不起诉人进行有效的考察监督,成立了"大学生预防犯罪中心"的帮教组织;宁波市北仑区人民检察院在作出附条件不起诉决定前,要求必须经过检委会两次讨论,且整个讨论过程均要进行同步录音录像。同时,在附条件不起诉决定作出后,对被附条件不起诉人进行两方面的帮教:一是检察机关与共青团、志愿者协会、老年协会等协商,安排其参加社会公益活动,如做交警协管或者到社区、敬老院、慈善机构等作义工;二是在考察期内被附条件不起诉人必须定期提交思想汇报,在考察期满时还需要其所在单位、学校、社区出具书面材料等。

从各地的改革试点情况看,附条件不起诉都取得了较好的社会效果和法律效果,得到了社会各界的认可和支持。例如,2009年4月,山东省莱西市人民检察院对一名因复制学习资料和同学发生口角,拿水果刀将同学捅成重伤的19岁的高中生作出附条件不起诉决定,并设立9个月的跟踪考察期。在考察期限内,该学生没有违法行为,并在高考中以优异的成绩被济宁某高校录取。又如2010年5月,浙江省宁波市北仑区人民检察院对一名因大意将违章骑车的王女士当场撞亡的卡车司机作出附条件不起诉决定,因为王女士负事故全部责任,司机又有悔罪表现,多次登门向死者家属道歉,并通过筹钱赔偿了死者家属60余万元(该司机月工资只有4000元),得到了死者家属的谅解,并要求检察机关对该司机从轻处理。检察机关对其作出附条件不起诉后,取得了较好的社会效果。

(3)立法确认阶段,即全国人大以立法的形式将各地检察机关有关附条件不起诉改革探索的经验予以确认的阶段

这一阶段从2011年8月15日全国人大常委会委员长会议提请审议《刑事诉讼法修正案(草案)》的议案到2012年3月14日第十一届全国人民代表大会第五次会议审议通过《关于修改〈中华人民共和国刑事诉讼法〉的决定》。修改后的刑事诉讼法第271条至第273条对附条件不起诉制度作出了明确规定。具体内容如下:

刑事诉讼法第271条规定:"对于未成年人涉嫌刑法分则第四章、第五章、第六章规定的犯罪,可能判处一年有期徒刑以下刑罚,符合起诉条件,但有悔罪表现的,人民检察院可以作出附条件不起诉的决定。人民检察院在作出

附条件不起诉的决定以前,应当听取公安机关、被害人的意见。

对附条件不起诉的决定,公安机关要求复议、提请复核或者被害人申诉的,适用本法第一百七十五条、第一百七十六条的规定。

未成年犯罪嫌疑人及其法定代理人对人民检察院决定附条件不起诉有异议的,人民检察院应当作出起诉的决定。"

刑事诉讼法第272条规定:"在附条件不起诉的考验期内,由人民检察院对被附条件不起诉的未成年犯罪嫌疑人进行监督考察。未成年犯罪嫌疑人的监护人,应当对未成年犯罪嫌疑人加强管教,配合人民检察院做好监督考察工作。

附条件不起诉的考验期为六个月以上一年以下,从人民检察院作出附条件不起诉的决定之日起计算。

被附条件不起诉的未成年犯罪嫌疑人,应当遵守下列规定:

(一)遵守法律法规,服从监督;

(二)按照考察机关的规定报告自己的活动情况;

(三)离开所居住的市、县或者迁居,应当报经考察机关批准;

(四)按照考察机关的要求接受矫治和教育。"

刑事诉讼法第273条规定:"被附条件不起诉的未成年犯罪嫌疑人,在考验期内有下列情形之一的,人民检察院应当撤销附条件不起诉的决定,提起公诉:

(一)实施新的犯罪或者发现决定附条件不起诉以前还有其他犯罪需要追诉的;

(二)违反治安管理规定或者考察机关有关附条件不起诉的监督管理规定,情节严重的。

被附条件不起诉的未成年犯罪嫌疑人,在考验期内没有上述情形,考验期满的,人民检察院应当作出不起诉的决定。"

从上述我国实践改革探索来看,各地检察机关对附条件不起诉制度涉及的许多内容都进行了改革探索,并提出或者设计出了多个改革方案,这对合理构建我国的附条件不起诉制度具有重要的参考价值。刑事诉讼法的修改在充分肯定附条件不起诉实践改革探索的基础上,从司法实际出发,吸收了司法改革的部分内容,对附条件不起诉制度作出了明确规定,为附条件不起诉的实施创设了良好的制度平台。

2. 改革内容

从当前情况来看,我国对附条件不起诉制度的改革探索和立法内容主要涉及附条件不起诉的案件适用范围、决定程序、所附条件范围、考验期限、法律效力和救济程序六个方面的问题。

(1) 案件适用范围

所谓附条件不起诉的案件适用范围,是指检察机关对哪些犯罪案件可以适用附条件不起诉决定。这是建立附条件不起诉制度必须首先要解决的问题。关于附条件不起诉的案件适用范围问题,司法实践改革探索中设计了以下两个方案。

方案一:对未成年人的轻微犯罪案件,检察机关可以适用附条件不起诉。即只有对于可能判处3年以下有期徒刑、拘役、管制和罚金刑的未成年人轻微刑事案件,检察机关才能适用附条件不起诉。例如,北京市海淀区人民检察院在改革探索中,只对轻微犯罪的未成年人适用附条件不起诉。[①] 因为附条件不起诉本质上是一种不起诉,只是检察机关在作出不起诉时附加了一定的条件,所以附条件不起诉只能适用于一些轻罪案件,即对于可能判处3年以下有期徒刑、拘役、管制和罚金刑的轻微刑事案件,检察机关才能适用附条件不起诉。[②] 我国学者也认为,"对于可能被判处三年以下有期徒刑、拘役、管制、单处罚金的案件",人民检察院经审查,认为虽有追诉必要,但根据犯罪嫌疑人的性格、年龄及境遇、犯罪的轻重及犯罪后的情况,利用非刑罚的方法更有利于维护社会公共利益和被追诉人的利益,经犯罪嫌疑人同意,在要求犯罪嫌疑人履行一定的义务的同时,可以作出不起诉的决定。[③]

方案二:对特殊人员的轻微犯罪案件,检察机关可以适用附条件不起诉。即对未成年人或者在校学生、老年人、严重疾病患者、盲聋哑人或者怀孕、哺乳期的妇女等特殊人员的轻微犯罪案件,检察机关可以适用附条件不起诉。例如,山东省蓬莱市人民检察院将附条件不起诉的案件适用范围规定为:未成年人或者在校学生、老年人、严重疾病患者、盲聋哑人或者怀孕、哺乳期的妇女所涉嫌的犯罪法定最高刑可能为3年以下有期徒刑、管制、拘役、罚金刑的轻微刑事案件。[④]

修改后刑事诉讼法基本上采纳了方案一的内容。修改后的刑事诉讼法第271条第1款规定:"对于未成年人涉嫌刑法分则第四章、第五章、第六章规

---

① 孙力主编:《暂缓起诉制度研究》,中国检察出版社2009年版,第147页。
② 北京市海淀区检察院公诉课题组:《附条件不起诉制度实证研究》,载《国家检察官学院学报》2009年第6期。
③ 陈光中主编:《中华人民共和国刑事诉讼法再修改专家建议稿与论证》,中国法制出版社2006年版,第509页;陈卫东主编:《模范刑事诉讼法典》,中国人民大学出版社2005年版,第430页。
④ 《蓬莱市人民检察院试行附条件不起诉制度的实践介绍》,载山东省蓬莱市人民检察院网站http://www.plsjcy.gov.cn/News_View.asp? NewsID=131,最后访问日期:2012年7月11日。

定的犯罪，可能判处 1 年有期徒刑以下刑罚，符合起诉条件，但有悔罪表现的，人民检察院可以作出附条件不起诉的决定。"根据该规定，对可能判处 1 年有期徒刑以下刑罚的未成年人的侵犯公民人身权利、民主权利、侵犯财产、妨害社会管理秩序的犯罪案件，检察机关可以适用附条件不起诉。

（2）决定程序

由于附条件不起诉终结了刑事诉讼程序，赋予了检察机关较大的权力，为了保证附条件不起诉决定的正确性，除了实体方面的要求外，还应当建立严格的决定程序。为此，附条件不起诉应当由检察委员会讨论决定，对此程序的设置，各地检察机关的探索基本一致。但是，在检察委员会讨论决定之前，是否应当设立听证程序，允许公安机关、犯罪嫌疑人的辩护人或法定代理人、被害人等各方参与听证，各地检察机关有以下两种不同的做法。

一种做法是不设立听证程序。从全国各地检察机关的探索情况看，许多检察机关在作出附条件不起诉以前，都没有设置专门的听证程序。例如，北京市海淀区人民检察院等在改革探索中，附条件不起诉不需听证，可直接由检察委员会讨论决定。其主要理由如下：①公众参与司法判案有悖于司法独立，司法独立要求在司法的过程中不受任何个人与单位的干预，公众参与司法判案不免产生非司法力量对刑事案件的干涉。在刑事司法程序中引入听证制度，有司法超前之嫌。②检察机关对不起诉案件非常谨慎，往往反复推敲、多方权衡利弊，在不起诉理由非常充分的情况下，才作出不起诉决定，同时，上级检察机关也监督得很严。在这种情况下，没有必要设立听证程序。③从司法实践看，各地检察机关公诉部门普遍存在案件多、办案人员少的情况，工作强度非常大，许多人员都在超负荷的工作，这是一个不可忽视的客观事实，如果再抽出时间来搞听证程序，就会造成案件大量积压，办案效率大幅下降。④从法律制度看，对于不起诉案件的决定，相关法律法规均已经规定，当事人对决定不服的可以采取相应的救济措施，我们只需要完善这些救济措施即可，没有必要再搞听证程序。①

另一种做法是设立听证程序。从各地改革探索看，一些检察机关要求在作出附条件不起诉之前，必须经过听证程序。例如，湖南省长沙市人民检察院、南京市浦口区人民检察院等在作出附条件不起诉决定前，都举行了公开的听证程序。其主要理由是：①有利于检察机关全面听取意见。由于附条件不起诉是由检察机关独立作出的，公安机关、犯罪嫌疑人、被害人没有陈述意见的机会，如果在作出附条件不起诉决定前进行听证程序，就可以多方面听取不同意

---

① 孙力主编：《暂缓起诉制度研究》，中国检察出版社 2009 年版，第 172 页。

见，保证检察机关作出正确的决定。②有利于彻底解决纠纷。由于附条件不起诉案件主要是一些伤害案件，如果检察机关在作出附条件不起诉决定前不让被害人参与诉讼程序，公开听取被害人一方的意见，被害人很可能由于对犯罪嫌疑人的憎恨以及对法律程序的陌生而对案件处理结果产生不满，甚至认为检察机关偏袒犯罪嫌疑人、枉法办案而直接起诉或到处申诉，不利于及时解决纠纷。③可以弥补我国审查起诉制度的不足。我国目前的审查起诉不进行公开的听证程序，都是封闭性进行的，如果在附条件不起诉决定前引入听证程序，无疑可以完善我国起诉制度事前审查机制。①

修改后刑事诉讼法没有采纳实践的做法，而是规定了较为灵活的方式，即听取各方当事人的意见。修改后刑事诉讼法第271条第1款规定："……人民检察院在作出附条件不起诉的决定以前，应当听取公安机关、被害人的意见。"第3款规定："未成年犯罪嫌疑人及其法定代理人对人民检察院决定附条件不起诉有异议的，人民检察院应当作出起诉的决定。"根据上述规定，检察机关在作出附条件不起诉以前，应当听取公安机关、被害人、未成年犯罪嫌疑人及其法定代理人的意见，至于采取何种方式听取意见，法律没有明确规定，这就意味着检察机关在听取意见时，既可以采取听证的方式，也可以采取单独听取意见的方式。

（3）附条件范围

所谓附条件范围，是指检察机关作出附条件不起诉决定的同时，给被附条件不起诉人所附加的条件或义务。附条件不起诉的关键在于所附的条件是否合理，只有所附条件是合理的，检察机关作出的附条件不起诉决定才具有正当性，也才能被社会所接受。因此，附条件范围问题就不可避免地成为附条件不起诉改革过程中的重要探索对象。从目前改革探索的情况看，关于附条件不起诉所附条件的范围，实践中有以下四个方案。

方案一：将取保候审和监视居住的法定义务作为附条件不起诉的附加条件，即将法律规定的被取保候审人和被监视居住人应当遵守的义务作为附条件的范围。例如，2008年《无锡市人民检察院关于探索开展轻微刑事案件附条件不起诉工作的规定》第7条规定："附条件不起诉中的附条件是指：（一）遵守取保候审的规定；（二）履行刑事和解协议；（三）每月向检察机关书面报告思想、工作、悔改等情况；（四）每月参加一次社会公益劳动；（五）完成学习

---

① 种松志：《论起诉裁量权》，载樊崇义主编：《刑事审前程序改革与展望》，中国人民公安大学出版社2005年版，第501页；李振华：《浅谈暂缓起诉制度》，载樊崇义、陈卫东、种松志主编：《现代公诉制度》，中国人民公安大学出版社2005年版，第186页。

或者本职工作任务；（六）根据实际情况所确定的其他条件。"

方案二：将附条件的范围规定为赔偿被害人损失、提供公益性劳动或服务、参加社区矫正等三个方面的条件。例如，2008年《重庆市永川区人民检察院附条件不起诉规则》第16条规定："对附条件被不起诉人应当附加以下条件：（一）书面悔过，并向被害人道歉；（二）在一定期限内，赔偿国家、集体和被害人的损失；（三）向指定的社会公益团体、社区提供一定时间的义务性劳动，积极参加公益慈善活动，参加社区矫正。"也有学者认为，附条件不起诉所附加的条件应当包括以下三个方面：①在一定期限内，赔偿国家、集体或个人的经济损失；②在指定的期限内完成所规定的任务；③在一定的期限内参与或者从事社会公益活动。①

方案三：将附条件不起诉所附加的条件规定为五个方面。例如，北京市海淀区人民检察院在试点过程中，规定了以下五个方面的附加条件：①遵守校纪校规，不得从事违法犯罪行为；②向被害人道歉，支付相当数额的物质或精神损害赔偿；③向国库或指定的人民团体、社区支付一定数额的金钱；④接受教育或咨询性项目；⑤提供公益劳动、接受考察小组的心理辅导、每月向考察小组书面汇报思想状况等。② 也有学者认为，附条件不起诉可以附加以下五个条件：①书面悔过；②向被害人道歉；③对被害人损失作出赔偿或补偿；④向指定的公益团体支付一定数额的财物；⑤提供一定时间的公益劳动等。③

方案四：将附条件不起诉所附加的条件规定为更多的条件。例如，无锡市惠山区人民检察院、河南省桐柏县人民检察院等在试点过程中，将附条件不起诉的附加条件规定为更多的选择条件，具体包括以下内容：①向被害人赔礼道歉；②赔偿被害人的损失；③提供公益性服务；④定期报告自己的活动情况；⑤不得接触特定的人员；⑥不得从事某种职业；⑦不得进入指定的场所；⑧接受有关机构的监督和考察；⑨接受心理、戒毒等方面的治疗等。

修改后刑事诉讼法基本上采纳了方案一。修改后刑事诉讼法第272条第3款规定："被附条件不起诉的未成年犯罪嫌疑人，应当遵守下列规定：（一）遵守法律法规，服从监督；（二）按照考察机关的规定报告自己的活动情况；（三）离开所居住的市、县或者迁居，应当报经考察机关批准；（四）按照考察机关的要求接受矫治和教育。"

---

① 陈艳恩：《附条件不起诉制度研究》，载《学术界》2008年第6期。
② 孙力主编：《暂缓起诉制度研究》，中国检察出版社2009年版，第185页。
③ 陈光中、张建伟：《附条件不起诉：检察裁量权的新发展》，载《人民检察》2006年第4期。

(4) 考验期限

考验期限是附条件不起诉的另一个重要问题，考验期限的长短与所附加条件的多少和难易程度有着一定的关系。关于附条件不起诉考验期限的长短问题，目前各试点检察机关设计了以下三个方案。

方案一：将附条件不起诉的考验期限规定为1—6个月。例如，2004年北京市海淀区人民检察院制定的《实施暂缓起诉制度细则》第10条规定："暂缓起诉的考验期为一个月以上六个月以下（包括一个月和六个月）。"其理由是：附条件不起诉不是法院的判决，期限不应太长；考验期限过长不利于结案，也会使被考验人产生厌倦心理，打击其重新做人的积极性；考验期限太长也不利于考察组织对被不起诉人进行考察。同时，考验期限过短，起不到相应的教育改造作用，而失去附条件不起诉制度存在的意义。一个适当的考验期限，不仅对被考验人具有约束力，而且也会使其产生危机感，并看到希望所在。

方案二：将附条件不起诉的考验期限规定为3—9个月。例如，2008年《重庆市永川区人民检察院附条件不起诉规则》第14条规定："附条件不起诉的考察期为三至九个月，由检察机关根据犯罪嫌疑人的犯罪事实、危害后果、认罪态度等综合考察决定。"

方案三：将附条件不起诉的考验期限规定为6—12个月。例如，2010年《河南省人民检察院关于适用附条件不起诉的规定（试行）》第5条规定："附条件不起诉的考验期限为六个月以上一年以下，必要时可以延长一至六个月。"

对于附条件不起诉的考验期限，学者们也有不同观点。有的学者认为，附条件不起诉的考验期限应当规定为1—3年，即结合我国缓刑考验期的规定，应当区分不同情况确定附条件不起诉的考验期限，对于可能单处罚金、管制、拘役的，考验期最长为1年；对于可能判处3年以下有期徒刑的，最短为1年，最长为3年。[①] 也有学者认为，附条件不起诉的考验期不应过长，应以1年至2年为宜。[②] 其理由是：只有考验期限相对较长，才有利于对被附条件不起诉人进行全面的考察，了解其是否真实悔改，同时，也才能给被不起诉人履行义务以充分的时间，以保证其能够全面履行所附的义务。

修改后刑事诉讼法采纳了方案三。修改后刑事诉讼法第272条第2款规

[①] 兰耀军：《论附条件不起诉》，载《法律科学》2006年第5期。
[②] 高斌、王惠：《专家聚焦"附条件不起诉"》，载《检察日报》2007年12月7日；叶肖华：《比较法视域下的附条件不起诉制度》，载《金陵法律评论》2007年秋季卷，第26页。

定:"附条件不起诉的考验期为六个月以上一年以下,从人民检察院作出附条件不起诉的决定之日起计算。"

(5) 法律效力

附条件不起诉决定的法律效力,是指检察机关作出附条件不起诉决定后,相应地引起刑事诉讼程序的变化以及产生的法律后果。关于附条件不起诉决定的效力,目前各试点检察机关普遍将其设计为一种暂时的效力,或称待定的效力,即附条件不起诉决定作出后,具有暂时中止诉讼的效力;只有当被附条件不起诉人履行了所规定的附加条件(义务),附条件不起诉决定才产生确定的法律效力。例如,2010 年《河南省人民检察院关于适用附条件不起诉的规定(试行)》第 8 条规定:"被决定附条件不起诉的犯罪嫌疑人在考验期内没有违反本规定第六条所设条件的,考验期满,人民检察院应当依照《中华人民共和国刑事诉讼法》第一百四十二条第二款的规定作出不起诉决定。"2004 年北京市海淀区人民检察院制定的《实施暂缓起诉制度细则》第 2 条规定:"暂缓起诉是指检察机关在审查起诉过程中,对于符合规定条件的案件,暂不作出处理决定,而是设定一定期限的考验期,待考验期满后,再根据具体情况对犯罪嫌疑人作出起诉或者不起诉决定的一种制度。"他们认为,暂缓起诉虽然是不起诉的一种特殊形式,但毕竟不同于一般的不起诉。不起诉决定的效力具有终局性、确定性,检察机关作出不起诉决定后,就立即终结诉讼程序,非经法定事由不得就同一案件再行起诉。暂缓起诉的决定并不具有实质确定性,检察机关作出暂缓起诉决定并不意味着案件的终结,它是附有一定条件的暂时停止起诉程序。在暂缓起诉期间,检察官将对犯罪嫌疑人继续观察,只有在暂缓起诉考察期届满,而犯罪嫌疑人没有被检察机关撤销暂缓起诉决定时,则该暂缓起诉决定才具有与不起诉决定一样的实质确定力,即终结诉讼程序的法律效力。否则,暂缓起诉决定就不具有终结诉讼程序的法律效力,只具有待定的效力。①

修改后刑事诉讼法采纳了实践的做法,规定附条件不起诉决定具有暂时的效力。修改后刑事诉讼法第 273 条规定:"被附条件不起诉的未成年犯罪嫌疑人,在考验期内有下列情形之一的,人民检察院应当撤销附条件不起诉的决定,提起公诉:(一)实施新的犯罪或者发现决定附条件不起诉以前还有其他犯罪需要追诉的;(二)违反治安管理规定或者考察机关有关附条件不起诉的监督管理规定,情节严重的。被附条件不起诉的未成年犯罪嫌疑人,在考验期内没有上述情形,考验期满的,人民检察院应当作出不起诉的决定。"

---

① 孙力主编:《暂缓起诉制度研究》,中国检察出版社 2009 年版,第 188~189 页。

(6) 救济程序

为了保证检察机关附条件不起诉决定的正确性，建立相应的救济程序是十分必要的。附条件不起诉的救济程序涉及救济的主体、救济的方式和救济的处理三方面内容。其中，救济的主体是指有权提出救济要求的机关和人员；救济的方式是指救济主体如何提出救济要求；救济的处理则是接受救济请求的机关应当作出相应的处理决定。关于如何设计附条件不起诉救济程序这三方面的内容，目前各试点检察院采取了以下两种方案。

方案一：附条件不起诉的救济程序与相对不起诉的救济程序相同。例如，2008 年《无锡市惠山区人民检察院附条件不起诉操作规则（试行）》第 4 条第 8 款的"复核申诉"中规定："公安机关认为本院附条件不起诉决定有错误的、被不起诉人、被害人对本院不起诉决定不服的，依照《中华人民共和国刑事诉讼法》第 144、145、146 条执行。"2008 年《重庆市永川区人民检察院附条件不起诉规则》第 28 条规定："公安机关认为本院的附条件不起诉决定有误的，可以要求复议。认为复议仍有误的，可以向本院上一级人民检察院提请复核。"第 29 条规定："被害人和附条件被不起诉人对本院的附条件不起诉决定不服的，可以自收到附条件不起诉决定书后七日内向本院上一级人民检察院申诉。"他们认为，附条件不起诉是我国不起诉制度的一种，其适用条件与相对不起诉基本相同，因而其救济程序也应当与相对不起诉的救济程序相同。

方案二：附条件不起诉的救济程序与相对不起诉的救济程序有所区别。例如，2010 年《河南省人民检察院关于适用附条件不起诉的规定（试行）》第 10 条规定："办理附条件不起诉案件，应当由犯罪嫌疑人提出书面申请；决定附条件不起诉的，应当征得被害人的同意。"关于救济程序，第 11 条只规定："人民检察院决定附条件不起诉的，应当将附条件不起诉决定书抄送公安机关。公安机关认为附条件不起诉决定确有错误，可以要求复议；如果意见不被接受，可以向上一级人民检察院提请复核。"有学者指出，附条件不起诉与相对不起诉不完全相同，其救济程序与相对不起诉的救济程序相比，有以下两点不同：①由于事先已经被害人同意，被害人对附条件不起诉决定不服，只能向上一级人民检察院申诉，不能再向法院起诉，将公诉转为自诉。②由于附条件不起诉是犯罪嫌疑人提出的申请，因而其对人民检察院附条件不起诉决定不存在不服，没必要赋予其申诉权；但对原人民检察院或上一级人民检察院撤销附条件不起诉决定的，可以不服，有权申诉。①

---

① 兰耀军：《论附条件不起诉》，载《法律科学》2006 年第 5 期；陈艳恩：《附条件不起诉制度研究》，载《学术界》2008 年第 6 期。

修改后刑事诉讼法基本采纳了方案二，规定附条件不起诉的救济程序与相对不起诉的救济程序有所区别，即公安机关、被害人在救济方面与相对不起诉的救济程序相同，但对犯罪嫌疑人的救济则与相对不起诉不同。修改后刑事诉讼法第271条第2款规定："对附条件不起诉的决定，公安机关要求复议、提请复核或者被害人申诉的，适用本法第一百七十五条、第一百七十六条的规定。"第3款规定："未成年犯罪嫌疑人及其法定代理人对人民检察院决定附条件不起诉有异议的，人民检察院应当作出起诉的决定。"

(三) 评论与分析

附条件不起诉是在新形势下，为了满足社会对司法的新需求而进行的一种实践探索，符合我国的社会发展要求。宽严相济刑事政策的确立标志着我国刑罚思想开始了由传统的侧重惩罚改造向惩罚与教育矫正并重的重大转变。宽严相济刑事政策不仅是我国立法工作的灵魂，而且对司法也具有重要的指导作用。在构建和谐社会的大背景下，"宽严相济"不但要体现在量刑这一环节，更要贯彻到整个刑事诉讼程序中；它不仅要求对情节轻微的犯罪处以轻缓的刑罚，还要求对情节轻微的犯罪不予追诉。因此，附条件不起诉不仅是起诉便宜主义精神的体现，而且是检察机关贯彻宽严相济刑事政策的新探索。

在我国建立附条件不起诉制度，具有多方面的价值。不仅有利于为没有起诉价值或者不需要判处刑罚的人提供改过自新的机会，避免不必要或不恰当起诉的负面效应；弥补现行起诉制度的不足，使检察机关的起诉朝着更合理、更公正的方向发展；而且有利于降低司法机关的诉讼成本，合理有效地配置司法资源、提高诉讼效率；同时也有利于化解矛盾纠纷，更好地修复社会关系，重建和谐社会，实现司法的实质正义。因此，笔者认为，目前我国司法实践中对附条件不起诉制度的改革探索活动是值得充分肯定的，这对推进我国立法具有重要的参考价值。同时，也应当看到，各地关于附条件不起诉制度的试点也存在极大不同，值得认真研究分析。

1. 对案件适用范围的分析

关于附条件不起诉案件的适用范围，目前改革试点中设计有两个方案：一是未成年人的轻微犯罪案件；二是特殊人员的轻微犯罪案件。修改后刑事诉讼法基本上采纳了方案一，即未成年人可能判处1年有期徒刑以下刑罚的轻微犯罪案件。笔者认为，修改后刑事诉讼法的规定在目前情况下是合适的，也容易被社会各界所接受。但是，从长远来看，其范围显得有点狭窄，而且对所有的轻微犯罪人也没有平等对待，也不太公平。因此，为了体现社会公平正义，建议将所有轻微犯罪案件都纳入附条件不起诉的范围，即对于可能判处3年以下有期徒刑、拘役、管制或者单处附加刑的案件,犯罪嫌疑人认罪或者有悔罪表现,或者与被害人和解,不起诉不至于危害社会的案件,人民检察院都可以作出附条件不起诉决定。主要理由如下:

第一,体现宽严相济的刑事政策。为了贯彻宽严相济的刑事政策,体现从宽的精神,附条件不起诉的案件适用范围应当在现行法律规定不起诉制度的基础上有所扩大。我国刑事诉讼法设立了三种不起诉:法定不起诉(绝对不起诉)、酌定不起诉(相对不起诉)、证据不足不起诉(存疑不起诉),并对这三种不起诉规定了明确的适用条件。从总体上来看,我国法律对这三种不起诉的适用条件规定得较为严格,这虽然有利于规范检察机关不起诉权的行使,防止其滥用,但是却不利于发挥这三种不起诉在贯彻宽严相济刑事政策中的应有作用,无法体现对一些特殊的犯罪嫌疑人从宽处理的立法意图。因此,为了有效贯彻宽严相济的刑事政策,充分体现对一些轻微犯罪人从宽的精神,需要扩大不起诉的适用范围,设立较宽的适用条件,建立一种新的不起诉,即附条件不起诉。

第二,适应人权保护的实践需要。从司法实践看,据不完全统计,全国约有1/3的检察机关实行过或正在探索附条件不起诉;从效果上看,附条件不起诉在区别对待,实现个案公正方面,发挥了一定的积极作用。但是,各地的试点也受到较大的限制,即适用人员的限制。目前各地对附条件不起诉的试点,一般都限制在未成年人和在校学生,难以涵盖其他轻微犯罪人。受此限制,附条件不起诉的运作难以满足司法实践对轻微犯罪人人权特别保护的需要,无法体现对他们的从宽处理。因此,为了适应实践的客观需要,体现对轻微犯罪人的特别保护,有必要放宽附条件不起诉的适用范围,将所有的轻微犯罪案件都纳入附条件不起诉的范围。

第三,借鉴国外的立法经验。从国外的立法来看,附条件不起诉的案件适用范围都较为广泛。例如在美国,附条件不起诉(或暂缓起诉)一般称为审前分流(Pre-trial diversion),它最早适用于未成年人,以后逐渐扩大到所有人。根据1975年《美国问罪前程序模范法典》及《检察官指南》的规定,附条件不起诉的适用罪名主要是非暴力犯罪,具体包括欺诈罪(占26%)、盗窃罪(占25%)、联邦成文法犯罪(如涉及国家公园和娱乐设施的犯罪、妨碍邮政罪等,占11%)、挪用罪(占10%)等,这四种犯罪占审前分流适用案件的72%。[①]《德国刑事诉讼法典》第153a条规定,经负责开始审理程序的法院

---

① See Thomas E. Ulrich, Pre-trial diversion in the Federal Court System, Federation Probation, December, 2002.

和被指控人同意,检察院可以对轻罪暂时不予提起公诉。《德国刑法典》第12条明确规定,轻罪是指最高刑为1年以下自由刑或科处罚金刑的犯罪行为。可见,德国法律规定的附条件不起诉的案件适用范围为轻罪案件。《日本刑事诉讼法》第248条只是对起诉犹豫笼统地规定为:"根据犯人的性格、年龄、境遇、犯罪的轻重及情节和犯罪后的情况,没有必要追究犯罪时,可以不提起公诉。"日本起诉犹豫的范围就是检察官的自由裁量范围,根据现行法律规定其范围是一切刑事案件。由此可见,国外的立法表明,附条件不起诉的案件适用范围较为广泛,且有不断扩大的趋势。因此,借鉴国外的立法经验,可以适当放宽我国附条件不起诉的案件适用范围。

2. 对决定程序的分析

关于检察机关作出附条件不起诉决定之前是否设立听证程序,目前改革试点中有两种做法:一是不设立听证程序;二是设立听证程序。修改后刑事诉讼法没有采纳实践的做法,只规定需要听取各方当事人的意见,实践中检察机关如何听取意见,可以根据不同情况采取不同方式。笔者认为,修改后刑事诉讼法的规定是合理的。也就是说,不是所有的附条件不起诉决定事前都需要举行听证程序,也不是所有的附条件不起诉决定事前都不需要听证程序。从司法实践看,笔者建议,检察机关对附条件不起诉的决定程序应当作如下设计:对于一般案件,人民检察院在作出附条件不起诉决定之前不举行听证程序,在单独听取各方意见后,由检察委员会会议讨论决定。对于被害人有不同意见或者社会影响较大的案件,应当举行听证程序,召集侦查人员、被害人及其法定代理人、诉讼代理人,犯罪嫌疑人及其法定代理人、辩护人,听取各方的意见和理由后,再由检察委员会会议讨论决定是否附条件不起诉。这种"一般案件不举行听证程序,特殊情况举行听证程序"的主张主要是基于以下理由:

第一,可以有效满足实践的需要。从司法实践看,适用附条件不起诉的案件一般是轻罪案件,同时还要求具备一定的实体和程序方面的条件,如在实体方面,要求案件事实必须清楚,证据必须确实充分;在程序方面,要求犯罪嫌疑人必须自愿认罪并同意适用附条件不起诉等。如果是有被害人的犯罪案件,还要求得到被害人的谅解(包括经济赔偿、赔礼道歉等)。因此,对于具备这些条件的轻罪案件,诉讼双方一般没有太大的争议,检察机关对这些案件作出附条件不起诉决定一般较为容易,事前不需要进行听证程序,只要听取公安机关、被害人的意见即可。但是,实践情况是复杂的,有些案件虽然不太大,但往往社会影响较大,或者被害人的要求较高,对于这些案件,为了体现程序公开和公正,或者有效说服被害人,保证检察机关作出正确的决定,事前可以进行公开的听证程序,多方听取不同意见。由此可见,基于实践的复杂性,将附条件不起诉的决定程序设计为"一般情况不进行听证程序,特殊情况进行听证程序",可以有效满足司法实践的客观需要。

第二,可以有效消除误解。根据现行法律规定,检察机关在对案件进行审查时,需要讯问犯罪嫌疑人,听取律师的意见和被害人及其亲属的意见,有时也要征求公安机关的意见,但是这些活动都是单独进行的。在这种情况下,如果检察机关决定对犯罪嫌疑人作出不起诉决定,往往得不到当事人的理解,甚至会造成误解,认为检察机关办事不公,袒护犯罪嫌疑人等。这种状况在有被害人的伤害案件中表现的尤为突出。造成这种现象的原因在于案件的各方当事人没有直接交流的机会,不了解对方的想法,再加上有些双方当事人以前互相不认识,不了解对方的情况,一旦涉及诉讼问题,往往就会出现对对方的要求较高或较多,一旦得不到满足,就会对检察机关的决定产生误解,认为检察机关办事不公,袒护犯罪嫌疑人等。因此,如果检察机关在审查案件时,事前举行公开的听证程序,召集公安机关、犯罪嫌疑人及其律师、被害人及其家属等人员参加,当面听取各方对案件的处理意见,各方也可以当面提出自己的要求和想法,互相交换意见,进行讨论,这必然有助于诉讼双方互相谅解,消除误解,保证检察机关作出正确的决定。

第三,实现公正与效率并重。在现代社会,公正与效率是司法追求的两大价值目标。社会文明要求司法必须民主,司法民主则要求公众参与司法,而听证程序则是公众参与司法的有效途径。实行听证程序可以听取各方意见,有效防止司法裁量的不公。从司法实践看,附条件不起诉的案件各不相同,要保证检察机关的附条件不起诉决定能够体现公正与效率的要求,就应当根据不同的案件采取不同的方式,即对于犯罪嫌疑人与被害人双方已经达成和解协议的轻微犯罪案件,检察机关事前不举行听证程序,在单独听取公安机关、被害人的意见后,及时作出附条件不起诉决定。这样有助于及时化解社会矛盾,提高诉讼效率,节约司法资源。但是,如果被害人对附条件不起诉有不同意见,或者案件的社会影响较大的,检察机关在作出附条件不起诉前应举行公开的听证程序,听取被害人的意见和有关人员的意见。这不仅可以体现程序的公开公正,而且可以保证检察机关作出正确的决定,实现司法公正。因此,将检察机关作出附条件不起诉的决定程序设计为"一般情况不进行听证程序,特殊情况进行听证程序",既有利于提高诉讼效率,也可以保证司法公正。

3. 对附条件范围的分析

关于附条件不起诉附加条件的范围,目前改革试点中设计了四个方案:一是将取保候审和监视居住的法定义务作为附条件不起诉的附加条件;二是将附条件不起诉所附加的条件规定为三个方面的条件;三是将附条件不起诉所附加的条件规定为五个方面的条件;四是将附条件不起诉所附加的条件规定为更多的条件。修改后刑事诉讼法基本上采纳了方案一,规定被附条件不起诉的未成年犯罪嫌疑人,应当遵守四项义务:(1)遵守法律法规,服从监督;(2)按照考察机关的规定报告自己的活动情况;(3)离开所居住的市、县或者迁居,应当报经考察机关批准;(4)按照考察机关的要求接受矫治和教育。

笔者认为,改革方案有的是绝对的,有的是选择性的,而修改后刑事诉讼法采纳了绝对的方案,即检察机关在作出附条件不起诉时,必须附加规定的四项义务。绝对的义务虽然可以有效规范检察机关的裁量权,但检察机关缺乏可选择性,往往难以适应客观实践的需要。而赋予了检察机关较大选择权的方案,虽然有利于检察机关根据犯罪嫌疑人的具体情况作出合适的选择,但是不利于对检察机关的选择权进行制约,难以防止检察机关滥用选择权的问题。因此,为了保证检察机关所附的条件合理,同时对检察机关的选择权进行必要的限制,保证检察机关选择权的正确行使,笔者建议对附条件不起诉所附加的条件进行以下分类:一是必须附加的条件,即人民检察院对犯罪嫌疑人决定适用附条件不起诉时,必须对其附加的条件,也就是犯罪嫌疑人的法定义务。目前修改后刑诉法对此作出了明确的规定,即上述四项义务。二是选择附加的条件,即人民检察院对犯罪嫌疑人决定适用附条件不起诉时,可以根据其具体情况选择附加的条件,也就是犯罪嫌疑人的酌定义务。这类附加条件可以包括以下内容:(1)积极履行约定的给付和对被害人的其他承诺;(2)接受戒瘾、心理、精神治疗;(3)提供为社区等公益性服务;(4)不得进入特定的场所;(5)不得从事特定的活动;(6)不得从事某些特定职业;(7)不得与特定的人员会见或者通信;(8)将护照等出入境证件、驾驶证件交检察机关保存;(9)其他义务。对附条件不起诉的附加条件作上述分类和规定,主要基于以下几点理由:

第一,与我国刑法的规定相统一。由于附条件不起诉制度的适用对象主要是一些不适宜关押的人,其适用情况与我国刑法规定的缓刑犯罪人的适用情况基本相同,因而附条件不起诉的附加义务应该与我国刑法规定适用缓刑犯罪人所必须遵守的义务保持一致。我国《刑法》第75条规定:"被宣告缓刑的犯罪分子,应当遵守下列规定:(一)遵守法律、行政法规,服从监督;(二)按照考察机关的规定报告自己的活动情况;(三)遵守考察机关关于会客的规定;(四)离开所居住的市、县或者迁居,应当报经考察机关批准。"该条规定的是被判缓刑的犯罪人应当遵守的义务,为了与该规定保持一致,我们将其规定为附条件不起诉附加义务的第一类,即附条件不起诉必须附加的条件。同时,我国《刑法》对犯罪情节轻微不需要判处刑罚的或者可以免予刑事处罚的人的义务也有规定,即第37条规定:"对于犯罪情节轻微不需要判处刑罚的,可以免予刑事处罚,但是可以根据案件的不同情况,予以训诫或者责令具结悔过、赔礼道歉、赔偿损失,或者由主管部门予以行政处罚或者行政处分。"该条规定的是一种不确定的义务,为了与其规定保持统一,有必要将其有关内容作为附条件不起诉的选择性义务加以规定。

第二,保证附条件不起诉权的正确合理行使。附条件不起诉权的正确行使必须依法进行,而依法进行除了所适用的案件必须符合法律规定的条件外,其所附加的条件也必须符合法律规定,为此就必须对所附加的条件有确定性的规定,即要有"确定性的附加条件",这是附条件不起诉权得以正确行使的基本保证。同时,要实现个案公正,附条件不起诉权还应当合理行使,即在适用附条件不起诉时,应当根据犯罪嫌疑人的不同情况,附加不同的条件,为此就要求法律在规定附条件不起诉的附加条件时,必须要有"选择性条件"。由于案件的情况各不相同,因而要求法律在规定"选择性条件"时要尽可能列举广泛,为此笔者列举了上述9种选择性条件,其中前8项是明确的条件,最后一项是兜底性条件。其中,将"接受戒瘾、心理、精神治疗"规定为一项义务,是因为部分吸毒案件、情绪性犯罪案件,检察机关在对犯罪嫌疑人作附条件不起诉时,为了防止其再次犯罪,就有必要将"接受戒瘾、心理、精神治疗"作为附加条件。将"不得出入特定场所"规定为一项义务,是因为一些轻微的犯罪往往发生在特定的场所,如赌博犯罪,非法采伐、毁坏国家重点保护植物的犯罪等。为了避免犯罪嫌疑人再次犯罪,检察机关在对其作出附条件不起诉时,就应当附加"不得出入特定场所"的义务。关于是否规定兜底性条件,在研讨中曾有过争议,但笔者认为,规定兜底性条件可以弥补法律列举不全的缺陷,以适应司法实践中附条件不起诉案件情况千差万别的客观需要,更有利于实现个案的公正。

第三,借鉴国外的立法经验。从国外的立法来看,许多国家都对附条件不起诉所附加的条件作了明确规定。例如,1974年美国《联邦未成年人犯罪法》(Federal Juvenile Delinquency Act) 规定,对未成年人的附条件释放,未成年人必须遵守的条件包括:(1) 不得违反任何州或者联邦法律;(2) 生活方式纯净、诚实、有节制;(3) 早出早归;(4) 不去任何不应该去的地方;(5) 工作规律,出差时应立即通知缓刑考察官;(6) 离开那些只有经缓刑监管人批准后方可居住的区域,应及时将任何居住地址的变动立即通知缓刑考察官;(7) 遵守缓刑监督官员的指令和建议;(8) 在缓刑考察官员指令中的设定日期及时报到。《德国刑事诉讼法典》第153条a规定,检察院对于轻罪暂时不予起诉的,应当要求被告人履行下列义务:(1) 作出一定的给付,弥补行为造成的损害；(2) 向某公益设施或者国库交付一笔款额；(3) 作出其他公益给付；(4) 承担一定数额的赡养义务。这些要求、责令以适合消除追究责任的公共利益，并且责任程度与此相称为限。在丹麦，近年来其暂缓起诉的做法有些改变，出现了一种被称为"青少年合同"的做法，即由未成年犯罪嫌疑人的父母和有关国家机关共同规划涉案未成年人的近期发展，由检察官起草协议，设定未成年人应当遵守的具体条件。2000年6月，丹麦司法部要求丹麦犯罪预防委员会收集丹麦54个警区适用"青少年合同"项目的情况。经过调查，在"青少年合同"中设定的条件一般包括：(1) 继续上学受教育或者继续工作，按时向有关部门报告并就其未来作出规划；(2) 在闲暇时间参与特定的活动，如体育活动等；(3) 与一名成年人确立经常性的联系以接受指导；(4) 参加与少年罪犯相关的特定项目；(5) 同意支付赔偿；(6) 不与其他犯罪人（以前的朋友）联系；(7) 不酗酒、不接触毒品。① 可见，有的国家对附条件不起诉规定了必须设立的附加条件，有的国家则规定了可以选择所附加的条件，这些立法经验值得我们借鉴。

4. 对考验期限的分析

关于附条件不起诉的考验期限，各地改革试点中设计了三个方案：一是将附条件不起诉的考验期限规定为1—6个月；二是将附条件不起诉的考验期限规定为3—9个月；三是将附条件不起诉的考验期限规定为6—12个月。修改后刑事诉讼法采纳了方案三，将附条件不起诉的考验期规定为6个月以上1年以下。笔者认为，附条件不起诉的考验期限是一个实践性很强的问题，因而在确定我国附条件不起诉的考验期限时，应当尊重我国的实践经验。从实践看，将附条件不起诉的考验期限确定为6—12个月是大多数试点单位的做法，是比较合适的。其主要理由如下：

第一，我国司法实践经验的总结。从我国的实践看，为了贯彻党中央提出的宽严相济的司法政策，许多地方检察机关都在探索附条件不起诉，并取得了非常好的社会效果。② 从探索的情况看，关于附条件不起诉的考验期限，各地检察机关都规定在1—12个月之间。因此，在借鉴各地实践经验的基础上，修改后刑事诉讼法将附条件不起诉的考验期限确定为6—12个月是合适的。犯罪心理学和犯罪学实证研究表明，天气对人的情绪以及犯意的产生有影响。在不

---

① 孙力主编：《暂缓起诉制度研究》，中国检察出版社2009年版，第116~117页。
② 这种社会效果不仅表现在使得犯罪嫌疑人、被害人满意，而且获得了社会公众和舆论界、理论界的支持和肯定。更为重要的是，检察机关的这种探索活动还得到了中央领导的高度评价，并成为我国司法改革的一项重要内容。

同的季节，潜在的犯罪人可能实施的犯罪类型不同。在一年时间里，经过春夏秋冬四个不同季节的考察，如果被附条件不起诉人认真履行所规定的义务，无违法犯罪行为，基本上可以认为在其他客观条件相对稳定的情况下，被附条件不起诉人确已改恶从善，不会再实施危害社会的行为。

第二，有效规范附条件不起诉权的需要。附条件不起诉权是检察机关自由裁量权的一种，是一种程序性权力，它不同于法院的审判权，因而检察机关在行使附条件不起诉权为犯罪嫌疑人附加义务时，也不同于法院的缓刑判决。根据法律规定，法院在对被告人判处缓刑时，缓刑考验期限一般较长（2个月—5年），而检察机关在对犯罪嫌疑人适用附条件不起诉时，其考验期限就不应当较长，否则就会使犯罪嫌疑人承受过重的负担，因而检察机关附条件不起诉的考验期限应当相对较短，一般不应当超过1年，以6个月—1年为限。这样的考验期限既可以满足考验组织对被附条件不起诉人考察的需要，也可以保证被附条件不起诉人有充分时间履行义务。如果检察机关有权对附条件不起诉人确定较长的考验期限，显然给予检察机关的裁量权限太大，而且较长的考验期也不利于考验组织对被附条件不起诉人进行考察。因此，修改后刑事诉讼法规定附条件不起诉的考验期限为6个月—1年，是符合检察机关附条件不起诉权的性质的，也能够有效限制检察机关的不起诉裁量权，保证检察机关附条件不起诉权的正确行使。

第三，借鉴国外的立法经验。从国外立法看，许多国家都对附条件不起诉规定了一定的考验期限。例如，《德国刑事诉讼法典》第153条a的规定表明，德国是根据附条件不起诉人所履行义务的内容来确定考验期长短的，最短6个月，最长1年。具体是：对于履行作出一定的给付，弥补行为造成的损害、向某公益设施或者国库交付一笔款额以及作出其他公益给付三项义务的，其考验期限至多为6个月；而对于承担一定数额的赡养义务的，其考验期限至多为1年。对于所附加的义务，检察院可以事后撤销或者对考验期限延长一次，为期3个月；经附条件不起诉人同意，检察院也可以变更所附加的义务。[①] 在丹麦，检察机关作出附条件不起诉的附加条件体现在被称为"青少年合同"的文书中。根据丹麦犯罪预防委员会收集丹麦54个警区适用"青少年合同"项目的情况看，大部分"青少年合同"的履行期限在1年以内。[②] 可见，为了保护被附条件不起诉人的合法权利，国外一般都对被附条件不起诉人规定了较短的考验期限。这种做法值得我国借鉴。

[①] 李昌珂译：《德国刑事诉讼法典》，中国政法大学出版社1995年版，第73页。
[②] Youth Contracts, Danish Crime Prevention Council, 2002.

5. 对法律效力的分析

关于附条件不起诉决定的法律效力，各试点检察院普遍将其规定为一种暂时的效力，或者称待定的效力。修改后刑事诉讼法采纳了实践的做法，规定附条件不起诉决定具有暂时的效力。笔者认为，附条件不起诉决定与其他不起诉决定一样，都是检察机关行使检察权的一种方式，检察机关一旦作出附条件不起诉决定，就应当与其他不起诉决定一样立即产生法律效力，即立即结束诉讼程序，被附条件不起诉人在法律上归为无罪。因此，笔者主张检察机关作出附条件不起诉决定后，立即产生确定的法律效力，而不是待定的法律效力，其理由如下：

第一，这是检察权效力的必然体现。检察权作为国家权力体系中的一种权力，具有国家权力的一般特征，即具有强制性、主权性和约束力。不起诉权是检察权的一种，理应具有检察权的基本属性（强制性和主权性）和法律效力（约束力）。如果国家法律赋予检察机关以附条件不起诉权，检察机关在行使该项权力时，就应当体现检察权的效力。也就是说，检察机关在行使附条件不起诉权对犯罪嫌疑人作出附条件不起诉决定时，该决定是代表国家作出的，具有国家性。同时，这种决定应当具有强制性和约束力，即对附条件不起诉人履行所附加的义务具有强制性，附条件不起诉人必须履行所附加的义务。否则，检察机关可以决定撤销附条件不起诉，对其重新作出提起公诉的决定。不仅如此，附条件不起诉对检察机关自身也具有约束力，即检察机关必须立即结束诉讼程序，恢复犯罪嫌疑人无罪的身份和人身自由状态等。这是检察权效力体系中的必要组成部分，如果认为检察机关行使附条件不起诉权与其他不起诉权的效力不同，只具有不确定的效力或者"待定的效力"，显然不符合检察权效力的特征，因而是不正确的。

第二，可以避免在诉讼理论上出现错误。在诉讼理论上，根据"一事不再理"的理论，对于一个纠纷或者案件只能作出一个处理，也只能有一个处理结果。如果对一个纠纷或案件存在两个处理结果，就违背了"一事不再理"的诉讼理论。主张附条件不起诉决定具有"待定效力"观点的学者认为，检察机关作出附条件不起诉时都附加了一定的条件，并确定了一定的考验期限，被附条件不起诉人只有履行了相应的义务，满足了所附加的条件，等到附条件不起诉考验期满后，检察机关再正式作出不起诉决定，这时才产生法律效力。如果被附条件不起诉人没有履行所附加的义务，检察机关可以撤销附条件不起诉决定，作出起诉决定。按照这种观点，当被附条件不起诉人履行了所附加义务的情况下，检察机关还要作出正式的不起诉决定，这就出现了在一个案件中检察机关作出两个决定（附条件不起诉决定、不起诉决定）的现象，显然违背了诉讼原理,出现了诉讼理论上的错误。因此,只有承认附条件不起诉决定具有确定的法律效力,才能避免出现诉讼理论上的错误。同时,也只有承认附条件不起诉决定具有确定的法律效力,才会存在当检察机关发现不符合适用附条件不起诉的情况时,才需要撤销原来作出的附条件不起诉决定,以作出起诉的决定。

第三,可以保证所附加的条件得到全面履行。从司法实践看,只有坚持附条件不起诉决定具有确定的法律效力,检察机关一旦作出附条件不起诉决定,立即产生法律效力的观点,才能保证检察机关在附条件不起诉决定中所附加的条件得到全面的履行。这是因为只有明确附条件不起诉决定具有确定的效力,被附条件不起诉人才会知道附条件不起诉决定中所附加的条件对其具有约束力,也才会积极主动地履行所附加的各项义务。例如,对于法定的义务,被附条件不起诉人会积极接受帮教、考察,服从监督,遵守关于会客的规定,定期报告自己的活动情况等;对于选择性义务,被附条件不起诉人会积极主动地履行对被害人的赔偿协议或者其他承诺、接受戒瘾、心理或精神治疗、积极为社区等提供公益性服务、不出入特定场所、不接触某些特定人员等。如果不严格按照附条件不起诉决定的要求履行有关的义务,就会被检察机关提起公诉。因此,附条件不起诉决定具有确定的法律效力,是保证被附条件不起诉人严格履行义务的前提条件。

6. 对救济程序的分析

关于附条件不起诉的救济程序,各地检察机关改革试点中设计了两个方案:一是附条件不起诉的救济程序与相对不起诉的救济程序相同;二是附条件不起诉的救济程序与相对不起诉的救济程序有所区别。修改后刑事诉讼法基本采纳了方案二,规定对公安机关、被害人的救济与相对不起诉的救济程序相同,但对犯罪嫌疑人的救济则与相对不起诉的救济程序不同。笔者认为,修改后刑事诉讼法的规定是合理的,因为附条件不起诉虽是不起诉制度的一种,但也有其特殊性,因而其救济程序也应有其特点。具体来说,公安机关对附条件不起诉决定不服的,可以通过申请复议、复核等方式进行救济;被害人对附条件不起诉决定不服的,可以通过申诉、向法院起诉的方式寻求救济。对于复议、复核和申诉,检察机关应当在1个月内作出决定,并将结果通知公安机关和被害人。附条件不起诉人不享有申请权,但应当享有否决权,即只要其不同意附条件不起诉,检察机关就不能决定附条件不起诉,而应当进行起诉。之所以这样规定,主要基于如下理由:

一方面,救济的主体不包括附条件不起诉人。我国刑事诉讼法规定,对于检察机关的不起诉决定,公安机关、被害人和被不起诉人都是救济主体,而对于附条件不起诉决定，公安机关和被害人应当作为救济主体，附条件不起诉人不应当作为救济主体，而应当作为决定主体。这是因为：（1）附条件不起诉的作出应当经犯罪嫌疑人同意。从附条件不起诉的适用条件看，除了案件应当符合附条件不起诉的实体条件外，还要求犯罪嫌疑人自愿认罪，经其本人同意，在这种情况下检察机关才能作出附条件不起诉的决定。只有犯罪嫌疑人同意适用附条件不起诉，检察机关才能适用附条件不起诉，因而就不应当将犯罪嫌疑人纳入救济主体。（2）附条件不起诉决定是对犯罪嫌疑人的从轻处理。从附条件不起诉适用条件看，附条件不起诉是对特殊情形下的犯罪嫌疑人的从轻处理。一般来说，犯罪嫌疑人对从轻处理是不会提出救济要求的，因而没有必要将其规定为救济主体，只能将其作为决定主体。

另一方面，应当明确规定具体的救济程序。我国刑事诉讼法虽然规定了救济的方式，即对不起诉决定不服的，救济主体可以通过复议、复核、申诉、起诉的方式来寻求救济，但是却没有具体规定复议、复核和对申诉的处理期限，影响了救济的及时实现。因此，应当明确规定附条件不起诉的具体救济程序，即检察机关对附条件不起诉决定的救济要求，应当在1个月内作出处理决定，并及时通知有关机关和人员。这样可以完善不起诉的救济程序，保护被害人的合法权利，维护诉讼程序的公正性。

（四）立法评析

修改后刑事诉讼法确立的附条件不起诉制度，总结吸收了各地检察改革的经验，所规定的内容非常全面，也比较合理和切实可行。但是，由于附条件不起诉是一种新的制度，不仅涉及一些理论问题，而且也与实践操作有着密切的关系。因此，为了防止滥用，出于谨慎考虑，法律在某些方面规定得较为保守。笔者认为，随着司法改革的深入推进，附条件不起诉制度至少应当在以下三个方面得到发展：

一是附条件不起诉的案件范围。目前法律规定的附条件不起诉的案件范围，是未成年人可能判处1年有期徒刑以下刑罚的轻微犯罪案件。该规定比许多检察院探索的案件范围要窄，法律之所以如此规定，除了怕检察机关滥用附条件不起诉权外，还涉及扩大附条件不起诉的案件范围是否侵犯法院审判权的理论问题。笔者认为，在现代起诉便宜主义原则下，各国的总体发展趋势是，不断扩大检察机关不起诉的案件范围。因此，在今后的司法改革中，建议扩大附条件不起诉的案件范围，即"对于可能判处三年有期徒刑以下刑罚，符合起诉条件的案件，犯罪嫌疑人认罪或者有悔罪表现，或者与被害人和解，不起诉不至于危害社会的，人民检察院可以作出附条件不起诉决定。"

二是附条件不起诉所附条件的范围。检察机关作出的附条件不起诉决定是否合理，除了看案件是否符合实体要件外，还应当看所附的条件是否合理，因而所附条件应当根据案件的不同有所区别。但是，修改后刑事诉讼法却规定了四项法定义务，没有规定选择性义务，因而难以满足实践中不同案件的需要。为此，笔者建议，应当增设选择性义务，以保证检察机关根据犯罪嫌疑人的具体情况作出合理的选择。选择性义务应当包括以下内容：（1）积极履行约定的给付和对被害人其他承诺；（2）接受戒瘾、心理、精神治疗；（3）提供为社区等公益性服务；（4）不得进入特定的场所；（5）不得从事特定的活动；（6）不得从事某些特定职业；（7）不得与特定的人员会见或者通信；（8）将护照等出入境证件、驾驶证件交检察机关保存；（9）其他义务。

三是撤销附条件不起诉决定的情形。附条件不起诉是检察机关的一种裁量权，也是对犯罪嫌疑人的一种从宽处理。为了保证检察机关正确行使该项裁量权，对犯罪嫌疑人作出的从宽处理具有合理性，就应当明确规定撤销附条件不起诉决定的一些情形，以保证检察机关在作出附条件不起诉决定后有自我修正的机会。从司法实践看，检察机关撤销附条件不起诉决定主要有两方面的原因，一方面是发现了犯罪嫌疑人的其他犯罪；另一方面是犯罪嫌疑人严重违反有关规定和义务。修改后刑事诉讼法对这两方面的原因都作了规定，因而是合理的。但是，修改后刑事诉讼法只规定了两种情形，显然较窄。为此，笔者建议增加两种情形，使撤销附条件不起诉决定的情形包括以下四种情形：（1）实施新的犯罪或者发现决定附条件不起诉以前还有其他犯罪需要追诉的；（2）违反治安管理规定或者考察机关有关附条件不起诉的监督管理规定，情节严重的；（3）不积极履行与被害人达成的和解协议，被害人不能谅解的；（4）不积极履行人民检察院确定的相关义务，情节严重的。同时，为了加强上级检察机关对下级检察机关的监督，建议规定："上级人民检察院发现下级人民检察院的附条件不起诉决定不当时，可以撤销或者要求下级人民检察院撤销附条件不起诉决定，下级人民检察院应当撤销附条件不起诉决定并依法提起公诉。"

二、量刑建议

长期以来，量刑是法院的专属权力，传统的庭审对抗也主要局限于被告人定罪问题，对于量刑情节的认定以及最终刑罚的决定，基本上由法官自由裁量。由于缺乏合理的制约机制，法官的量刑裁量权被滥用，使得量刑不公的现象日益严重。部分基层检察机关希望通过公诉改革，以量刑建议的方式对法官的量刑裁量权形成制约并进行了积极的探索。这种做法得到了最高司法机关的认同。最高人民法院《人民法院量刑指导意见（试行）》、《人民法院量刑程序指导意见（试行）》开始将量刑建议纳入量刑程序改革，而为了促进量刑建议工作的规范化和统一化，最高人民检察院又单独下发了《人民检察院开展量刑建议工作的指导意见》并连同有关部门共同制定了《关于规范量刑程序若干问题的意见（试行）》，为各地的量刑建议实践提供了基本的操作规范。2012年通过的《刑事诉讼法修正案》则适时吸纳了各地的试验成果，明确规定将量刑活动纳入庭审程序，① 为量刑建议活动的开展提供了更好的契机。在当前的形势下，"检察机关如何更好地进行量刑建议是一个必须高度重视的课题，也是决定量刑规范化改革成败的难题"②，而要进一步推进量刑建议，就必须对近十多年改革所形成的经验与教训进行反思和总结，因为历史是未来方向和路径的最佳指引者。有鉴于此，笔者将首先对近十年来量刑建议改革的发展历程做一简要回顾和反思，在把握和梳理量刑建议发展脉络的基础上对当前量刑建议实践出现的一些重点问题进行初步分析，并结合刑事诉讼法的修改提出完善量刑建议工作机制的立法建议，以期更好地促进量刑建议制度的发展。

（一）改革缘起

作为诞生于基层公诉实践这一沃土的新生事物，量刑建议的兴起自有其成长动因。一方面，既有公诉制度仍难称尽善，需要进一步通过改革，探索更好的实现公诉职能的方式；另一方面，法官不受限制的量刑裁量权容易导致量刑不公等问题，探索制约法官随意量刑的制度路径已经势在必行。鉴于量刑建议既有助于完善公诉权的行使方式，也能限制法官的裁量权，促进公正量刑程序的形成，检察机关才选择以量刑建议为切入点探索公诉改革的路径并因应形势需求而将其融入到量刑程序改革过程之中。

1. 推进公诉改革的需要

公诉是刑事诉讼的重要职能，它维系着现代刑事司法三方诉讼的合理框架，是实现司法公正的主要参与者和重要保障。在诉讼活动中，公诉权的直接追求目标虽然是对犯罪行为加以处罚，但却必须在符合宪法精神及法治国家原则的理念下进行。追诉犯罪不应只是简单追求对被告人判处刑罚，而应

---

① 《刑事诉讼法修正案》第73条规定，将第160条改为第193条，修改为："法庭审理过程中，对与定罪、量刑有关的事实、证据都应当进行调查、辩论……"

② 参见袁定波：《量刑规范化改革尚存三大难题》，载《法制日报》2009年8月11日。

在符合客观与公正理念的先决条件下,追诉与审理被告人以认定其是否有罪并施加惩罚。总体上而言,公诉权不仅能够对侦查行为形成强力制约,防范警察以侦破犯罪为名侵犯公民权利,而且能够防止司法擅断,切断国家无正当理由对公民发动刑事审判的路径,从而通过刑事追诉活动维护法治国家的秩序,确保公民权利得到最大程度的保障。为此,无论是职权主义还是当事人主义,抑或是两者的混合,都在不断推进公诉改革以保障公诉权的内容得到圆满实现。

我国 1996 年刑事诉讼法吸收了当事人主义的理念,强化了检察机关的控诉职能,"在程序设计上增加控诉方的难度和辩护方防御的力度,使检察机关成为真正的刑事诉讼的控诉方"①。但是,由于相关制度设置并不完备,公诉权在运行时遭遇到一系列难题。例如,在起诉方式上,作为"无奈的妥协"②而规定的"复印件主义"③并未能如社会各界所希望的那样避免法官先入为主和先判后审,实现庭审实质化和诉讼公正,反而"在一些地区或因缺乏条件复印,或因图方便,或因法院方面嫌复印量不足,检察机关索性直接移送案卷材料,法官全面审查证据,又走了老路,庭审仍然出现一定程度的虚置"④。而在公诉权能的实现方式上,传统公诉主要以对犯罪行为和犯罪事实的指控为主,对刑罚问题则关注不够。在通常情况下,检察机关不仅对量刑程序如何运作漠不关心,而且也不积极就被告人应如何量刑发表意见,对于量刑建议在完善公诉权行使方式、推动公诉改革方面所具有的价值更是缺乏系统思考。而在新的形势下,公诉制度所面临的各种考验要求我们必须通过不断的改革创新,寻求更为科学、合理的公诉权行使方式,更好地发挥其在人权保障等方面的独有价值。以量刑建议为切入点进行公诉改革,不仅有助于探索更为完善和具体的公诉权行使方式,而且能够深化我们对公诉职能的理解,从而构建起更为切合实际的公诉制度。实际上,早期量刑建议正是作为公诉改革的课题之一而得以发起的,最高人民检察院相关领导及文件也多次指出,量刑建议是公诉制度发展的必然要求,是公诉改革的重要内容。⑤

---

① 陈卫东:《我国检察权的反思与重构——以公诉权为核心的分析》,载《法学研究》2002 年第 2 期。
② 曹建明:《中国审判方式改革问题研究》,中国政法大学出版社 2001 年版,第 215 页。
③ 陈卫东、郝银钟:《我国公诉方式的结构性缺陷及其矫正》,载《法学研究》2000 年第 4 期。
④ 龙宗智:《刑事庭审制度研究》,中国政法大学出版社 2001 年版,第 152 页。
⑤ 张国轩:《检察机关量刑建议问题研究》,中国人民公安大学出版社 2010 年版,第 173~177 页。

2. 实现量刑公正的需要

长期以来，量刑是法院的专属权力，庭审对抗主要局限于被告人定罪问题，对于量刑情节的认定以及刑罚的确定完全由法官自由裁量。当然，法官的自由裁量权有其独特的价值，但如果不受限制，必然导致难以预料的恶果。对此，丹宁勋爵就意味深长地指出，"一个法官绝对不可以改变法律编织物的编织材料，但是他可以，也应该把褶皱烫平。"① 尽管 "发生于不同地点和不同时间的类似的犯罪案件被科处不同的刑罚"② 不足为奇，"量刑出现偏差或量刑失衡也是世界各国普遍存在的共性问题"，③ 但正由于我国法官享有强大而不受限制的量刑裁量权，这一问题在我国表现的尤为严重，在一定程度上削弱了公众对司法公正的信心。

在立法上，刑法对量刑的规定过于宽松，大部分罪名适用的刑罚种类多、量刑幅度大，而且还需要考虑总则所规定的各种量刑情节；在司法上，法官依赖个人法律素养和实践经验进行"估堆量刑"，可以在法定幅度内任意决定刑罚。这种量刑方式为法官自由裁量权预留了巨大的空间，由此导致的"同案不同判"现象已是司空见惯。有人就曾统计，同是女性因为家庭暴力而故意杀人的案件，其最终刑罚却可能在死刑立即执行、无期徒刑、有期徒刑以及有期徒刑缓刑等几个档次内波动。④ 然而，在法官享有较大的量刑裁量权的同时，现行立法却没有提供适宜的制约机制。我国刑事审判历来存在"重定罪、轻量刑"的倾向，庭审活动基本上围绕定罪而展开，"量刑问题的裁判主要由法院、合议庭单方面'暗箱操作'"，"检察官对于量刑裁判的过程和结果均无法发挥有效的制约作用，更谈不上有针对性地进行法律监督。"⑤ 即使案件进入二审程序，由于法官量刑依赖于个人对案件情况的综合判断，带有较浓厚的主观色彩，即便法官在法定幅度内作出的量刑裁判有失偏颇，二审法院也很难对其进行制约。而裁判说理制度的缺乏，也使得外界无法通过评判法官量刑的考虑因素和决定理由的方式对其形成制约。这些问题都使得法官在量刑问题上倾向于掌控强大而不受限制的裁量权。正如论者所言，"法官的裁量权是确保刑法法制的锁头，同时也是违法擅断、破坏刑罚法制的钥匙，这个锁头和钥

---

① ［英］丹宁勋爵：《法律的训诫》，杨白揆等译，法律出版社1999年版，第13页。
② ［德］汉斯·海因里希·耶塞克：《德国刑法教科书（总论）》，中国法制出版社2001年版，第1045页。
③ 高憬宏、黄应生：《积极稳妥推进量刑规范化改革》，载《法律适用》2009年第8期。
④ 陈虹伟：《专家建议统一量刑标准》，载《法制日报》2006年3月29日。
⑤ 陈国庆：《关于设立量刑建议制度的探讨》，载《法制日报》2009年10月14日。

匙都是拿在裁判法官手里的"。① 如果缺乏制约，这种裁量权就会轻易地跨过边界，成为侵蚀刑事法治的源头，最近几年出现的许霆案等典型案例，已经充分证明了这一点。随着量刑不公乃至量刑腐败愈加频繁地冲击着公众对司法公正的信任，呼吁限制法官裁量权，建立公正量刑程序的声音也愈加强烈。基于这种背景，检察机关希望通过量刑建议推动控辩双方就量刑展开对抗，增强量刑程序的公正性，从而对法官的量刑裁量权形成制约，最终实现量刑公正。

（二）改革历程和内容

从历史谱系的角度而言，量刑建议的实践其实是应学术界的呼唤而产生并逐渐受到重视的。实际上，将量刑建议作为控方对法官量刑的必要监督体现的主张在20世纪90年代末就已出现。② 随着学者的进一步关注和传统量刑程序弊端的日益突出，量刑建议改革的步伐逐渐加大，并最终得到中央最高司法机关的认同，被视为量刑程序改革的重要组成部分而继续推行。从总体上看，量刑建议改革虽然只是在形式上对现行的公诉方式作出了一些微调整，但却引起了很大争论，并对审判方式产生了深远的影响，其中的一些具体主张和做法仍然值得进一步关注。因此，下文将结合理论界的研究，对量刑建议的改革历程和内容加以分析。

1. 量刑建议的改革历程

从时间上看，2005年以前的量刑建议改革主要是由检察机关发动实施的，其主要动力是检察系统内部不断推进的公诉改革；而2005年以后检察机关重建量刑建议制度的努力，则是以法院量刑程序改革为平台，作为整个量刑程序改革的组成部分而出现的。因此，量刑建议改革基本上可以划分成两个相对独立的时期，并展现出不同的改革偏好。

（1）自发探索阶段（1999—2005年）

自从1996年刑事诉讼法修改后，随着审判方式改革的逐步深入，部分基层检察院就自发开始进行量刑建议改革的尝试。既有资料表明，北京市东城区人民检察院最早于1999年8月就开始试行"公诉人当庭发表量刑意见"，2000年初将其确定为公诉改革的课题之一。③ 其后，各地检察机关纷纷自发跟进，

---

① 甘雨沛、何鹏：《外国刑法学》（上册），北京大学出版社1984年版，第537页。
② 赵力敏、陈建军：《检察官的量刑建议和量刑方法》，载《人民检察》1998年第4期。
③ 李和仁：《量刑建议：摸索中的理论与实践——量刑建议制度研讨会综述》，载《人民检察》2001年第11期。

并在 2002 年左右形成高潮,量刑建议的试点探索呈现多点开花的局势。①

由于量刑建议是在实践中自发产生的新事物,缺乏必要的理论准备,因此在起始阶段,改革的重心主要集中在其正当性等基础理论问题上。围绕量刑建议的性质、价值、法律依据等问题,理论界和实务界进行了长时间的争论和探讨,并就一些重大问题达成了共识。在此时期内,作为检察机关单方面推行的改革活动,量刑建议尚未对现有的刑事审判方式产生实质影响,但作为一种制度尝试,它带来的具体成效却引发了各地检察机关的兴趣并就其程序运作规则进行了初步探索。由于各地自发进行的量刑建议试点工作缺乏统一的规范性文件的指导,因而总体上显得比较混乱,其程序运作也带有明显的地方化色彩。例如,仅在案件范围这一问题上,各地做法就千差万别。广西检察机关主要对适用普通程序(包括普通程序简化审)审理的案件试行量刑建议;江苏部分检察院则将量刑建议的适用范围规定为四类:简易程序案件、普通程序简化审案件、未成年人犯罪案件以及其他事实、定性无争议的案件,② 其他检察院则将适用范围扩展到全部公诉案件;③ 而浙江检察机关适用量刑建议的案件不仅包括事实简单、情节轻微、法定刑幅度较小的案件,而且包括案情复杂、情节严重、法定刑幅度较大的案件,不仅包括一审案件,而且包括上诉、抗诉等二审案件;④ 北京部分检察院则要求对公安机关侦查的案件、可能判处 3 年以下有期徒刑的案件以及普通程序简化审的案件,提出量刑建议。⑤ 尽管如此,这些初步探索仍然为后来的改革提供了宝贵的借鉴思路和参照对象,是整个量刑建议改革不可缺少的财富。

(2) 试点推广阶段(2005 年至今)

经过长时间的摸索和交流,各地检察机关量刑建议试点所取得的成效逐步获得最高人民检察院的关注,如何总结前期各地试点形成的经验并加以推广,促进量刑建议更好地发挥作用的工作开始提上日程。2005 年 6 月,最高人民检察院《关于进一步加强公诉工作强化法律监督的意见》指出,"要在总结一些地方探索量刑建议经验的基础上,进一步积极稳妥地开展量刑建议试点工

---

① 例如,上海检察系统的各级公诉部门在 2002 年开始进行量刑建议试点,江苏省人民检察院 2002 年 3 月在全省公诉工作会议上提出在全省范围内全面试行量刑建议,浙江省则在 2003 年 5 月正式确定由瑞安市人民检察院和宁波北仑区人民检察院试行量刑建议工作,而吉林省、黑龙江省则在 2003 年由部分检察院开展量刑建议工作。参见张国轩:《检察机关量刑建议问题研究》,中国人民公安大学出版社 2010 年版,第 84~99 页。
② 肖玮、李若昕:《量刑建议,不仅防止司法擅断》,载《检察日报》2007 年 3 月 28 日。
③ 符冰森、蔡亮亮:《常州新北:千余量刑建议九成被采纳》,载《检察日报》2006 年 7 月 24 日。
④ 张国轩:《检察机关量刑建议问题研究》,中国人民公安大学出版社 2010 年版,第 111 页。
⑤ 陈卫东主编:《量刑程序改革理论研究》,中国法制出版社 2011 年版,第 282 页。

作。"同年7月，最高人民检察院下发《人民检察院量刑建议试点工作实施意见》，正式将量刑建议列为检察改革项目，并确定了2省（市）、7市（州）、2区检察院为量刑建议试点单位，正式开始了有组织的量刑建议试点推广的工作。与此同时，最高人民法院的《二五改革纲要》提出要制定量刑指导意见，"健全和完善相对独立的量刑程序"，《三五改革纲要》则进一步明确提出"规范自由裁量权，将量刑纳入法庭审理程序"，为落实这些改革计划而进行的规范化量刑活动也为检察机关进一步推进量刑建议改革活动提供了"良好契机"。[①] 总体来看，随着这些文件以及2010年《人民检察院开展量刑建议工作的指导意见（试行）》、《关于规范量刑程序若干问题的意见（试行）》的施行，量刑建议制度终于"被正式确立在我国的司法解释之中，成为未来我国量刑程序的有机组成部分，"[②] 也标志着量刑建议由单纯的试点进入全面推广的新发展时期。

与前一阶段相比，该时期内量刑建议改革对诸如正当性等宏大问题的关注程度有所减弱，转而更为注重量刑建议的具体程序架构问题。这种转变，很大程度上是因为随着试点工作的深入展开，量刑建议的正当性已经被广为接受，尽管仍有质疑以待消解，[③] 但更为重要的问题是如何为量刑建议改革建言献策，逐步完善其程序运作规范。对此，学者们取得了丰富的研究成果，[④] 各地量刑建议工作机制的建设也取得了较好的效果。在具体的程序运作上，各地检察机关通过自发制定的规范性文件，设置了量刑建议工作的具体程序，并加强了与法院系统的有效沟通，确保量刑建议的功能得到最大限度的发挥；在实体规范上，有的检察机关制定了量刑指南以指导量刑建议工作，提高了量刑建议的准确性和可接受性。当然，这些工作机制体现了各地的工作特色，但也不可避免地具有一定的局限性。作为前期试点经验和教训的总结，《人民检察院开

[①] 王琳：《检察机关推进"量刑建议"的良好契机》，载《检察日报》2009年6月5日。
[②] 陈瑞华：《量刑程序中的理论问题》，北京大学出版社2011年版，第158页。
[③] 参见刘春林：《量刑建议——越俎代庖还是公平正义》，载南方网，2010年5月26日最后访问；陈国庆：《关于设立量刑建议制度的探讨》，载《法制日报》2009年10月28日。
[④] 参见陈卫东：《量刑程序改革理论研究》，中国法制出版社2011年版；陈瑞华：《量刑程序中的理论问题》，北京大学出版社2011年版；张国轩：《检察机关量刑建议问题研究》，中国人民公安大学出版社2010年版；汤建国、吴晓蓉：《中国规范量刑指引》，中国人民公安大学出版社2011年版；赵志梅：《量刑程序规范化改革研究》，知识产权出版社2011年版；陈国庆：《关于设立量刑建议制度的探讨》，载《法制日报》2009年10月14日；陈国庆：《关于设立量刑建议制度的探讨》，载《法制日报》2009年10月28日；叶青：《量刑建议工作的规范化改革》，载《华东政法大学学报》2011年第2期；关仕新、陈荣鹏：《从公诉视角看"两个证据规定"和"量刑建议"疑难问题》，载《检察日报》2011年5月29日；李和仁、王渊：《量刑建议的未来之路》，载《检察日报》2009年9月2日；潘金贵：《论量刑建议制度》，载《南京大学法律评论》（秋季卷）2009年第2期。

展量刑建议工作的指导意见（试行）》实现了量刑建议的规范化和统一化，也标志着量刑建议工作走上正轨，成为各级检察机关日常工作的组成部分。

2. 量刑建议的改革内容

纵观十多年的改革历程，围绕如何更好地开展量刑建议工作这一问题，理论界和实务界投入了大量精力，其内容则涉及从基础理论到具体程序规则的多个方面。下文将结合量刑建议改革过程中的一些理论争议及试点实践做简单梳理。

（1）量刑建议的正当性

量刑建议从一出现，就引起了部分学者对其正当性的质疑。这种质疑主要来自两个方面：一是认为量刑建议从属于公诉权，是派生性的，很难说是一种独立的制度、权力；二是认为检察机关开展量刑建议改革不具有法律依据。[①] 这两种质疑都出现在量刑建议工作开展的初期，在很大程度上与人们对该问题的认识有待深化不无关系。对此，笔者认为，首先，公诉权作为一种司法请求权，包括定罪请求权和量刑请求权两部分。因此，公诉请求必然包含确认罪名和决定刑罚两部分，检察院请求法院认定案件事实和犯罪罪名，是在行使定罪请求权；请求法院确定刑罚及其执行方式，则是行使量刑请求权。绝不能将两者割裂开来，认为前者是一种权力而否定后者。事实上，量刑建议也是公诉权的内在组成部分和应有之义，是派生于公诉权但又相对独立的制度和权力。其次，在我国现行的法律体系内，检察机关提出量刑建议符合有关法律的精神。1996年刑事诉讼法第160条规定，公诉人等可以"对证据和案件情况发表意见并且可以互相辩论"；《人民检察院刑事诉讼规则》第281条规定，起诉书应当包括"起诉的根据和理由，包括被告人触犯的刑法条款、犯罪的性质、法定从轻、减轻或者从重处罚的条件"；《关于执行〈中华人民共和国刑事诉讼法〉若干问题的解释》第160条规定，"合议庭认为本案事实已经调查清楚，应当由审判长宣布法庭调查结束，开始就全案事实、证据、适用法律等问题进行法庭辩论。"从这些规定来看，检察机关提出量刑建议，完全可以理解为是对适用法律发表公诉意见。客观地说，现有法律确实尚未明确量刑建议的问题，而根据有关立法和司法解释的相关表述，又可以推导出提出量刑建议是检察机关履行公诉职能的题中之义，这可能是导致争论产生的原因所在。考虑到这种因素，《人民检察院开展量刑建议工作的指导意见（试行）》确认了量刑建议是检察机关公诉权的一项重要内容，《关于规范量刑程序若干问题的意

[①] 李和仁：《量刑建议：摸索中的理论与实践——量刑建议制度研讨会综述》，载《人民检察》2001年第11期。

见（试行）》则赋予了检察机关就公诉案件提出量刑建议的权力，从而使对量刑建议正当性的质疑基本上烟消云散。

（2）量刑建议的提出时间和方式

对于检察机关如何提出量刑建议即量刑建议在何时以何种方式提出，各地的做法略有差异，学术界也有不同的认识。就提出时间来看，有些地方的检察机关对适用简易程序的案件，在提起公诉时将量刑建议书和起诉书一起移送法院；对其他案件，公诉人在发表公诉意见时，综合阐述庭审中的有关情节后再当庭提出量刑建议。也有一些检察机关允许在多个时段提出量刑建议，如江苏省各地检察机关提出量刑建议主要有四种方式：一是庭审发表公诉意见时提出；二是采用庭前与法院承办人交换意见的方式提出；三是法庭辩论阶段提出；四是庭后协调或者列席法院审判委员会时提出。[①] 学术界的看法也是异彩纷呈，有人认为应当在起诉书中即提出具体的量刑建议；[②] 也有人认为应当在公诉人出庭支持公诉时即在法庭辩论阶段提出；[③] 还有人认为应当在庭后提出。[④] 当然，也有部分学者主张根据适用程序的不同确定量刑建议的提出时间。[⑤] 与此相对应，量刑建议的提出方式主要有两种，即书面形式（在起诉书中写明或单独制作量刑建议书）和口头形式。[⑥]

仔细分析可以发现，量刑建议的提出时间和提出方式之间存在着互相对应的密切联系。一般而言，在提起公诉时提出量刑建议往往会采取书面方式，即将单独制作的量刑建议书连同起诉书一并移送法院或采取量刑建议和起诉书一体化的方式，直接在起诉书中写明量刑建议，而在发表公诉意见时提出量刑建议往往采用口头方式。对于这一问题，《人民检察院开展量刑建议工作的指导意见（试行）》第 18 条根据检察院是否派员出席法庭对量刑建议的提出时间进行了区分，对于不派员出席法庭的简易程序案件，检察机关必须在提起公诉时就提出量刑建议；但对于派员出席法庭的案件，检察机关一般应在提起公诉

---

① 张国轩：《检察机关量刑建议问题研究》，中国人民公安大学出版社 2010 年版，第 277~282 页。

② 陈国庆：《关于设立量刑建议制度的探讨》，载《法制日报》2009 年 10 月 14 日；佟齐：《量刑建议提起方式问题研究》，载《中国检察官》2008 年专刊，第 216 页。

③ 汪建成：《专家学者纵谈"量刑建议制度"》，载《检察日报》2001 年 10 月 2 日；张金锁：《量刑建议应全面推行》，载《检察日报》2008 年 4 月 3 日。

④ 秦奕明：《量刑建议存在的必要性及可行性》，载《法治快报》2008 年 5 月 6 日。

⑤ 宋英辉：《专家学者纵谈"量刑建议制度"》，载《检察日报》2001 年 10 月 2 日；潘金贵：《论量刑建议制度》，载《南京大学法律评论》（秋季卷）2009 年第 2 期；肖玮、李若昕：《量刑建议，不仅防止司法擅断》，载《检察日报》2007 年 3 月 28 日。

⑥ 李和仁等：《量刑纳入庭审程序后检察机关如何推行量刑建议制度》，载《人民检察》2009 年第 17 期。

时就提出量刑建议，言外之意就是如果有特殊情况，可以不必在提起公诉时就提出量刑建议。这种规定为检察机关在其他时间提出量刑建议预留了巨大的变通空间，但也可能削弱该条规定的执行效力，因为它并没有进一步明确何为特殊情况以及提出量刑建议的具体时间。《关于规范量刑程序若干问题的意见（试行）》对此进行了修正，确定了在起诉时提出为主、在出庭支持公诉时提出为辅的方式，增加了量刑建议提出的灵活性，使之更符合实践的需求。在提起方式上，《关于规范量刑程序若干问题的意见（试行）》则沿用了《人民检察院开展量刑建议工作的指导意见（试行）》的规定，要求量刑建议的提出应当遵循以量刑建议书为主、以口头方式为辅的原则。

（3）量刑建议的范围

量刑建议的范围是指哪些案件可以提出量刑建议。这涉及两个问题：第一，是否包括自诉案件在内的所有案件都可以提出量刑建议，这涉及量刑建议的性质认定问题。有观点认为，量刑建议是包括控辩双方在内的诉讼主体都享有的权利，控诉机关、被告人及其辩护人、被害人及其法定代理人向法庭陈述其有关量刑的意见及理由本身就是在行使量刑建议权。① 因此，所有案件都可以提出量刑建议。但更多的人主张量刑建议只是一种公权力，只能由检察机关在公诉案件中提出。对于这一争议，《人民检察院开展量刑建议工作的指导意见（试行）》和《关于规范量刑程序若干问题的意见（试行）》都明确规定，检察机关有权对公诉案件提出量刑建议，《关于规范量刑程序若干问题的意见（试行）》还进一步将辩方在量刑程序中发表的有关量刑的看法和理由称为"量刑意见"，将其同检察机关提出的量刑建议明确地区分开来，体现了量刑建议是检察机关一项权力的主张。第二，是否所有公诉案件都应当提出量刑建议，这涉及检察机关是否享有裁量权的问题。有观点认为量刑建议应当是一种义务，检察机关应当在所有公诉案件中都提出量刑建议，② 反对意见则认为量刑建议既然是一种权力，检察机关自然可以根据情况决定是否提出建议。比如，有的人主张普通程序可以提量刑建议，简易程序则不必提量刑建议，③ 还有的人认为被告人认罪的案件可以提量刑建议，被告人不认罪的案件最好不要提量刑建议。④ 实践中各地检察机关提出量刑建议的案件范围也各有不同。实际上，量刑建议作为一项权力，具有若干具体细化的职责，如检察机关需要依

---

① 李和仁：《量刑建议：摸索中的理论与实践——量刑建议制度研讨会综述》，载《人民检察》2001 年第 11 期。
② 徐清：《小议检察机关量刑建议权》，载《犯罪研究》2005 年第 4 期。
③ 王顺安、徐明明：《检察机关量刑建议权及其操作》，载《法学杂志》2004 年第 5 期。
④ 樊崇义、杜邈：《检察量刑建议程序之构建》，载《国家检察官学院学报》2009 年第 5 期。

据职权查明量刑事实和相关证据。这些职责与义务有所不同。如果把量刑建议作为一项义务,尤其是在前面加上"应当"、"必须"这样的义务性用语,在司法运作中将导致很多问题。事实上,检察机关对于是否提出量刑建议享有一定的裁断权,在一些新型案件或者争议较大的案件中,检察机关往往并不提出量刑建议。对此,《人民检察院开展量刑建议工作的指导意见(试行)》第3条规定,检察院对于公诉案件可以提出量刑建议,明确了检察机关享有自由裁量权;《关于规范量刑程序若干问题的意见(试行)》也进一步延续了这种做法。

(4) 量刑建议的内容

在传统的公诉实践中,检察机关对量刑意见的表述相当模糊,往往只是表达一种倾向性意见,如应当从轻处罚、从重处罚之类。在量刑程序改革过程中,将量刑建议的内容明确化、具体化成为共识,但对于应当明确具体到什么程度仍然存有争议。主要有两种意见,即绝对确定的量刑建议和相对确定的量刑建议。所谓绝对确定的量刑建议是指检察机关提出的量刑意见应当是确定的刑罚,不存在刑罚的幅度,应当非常具体和明确,类似法官最终裁量的刑罚。[①] 所谓相对确定的量刑建议是指检察机关在法定刑幅度内提出具有一定幅度但又小于法定刑幅度的量刑建议。客观地说,要求检察机关在所有案件中都提出绝对确定的量刑建议比较困难,一方面我国刑法立法对刑罚幅度的规定过于宽泛,另一方面检察机关未必能全面掌握量刑信息,庭审中也可能发现新的量刑事实,一旦法院不采纳量刑建议,有可能"挫伤检察官提出量刑建议的积极性,而且会影响量刑建议的严肃性和权威性,从而可能动摇量刑建议制度存在的基础"。[②] 从实践情况来看,相对明确的量刑建议在一定程度上为法官的自由裁量权预留了空间,也有助于提高量刑建议的可接受性,但又无法适用于部分法律明确规定有绝对确定刑罚的案件。综合而言,量刑建议在大多数案件中应当以相对确定的方式提出,在部分有绝对确定刑罚的案件中可以以绝对确定的方式提出。很多学者也赞同这种处理方式,[③]《人民检察院开展量刑建议工作的指导意见(试行)》就主要采取了这种做法,并对法定刑范围内的量

---

① 王军、吕卫华:《关于量刑建议的若干建议》,载《国家检察官学院学报》2009年第5期。
② 徐汉明、胡光阳:《我国建立量刑建议的基本构想》,载《华中科技大学学报(社会科学版)》2008年第5期。
③ 朱孝清:《论量刑建议》,载《中国法学》2010年第3期。

刑建议幅度作出了相对明确的规定；①《关于规范量刑程序若干问题的意见（试行）》也要求检察机关提出量刑建议一般应当具有一定的幅度。

（三）评论与分析

一项改革能够得以兴起并推进，大抵是因为既有制度存在重大缺憾，导致其对社会需求无法及时响应，因而便有革旧鼎新之必要。近些年我们所进行的刑事司法改革，如审判方式改革、死刑核准权上收、两个证据规定的出台等莫不如此。就量刑建议而言，检察机关积极推进的原因，一则希望通过公诉改革，探索完善检察权的行使方式，一则希望制约法官的量刑裁量权，实现量刑公正。随着量刑建议在全国各地的大量实践以及量刑程序改革不断走向深入，在如何更好地推动量刑建议的实践这一中心议题下，各地司法实务部门和理论界都展开了卓有成效的探讨，并在一系列重大问题上形成了共识。例如，对于量刑建议权的地位和性质问题，目前都认为量刑建议权是公诉权的组成部分，是一种程序性的司法请求权，并不会侵害到法院的审判权；② 对于量刑建议的价值，尽管也有人谨慎地认为不必夸大，③ 但普遍认为量刑建议有助于保障辩护权，深化控辩对抗，构建更为合理的诉讼结构，能够在实现诉讼公正的同时

---

① 《人民检察院开展量刑建议工作的指导意见（试行）》第5条规定："除有减轻处罚情节外，量刑建议应当在法定量刑幅度内提出，不得兼跨两种以上主刑。（一）建议判处死刑、无期徒刑的，应当慎重。（二）建议判处有期徒刑的，一般应当提出一个相对明确的量刑幅度，法定刑的幅度小于3年（含3年）的，建议幅度一般不超过1年；法定刑幅度大于3年小于5年（含5年）的，建议幅度一般不超过2年；法定刑的幅度大于5年的，建议幅度一般不超过3年。根据案件具体情况，如确有必要，也可以提出确定刑期的建议。（三）建议判处管制的，幅度一般不超过3个月。（四）建议判处拘役的，幅度一般不超过1个月。（五）建议适用缓刑的，应当明确提出。（六）建议判处附加刑的，可以只提出适用刑种的建议。对不宜提出具体量刑建议的特殊案件，可以提出依法从重、从轻、减轻处罚等概括性建议。"

② 李和仁：《量刑建议：摸索中的理论与实践——量刑建议制度研讨会综述》，载《人民检察》2001年第11期；姜伟、卞森、龙宗智：《解读"量刑建议"》，载《检察日报》2002年11月14日；潘金贵：《论量刑建议制度》，载《南京大学法律评论》（秋季卷）2009年第2期。当然，也有人认为被害人在量刑程序中也享有量刑建议权。参见黎伟文、卢传新：《被害人量刑建议权研究》，载《人民检察》2008年第22期。

③ 持这种主张的人认为量刑建议虽有一定的必要性，但不必在所有案件中都推行，对于量刑建议的意义不宜夸大。如果全面推行量刑建议，会使检察官全能化，造成的局面是全面的检察官司法。参见张建伟：《怎样看待量刑建议》，载《检察日报》2001年9月7日。当然，除了这种比较谨慎的质疑之外，还有人直接否定量刑建议的价值，反对在公诉案件中提出量刑建议。参见李和仁：《量刑建议：摸索中的理论与实践——量刑建议制度研讨会综述》，载《人民检察》2001年第11期；曹振海、宋敏：《量刑建议制度应当缓行》，载《国家检察官学院学报》2002年第4期；张飞：《量刑建议应慎用》，载《江苏经济报》2004年10月18日。

兼顾到诉讼效率的要求。① 这些共识消除了量刑建议在理论上带给人们的疑惑，为量刑建议的实践扫清了观念上的障碍。事实证明，伴随着一系列重大理论问题的澄清，量刑建议改革也愈加走向纵深。随着《人民检察院开展量刑建议工作的指导意见（试行）》和《关于规范量刑程序若干问题的意见（试行）》两个规范的颁布，量刑建议工作进一步走向了规范化和统一化，成为量刑程序改革的重要组成部分。

但是，这并不意味着量刑建议工作已经走上了康庄大道。虽然长达数十年的探索已经让我们在理论和制度层面解决了量刑建议的正当性等基础性问题，然而对于量刑建议的具体程序规则及其制度后果等问题，我们仍然需要谨慎应对。尽管《人民检察院开展量刑建议工作的指导意见（试行）》和《关于规范量刑程序若干问题的意见（试行）》构建了基本完善的量刑程序运作的规范体系，但各地的量刑建议实践仍然存有诸多问题以待解决。② 不独如此，我们还需要结合实践效果，对量刑建议的制度设计及其发展方向等关键性问题加以剖析，以期推动量刑建议更好地向前发展。

1. 量刑建议与量刑程序

正如学者所指出的，"刑事诉讼程序的设计和运行本质上是一项复杂的系统工程"③，各具体制度作用的发挥不仅取决于其自身的制度设计，而且还取决于其与相关制度的协调性。因此，对量刑建议的研究必然需要慎重考虑其与相关配套制度特别是量刑程序模式之间的关系，因为量刑程序如何运作不仅影响着其与量刑建议的衔接方式，而且决定着量刑建议能在何种程度上实现其制度功效。

在量刑程序模式的构建上，目前各界均认可量刑程序应当具有独立性，④

---

① 陈光中等：《专家学者纵谈"量刑建议制度"》，载《检察日报》2001年10月2日；姜伟、卞建林、龙宗智：《解读"量刑建议"》，载《检察日报》2002年11月14日；冀祥德：《量刑建议权的理论基础与价值基础》，载《烟台大学学报（哲学社会科学版）》2004年第3期；潘金贵：《论量刑建议制度》，载《南京大学法律评论》（秋季卷）2009年第2期；李和仁等：《量刑纳入庭审程序后检察机关如何推行量刑建议制度》，载《人民检察》2009年第17期。

② 例如，量刑建议工作的共识仍然有待进一步增强，部分检察人员对量刑建议重视不够，部分法官对量刑建议支持不够；量刑建议工作的制度不够完善，缺乏整体协调性；量刑建议与规范量刑尚未有效衔接，影响量刑建议功效的充分发挥；量刑标准暂时难以统一，导致量刑建议的质量有待提升。参见叶青：《量刑建议工作的规范化改革》，载《华东政法大学学报》2011年第2期；关仕新、陈荣鹏：《从公诉视角看"两个证据规定"和"量刑建议"疑难问题》，载《检察日报》2011年5月29日。

③ 陈卫东：《刑事诉讼法学的系统论倾向》，载《法商研究》2005年第1期。

④ 陈瑞华：《论量刑程序的独立性——一种以量刑控制为中心的程序理论》，载《中国法学》2009年第1期。

但对于量刑程序能够独立到何种程度却存在争议,其焦点则在于如何设置不认罪案件的量刑程序。① 《关于规范量刑程序若干问题的意见(试行)》总体上确立了相对独立的量刑程序模式,即在维持现有的定罪与量刑程序不分的状况下,突出量刑程序的重要性,在法庭调查和法庭辩论阶段分别设置独立的定罪和量刑环节,无论是认罪案件还是不认罪案件都适用这种程序。与此相对应,大部分学者主张根据被告人认罪与否,分别适用相对独立的量刑程序与绝对独立的量刑程序,即对于认罪案件,定罪阶段的主要任务是查明认罪的自愿性,在简短的定罪阶段结束之后直接转入量刑程序,在定罪与量刑两个环节之间,庭审无须中断;对于不认罪案件,定罪与量刑实行隔离式的分开,先进行定罪问题的审理,只有法院认定有罪的案件才进行后续的量刑程序,如果法院认定无罪,审判程序直接终结。②

在相对独立的量刑程序下,由于量刑程序和定罪程序并未在制度操作上实现完全隔离,因此量刑建议只能在提起公诉时提出,或者在发表公诉意见时提出。这种做法的优势在于便于检察官根据庭审情况及时调整量刑建议,从而保证量刑建议的针对性和准确性,但其缺陷则在于在被告人是否有罪尚未得到确认的情况下,量刑活动的进行显得名不正、言不顺,无论在何时提出量刑建议都容易引发逻辑上的混乱,削弱量刑建议作为一种制度存在的正当性。这种情况在被告人不认罪或者辩护人作无罪辩护的案件中表现的最为突出。因为通常而言公诉人在法庭确认公诉指控的罪名成立之后提出量刑建议并由法官确定最终刑罚才符合一般的逻辑常识,在被告人是否有罪尚未确定的情况下就提出量刑建议甚至展开量刑活动无疑与这种逻辑常识相悖。在完全独立的量刑程序中,只有在合议庭认定被告人有罪后量刑程序才能启动,由控辩双方提出量刑意见,并围绕量刑意见进行举证、质证和辩论。③ 由于定罪与量刑之间存在客观上的制度间隔,而且被告人的罪名已经得到确认,检察机关提出量刑建议是顺理成章之举,符合只有定罪才能量刑的诉讼规律,避免无罪案件再进行毫无意义的量刑答辩,也有利于检察机关提出量刑建议,消解有关争论。因此,在目前定罪程序和量刑程序尚未完全分离的情况下,量刑建议无论在何时提出都存在合理性但也无法避免争议,如果能够彻底实现量刑程序的独立,那么不仅有关量刑建议具体操作方式上的争论能够得到自然平息,而且有助于增强量刑

---

① 有学者认为这是制约量刑程序改革的瓶颈问题,并就如何认识和化解这个瓶颈问题提出了对策。参见陈卫东:《量刑程序改革的一个瓶颈问题》,载《法制资讯》2009 年第 5 期。
② 陈卫东:《论隔离式量刑程序的改革——基于芜湖模式的分析》,载《法学家》2010 年第 2 期。
③ 参见陈国庆:《关于设立量刑建议制度的探讨》,载《法制日报》2009 年 10 月 14 日。

建议的正当性。笔者认为,目前推行相对独立的量刑程序,其基本出发点是希望在现有司法体制的框架内,通过程序微调逐步实现改革的目的。这是一种相对保守却足够稳妥的方案,但从长远来看,比较理想的方式是实现量刑程序和定罪程序的完全分离。这不仅能够增强量刑程序本身的正当性,而且能够为量刑建议提供合理的运行空间,更好地促进其作用的发挥。

2. 量刑建议与量刑信息

量刑建议的制度价值之一是制约法官的自由裁量权,实现量刑公正。但这一价值的实现,取决于量刑建议自身的准确性以及法官对量刑建议的采纳程度。在实践中,由于法院对量刑建议的采纳率通常高达80%甚至90%以上,① 检察机关的量刑建议已经对法官的量刑决策起到了重要的影响作用,通常量刑建议越重,法官的量刑结果也越重,反之亦然。② 因此,量刑建议的准确性直接决定了量刑结果的公正度,而量刑建议是否准确又依赖于检察机关所掌握的有关被告人人身危险性、再犯可能性等具体人格信息是否全面。只有尽可能保证与被告人相关的量刑信息的全面性,检察机关才能提出符合实际的量刑建议。但是,目前诸多量刑程序规范的设计,都是"围绕着规范'量刑信息对量刑结果的影响'而展开的",③ 量刑信息则有意或无意地被忽略了。由于检察机关更多地依靠案卷材料获取量刑信息,即便去调查核实量刑情节,也多局限于对卷宗所记载的量刑情节的简单确认,再加上检察机关固有的追诉倾向,因而量刑建议在中立性、准确性、完整性等方面都存在缺陷。④ 因此,从最大限度地保障量刑建议的全面性和准确性的角度考虑,应当确立量刑调查制度和证据展示制度,扩大量刑信息的来源,为检察机关获取充足的量刑信息提供制度保障,摆脱对案卷材料所记载信息的依赖,获取案卷笔录所无法容纳的量刑事实,特别是那些为犯罪行为过程所不能包容的量刑信息,从而促进检察机关作出更为准确的量刑建议。

整体上看,检察机关对量刑建议的关注,更多地是从裁判结果控制的角度展开,对作为量刑建议基石的量刑信息的调查几乎没有给予足够的重视。事实上,量刑信息的调查不仅关乎"独立"量刑程序的存在价值,而且直接决定

---

① 陈瑞华:《论量刑建议》,载《政法论坛》2011年第2期。
② 邹开红:《追求量刑公正——北京市东城区检察院试行量刑建议制度探索》,载《检察日报》2001年8月3日。
③ 陈瑞华:《论量刑信息的调查》,载《法学家》2010年第2期。
④ 陈瑞华:《量刑程序中的理论问题》,北京大学出版社2011年版,第167~174页。

量刑建议的生命力。从各国立法来看，确立量刑调查制度已成为一种通例，①部分国际条约也对此加以确认。② 相比之下，我国却仅在未成年人犯罪案件中确立了量刑信息调查制度，③ 对于成年罪犯适用的量刑信息调查制度却长期付诸阙如。由于有限的量刑调查制度在实践中出现了较多问题，④ 尽管有些地方已经开始尝试在成年人刑事案件中适用该制度，⑤ 但新近颁布的《关于规范量刑程序若干问题的意见（试行）》仍然采取了保守的态度，最高人民检察院关于量刑建议的制度设计对量刑调查制度也只字未提。虽然《人民检察院开展量刑建议工作的指导意见（试行）》要求检察机关提出量刑建议应当首先查清各种法定从重、从轻、减轻等量刑情节以及重要的酌定从重、从轻等量刑情节，《关于规范量刑程序若干问题的意见（试行）》也强调侦查机关、人民检察院应当依照法定程序，收集能够证实犯罪嫌疑人、被告人犯罪情节轻重以及其他与量刑有关的各种证据，但这仍然只是对检察机关搜集证据义务的单纯强调，实践中检察机关由于面临案多人少的压力，很少主动对量刑信息进行全面调查。笔者认为，从促进量刑建议制度功能的发挥、深化控辩对抗、构建更为合理完善的诉讼结构以及提高法庭审判实质化的角度出发，应当考虑建立量刑信息调查制度，为增强量刑建议的全面性和准确性提供制度支撑。

在目前的制度设计下，控辩双方是法庭最主要的量刑信息搜集者。受追诉地位的影响，检察官往往倾向于搜集对被告人不利的量刑信息，据此提出的量刑建议也仅仅是其一家之言，反映了检察官对量刑事实的有限认识。由于量刑裁判对量刑建议的极度依赖，法官量刑决策的公正性及合理性必然会因量刑建

---

① 例如，在美国，旨在为法庭提供有关被告人个人基本情况及犯罪前后表现等信息的量刑前调查报告制度在1980年已经得以制度化。参见高一飞：《论量刑调查制度》，载《中国刑事法杂志》2008年第5期。英国2003年的《刑事司法法》规定，法庭在判处监禁刑、小区刑时必须获得量刑前报告，法庭有责任获得并考虑量刑前报告。法国1958年《刑事诉讼法》第81条规定，预审法官应当对被告人的人格、家庭、社会状况进行调查。

② 例如，我国于1991年加入的《联合国少年司法最低限度标准规则》就规定，所有案件除涉及轻微违法行为的案件外，在主管当局作出判决前的最后处理之前，应对少年生活的背景和环境，或犯罪的案件进行适当的调查，以使主管当局对案件作出明智的判决。

③ 最高人民法院于2001年4月12日开始施行的《关于审理未成年人刑事案件的若干规定》第21条规定，开庭审理前，控辩双方可以分别就未成年被告人性格特点、家庭情况、社会交往、成长经历以及实施被指控犯罪前后的表现等情况进行调查，并制作书面材料提交合议庭。必要时，人民法院也可以委托有关社会团体组织就上述情况进行调查或自行进行调查。

④ 李玉萍：《程序正义视野中的量刑活动研究》，中国法制出版社2010年版，第244～247页；杨飞雪：《刑事案件社会调查制度研究》，载《人民司法》2009年第2期；赵志梅：《量刑程序规范化改革研究》，知识产权出版社2011年版，第186～195页。

⑤ 刘鹏：《人格调查报告成量刑参考，市南法院启用调查制度》，载《半岛都市报》2007年10月19日。

议的局限性而受到削弱。为了尽量避免这种弊端,立法者已经做出了制度努力。《关于规范量刑程序若干问题的意见(试行)》允许当事人、辩护人、诉讼代理人提出量刑意见,并就此说明理由;《人民检察院开展量刑建议工作的指导意见(试行)》不仅要求检察官应当提出公正的量刑建议,而且要在法庭上同辩方进行量刑质证,甚至还赋予检察官根据庭审情况对不当量刑建议的变更权。① 但是,这些制度举措并不足以降低量刑建议的局限性。一方面,当事人等提出的量刑意见表面上看来和量刑建议对法院的量刑裁决具有平等的影响力,都是法院形成量刑裁决的依据和参考,但事实上,"检察机关在庭审前所提出的量刑建议,已经成为法院改变固有成见、广泛接受量刑信息的障碍。"② 当事人、辩护人和诉讼代理人所提出的量刑意见通常并不为法官所接受,即便案件还存在其他重要量刑信息,即便辩方提出一系列新的量刑酌定情节,法官都很难对此给予认真考虑。另一方面,检察官在多数案件中往往通过快速宣读案卷的方式出示量刑证据,法庭以书面的、间接的方式对这些信息进行审查和接纳,辩方无力通过举证和质证挑战控方的量刑建议,有关量刑的庭审程序犹如戏剧表演,其过程和结局早有定论。更令人担忧的是,由于各种因素的限制,"公诉人一经提出量刑建议,势必就会坚持到底",导致公诉人对不当量刑建议的变更权实质上陷入空谈。

考虑到这些因素,从进一步保证量刑建议质量的角度而言,必须从源头上消除影响法官量刑裁决出现偏差的因素,即尽量保证作为量刑建议基础的量刑信息具有客观性和全面性。但是,既有的量刑程序改革措施都无法为此提供制度保障。唯一的出路在于,在检察机关提出量刑建议之前,由控辩双方进行证据展示,通过交换量刑信息促进量刑事实得以全面完整地披露,保证量刑建议能够全面、客观地体现刑罚个别化的要求。有学者亦指出,"量刑建议对庭前证据展示要求相当迫切,因为没有证据展示,没有全面的掌握被告方证据,控方的量刑建议就不可能建立在完整科学的基础之上。"③ 笔者认为,应当在量刑程序改革促进既有审判方式进行重大调整的背景下,对证据展示的制度价值进行重新评估,争取通过立法予以确立,充分发挥证据展示制度在定罪和量刑问题上所具有的独到作用。

---

① 参见最高人民检察院《人民检察院开展量刑建议工作的指导意见(试行)》第2条、第13条、第14条、第18条。
② 陈瑞华:《论量刑信息的调查》,载《法学家》2010年第2期。
③ 李和仁:《量刑纳入庭审程序后检察机关如何推行量刑建议制度》,载《人民检察》2009年第17期。

3. 量刑建议与量刑辩护

按照制度设计的初衷，量刑建议可以使控辩双方就具体量刑问题进行争辩，有助于增强对抗性，深化庭审方式改革，① 但现实表明这种设想可能已经落空。既有的实践数据显示，各地法官对量刑建议的采纳率都高达 80% 乃至 90%，最高的甚至达到了 98%。② 显然，如果控辩双方在量刑问题上真正进行了对抗，那么如此之高的量刑建议采纳率是不可想象的。这表明，在量刑建议和量刑辩护对量刑裁决影响力的对比上，量刑建议占据了绝对的优势地位，法官的量刑裁决基本上对量刑建议的内容全盘接纳。当然，在最高人民法院看来，量刑建议同当事人等提出的量刑意见在法律效力上并不存在实质性的差异，两者都只是法官作出量刑决策的参考。但如此之高的量刑建议采纳率再清楚不过地表明辩方在大多数场合都无法有效地影响量刑裁决，在量刑建议和量刑辩护之间，法官基本上"一边倒"地接受了检察机关的主张，在庭审方式尚未发生实质变化的当下，法庭关于量刑问题的审理也难免流于形式。

按照学者的分析，量刑辩护难以对抗量刑建议，对法官的量刑决策形成实质影响的原因是多方面的，③ 但畸高的量刑建议采纳率却对本来稳定的三方诉讼结构造成了现实的冲击。量刑辩护效果的弱化甚至虚化意味着控辩平衡的诉讼均势被打破，辩方无法同控方进行真正意义上的对抗。尽管量刑程序在理念上以行为人为中心，控辩双方在一定程度上需要合作，④ 但适度的对抗仍然不可或缺，辩方对抗能力的下降意味着两造对立的庭审结构出现了实质性坍塌，法庭审理可能逐渐异化为单纯的行政治罪程序。因此，要实现量刑公正，就必须在注重量刑建议功能发挥的同时，更加重视对量刑辩护的支持和保障。特别是在量刑建议采纳率极高的情况下，如果量刑辩护的力度无法得到强化，那么

---

① 陈光中等：《专家学者纵谈"量刑建议制度"》，载《检察日报》2001 年 10 月 2 日。
② 根据媒体报道，甘肃白银平川区检察院 2009 年 1 月至 6 月对 79 起案件的 106 人提出量刑建议，采纳率为 98%；广东全省法院共试行案件 8121 件，对检察机关量刑建议的采纳率为 93.32%；2008 年成都某区检察院向法院提出量刑建议 16 件，法院采纳了 15 件，采纳率为 93.75%；2009 年 6 月，重庆市检察机关共提出量刑建议 2924 件，法院作出判决的 2589 件中，采纳量刑建议 2252 件，采纳率高达 80% 以上；2007 年，江苏扬州某区检察院提出量刑建议 448 件，法院采纳率为 92%；2009 年 1 月至 9 月，湖南株洲检察机关共对 819 件案件提出量刑建议，采纳率达 93.47%。参见李郁军、马君：《甘肃白银平川：量刑建议采纳率 98%》，载《检察日报》2009 年 6 月 4 日；邓新建等：《广东法院率先联合出台量刑程序指导意见实现两大突破——试行半年逾九成量刑建议被采纳》，载《法制日报》2010 年 8 月 5 日；《量刑建议让被告人心里有了底》，载《检察日报》2010 年 1 月 4 日；王青山：《检察院探索量刑建议引争议：是监督还是侵权》，载《四川日报》2009 年 3 月 26 日；张国卫等：《浙江宁波市北仑区检察院 4637 个量刑建议九成采纳》，载《检察日报》2009 年 6 月 3 日。
③ 陈瑞华：《论量刑建议》，载《政法论坛》2011 年第 2 期。
④ 汪建成：《量刑程序改革中需要转变的几个观念》，载《政法论坛》2010 年第 2 期。

我们承寄在量刑建议上的一系列制度价值注定都会成为镜花水月。

正是意识到这种潜在风险，《人民检察院开展量刑建议工作的指导意见（试行）》和《关于规范量刑程序若干问题的意见（试行）》都不约而同地强调控辩双方应就量刑问题进行对抗，并试图增强辩方的对抗能力。《人民检察院开展量刑建议工作的指导意见（试行）》规定，公诉人应当在法庭上出示量刑证据，并就辩方提出的量刑证据进行质证；《关于规范量刑程序若干问题的意见（试行）》亦规定，控辩双方可以围绕量刑问题进行辩论，发表量刑建议或意见，并说明理由和依据；2012年通过的《刑事诉讼法修正案》也强调控辩双方应当在庭审中对与量刑有关的事实、证据进行调查和辩论。而为了增加辩方力量，《关于规范量刑程序若干问题的意见（试行）》还特意扩大了法律援助的范围，专门规定对于被告人不认罪或者对量刑建议有争议的案件，被告人没有委托辩护人的，法院可以通过法律援助机构指派律师为其提供辩护。这些规定在很大程度上突破了刑事诉讼法所规定的法律援助的范围，对于促进量刑辩护的发展、增加量刑程序的公正性具有积极意义。但是，上述规定自身也存在固有缺陷。首先，就规范本身来说，上述条文仅规定法院指定辩护只是"可以"而非"应当"，其法律约束力和强制性并不是很强，而且缺乏制裁条款，对于被告人不认罪或对量刑建议有争议而被告人未委托辩护人的案件，法院没有指定律师辩护的情形应当如何处理，该条文并未提供应对之策。因此，在整个刑事审判方式尚未发生实质性转变的情况下，上述条文能否落到实处，提高辩方对抗能力进而增加对抗性仍然有待观察。其次，就实际运作来说，即便法院提供了法律援助，但指派的律师能否真正履行量刑辩护职能，实现有效辩护依然是未解之谜。在辩护质量集体低下的情况下，仅仅强调通过法律援助增强辩方力量的做法无疑有些不切实际。但无论如何，该规定向着控辩平等的道路迈出了积极的步伐，后续立法能否对此进一步完善值得期待。

（四）立法评析及完善建议

1. 对修改后刑事诉讼法有关规定的评论

基于各地量刑建议试点和量刑程序改革的实际情况以及理论界就相关问题达成的共识，2012年刑事诉讼法开始有意识地对定罪、量刑程序进行分离，要求庭审过程中对与定罪、量刑有关的事实、证据都应当进行调查和辩论。相比于前两部刑事诉讼法的规定，2012年修改后的刑事诉讼法强调了量刑问题在庭审中的重要性，并试图通过定罪和量刑的适当分离改革现有庭审方式，促进刑事审判朝着更为公开、公正的方向发展。但是，与当前各地在量刑建议和量刑程序改革等问题所取得的成效相比，修改后刑事诉讼法的规定却又失之简单，回避了改革中的有关争议，未能充分吸收各地试点所积累的经验，构建起较为规范、科学的定罪、量刑模式，为量刑建议的适用乃至量刑程序的完善提供制度平台。比如，修改后刑事诉讼法只是规定应当对与定罪、量刑有关的事实和证据进行调查和辩论，但是，对于如何进行调查和辩论却没有进一步规定。对于定罪程序和量刑程序的关系如何界定、定罪活动和量刑活动如何具体开展等问题，修改后刑事诉讼法都没有给出明确的答案，而这些问题又直接关系到如何贯彻、落实修改后刑事诉讼法的规定。因此，这种较为简单的立法条款并不能为量刑程序改革和量刑建议提供一个具有普遍意义的操作规范，进而可能导致各地在实践中各行其是，带来种种意想不到的问题。

作为量刑程序的重要一环，量刑建议对于完善既有庭审方式、促进程序公正都具有积极意义。从量刑建议的角度而言，修改后刑事诉讼法要求对量刑问题进行调查、辩论确实为量刑建议发挥其制度功能创造了适用空间，但同时，对于量刑建议的具体程序设置以及量刑建议的实体效力等事关量刑建议制度功效发挥的问题，修改后刑事诉讼法同样也未能作出进一步规范，量刑建议仍旧可能面临质疑。从这一点来说，修改后刑事诉讼法仍有完善的空间。

2. 完善有关量刑建议的立法规定

总体上说，2012 年刑事诉讼法在量刑问题改革上走出了关键一步，但在量刑建议问题上却没有及时吸收过去一段时期内量刑建议工作所形成的成熟经验，推动量刑建议制度更好地发挥作用。就此而言，笔者认为应当明确检察机关享有量刑建议权，并就关键问题作出规定。

检察机关提出量刑建议的性质曾经引起争论，但通说认为量刑建议是检察机关公诉权的有机组成部分，是检察机关享有的一项权力，有关司法解释也对此予以确认，但尚未上升到法律层面。因此，应当在立法上明确检察机关享有量刑建议权，可以对公诉案件提出量刑建议。同时，鉴于在量刑建议的程序操作规则中，量刑建议的时间、方式与幅度是最主要的问题，应当在立法中对此予以规定具体包括：（1）关于量刑建议的提出时间。笔者认为，为了给辩方更多的时间准备量刑辩护，应当将量刑建议书同起诉书一并送达被告人。在量刑程序中，公诉人可以根据具体情况的变化，随时变更量刑建议以体现集中审理原则。但考虑到检察院内部领导审批与检察委员会的地位，应当对检察官当庭口头变更量刑建议加以限制，即量刑建议的变更不得跨刑种。（2）关于量刑建议的形式。应当包括书面的量刑建议书与口头量刑建议两种。前者是检察机关在审查起诉时对案件量刑信息综合评估后提出的书面建议，必要时还必须经过审批；后者是对前者的补充，主要适用于当庭提出量刑建议的情形。（3）关于量刑建议的幅度。绝对确定的量刑建议和相对确定的量刑建议各有其优势，但又难以绝对化，考虑到实际需要，应当将两者综合运用：对于法律规定确定刑罚的案件应当提出绝对确定的量刑建议，比如死刑、无期徒刑、免予刑事处罚等；对于可能判处有期徒刑的案件应当提出相对确定的量刑建议，并将其建议刑罚的幅度限制在2年之内。此外，最高人民检察院应当会同最高人民法院等部门联合制定统一的量刑规则，既对量刑建议的程序操作规则进行补充和细化，又针对具体罪名作出更加细致、可操作的量刑指南。具体如下：

"人民检察院认为犯罪嫌疑人的犯罪事实已经查清，证据确实、充分，依法应当追究刑事责任的，应当作出起诉决定，按照审判管辖的规定，向人民法院提起公诉，并可以提出量刑建议。

人民检察院提出量刑建议，一般应制作量刑建议书。对于可能判处非监禁刑、免予刑事处罚或者无期徒刑、死刑的量刑建议应当明确提出；对于建议判处有期徒刑的案件，应当提出相对确定的量刑幅度，一般情况下建议的幅度不得大于两年。量刑建议书一般应载明检察机关建议人民法院对被告人处以刑罚的种类、刑罚幅度、可以适用的刑罚执行方式以及提出量刑建议的依据和理由等。

公诉人在庭审中可以根据庭审情况对量刑建议书做必要的口头变更，但意见的变更不得跨刑种。"

第五章　诉讼监督制度的改革与立法完善

人民检察院依法对诉讼活动实行法律监督,是我国法律确立的一项重要原则。多年来的司法实践表明,检察机关依法履行法律监督职责,对于维护国家法律的统一正确实施,保证诉讼活动依法顺利进行,保障诉讼当事人的合法权益,实现社会公平和正义具有重要意义。目前,由于相关法律规定不够完备等原因,检察机关履行这项职责面临不少困难。归纳起来,主要有三个方面的困难:一是缺乏及时了解有关部门执法情况的机制和渠道,如对行政执法机关以罚代刑问题缺乏获取信息的渠道;二是现有的监督手段软弱,不能保证监督的效力,如对诉讼活动中存在的违法情况,法律规定检察机关可以提出纠正违法的意见,但这种意见的监督效力缺乏法律保障,监督对象的义务不明确;三是监督范围和程序不完善,如对一些诉讼行为特别是涉及剥夺或者限制公民人身、财产权利的强制性侦查措施,缺乏有效的监督手段和方式。现行法律关于监督程序的规定,有的不够具体,有的不够科学,缺乏有效监督的制度保障,影响了检察机关监督诉讼活动的效力。因此,在近年来的司法改革中,增强检察机关的法律监督能力就成为其中的一项重要内容。

一、检察机关的调查权

人民检察院是国家的法律监督机关,依法对刑事诉讼进行法律监督。而检察机关对所监督的事项进行调查,以了解事实真相,是其正确履行监督职责的先决条件和重要保证。但由于目前法律规定得不具体、不全面,严重影响了监督效果,也影响了司法公正,因而检察机关的调查权就成为司法改革的一项重要内容。

(一) 改革缘起

我国1996年刑事诉讼法规定,检察机关有权对刑事诉讼进行法律监督。检察机关要在刑事诉讼中正确履行法律监督职能,就必须及时有效地发现有关机关和司法人员在刑事诉讼中是否存在违法行为。在司法实践中,检察机关一般通过审查侦查机关、审判机关的书面材料发现刑事诉讼中的违法行为,而对于一些违法行为特别是严重的违法行为,侦查机关、审判机关根本不会在诉讼材料中加以记载,只通过审查有关的书面材料难以发现或确定违法行为。近年来被媒体曝光的一些冤假错案或事件,都存在一些违法行为或者渎职行为,甚至是刑讯逼供现象,如佘祥林案、杜培武案、躲猫猫事件等。这些案件都暴露出我国目前司法实践中的违法行为或渎职行为还相当严重,人民群众对此也反映强烈,要求检察机关加强对诉讼中违法行为和渎职行为的查处力度,保证司法机关和司法人员能够严格依法办案,提高司法的公信力。司法现状和人民群众的要求,促使我国要求检察机关有权对违法行为和渎职行为进行调查的司法改革活动。

根据我国法律规定,对于涉嫌犯罪的案件应当由公安机关或者检察机关等按照管辖分工进行立案侦查。但在实践中,涉嫌犯罪的主体是多元的,既有机关、单位和组织,也有公民个人,但作为具有执法权的行政机关,往往最容易发现犯罪线索。然而,从目前实践看,一些行政执法机关由于对刑事立案标准不熟悉,或者出于利益驱动,对于执法中发现的涉嫌犯罪行为,往往以罚代刑,不向或者不及时向公安机关或者检察机关移送,影响了我国对破坏社会主义市场经济秩序等犯罪的打击力度和效果。近年来,随着我国经济的快速发展和经济体制的转型,破坏社会主义市场经济秩序违法犯罪的案件不断增多,行政执法机关查处的案件数量也逐年增长,但是移送司法机关追究刑事责任的案件特别是偷税抗税、走私、侵犯知识产权、制售假冒伪劣商品方面的案件却很少,导致影响民生的犯罪打击不力,人民群众反映强烈,要求检察机关加强对行政执法机关的监督力度。这也成为检察机关进行有关调查权改革的一个重要因素。

根据我国2007年《民事诉讼法》规定,检察机关有权对民事审判活动[①]实行法律监督。但检察机关不参与法院民事案件的一审、二审程序,只对法院的生效裁判进行监督,参与有关的审判监督程序。检察机关要对民事审判活动实行法律监督,就需要有发现民事审判活动是否存在违法行为的途径,而目前的主要途径是查阅民事案卷,没有其他手段,致使检察机关发现民事审判活动是否存在违法行为、民事生效裁判是否正确十分困难。但即使查阅民事案卷,在实践中也存在许多困难,当检察机关接到当事人的申诉状、判决书后,要真正了解案情,判断法院审判活动是否违法、裁判是否正确,就需要查阅法院的

[①] 2012年《民事诉讼法》第14条已作出修改,改为"人民检察院有权对民事诉讼实行法律监督"。后同。

审判案卷。没有卷宗仅靠判决书和当事人的一面之词，很难判断法院的审判活动是否违法、裁判是否正确。这既无法平息当事人的不满，做好息诉服判工作，也无法排除对法院裁判的怀疑，维护司法的权威。但由于我国目前法律没有明确规定检察机关可以调阅法院的民事案卷，一些地方法院以法律没有规定为由拒绝检察机关的调卷要求，有的或者消极对待，有的以各种理由拖延不办，使得检察机关的民行调卷成为一个难题。目前民事裁判出现错误的现象也十分严重，群众对此十分不满，这是检察机关进行调查权改革的另一个重要原因。

（二）改革内容

我国 1996 年刑事诉讼法第 8 条规定，检察机关有权对刑事诉讼进行法律监督。1997 年《刑法》第 402 条规定，行政执法人员徇私舞弊，对依法应当移交司法机关追究刑事责任的不移交，情节严重的，则构成犯罪。这两部法律实施后，一些行政执法机关对于执法中发现的涉嫌犯罪线索往往不向或不及时向公安机关或者检察机关移送，影响了我国对犯罪的打击力度和效果，人民群众反映强烈。为此，2001 年 7 月 4 日，国务院制定了《行政执法机关移送涉嫌犯罪案件的规定》，明确要求行政执法机关在依法查处违法行为过程中，发现构成犯罪，依法需要追究刑事责任的，必须依照规定向公安机关或检察机关移送。2001 年 12 月 3 日，最高人民检察院制定了《人民检察院办理行政执法机关移送涉嫌犯罪案件的规定》，要求对行政执法机关移送案件进行法律监督。2004 年 3 月 18 日，最高人民检察院会同全国整顿和规范市场经济秩序领导小组、公安部制定了《关于加强行政执法机关与公安机关、人民检察院工作联系的意见》，对行政执法机关移送涉嫌犯罪案件和强化检察机关的法律监督等问题作出了明确规定。2004 年，针对我国司法实践中存在的问题，中央决定进行司法体制和工作机制改革，下发了《中央司法体制改革领导小组关于司法体制和工作机制改革的初步意见》（中发〔2004〕21 号），要求强化检察机关对违法行为、渎职行为的法律监督。根据党的十六大报告和中央关于推进司法体制和工作机制改革的部署，2005 年 9 月 26 日，最高人民检察院制定下发了《关于进一步深化检察改革的三年实施意见》，以保障实现公平正义为目标，以强化法律监督职能和加强自身执法活动的监督制约为主线，对今后一个时期的检察体制和工作机制改革作出了全面部署。其中一个主要任务，就是改革和完善对诉讼活动的法律监督制度，增强监督效力。2006 年全国检察工作会议提出：要重点完善检察机关对诉讼活动的法律监督制度，包括完善查处刑讯逼供行为的工作机制，建立对渎职司法人员进行调查和建议更换办案人的机制,完善渎职案件移送查处机制等检察改革措施。2008年,中央决定进行新一轮的司法改革,并下发了《中央政法委员会关于深化司法体制和工作机制改革若干问题的意见》(中发〔2008〕19号),再次明确要求"强化法律监督,规范执法行为",并明确提出要"依法明确、规范检察机关调阅审判卷宗材料、调查违法、建议更换办案人、提出检察建议等程序,完善法律监督措施"。根据上述要求,2010年7月,最高人民法院、最高人民检察院、公安部、国家安全部、司法部联合下发了《关于对司法工作人员在诉讼活动中的渎职行为加强法律监督的若干规定(试行)》。各级司法机关以及社会各界普遍认为,这对于加强对司法工作人员以权谋私、徇私舞弊、徇情枉法、滥用职权等行为的法律监督,对于深化司法体制和工作机制改革,加强对司法权的监督制约,推进公正廉洁执法,均具有极为重要的法律意义和现实意义。2010年,全国检察机关查办涉嫌犯罪的司法工作人员2721人,取得了很好的社会效果和法律效果。2012年3月14日,全国人大通过了《关于修改〈中华人民共和国刑事诉讼法〉的决定》,对检察机关的调查权作了部分规定。通过这几年的司法改革和立法修改,有关检察机关调查权改革的主要内容如下:

1. 对刑事诉讼活动中违法和渎职行为的调查

在司法改革过程中,为了发挥检察机关的法律监督作用,保证司法程序的公正性和法律的统一正确实施,各地检察机关在及时发现和审查刑事诉讼活动中是否存在违法行为和渎职行为方面进行了一些探索,取得了有益的经验。

第一,建立了检察机关介入公安机关侦查活动的制度,即检察机关根据法律监督的需要,可以及时介入公安机关的侦查活动,以保证及时发现公安机关侦查活动中的违法行为。针对一些大要案和复杂案件,各地检察机关与公安机关建立了有关机制,要求检察机关提前介入侦查活动,对侦查活动进行指导和监督。对此,最高人民检察院1998年制定的《人民检察院刑事诉讼规则》已有明确规定,其第383条规定:"人民检察院根据需要可以派员参加公安机关对于重大案件的讨论和其他侦查活动,发现违法行为,应当及时通知纠正。"

第二,调阅有关机关或单位的有关材料,即检察机关根据履行法律监督职能的需要,可以调阅有关机关或单位的办案卷宗(包括民行卷宗、刑事卷宗)和其他材料。从司法实践看,检察机关发现执法机关执法活动中存在违法行为或渎职行为,是其进行法律监督的前提条件,也是对违法行为的性质、危害程度进行判断和决定行使何种监督方式的重要基础。例如,在司法实践中,许多检察机关与公安机关建立了有关制度,规定检察机关根据举报、控诉或者办案中发现的线索,认为公安机关在侦查活动中可能存在违法行为或渎职行为时,可以要求公安机关提供该案件的有关材料。有些检察机关与刑罚执行机关也建立了相应的制度，规定刑罚执行机关在向法院报送减刑、假释意见或者向省级监狱管理机关报送暂予监外执行意见时，应当同时抄送检察机关，检察机关可以调阅罪犯改造的案卷材料，以审查有关监狱在刑罚执行过程中是否存在违法行为和渎职行为等。

第三，进行调查活动，即检察机关为了发现或确定刑事诉讼中有无违法或渎职行为，可以进行有关的调查活动。为了确定侦查机关在侦查活动中或法院在审判活动中是否存在违法行为或渎职行为，各地检察机关都开展了询问证人、被害人等有关的调查活动。最高人民检察院1998年制定的《人民检察院刑事诉讼规则》第393条规定："审判监督由审查起诉部门承办，对于人民法院审理案件违反法定期限的，由监所检察部门承办。人民检察院可以通过调查、审阅案卷、受理申诉等活动，监督审判活动是否合法。"2012年修改后刑事诉讼法规定检察机关可以对侦查人员违法收集证据的行为进行调查，即第55条规定："人民检察院接到报案、控告、举报或者发现侦查人员以非法方法收集证据的，应当进行调查核实。对于确有以非法方法收集证据情形的，应当提出纠正意见；构成犯罪的，依法追究刑事责任。"

2. 对行政执法机关移送涉嫌犯罪案件行为的调查

根据我国现行法律规定，行政执法机关在执法过程中，如果发现涉嫌犯罪的，应当及时移送有管辖权的公安机关、检察机关立案侦查。但在实践中，有的行政执法机关发现涉嫌犯罪的往往不移送，对此应当如何进行防范，司法改革中有两种方案。

方案一：由上级行政机关进行监督。例如，2001年国务院制定的《行政执法机关移送涉嫌犯罪案件的规定》第16条规定，行政执法机关违反有关规定，不移送涉嫌犯罪案件，或者以行政处罚代替移送的，由本级或者上级人民政府，或者实行垂直管理的上级行政执法机关，责令改正，限期移送；拒不改正或者移送的，对其负责人或者有关人员根据情节轻重，给予行政处分。可见，该规定要求上级行政机关对行政执法机关不移送涉嫌犯罪案件的行为进行监督。

方案二：由检察机关进行调查。例如，2001年最高人民检察院制定的《人民检察院办理行政执法机关移送涉嫌犯罪案件的规定》第12条规定，各级人民检察院对行政执法机关不移送涉嫌犯罪案件，具有下列情形之一的，可以提出检察意见：（1）检察机关发现行政执法机关应当移送的涉嫌犯罪案件而不移送的；（2）有关单位和个人举报的行政执法机关应当移送的涉嫌犯罪案件而不移送的；（3）隐匿、销毁涉案物品或者私分涉案财物的；（4）以行政处罚代替刑事追究而不移送的。2000年3月23日，最高人民检察院和审计署联合下发的《关于建立案件移送和加强工作协作配合制度的通知》第 5 条规定："审计机关在审计过程中,认为有贪污贿赂、渎职和其他违法犯罪事实需要追究刑事责任的时候,可以要求检察机关提前介入,检察机关应当及时派员配合审查,熟悉案情,确定案件性质,为立案做好准备。"可见,为了保证行政执法机关及时移送涉嫌犯罪的案件,上述规定实际上赋予了检察机关对有关行为进行调查的权力。

3. 对法院民事审判活动和生效裁判是否合法的调查

我国 2007 年《民事诉讼法》第 14 条规定:"人民检察院有权对民事审判活动实行法律监督。"第 187 条规定:"最高人民检察院对各级人民法院已经发生法律效力的判决、裁定,上级人民检察院对下级人民法院已经发生法律效力的判决、裁定,发现有本法第一百七十九条规定情形之一的,应当提出抗诉。地方各级人民检察院对同级人民法院已经发生法律效力的判决、裁定,发现有本法第一百七十九条规定情形之一的,应当提请上级人民检察院向同级人民法院提出抗诉。"可见,检察机关对法院的民事审判活动和生效裁判有权进行法律监督。近些年来,随着民事案件数量的不断上升,民事诉讼中的裁判不公、司法腐败问题开始成为人民群众反映强烈的突出问题。每年"两会"期间,人大代表和政协委员都要求检察机关加大民事诉讼监督力度,理论界对完善民事诉讼监督也进行了大量的研讨和有益的论证,司法机关也对如何完善民事诉讼监督机制进行了许多实践探索。其中,有关检察机关调查权的问题主要有以下探索。

一是调阅法院的民事案件卷宗。在司法改革探索过程中,针对实践中检察机关"调卷难"问题,各地检察机关根据各地不同情况,探索了以下解决方式:(1)签订协议。即检察机关与法院签订有关协议,明确规定调(借)卷的问题,如北京市人民检察院与北京市高级人民法院签订了《北京市高级人民法院、北京市人民检察院关于借阅诉讼档案的规定》、河南省永城市人民检察院与法院签订了《关于加强民事、行政案件法律监督的若干决议》等。(2)检、法两家基于某种关系达成某种默契。即检、法两家关系融洽,在工作中达成某种默契,形成的一些不成文规定,从而解决有关调(借)案卷问题。(3)检、法联合办案回避"调卷难"。即检察机关主动与法院加强联系,采取联合办案的方式来解决"调卷难"问题。(4)其他方式。即主要是借助人大常委会、政法委的监督力量、协调作用,或者利用再审检察建议的监督作用等,以解决调卷问题。①

二是调取有关的证据,即检察机关在审查民事裁判过程中,向有关单位、组织和个人调取证据。在司法实践中,为了审查法院民事裁判是否正确,检察机关往往根据当事人的要求或者提供的线索,向有关单位、组织和个人调取有关证据。例如,河南省永城市人民检察院与法院签订的《关于加强民事、行政案件法律监督的若干决议》规定,检察机关在审查民事、行政裁判时,可以调查收集有关证据。

三是询问有关人员,即检察机关在审查法院民事裁判过程中,为了查明有关事实,检察机关可以进行询问有关人员的调查活动。例如,2001年最高人民检察院制定的《人民检察院民事行政抗诉案件办案规则》第18条规定,人民检察院在审查民事案件时,"有下列情形之一的,人民检察院可以进行调查:(一)当事人及其诉讼代理人由于客观原因不能自行收集的主要证据,向人民法院提供了证据线索,人民法院应予调查未进行调查取证的;(二)当事人提供的证据互相矛盾,人民法院应予调查取证未进行调查取证的;(三)审判人员在审理该案时可能有贪污受贿、徇私舞弊或者枉法裁判等违法行为的;(四)人民法院据以认定事实的主要证据可能是伪证的。"第20条规定:"人民检察院的调查活动应当由两名以上检察人员共同进行。调查材料应当由调查人、被调查人、记录人签名或者盖章。"根据上述规定,各地检察机关在审查民事裁判过程中可以进行一些调查活动,包括询问案件当事人、证人等。实践证明,这些调查活动取得了很好的效果。

(三)评论与分析

检察机关进行法律监督具有主动性,而检察机关法律监督职能发挥的程度则取决于其发现违法行为的能力,因而赋予检察机关以调查权是进行法律监督的必然要求。因此,在司法改革中,中央要求强化检察机关的法律监督,完善有关的法律监督措施是非常正确的,社会各界对此十分赞成和支持,司法机关也进行了一些有益的探索,取得了较好的效果。但是,对于改革探索中取得的经验进行适时总结,对于探索中提出的不同方案或者建议进行比较分析,以便将其合理的内容吸收到法律中来,不断完善我国的法律制度,这是我们更应当关注的重心。

---

① 李剑魂、张豪:《浅析民事、行政抗诉案件调卷难的成因及对策》,载《青年导报》2007年11月29日;梁志宝:《浅析当前民行检察监督阅卷难问题之对策》,载西部法制网,2009年11月4日。

1. 关于对刑事诉讼活动中违法和渎职行为的调查

在司法改革过程中,关于检察机关对刑事诉讼活动中违法行为或渎职行为的调查问题,主要有三方面的探索:一是建立检察机关介入公安机关侦查活动的制度;二是调阅有关机关或单位的有关材料;三是进行调查活动。

笔者认为,上述探索是合理的。因为在刑事诉讼活动中,检察机关只通过审查书面材料,难以确定各个诉讼环节的违法情况。只有对涉嫌违法或渎职行为进行调查,才能全面了解违法行为的性质和具体情况,从而有针对性地提出纠正意见,保证监督行为的正确性、合法性。现行法律只规定检察机关对侦查人员违法收集证据的行为进行调查,对发现的诉讼中的违法情况有权提出纠正、提出抗诉,构成犯罪的,依法追究刑事责任,并没有规定对其他违法情况进行调查,也没有规定其他发现和认定违法情况的手段,致使检察机关纠正诉讼违法的职能不能得到充分发挥,影响了法律监督的效果。因此,增加检察机关调查刑事诉讼中的违法或渎职行为的手段,包括介入公安机关的侦查活动,调阅有关案卷材料、案件登记,询问有关当事人等,以确定违法行为或渎职行为是否存在以及违法行为或渎职行为的性质和程度,都是十分有意义的。

2. 关于对行政执法机关移送涉嫌犯罪案件行为的调查

在目前司法改革探索过程中,关于对行政执法机关移送涉嫌犯罪案件行为的监督问题,主要有两种方案:一是由上级行政机关进行监督;二是由检察机关进行监督,即赋予检察机关对行政执法机关不移送涉嫌犯罪案件的行为以调查权。

笔者认为,上述两个方案都有一定的合理性,都是可以采纳的。也就是说,如果行政执法机关在执法过程中存在对涉嫌犯罪的案件不移送的情况,其上级行政机关可以进行调查,检察机关也可以进行调查,但二者调查的出发点和目的略有差异。上级行政机关调查的出发点是上级对下级的行政监督,其目的是发现是否存在违法行为或渎职行为,一旦发现违法行为或渎职行为,则给予有关人员以行政处分;检察机关调查的出发点是履行法律监督职责,其目的是发现行政执法机关不移送案件背后是否存在受贿、渎职犯罪等职务犯罪,一旦发现则立案侦查。可见,上述两种调查都是必要的,是不可能互相代替的。为此,国务院制定了《行政执法机关移送涉嫌犯罪案件的规定》,对上级行政机关的行政监督和调查作了明确规定,最高人民检察院制定了《人民检察院办理行政执法机关移送涉嫌犯罪案件的规定》,对检察机关的法律监督和调查作出了明确规定。这都是十分必要的,对于解决行政执法机关不移送涉嫌犯罪案件问题,起到了积极作用。但是,上述规定毕竟不具有刑事法律的效力,因此,可以将其中合理的规定纳入刑事诉讼法,赋予检察机关以调查权,即规定检察机关根据举报、控告或者办案中发现的线索，认为行政执法机关在执法中存在以罚代刑、不移交刑事案件等问题时，有权要求行政执法机关提供该案的相关材料和进行必要的调查，并有权要求其依法移交涉嫌犯罪案件。

3. 关于对法院民事审判活动和生效裁判是否合法的调查

从目前司法改革探索看，关于检察机关对法院民事审判活动和生效裁判是否合法进行调查的问题，各地检察机关进行了以下探索：一是可以调阅法院的民事案件卷宗；二是可以向有关单位、组织和个人调取证据；三是可以询问有关人员。

笔者认为，我国法律虽然规定了检察机关有权对民事诉讼活动进行监督，但是，除了检察机关可以对生效的民事裁判提出抗诉外，法律没有具体规定检察机关发现民事审判活动是否存在违法行为、判断生效民事裁判是否正确的手段。因此，为了保证检察机关依法有效地履行对法院民事诉讼活动进行法律监督的职责，司法机关的上述探索是十分必要的。因为在司法实践中，对于法院的民事审判活动是否违反法定程序，审判人员在审理民事案件过程中是否存在渎职行为，法院的民事裁判是否正确等问题，检察机关只有通过审阅民事案卷、进行调查取证才有可能了解清楚。虽然有关司法解释和文件对有关问题进行了规定，如2010年最高人民法院办公厅、最高人民检察院办公厅联合下发的《关于调阅诉讼卷宗有关问题的通知》对检察机关调阅法院诉讼卷宗的有关问题作了规定，但由于其法律效力较低，且不规范，导致该通知的内容难以得到有效的执行。因此，应当以法律的形式明确规定，检察机关根据履行法律监督职责的客观需要，可以进行调卷、调查等。

（四）立法建议

为了保证检察机关的法律监督职责得到落实，应当赋予检察机关一定的调查权，这不仅得到了许多专家学者的认同，而且也得到了立法者的肯定。修改后刑事诉讼法第55条明确规定："人民检察院接到报案、控告、举报或者发现侦查人员以非法方法收集证据的，应当进行调查核实。对于确有以非法方法收集证据情形的，应当提出纠正意见；构成犯罪的，依法追究刑事责任。"可见，该条赋予了检察机关对刑事侦查违法行为的调查权，即检察机关认为或者发现侦查人员存在非法收集证据的行为时，有权进行调查核实。但是，修改后刑事诉讼法规定的调查权范围太窄，没有覆盖整个刑事诉讼活动中的违法行为，难以保证检察机关对整个刑事诉讼活动进行有效的法律监督。为此，笔者建议赋予检察机关对整个刑事诉讼活动中的违法行为以调查权，并明确其调查和处理方式。即建议法律规定："人民检察院为了查明刑事诉讼活动中违法行为的性质和情节，可以进行调查，侦查机关、审判机关、刑罚执行机关应当配合调查，并提供相关的卷宗或者资料。对司法工作人员的渎职行为，人民检察院可以审查案卷材料、调查核实违法事实、提出纠正违法意见或者建议更换办案人。构成犯罪的，应当依法立案侦查或者移送有管辖权的机关立案侦查。"

为了保证法律的统一正确实施，有效追究犯罪，检察机关应当有权对行政机关不移送涉嫌犯罪案件的行为进行法律监督。虽然目前有关司法解释规定检察机关对行政机关不移送涉嫌犯罪案件的行为可以进行调查，但是其效力较低，建议由法律对其作出明确规定。即法律应当明确规定："人民检察院对于行政执法机关作出行政处罚决定的案件，认为可能涉嫌犯罪的，可以向行政执法机关查询案件情况，并可派员查阅有关案卷材料。人民检察院经审查，认为确实构成犯罪的，应当通知行政执法机关将涉嫌犯罪的案件移送有管辖权的机关予以立案。"

为了加强对民事诉讼活动的监督，2012年修改后的民事诉讼法第14条明确规定："人民检察院有权对民事诉讼实行法律监督。"第210条进一步规定："人民检察院因履行法律监督职责提出检察建议或者抗诉的需要，可以向当事人或者案外人调查核实有关情况。"可见，法律赋予了检察机关以民事诉讼中的调查权。但是，法律却没有明确规定检察机关的调查方式或措施。笔者建议，法律应当规定："人民检察院为了履行法律监督职责，可以采取以下调查措施：（一）调卷案卷；（二）向有关单位、组织和个人调取证据；（三）询问证人；（四）其他调查措施。"

二、死刑复核的法律监督

检察机关对法院死刑案件的复核活动和复核结果进行法律监督，既是我国检察机关行使法律监督权的重要体现，也是死刑正确、统一适用的重要保证。我国1996年刑事诉讼法明确规定，检察机关有权对刑事诉讼活动进行法律监督，但却没有具体规定如何对死刑复核进行法律监督。因此，检察机关对死刑复核进行法律监督就成为我国前一阶段司法改革的一项重要内容。

（一）改革缘起

在我国，对死刑复核进行法律监督是检察机关的一项重要职责，但法律规定的不完善和法律监督的实践效果不佳，促使司法高层将死刑复核法律监督纳入司法改革的视野。具体来说，我国死刑复核法律监督的改革缘起主要有以下三个方面的原因。

第一，死刑案件二审程序与死刑复核程序"合二为一"导致死刑复核名存实亡。改革开放初期，为了遏制日益增多的犯罪案件，1983年8月25日，中共中央作出了《关于严厉打击严重刑事犯罪活动的决定》，要求严惩抢劫、强奸、杀人、盗窃等严重犯罪行为；9月2日，全国人大通过了《关于修改〈中华人民共和国人民法院组织法〉的决定》，正式将部分罪名的死刑复核权下放至地方各高级人民法院，将第13条修改为："死刑案件除由最高人民法院判决的以外，应当报请最高人民法院核准。杀人、强奸、抢劫、爆炸以及其他严重危害公共安全和社会治安判处死刑的案件的核准权，最高人民法院在必要的时候，得授权省、自治区、直辖市的高级人民法院行使。"9月7日，最高人民法院发出了《关于授权高级人民法院和解放军军事法院核准部分死刑案件的通知》，授权各省、自治区、直辖市高级人民法院和解放军军事法院核准杀人、强奸、抢劫、爆炸等严重危害公共安全和社会治安犯罪的死刑案件。① 死刑复核权"下放"的直接后果是导致死刑二审程序与死刑复核程序的"合二为一"，即高级人民法院将死刑案件二审程序与死刑复核程序合并。死刑案件的二审程序与复核程序的"合二为一"，带来了一些负面影响，如各省高级人民法院掌握的死刑标准不统一，有严有松；又如行政领导有时会进行干预，导致司法公正和独立受到影响，更为严重的是，它减少了一道把关程序，使得检察机关无法进行监督，容易导致冤假错案。1996年修改刑事诉讼法时，死刑二审程序和死刑复核程序"合二为一"所引发的种种问题已引起社会各界的广泛关注，是否对原刑事诉讼法第199条"死刑由最高人民法院核准"的规定进行修改，确认部分核准权归属各地方高级人民院的问题曾有过争论，但全国人大最后还是坚持不改，其理由是："严打"和死刑复核权的下放是暂时的，不可能作为一项长期的制度规定下来，等条件成熟时，最高人民法院可以收回死刑复核权。1996年3月17日提交的修正草案，重申了"死刑由最高人民法院核准"。但就在1996年刑事诉讼法正式实施的前5天，也就是1997年9月26日，最高人民法院下发了《关于授权高级人民法院和解放军军事法院核准部分死刑案件的通知》，继续维持死刑核准权中央与地方分工的格局。由于死刑二审程序与复核程序的"合二为一"，高级人民法院的死刑二审裁判也就是核准死刑的裁判，因此检察机关无法对死刑复核进行监督，导致死刑复核名存实亡。

---

① 最高人民法院也还保留一部分死刑复核权，集中在经济、危害国家安全、职务犯罪等案件上，而杀人放火等案件占死刑案件数量的绝大部分。据统计，当时由地方高级人民法院最后核准的死刑数占全国死刑总数的80%以上。

第二，死刑冤假错案的不断出现。随着死刑核准权的下放，各省、自治区、直辖市高级人民法院在死刑复核过程中，由于掌握的死刑标准不统一，再加上缺乏检察机关的有效监督，或者受到当地各种外界因素的干预，因此在死刑适用上难免把关不严，导致死刑冤假错案不断出现，如1992年河南的胥敬祥案、1993年甘肃的杨黎明、杨文礼、张文静案、1994年湖北的佘祥林案、1995年河北的聂树斌案、1996年云南的孙万刚案、1997年河南的张从民案、1998年云南的杜培武案等。这些冤假错案先后真相大白，引发了人们对死刑复核问题的高度关注和热烈讨论，使得死刑复核权回收和法律监督改革日益迫切。而发生在陕西的董伟案，更成为这项改革的直接动力。2001年5月2日，董伟因在舞厅过激杀人，一审被判处死刑。2002年4月27日，在二审维持原判的情况下，辩护律师直奔最高人民法院，要求对董伟进行死刑复核。4月29日早晨，就在董伟被执行枪决前的4分钟，最高人民法院刑庭传令案件暂缓执行，延安刑场上发生了惊心动魄的"枪下留人"一幕。但133天后，董伟还是由陕西省高级人民法院核准死刑，并在9月5日被执行死刑。"枪下留人"后仍被枪决的发生让司法界直面死刑复核权下放导致的弊端，并成为死刑复核权收回和法律监督改革的直接推动力。

第三，最高人民法院收回死刑复核权。2002年，党的十六大报告首次提出要进行"司法体制改革"。鉴于死刑复核的实践状况和诸多问题，死刑复核权收回就成为最高人民法院进行司法改革的一项重要内容，收回死刑复核权的条件已经成熟。随着"和谐社会"理念的提出，死刑案件数量过多甚至错杀冤杀的情况显然对促进和谐社会不利，社会各界也呼吁最高人民法院收回死刑复核权。而在国际潮流的大背景下，全球的总趋势是鼓励废除死刑，而没有废除死刑的国家，死刑也只能适用于个别罪大恶极、十恶不赦、非杀不可的犯罪分子，国际形势要求中国严格控制死刑。在这种情况下，以防止冤杀错杀和控制死刑数量为目的收回死刑复核权已经是水到渠成之举。为了保证死刑复核权的顺利收回，最高人民法院从2004年起开始了一系列的准备工作，如将刑庭由原来的2个增设至5个，在全国对600多位中高级法院院长、庭长进行培训，并招聘一批法学专业毕业生等。除此之外，最高人民法院还在各地宣传"少杀慎杀"的理念。2005年10月26日，最高人民法院发布的《人民法院第二个五年改革纲要》，决定收回死刑复核权。2006年12月28日，《最高人民法院关于统一行使死刑案件核准权有关问题的决定》正式公布，决定从2007年1月1日起，死刑复核权由省高级人民法院重新收归至最高人民法院，并对死刑复核程序进行了完善，如要求死刑复核过程中要听取律师的辩护，要对被告人进行面审。至此，死刑复核权的收回工作宣告结束。随着死刑复核权的收回，死刑复核程序如何设计、检察机关如何进行法律监督等问题，就成为学术界讨论和研究的关注焦点，也成为促进我国司法改革深化和刑事诉讼法再修改的重要动力。

(二) 改革内容

在收回死刑复核权的改革过程中，一个重要问题也被提上议事日程，就是检察机关如何加强对死刑复核的法律监督。由于1996年刑事诉讼法对此缺乏明确具体的规定，因此对于检察机关应否介入死刑复核程序，如何监督死刑复核，具体法律监督程序如何设计等问题，在理论界和司法界均引起了很大争议，并多次召开会议研究和讨论这些问题。例如，2005年3月27日，中国人民大学诉讼制度与司法改革研究中心与全国律师协会刑事业务委员会合作召开了"最高人民法院收回死刑复核权之对策研讨会"。研讨的主要问题包括死刑复核权收回的背景、收回死刑复核权的目的、死刑复核程序的性质、死刑复核的组织机构、检察机关的参与、死刑复核程序的完善等。其中，对于检察机关是否参与死刑复核程序问题，有的代表认为，对已经判处死刑的案件，似乎检察机关已经没有继续参与死刑复核程序的必要了。也有的代表认为，可以赋予检察机关参与死刑复核开庭审理程序的选择权，由检察机关自行根据案件情况决定是否有必要参与死刑复核开庭审理程序。又如，2005年11月19日至20日，中国法学会《中国法学》杂志社、中国人民大学诉讼制度与司法改革研究中心联合举办了"死刑复核程序专题研讨会"，应邀参会的有来自国内外著名法学院校、司法机关的法学专家、学者和著名律师。会议围绕"死刑复核程序"的基本问题与具体构建等方面进行了热烈的讨论与认真的探索。其中，大家就检察机关能否介入死刑复核程序已渐渐达成了共识，只是在怎样介入、介入到什么程度还存在一定的分歧。再如，2006年4月1日，北京市律师协会举办了"死刑复核程序的程序设计和实践运作"研讨会，就检察机关介入死刑复核程序问题进行了讨论，大家对死刑复核应当由检察机关进行法律监督达成了共识。在2005年至2007年，最高人民检察院和最高人民法院也多次召开会议，就检察机关如何介入死刑复核程序等问题进行协商，达成了一些共识。2008年，中共中央下发的《中央政法委员会关于深化司法体制和工作机制改革若干问题的意见》（中发〔2008〕19号）明确提出，"完善死刑复核的法律程序。最高人民法院不予核准死刑或长期不能核准的，应当通报最高人民检察院并听取意见，以利于提高死刑案件的复核质量和效率。"至此，关于检察机关能否介入死刑复核程序问题有了正式的结论。2012年3月14日，全国人大通过了《关于修改〈中华人民共和国刑事诉讼法〉的决定》，对最高人民法院的死刑复核程序和检察机关的法律监督问题作出了明确规定。但是,有关检察机关对死刑复核进行法律监督的程序仍缺乏具体规定,需要继续进行改革探索。总体来看,上述有关死刑复核法律监督问题的司法改革和立法修改,主要涉及以下几个方面的内容。

1. 参与死刑复核法律监督的案件范围

在改革探索中,关于检察机关参与死刑复核法律监督的案件范围,理论界和司法实务界进行了广泛的讨论,目前主要形成了以下几种方案:方案一:所有的死刑复核案件,即检察机关对所有死刑复核案件都有权进行法律监督。例如,2005年11月19日至20日,在中国法学会《中国法学》杂志社、中国人民大学诉讼制度与司法改革研究中心联合举办的"死刑复核程序专题研讨会"上,有学者指出,死刑复核程序的特别重要性决定了检察机关对其实行法律监督的特殊必要性。死刑复核程序是死刑案件的最后一道关口,直接决定是否剥夺一个人的生命权利,与一审、二审程序相比具有特殊重要的地位。即使检察机关的法律监督权在之前所有程序中都能够有效行使,法律监督在死刑复核程序这一决定性程序中的缺失也会使检察机关的法律监督作用功亏一篑。因此,为确保死刑案件的公正性、合法性,就更应当加强检察机关对死刑复核程序的法律监督。方案二:限于三类死刑复核案件,即最高人民法院拟不核准的死刑案件、长期不能核准的死刑案件和最高人民检察院发现不应当判处死刑的案件。对于这三类死刑案件,最高人民检察院可以参与死刑复核,提出自己的意见。这是最高人民检察院的改革建议。方案三:限于两类死刑复核案件,即最高人民法院拟不核准的死刑案件和长期不能核准的死刑案件。对于这两类死刑案件,最高人民法院在死刑复核过程中,应当听取最高人民检察院的意见。这是《中央政法委员会关于深化司法体制和工作机制改革若干问题的意见》(中发〔2008〕19号)明确提出的。

2012年修改刑事诉讼法时采纳了第一种方案,确认检察机关有权对所有死刑复核案件进行法律监督,即修改后刑事诉讼法第240条第2款规定:"在复核死刑案件过程中,最高人民检察院可以向最高人民法院提出意见。最高人民法院应当将死刑复核结果通报最高人民检察院。"

2. 进行死刑复核法律监督的方式

在改革探索中,关于检察机关介入死刑复核进行法律监督的方式,各方面提出了许多建议,目前主要有以下几种方案:

方案一:四种方式。2005年11月19日至20日,在中国法学会《中国法学》杂志社、中国人民大学诉讼制度与司法改革研究中心联合举办的"死刑复核程序专题研讨会"上,关于检察机关如何介入死刑复核程序进行法律监督的问题，有学者提出了四种方式：（1）出席死刑复核法庭或发表书面意见，阐明公诉主张及其理由；（2）列席最高人民法院审判委员会或者合议庭关于死刑复核案件的讨论；（3）对最高人民法院拟予核准死刑的裁定提出复议请求；（4）对死刑复核活动是否合法实行法律监督。

方案二：三种方式。在最高人民检察院召开的研讨会上，有专家提出，检察机关介入死刑复核可以通过以下三种方式：（1）听取意见，即最高人民法院就有关死刑复核案件，主动听取最高人民检察院的意见；（2）提出意见，即最高人民检察院发现不应当判处死刑的案件，可以在复核期间向最高人民法院提出意见；（3）列席审判委员会会议，即最高人民法院审判委员会讨论死刑复核案件时，最高人民检察院可以派员列席。

方案三：两种方式。2006年4月1日，在北京市律师协会举办的"死刑复核程序的程序设计和实践运作"研讨会上，有专家指出，检察机关介入法院的死刑复核，可以通过法院主动听取意见和检察院派员列席审判委员会会议两种方式。

修改后刑事诉讼法和有关法律规定，检察机关介入死刑复核进行法律监督的方式，主要有以下三种：（1）提出意见，即发现最高人民法院在死刑复核中存在轻微违法的，可以向其提出纠正意见；（2）列席审判委员会会议，即最高人民检察院检察长（包括副检察长）可以列席审委会有关死刑复核的会议，履行法律监督职能；（3）提出抗诉，即最高人民检察院发现最高人民法院死刑复核结果确有错误的，可以提出抗诉。

3. 死刑复核法律监督的程序

死刑复核法律监督的程序，是检察机关对死刑复核进行法律监督的根本保证，在各种有关死刑复核问题的研讨会上或专题讨论中，学者们对此问题都进行了探讨，最高人民检察院也多次与最高人民法院沟通与协商，就一些问题已达成一致意见，形成了共识。比如，检察机关可以调研有关案卷材料、对于《中央政法委员会关于深化司法体制和工作机制改革若干问题的意见》（中发〔2008〕19号）列出的两类死刑案件应当及时听取最高人民检察院的意见、最高人民法院应当向最高人民检察院通报死刑复核的情况等。但是，死刑复核法律监督的其他一些程序，最高人民检察院与最高人民法院尚未达成一致意见。比如，最高人民法院何时听取最高人民检察院的意见，尤其是不予核准死刑案件的通报时间，两高之间还有分歧。最高人民法院曾提出不核准死刑的案件在作出裁定后每半年集中向最高人民检察院通报的改革方案，而最高人民检察院则希望在裁定核准前通报并听取意见。又如，关于"长期不能核准的死刑案件"如何理解以及如何听取最高人民检察院的意见等，最高人民法院与最高人民检察院的意见也不一致。这些问题仍将是今后司法改革的重要内容。

修改后刑事诉讼法虽然规定最高人民法院应当将死刑复核结果通报最高人民检察院，但具体到如何通报、什么时间通报等问题，法律都没有明确的规定。这就需要最高人民法院和最高人民检察院进一步加强沟通与协商，以进一步完善死刑复核法律监督的有关程序。

（三）评论与分析

最高人民法院对死刑进行复核是死刑适用的最后一道关口，允许最高人民检察院参与该程序并进行法律监督，是保障我国法制统一正确实施，防止错杀无辜或者轻纵犯罪，确保依法公正裁判和慎重适用死刑的重要措施。因此，中央关于最高人民法院收回死刑核准权和最高人民检察院对死刑复核进行法律监督的改革决策是正确的，社会各界有关死刑复核和对死刑复核进行法律监督问题的改革探讨也是非常有意义的。虽然修改后刑事诉讼法吸收了司法改革的一些内容，但受条款所限，一些改革内容尚未纳入法律。对于改革探索中提出的不同方案或建议应当进行比较分析，以便将其合理的内容吸收到有关司法解释中来，不断完善我国的死刑复核法律监督制度。

1. 关于参与死刑复核法律监督的案件范围

在目前的改革探索中，关于检察机关参与死刑复核法律监督的案件范围问题，主要有三种方案：一是所有的死刑复核案件；二是限于最高人民法院拟不核准的死刑案件、长期不能核准的死刑案件和最高人民检察院发现不应当判处死刑的三类死刑复核案件；三是限于最高人民法院拟不核准的死刑案件和长期不能核准的死刑案件这两类死刑复核案件。修改后刑事诉讼法采纳了第一种方案。

笔者认为，修改后刑事诉讼法的规定是合理的，检察机关应当对所有死刑复核案件都有权进行法律监督。但是，从目前的现实情况看，检察机关受人员等方面的限制，可以将死刑复核法律监督的重点放在容易出问题的三类案件上，对于其他死刑复核案件，如果发现问题的，也应当进行法律监督。根据《中央政法委员会关于深化司法体制和工作机制改革若干问题的意见》（中发〔2008〕19号）的规定，最高人民法院拟不核准的死刑案件和长期不能核准的死刑案件，应当成为检察机关参与监督的重点案件。此外，根据检察机关的性质和实践需要，不应当判处死刑的死刑复核案件也应当成为检察机关参与监督的重点案件。因为检察机关是国家的法律监督机关，对死刑复核案件的监督不仅要防止应杀不杀，人为控制死刑，也要防止错杀滥杀，实践中就存在检察机关认为不应判处死刑，而法院受各种压力判处死刑的情况。因此，为了体现保障人权的精神，应当将最高人民检察院发现不应当判处死刑的案件也作为死刑复核法律监督的重点案件。

关于"长期不能核准死刑"案件中"长期"的时限，笔者建议确定为12个月。这是因为，根据当前的办案实践，最高人民法院一般在6个月内办结死刑复核案件，超过1年时间的死刑复核案件为数较少，超过2年时间仍不能办结的死刑复核案件为数极少。检察机关对长期不能核准死刑案件的监督，其目的在于防止案件长期积压、久押不决。因此，"长期"既不能确定为案件刚刚超过审理期限，也不能拖延过久，将"长期"确定为12个月比较符合司法实际。

2. 关于介入死刑复核法律监督的方式

从目前改革探索的情况看，关于检察机关介入死刑复核法律监督的方式，主要有以下三种方案：一是四种方式，即出席死刑复核法庭或发表书面意见；列席最高人民法院审判委员会或者合议庭关于死刑复核案件的讨论；对最高人民法院拟予核准死刑的裁定提出复议请求；对死刑复核活动是否合法实行法律监督。二是三种方式，即听取意见、提出意见和列席审判委员会会议。三是两种方式，即法院主动听取意见和检察院派员列席审判委员会会议。修改后刑事诉讼法和其他法律规定，检察机关介入死刑复核进行法律监督的方式有三种，即提出意见、列席审判委员会和提出抗诉。

笔者认为，法律规定的三种监督方式是合适的，其他监督方式难以实现。其中，第一种方案中的出席死刑复核法庭的方式目前不现实。因为修改后刑事诉讼法规定最高人民法院的死刑复核方式是"书面审加提审被告人"，没有规定开庭审理的方式，在这种死刑复核程序中，检察机关出席死刑复核法庭进行法律监督就不可能。第一种方案中的向最高人民法院提出复议请求也不现实，因为最高人民法院死刑复核一旦作出裁定，即发生法律效力，最高人民检察院无法再要求最高人民法院进行复议。第三种方案中的主动听取意见也不合适，因为法院主动听取意见是《中央政法委员会关于深化司法体制和工作机制改革若干问题的意见》（中发〔2008〕19号）的要求。在这种方式下，法院掌握着主动权，检察机关是被动的。而检察机关作为法律监督的主体，在死刑复核法律监督中无法主动监督显然不符合实践需要。因此，规定最高人民检察院在最高人民法院复核死刑过程中，可以通过提出意见、列席审判委员会会议的方式进行监督，在最高人民法院作出死刑复核裁定后，可以通过提出抗诉的方式进行监督，是符合法律监督原理的，也能够满足司法实践的需要。

3. 关于死刑复核法律监督的程序

死刑复核是死刑案件裁判发生效力的决定性环节，对死刑复核程序进行法律监督应当是检察机关法律监督的重要内容之一。设置完善的死刑复核监督制约程序，对于保障国家法制的统一正确实施，防止错杀无辜或者轻纵犯罪，确保依法公正裁判和慎重适用死刑，都具有重要意义。

笔者认为，对"两高"目前已经达成一致意见的法律监督程序，如最高人民法院审判委员会会议讨论决定死刑复核案件时，最高人民检察院可以派员列席；对于复核程序中发现的违法行为，最高人民检察院可以提出纠正意见；对于最高人民法院的死刑复核裁判，最高人民检察院有抗诉权等，应当以法律或司法解释的形成固定下来。对"两高"尚未达成一致意见的法律监督程序，如最高人民法院何时听取最高人民检察院的意见，尤其是不予核准死刑案件的通报时间问题、死刑复核结果通报最高人民检察院问题等，应当加紧进行协商。对不予核准死刑案件的通报问题，最高人民法院曾提出不核准死刑的案件在作出裁定后每半年集中向最高人民检察院通报的改革方案，而最高人民检察院要求在裁定核准前通报并听取意见。对于这一分歧，笔者认为，最高人民法院的改革方案不符合中央提出此项改革任务的基本精神。中央政法委办公室2008年起草的《关于提高办理死刑案件质量和效率问题的调研报告》中曾明确提出："对拟不核准死刑的案件，最高人民法院在作出裁定前，应当征求最高人民检察院的意见。"如果最高人民法院对不核准死刑的案件在作出裁定之后再通报，实际上已不具有"听取意见"的性质。2010年12月召开的中央司法体制改革领导小组第三次会议暨司法体制机制改革第八次专题汇报会会议纪要也明确指出："对于不予核准死刑的案件，最高人民法院应当在作出不予核准的决定后、裁判文书发出前，向最高人民检察院通报并听取意见。"因此，应当全面准确理解《中央政法委员会关于深化司法体制和工作机制改革若干问题的意见》（中发〔2008〕19号）精神，明确最高人民法院对于拟不予核准死刑和长期不能核准死刑的案件，应当在作出裁判之前，以最高人民法院的名义向最高人民检察院通报并听取意见。对于其他监督程序问题，如通知检察院派员列席审判委员会的时间、方式等程序，死刑复核结果通报最高人民检察院的时间、方式等程序问题，都需要最高人民法院和最高人民检察院进行协商，尽早制定有关司法解释，以解决死刑复核法律监督的程序问题。

（四）立法建议

修改后刑事诉讼法虽然对死刑复核法律监督作出了明确的规定，为检察机关开展死刑复核法律监督工作提供了法律依据，但是，法律的规定不具体，缺乏可操作性。因此，笔者建议，从以下三个方面完善死刑复核法律监督制度：（1）扩大死刑复核监督的范围。法律应当规定："最高人民法院拟不核准死刑的案件或者超过十二个月尚未审结的死刑复核案件,应当听取最高人民检察院的意见。最高人民检察院发现不应当判处死刑的案件,可以在复核期间向最高人民法院提出意见。"(2)完善死刑复核法律监督的程序。法律应当规定:"最高人民法院拟不核准死刑的案件,应当在作出不予核准的决定后、裁判文书发出前,听取最高人民检察院的意见。超过十二个月尚未审结的死刑复核案件,应当在十二个月的期限届满后的十个工作日内听取最高人民检察院的意见。对于最高人民检察院提出意见的死刑复核案件,死刑复核裁判文书应当及时送达最高人民检察院。"(3)明确死刑复核法律监督的方式。法律应当规定:"最高人民法院审判委员会讨论死刑复核案件,最高人民检察院可以派员列席。最高人民检察院发现最高人民法院复核死刑案件违反法律规定的,应当向最高人民法院提出纠正意见。发现死刑复核判决或者裁定确有错误的,可以向最高人民法院提出抗诉。"

三、刑罚变更执行监督

刑罚变更执行监督,是指检察机关对减刑、假释和暂予监外执行活动所进行的法律监督。这是检察机关作为国家法律监督机关监督国家刑事法律统一正确实施的重要职责之一,体现了检察权对刑罚执行权的法律控制,具有制约权力、保障人权及保证刑罚目的实现的功能。我国1996年刑事诉讼法对检察机关刑罚变更执行监督作了规定,但规定得较为原则,影响了检察机关对刑罚变更执行的监督,导致司法实践对刑罚变更的适用出现了诸多问题,因而完善刑罚变更执行监督制度就成为我国司法改革的一项重要内容。

(一)改革缘起

根据我国法律规定,刑罚变更执行包括减刑、假释和暂予监外执行三种情况。减刑是对刑罚期限的变更,假释和暂予监外执行是对刑罚执行场所的变更。刑罚变更执行实质上减少了刑期或者降低了限制服刑人员人身自由的强度,为服刑人员带来较大的人身利益和经济利益。正是由于刑罚变更执行制度具有这种特征,服刑人员的亲朋好友通过贿赂监管人员以变更服刑人刑罚的现象较为普遍。我国1996年刑事诉讼法只规定检察机关可以对刑罚变更执行进行事后监督,而且刑罚变更执行的决定机关对减刑、假释和暂予监外执行只采取书面审查方式,使得检察机关难以及时有效地发现刑罚变更执行过程中是否存在违法行为,无法对刑罚变更执行活动进行有效的监督,导致刑罚变更执行环节成为刑罚执行领域中司法腐败的高发环节。有的司法人员利用职务之便索贿受贿、徇私舞弊,违法办理罪犯减刑、假释、保外就医,有的监所执法人员甚至将减刑、假释和暂予监外执行作为"商品",大搞权钱交易,出现服刑人员"花钱赎身"等现象。有学者指出,从司法实践看,现实的刑罚执行监督远未能达到制度及理论上的预期目标,监督方式被动、监督时机迟滞及监督手段单一、虚化导致实践中执行监督的效果差强人意。[①] 正是由于刑罚变更执行中存在严重的腐败现象,人民群众对此反映十分强烈,要求加强对刑罚变更执行活动的监督。这成为促使中央将刑罚变更执行监督纳入司法改革范围的一个重要原因。

为了全面了解刑罚变更执行中的问题,有针对性地提出完善刑罚变更执行的有关制度,加强和规范刑罚变更执行工作,切实保障刑罚的正确执行,2004年5月至2005年1月,最高人民检察院、公安部、司法部联合开展了减刑、假释、保外就医专项检查活动,对2002年以来减刑、假释、保外就医案件逐人逐案进行全面清理活动。对检查中发现的不符合法定条件和法定程序的减刑、假释、保外就医案件予以了纠正;对发现的司法人员利用职务之便索贿受贿、徇私舞弊,违法办理罪犯减刑、假释、保外就医的涉案人员进行了认真查处,构成犯罪的严格依法追究了刑事责任。截至2004年底,在这次专项整治活动中,全国检察机关共清理减刑、假释、保外就医案件1209247件,对检查发现的问题提出纠正意见20472件次,有关部门已纠正17431件,其中对不符合保外就医条件的罪犯重新收监1247人,立案侦查涉嫌职务犯罪的案件97件107人;推行监所网络化管理和动态监督,对刑罚执行和监管活动中的违法情况提出纠正意见9299人次。[②] 在2005年5月17日司法部召开的"规范执法行为,促进执法公正"专项整改活动电视电话会议上,据司法部副部长范方平介绍,从2002年到2005年2月底,全国监狱系统共办理减刑、假释、保外就医1376293件。其中,办理减刑1296075件,办理假释64173件,办理保外就医16045件。通过检查认定,在办理减刑、假释、保外就医中,存在各种问题的共3215件,其中违反法定条件的348件,违反法定程序的105件,这两项合计占办理总数的0.33‰;在有问题的3215件中,法律文书不规范的问题占85.9%。检查中发现监狱劳教所执法工作存在以下五个方面的突出问题:一是个别监狱劳教警察,甚至是领导干部执法犯法。据这次"减假保"专项检查

---

① 李忠诚:《刑事执行监督功能探讨》,载《人民检察》2003年第2期;梁玉霞:《强化法律监督的制度设计》,载《中国检察》(第7卷),第310页;汤向明等:《我国检察机关法律监督制度的反思与重构》,载《中国检察》(第6卷),第131页。

② 参见2005年最高人民检察院工作报告。

活动的统计,全国监狱系统有70名警察受党纪政纪处分和刑事处罚,其中有40人受到各种党纪政纪处分,30人受到刑事处罚。二是部分监狱劳教警察的执法素质和执法水平不高,基础工作不够规范。三是少数警察执法责任意识不强,工作方法简单,把文明执法消极理解为放松管理甚至不敢管理,存在执法不严、不公、不作为的现象。四是多数监狱劳教所超时超体力劳动现象未能得到彻底的解决,少数单位还存在乱收费现象。五是一些法规、规章、制度明显滞后于实际工作的需要,制约了各项工作的发展。① 通过这次专项检查活动,检察机关也查处了一些职务犯罪案件,如海南省监狱局原副局长石某某受贿案,宁夏回族自治区监狱局原副局长熊某、平罗监狱狱政科原科长黄某某、平罗监狱医院原院长朱某某等滥用职权案,山西省临汾监狱原政委王某某、狱政科原科长赵某某5名司法干警涉嫌徇私舞弊、收受贿赂,为重大刑事犯罪分子违法办理保外就医案等。② 这次专项检查中所暴露出的严重问题,促使了中央决定对刑罚变更执行制度进行改革。

在刑罚执行过程中,监管执法涉及限制被监管人的人身自由、人身权利等许多敏感问题,一旦处理不当,很容易发生事件,成为社会关注的热点,如2009年2月发生在云南的"躲猫猫"事件就是一例。该事件发生后不久,即2009年3月,最高人民检察院会同公安部制定了《关于做好看守所与驻所检察室监控联网建设工作的通知》,并于同年4月至10月在全国范围内开展了看守所监管执法专项检查活动,共清理出有"牢头狱霸"行为的在押人员2207人,其中36人被追究了刑事责任;166名监管民警因失职、渎职受到党纪政纪处分,85名监管民警被检察机关立案侦查,7名检察人员因检察监督不力受到党纪政纪处分。看守所和监狱发生的事件和暴露出的问题,也是中央决定进行刑罚变更执行监督改革的一个重要动因。

(二) 改革内容

刑罚执行是刑事诉讼活动的最后一道程序,关系到刑罚是否得到真正的实

---

① 顾瑞珍:《监狱劳教所执法工作中有五大问题亟待解决》,载新华网2005年5月17日。
② 经查,自1995年以来,临汾监狱原政委王某某、狱政科原科长赵某某、218医院原院长张某、监区医院原院长申某某等5人,利用职务之便,多次收受罪犯及亲属贿赂,徇私舞弊,采取捏造夸大事实、伪造材料等手段,对无任何疾病、有病但不符合保外就医的或者法律明确规定不得保外就医的罪犯违法办理保外就医,致使数名原判死缓、无期徒刑的重大刑事犯罪分子被违法保外就医,脱离监管。其中3名罪犯保外后脱逃,至今未被抓获,给社会安全造成极大隐患。参见丁毅、宁风:《收了钱就什么人都敢放——山西临汾监狱五名干警涉嫌受贿徇私舞弊被移送审查起诉》,载《检察日报》2005年6月11日。

现，是社会正义得以实现的重要保障。而刑罚变更执行则是刑罚执行中的一项重要内容，它不仅关系到国家刑罚权的权威，而且关系到服刑人员的人身权利，因而备受社会各界的关注。根据人民群众的反映和"减假保"专项检查的情况，我国刑罚变更体制在减刑、假释和保外就医方面存在着严重的问题。针对减刑、假释等刑罚变更执行环节中存在的问题，各级检察机关和司法行政机关等都在探索改革和完善刑罚变更执行制度和有关法律监督制度。

2004年，中央下发了《中央司法体制改革领导小组关于司法体制和工作机制改革的初步意见》（中发〔2004〕21号），明确提出"完善人民检察院对刑罚执行工作的监督制度，进一步加强对减刑、假释、暂予监外执行裁决工作的监督措施"，各级检察机关也开始积极探索对刑罚变更执行过程的监督。2005年，中央政法委下发了《关于进一步加强保外就医工作的通知》，明确要求检察机关"变事后监督为同步监督，从程序上确保保外就医工作的全过程置于法律监督之下"。2006年11月，最高人民检察院制定了《关于加强和改进监所检察工作的决定》，明确规定"建立对减刑、假释的提请、裁定活动和暂予监外执行的呈报、审批活动全过程同步监督机制。"2007年3月2日，最高人民检察院制定了《关于减刑、假释法律监督工作的程序规定》，要求各级检察机关对刑罚变更执行进行同步监督，建立派驻检察人员对罪犯服刑改造、执行机关呈报减刑、假释和保外就医、法院裁定和监外执行活动随时加入监督的制度，实现对刑罚变更执行的动态监督。

2008年，中央下发了《中央政法委员会关于深化司法体制和工作机制改革若干问题的意见》（中发〔2008〕19号），更加明确地要求建立检察机关对减刑、假释、暂予监外执行的同步监督制度。根据中央的要求，检察机关对减刑、假释、暂予监外执行的法律监督进行了积极探索，积累了不少经验。例如，2009年1月，上海市人民检察院为了统一规范同步监督工作的程序、方法和步骤，制发了《减刑、假释、暂予监外执行检察工作规定（试行）》，明确规定对减刑、假释、暂予监外执行的考察、提请、裁决活动是否合法实行同步监督。截止2009年底，全国检察机关派驻检察人员共有9000多人，对全国近95%的监管场所实行了派驻检察，没有实行派驻检察的监管场所，也都实行了巡回检察。大多数检察院实现了与监管场所管理信息系统联网，能够对刑罚执行机关提前减刑、假释和批准暂予监外执行活动实行动态监督。例如，2010年，北京市人民检察院制定了《罪犯减刑、假释检察监督规则（试行）》，明确提出要坚持事前检察与事后监督相结合，将刑罚执行机关的研究、呈报活动和人民法院的审理裁定活动都纳入法律监督工作中。

2012年3月，为了加强刑罚变更执行监督，修改后刑事诉讼法增加了有关规定,即第 255 条规定:"监狱、看守所提出暂予监外执行的书面意见的,应当将书面意见的副本抄送人民检察院。人民检察院可以向决定或者批准机关提出书面意见。"第 262 条第 2 款规定:"被判处管制、拘役、有期徒刑或者无期徒刑的罪犯,在执行期间确有悔改或者立功表现,应当依法予以减刑、假释的时候,由执行机关提出建议书,报请人民法院审核裁定,并将建议书副本抄送人民检察院。人民检察院可以向人民法院提出书面意见。"

可以看出,经过多年的改革探索和立法修改,各地检察机关对刑罚变更执行法律监督进行了广泛探索,主要涉及刑罚变更执行监督的范围、监督的模式和同步监督的方式三个方面的内容,立法吸收了其中的有关内容。

1. 刑罚变更执行监督的范围

刑罚变更执行监督的范围,是指检察机关对哪些罪犯的刑罚变更执行进行监督。关于刑罚变更执行监督的范围,各地检察机关在改革探索过程中,提出了两个改革方案:

方案一:对重大刑事罪犯的刑罚变更执行进行同步监督,即检察机关只对重大刑事罪犯的刑罚变更执行进行同步法律监督。例如,2009 年 12 月最高人民检察院发布的《关于进一步加强对诉讼活动法律监督工作的意见》第 15 条规定:"完善对刑罚执行活动的监督制度,建立刑罚执行同步监督机制。探索建立检察机关对重大刑事罪犯刑罚变更执行的同步监督制度,发现有关机关减刑、假释、暂予监外执行的提请、呈报、决定、裁定存在不当的,应当及时提出纠正意见。"2010 年北京市人民检察院制定的《罪犯减刑、假释检察监督规则(试行)》规定,检察机关应当对职务犯罪的罪犯、涉黑涉恶涉毒犯罪的罪犯、破坏社会主义市场经济秩序的侵财性犯罪的罪犯、服刑中的顽固型罪犯和危险型罪犯、从事事务性活动的罪犯、多次获得减刑的罪犯、在看守所留所服刑的罪犯、调换监管场所服刑的罪犯、其他需要重点监督的罪犯九种类型罪犯的减刑、假释和暂予监外执行实行同步监督等。

方案二:对所有罪犯的刑罚变更执行进行同步监督,即检察机关应当对所有罪犯的刑罚变更执行进行法律监督。例如,上海市人民检察院制定的《减刑、假释、暂予监外执行检察工作规定(试行)》第 3 条规定,检察机关对所有服刑人员的减刑、假释、暂予监外执行实行同步检察;第 15 条和第 16 条分别对一般案件和重点案件的刑罚变更执行监督程序作了规定。第 15 条规定,对一般案件刑罚变更执行,检察机关应当审查以下内容:材料是否齐全;减刑是否达到法定间隔期限;暂予监外执行的鉴定是否有疑义等,承办人审查后应当提出审查意见,派驻检察机构负责人应当对承办人的审查意见进行审核,并签署审核意见。第 16 条规定,检察机关应当对以下重点案件进行重点审查:

原处级以上干部职务犯罪的罪犯；涉黑、涉恶、涉毒犯罪的主犯，涉邪教犯罪的罪犯；服刑中的顽固型和危险型罪犯；多次获得减刑的罪犯；从事事务性劳动的罪犯；其他需要重点审查的罪犯。除按照一般审查程序外，重点审查还应当进行集体讨论、检察长审批，必要时可以开展实际调查。

修改后刑事诉讼法采纳了第二种方案，即对所有罪犯的刑罚变更执行活动进行同步监督。

2. 刑罚变更执行监督的模式

刑罚变更执行监督的模式，是指检察机关对刑罚变更执行采取事前监督、事中监督或事后监督等模式。从目前各地检察机关的改革探索看，关于刑罚变更执行监督的模式，主要提出了以下两个方案：

方案一：混合监督模式，即检察机关对刑罚变更执行的监督，应当采取事前监督和事后监督相结合的模式。例如，2010年北京市人民检察院制定的《罪犯减刑、假释检察监督规则（试行）》规定，检察机关对刑罚变更执行坚持事前检察与事后监督相结合的原则。

方案二：同步监督模式，即检察机关对刑罚变更执行的监督，应当采取与刑罚变更活动同步进行的监督模式。例如，2006年最高人民检察院下发的《关于加强和改进监所检察工作的决定》第12条规定，应当建立对减刑、假释的提请、裁定活动和暂予监外执行的呈报、审批活动全过程同步监督机制。2009年最高人民检察院制定的《关于进一步加强对诉讼活动法律监督工作的意见》第15条规定，应当完善对刑罚变更执行活动的监督制度，建立刑罚变更执行同步监督机制。探索建立检察机关对重大刑事罪犯刑罚变更执行的同步监督制度，发现有关机关减刑、假释、暂予监外执行的提请、呈报、决定、裁定存在不当的，应当及时提出纠正意见。

修改后刑事诉讼法采纳了第二种方案，即第255条、第256条、第262条和第263条规定，检察机关对刑罚变更执行的提请或呈报、决定或裁定进行同步监督，发现问题时，可以提出书面意见或书面纠正意见。

3. 刑罚变更执行同步监督的方式

刑罚变更执行同步监督的方式，是指检察机关对刑罚变更执行进行同步监督时采取何种方式。从目前各地检察机关的改革探索情况看，对刑罚变更执行进行同步监督主要采取以下三种方式：

一是列席有关会议，即检察机关可以通过列席监狱长（看守所长）办公会议、审判委员会会议等方式，对讨论刑罚变更执行的问题进行监督。例如，2009年陕西省高级人民法院、陕西省人民检察院、陕西省公安厅、陕西省司法厅联合下发的《罪犯减刑、假释、监外执行暂行规定》第30条规定："对罪犯减刑假释的建议，经监狱分监区、监区会议集体讨论，狱政科审核，监狱长、看守所长办公会议审议通过后，由执行机关提出。召开监狱长、看守所长办公会议，应当通知人民检察院驻执行机关检察室负责人列席。"1996年黑龙江省人大常委会制定的《罪犯减刑、假释、保外就医工作管理条例》第8条规定："对罪犯减刑、假释的建议应当由监狱中队、大队队务会议集体讨论，狱政科审核，报监狱长办公会议审议通过后，由监狱提出。市属监狱监狱长办公会可以吸收司法局有关负责人列席。召开监狱长办公会议，应当通知人民检察院驻监狱检察室负责人列席。"第20条规定："对罪犯的保外就医，由所在监狱中队、大队队务会讨论通过，报狱政科审查，初审同意后，进行病残鉴定。监狱中队、大队队务会议讨论保外就医案件时，应当通知人民检察院驻监狱检察室的负责人列席。"第12条规定："人民法院审判委员会讨论减刑、假释案件，应当通知人民检察院派员列席。"等等。

二是审查材料或文书，即检察机关通过审查刑罚执行机关报请、报送的材料或法院的裁定书，对刑罚变更执行活动进行监督。例如，2007年最高人民检察院制定的《关于减刑、假释法律监督工作的程序规定》第3条规定："减刑、假释法律监督工作应当实行书面审查与实际调查相结合、全面监督与重点监督相结合的工作方法。"1996年黑龙江省人大常委会制定的《罪犯减刑、假释、保外就医工作管理条例》第17条规定："人民检察院对减刑、假释工作进行检察监督，对于减刑、假释的对象是否符合法定条件、证明材料是否真实、提出建议的程序是否符合规定提出意见。对监狱办理罪犯减刑、假释是否合法的监督，可以通过向有关人员调查、调阅有关资料、列席监狱有关会议等方式进行，发现违法及时提出纠正意见。"

三是进行调查，即检察机关对刑罚变更执行进行监督，可以采取调查的方式。例如，2007年最高人民检察院制定的《关于减刑、假释法律监督工作的程序规定》第3条规定："减刑、假释法律监督工作应当实行书面审查与实际调查相结合、全面监督与重点监督相结合的工作方法。"1996年黑龙江省人大常委会制定的《罪犯减刑、假释、保外就医工作管理条例》第33条规定："人民检察院对保外就医工作进行检察监督，对于被保外就医罪犯是否符合法定条件，保外就医的证明是否真实，办理保外就医的程序是否合法提出意见。对监狱办理保外就医工作的监督，可以通过向有关人员调查，调阅监狱有关资料，列席监狱有关会议等方式进行。"

修改后刑事诉讼法对刑罚变更执行同步监督的方式没有明确的规定，但从有关法律规定的含义看，检察机关对刑罚变更执行进行同步监督时，可以采取列席审判委员会、审查有关材料或文书两种方式。

（三）评论与分析

刑罚变更执行监督是检察机关刑事诉讼法律监督的一项重要内容。我国1996年刑事诉讼法对此作了明确规定，即第215条规定："批准暂予监外执行的机关应当将批准的决定抄送人民检察院。人民检察院认为暂予监外执行不当的，应当自接到通知之日起一个月内将书面意见送交批准暂予监外执行的机关，批准暂予监外执行的机关接到人民检察院的书面意见后，应当立即对该决定进行重新核查。"第222条又规定："人民检察院认为人民法院减刑、假释的裁定不当，应当在收到裁定书副本后二十日以内，向人民法院提出书面纠正意见。人民法院应当在收到纠正意见后一个月以内重新组成合议庭进行审理，作出最终裁定。"可见，这些规定确立了检察机关对刑罚变更执行法律监督的事后监督模式。由于事后监督模式在实践中导致许多问题，因而在司法改革中探索完善监督模式就显得刻不容缓。在改革探索刑罚变更执行的过程中，各地检察机关探索了许多做法或方案，修改后刑事诉讼法也吸收了其中的合理做法，将其纳入法律之中。为了进一步推进检察改革，完善刑罚变更执行法律监督制度，有必要对各地检察机关的不同做法或方案进行认真的研究分析。

1. 关于刑罚变更执行监督的范围

关于刑罚变更执行监督的范围，各地检察机关在改革探索过程中提出了两个改革方案：一是对重大刑事罪犯的刑罚变更执行活动进行同步监督；二是对所有罪犯的刑罚变更执行活动进行同步监督。修改后刑事诉讼法采纳了第二种方案。

笔者认为，这两种改革方案都具有一定的合理性。第一种方案对重大刑事罪犯的刑罚变更执行活动进行同步监督，是十分必要的，因为实践中出问题的主要是对一些重大刑事罪犯进行违法刑罚变更，因而加强对其监督是非常必要的。但是，这不是刑罚变更执行监督的全部，对其他罪犯的刑罚变更执行活动，检察机关也应当进行法律监督。所以，笔者认为，修改后刑事诉讼法采纳第二种改革方案更为合理。主要理由如下：

首先，这是法律监督平等性的必然要求。检察机关作为我国的法律监督机关，在对刑罚变更执行活动进行法律监督时，应当平等地对所有刑罚变更执行活动进行监督，不能对有些刑罚变更执行活动进行监督，对有些刑罚变更执行活动不进行监督。否则，就违背了法律监督的平等性。

其次，这是对刑罚变更执行权进行全面监督的需要。在刑罚变更执行过程中，刑罚变更执行权的行使主体包括监狱、看守所、公安机关和人民法院。这些刑罚变更执行机关在行使刑罚变更呈请、呈报、审批、裁定等权力时，都应当受到检察机关的法律监督。而所有刑事罪犯的刑罚变更执行，都涉及刑罚变更执行权问题，为了保证每次刑罚变更执行权行使的正确性，全面对刑罚变更执行权进行监督，检察机关就应当对所有罪犯的刑罚变更执行活动进行监督。

最后，这是司法实践的客观需要。从我国司法实践看，在刑罚变更执行中，不仅重大刑事罪犯的刑罚变更执行中存在违法行为，而且一般刑事罪犯的刑罚变更执行中也存在违法现象，因而要有效防止和减少刑罚变更执行过程中的违法现象，就应当对所有刑事罪犯的刑罚变更执行活动进行法律监督。同时，我们也应当认识到，在对所有刑事罪犯的刑罚变更执行活动进行法律监督时，不是不分情况、平均使用监督力量或资源，而是要有所侧重，对那些严重犯罪的罪犯和容易出现问题的环节进行重点监督，即要坚持全面监督与重点监督相结合的工作原则。

2. 关于刑罚变更执行监督的模式

关于刑罚变更执行监督的模式，目前各地检察机关在改革探索中主要提出了以下两个方案：一是混合监督模式，即检察机关对刑罚变更执行的监督采取事前监督和事后监督相结合的模式。二是同步监督模式，即检察机关对刑罚变更执行的监督采取与刑罚变更活动同步进行的监督模式。修改后刑事诉讼法采纳了第二种改革方案。

笔者认为，事后监督模式由于无法对刑罚变更执行过程中发生的违法现象及时进行预防，因而使得减刑、假释和暂予监外执行成为刑罚执行中比较容易发生腐败问题的诉讼环节。减刑、假释和暂予监外执行运用得好，有利于服刑人员的教育改造；运用得不好，或者滥用，则不利于服刑人员的改造，损害司法公正。在目前的司法实践中，适用减刑、假释存在过多过滥的现象，有的甚至用钱买减刑，出现"前门进，后门出"的现象，严重影响了刑罚制度的严肃性，大量浪费诉讼资源。究其原因，除了刑罚变更执行报请和审批程序不健全外，最重要的就是缺乏及时有效的外部监督措施，检察机关的事后监督模式难以发挥应有的监督作用。针对这种现象，各地检察机关在改革探索中，有意识地将事后监督模式改为混合监督模式或同步监督模式。这种改变具有积极意义。但是，混合监督模式中的事前监督具有一定的超前性或预防性，使用不当就容易出现干预刑罚执行机关或法院的活动，不太符合法律监督的本意，因而混合监督模式具有一定的缺陷。

同步监督模式的改革探索是值得肯定的，其现实意义在于有利于解决实践中存在的问题。首先，有利于及时发现刑罚变更执行中存在的问题。从目前的实践看，刑罚变更执行普遍实行的是书面审理或者审批程序，即人民法院裁定减刑、假释时进行书面审理，监狱管理机关和公安机关审批暂予监外执行也采取书面审批的方式。这种书面化的决定程序既没有刑罚执行机关的到场说明,也没有相关服刑人员的意见表达,更没有检察机关的直接参与,因而检察机关难以发现并纠正其中的违法现象。而在同步监督模式下,检察机关可以直接参与刑罚变更执行的呈报、审理或审批程序,就必然可以保证及时发现其中是否存在违法行为。其次,有利于及时纠正刑罚变更执行中存在的违法问题。在事后监督模式下,检察机关既不对服刑人员的日常表现、相关情况是否符合法定条件进行监督,也不对刑罚执行机关提请减刑、假释活动和呈报暂予监外执行活动进行监督,更不对裁定、批准过程进行监督,仅对最终的裁定、决定法律文书进行监督,即使发现违法行为,也很难取得好的监督效果。"对一些违法问题仅仅是事后监督、事后提出纠正的情况,既影响司法权威,也影响监督效果,有的即使纠正了也对当事人无济于事。"① 而在同步监督模式下,检察机关发现问题后,可以及时提出纠正意见,从而保证违法行为得到及时纠正。最后,有利于节约司法资源。在事后监督模式下,检察机关的法律监督意见只能在决定、裁定生效后才能得到表达,在假释、暂予监外执行的裁定、决定生效后,服刑人员已经从监管场所放归社会,如果对错误的裁定、决定进行撤销,将他们再次收回监管场所,就需要耗费相应的司法资源。而在同步监督模式下,检察机关发现违法行为时,可以在刑罚变更执行裁定、决定作出前提出,能够有效防止或减少错误裁定、决定的作出,从而可以避免错误裁定、决定而需要将服刑人员再次收监所带来的司法资源的浪费,因而有利于节约司法资源。

3. 关于刑罚变更执行同步监督的方式

从目前各地检察机关的改革探索情况看,对刑罚变更执行进行同步监督主要采取以下几种方式:一是列席刑罚变更执行机关的有关会议;二是审查有关刑罚变更执行的材料或裁判文书;三是进行必要的调查。修改后刑事诉讼法采纳了第二种方式。

笔者认为,上述三种同步监督方式都是合理的,也是切实可行的。因为检察机关作为法律监督机关,要想对刑罚变更执行活动进行同步监督,就必须要有一定的监督手段或方式。目前实践中探索的这三种监督方式,不仅得到了各地检察机关、刑罚执行机关和人民法院的认可,而且被实践证明是切实可行的,也是非常有效的。列席刑罚执行机关的有关会议,可以对其呈请减刑、假释或者呈报保外就医的活动进行有效的监督,防止该呈报的不呈报,不该呈报的呈报;列席人民法院有关刑罚变更执行的审判委员会会议是法律规定的监督

---

① 白泉民主编:《监所检察实务与理论研究》,中国检察出版社 2009 年版,第 12 页。

方式，它可以保证检察机关对法院刑罚变更的裁定进行有效的监督。审查有关刑罚变更执行的材料或裁判文书也是目前的法律规定，有助于发现刑罚变更执行中存在的某些问题。调查刑罚变更执行的有关活动也是非常必要的，它是发现问题的最有效手段，因而为了保证检察机关对刑罚变更执行活动进行全面有效的监督，有必要赋予检察机关必要的调查手段。

此外，在刑罚变更执行法律监督工作的改革过程中，部分学者和法律实务工作者，特别是部分从事刑罚执行法律监督工作的检察官建议，改变目前检察机关在刑罚变更执行活动中单纯的法律监督机关的定位。有的观点认为，应当由检察机关行使减刑、假释案件的提请权，刑罚执行机关向检察机关提出建议，检察机关决定是否向法院提请。① 有的观点认为，将减刑、假释的最终决定权交由检察机关行使，检察机关根据刑罚执行机关的提请作出是否减刑、假释的决定。② 还有的观点认为，在暂予监外执行活动中，刑罚执行机关既是执行机关，又是呈报机关，还是决定机关，权力过于集中不利于确保合法公正，应当"赋予检察机关在执行期间的暂予监外执行决定权。"③ 上述观点的核心内容，是改变检察机关在刑罚变更执行活动中的法律监督机关定位，变为拥有实体处分权的部门。笔者认为，这些观点是不妥的。首先，这不符合宪法对检察机关国家法律监督机关的定位，不符合刑法、刑事诉讼法对检察机关在整个刑罚执行制度中行使法律监督权的职能定位。同时赋予检察机关对刑罚变更执行活动的实体处分权和法律监督权，既难以在法理上说得通，也难以在司法实践中得到实现。其次，这脱离了当前刑罚执行法律监督工作的现状。当前检察机关虽然在刑罚执行场所设置了数量众多的派驻检察室，但是仍有相当一部分刑罚执行场所没有设置派驻检察室。同时，派驻检察室普遍存在着检察人员力量不足的问题，相当一部分的县级检察院的派驻检察室仅有1—2名检察人员。在开展刑罚变更执行法律监督工作尚且缺乏足够人力保障的情况下，再赋予检察机关对刑罚变更执行的实体处分权，必然造成工作量的激增和审查的流于形式，也难以保证对刑罚变更执行作出正确的决定。最后，这不符合司法体制和工作机制改革的要求。司法体制和工作机制改革应当在紧密结合我国司法制度特点和实际情况的基础上进行，改革既要符合司法规律，也要考虑可行性。赋予检察机关刑罚变更执行实体处分权的观点，不符合检察机关法律监督的职能定位，也脱离了我国司法制度的特点和实际情况，缺少可行性。因此，对刑罚

---

① 李忠诚：《减刑假释应当由检察机关统一提出》，载《检察日报》2005年9月16日。
② 庞振东：《减刑假释决定权是司法权》，载《检察日报》2007年1月11日。
③ 张雪姐、华肖：《刑罚变更执行的检察监督》，载《法学》2007年第8期。

变更执行法律监督工作机制的改革，应当围绕如何更好地发挥法律监督职能作用促进合法公正这个中心，而不应当改变检察机关的法律监督职能定位。

（四）立法建议

修改后刑事诉讼法对刑罚变更执行监督，采纳了同步监督的做法，有利于检察机关及时有效地开展监督工作。但是，从目前司法实践看，法律只规定刑罚执行机关在提出变更执行建议书的同时，将副本抄送检察机关是不够的，因为检察机关没有对刑罚执行机关如何形成建议书进行有效监督。为此，笔者建议，完善检察机关对刑罚变更执行的监督方式。法律应当规定："在刑罚执行过程中，出现应当对罪犯变更刑罚执行情况时，刑罚执行机关应当提出书面意见。刑罚执行机关在提出书面意见之前，应当听取人民检察院的意见。人民检察院可以列席刑罚执行机关有关刑罚变更执行的监狱长（看守所长）办公会议。""人民检察院接到刑罚执行机关有关刑罚变更执行书面意见后，应当及时对有关文书或者材料进行审查。必要时，可以询问当事人、证人或者被害人，或者进行其他必要的调查活动。"

四、检察长列席审判委员会制度

检察长列席同级人民法院审判委员会，是检察机关行使法律监督权，对法院的审判活动进行监督的重要形式，是中国特色司法制度的一项重要内容。我国《人民法院组织法》规定了各级人民检察院检察长可以列席同级人民法院审判委员会会议，但对于检察长如何列席审判委员会会议，我国法律都没有具体的规定，因而检察长列席审判委员会就成为我国司法改革的一项重要内容。

（一）改革缘起

我国1982年《宪法》第129条规定："中华人民共和国人民检察院是国家的法律监督机关。"1983年修订的《人民法院组织法》第11条第3款规定："各级人民法院审判委员会会议由院长主持，本级人民检察院检察长可以列席。"可见，人民检察院检察长列席同级人民法院审判委员会会议是检察机关的一项职权，也是人民检察院履行法律监督职责的重要手段。但是，我国三大诉讼法都没有对检察长如何列席同级人民法院审判委员会作出具体明确的规定，导致司法实践中各级人民检察院检察长极少列席同级人民法院的审判委员会，从而使得这一极具生命力的制度几近虚设，也极大地削弱了检察机关对法院审判活动的监督力度。从司法实践来看，制约检察长列席同级人民法院审判委员会的因素主要有：（1）法律规定的不确定性。法律只是规定检察长"可以"列席同级人民法院的审判委员会，而不是"应当"列席，这就具有很大的随意性和选择性，加之各级人民检察院检察长都很忙，因而就很少列席了。（2）列席范围不明确。由于法律没有明确规定检察长列席同级人民法院审判委员会的范围，从而使法院与检察院难于达成共识，导致检察长难以列席同级人民法院审判委员会。（3）列席程序缺乏。检察长列席同级人民法院审判委员会会议，检、法两院必须密切配合，但相关法律并未规定具体的操作程序，因而在客观上影响了这一制度的有效实施。

在司法实践中，由于法院缺乏有效的监督，法院的判决出现不少错误，特别是刑事案件中的死刑错案，严重影响了法院的威信，也影响到我国司法的权威和公信力。例如，1994年湖北省佘祥林杀人案、1995年河北省石家庄市聂树斌强奸杀人案、1996年云南省昭通市孙万刚杀人案、1997年河南省张从民抢劫杀人案、1998年云南省昆明市杜培武杀人案、1999年广西壮族自治区河池市覃俊虎抢劫杀人案、2000年黑龙江省七台河市鲁德宝杀人案、2001年山东省烟台市陈世江杀人案、2002年河北省唐山市李久民杀人案等死刑错案引起了社会的强烈反响，也动摇了人们对司法的信心，成为社会极不稳定的因素，引起了中央领导的极大关注，从而促使我国对法院审判进行司法改革，使得检察长列席同级人民法院审判委员会成为我国司法改革的一项重要内容。

从司法实际情况看，造成死刑错案的原因是多方面的，既有公安机关侦查过程中的刑讯逼供，也有检察机关审查起诉把关不严，更为重要的是法院最后的审判没有严格执法。因此，要防止和减少死刑错案也应当从多方面入手，采取综合治理的措施。但客观地说，死刑案件最后都是由法院的审判委员会讨论决定的，因此加强对法院审判委员会的监督力度就成为防止和减少死刑错案的最有效途径，加强对法院审判委员会的监督成为我国司法改革的一项内容就不可避免了，其中最为引人注目的就是检察长列席同级人民法院的审判委员会会议。

（二）改革内容

司法是定分止争、定罪判刑的最后关口，而审判委员会会议则是这一关口最重要的关卡。通常来说，审判委员会讨论决定的案件都是案情复杂、社会影响较大的重大案件，为了确保人民法院依法公正审理案件，维护司法的公正性，加强对法院审判委员会的监督就成为我国司法改革的一项重要内容。为此，各地检察机关根据目前法律的原则性规定，不断探索和完善检察长列席审判委员会制度。例如，从2003年开始，浙江省温岭市人民检察院就积极与同级人民法院交流和协商,并联合下发文件,明确规定检察长可以列席同级人民法院的审判委员会会议,以监督法院的审判活动。2003年初,河南省郑州市人民检察院与郑州市中级人民法院经过反复讨论研究,联合下发文件,明确规定对抗诉案件,检察长可以列席法院的审判委员会会议。2004年初,福建省厦门市翔安区人民检察院与该区人民法院召开联席会议,就检察长列席法院审判委员会会议达成共识,并明确规定,今后法院审判委员会讨论全区有重大影响、疑难或者敏感案件时,都将邀请检察长列席会议。此外,海南省海口市、昆明市官渡区等地人民检察院与当地法院都联合下发文件,明确规定对一些重大复杂案件,检察长可以列席法院的审判委员会会议。

  2004年,中共中央下发了《中央司法体制改革领导小组关于司法体制和工作机制改革的初步意见》(中发〔2004〕21号),明确强调要"健全人民检察院派员列席人民法院审判委员会会议制度。"2005年9月,最高人民检察院制定了《关于进一步深化检察改革的三年实施方案》,明确规定"完善检察长列席人民法院审判委员会会议的制度,规范检察长、受检察长委托的副检察长列席审判委员会会议的具体程序。"2005年10月,最高人民法院颁布的《人民法院第二个五年改革纲要》第45条规定:"落实人民检察院检察长或受检察长委托的副检察长列席审判委员会的制度。"自此,检察长列席法院审判委员会制度就正式成为我国司法改革的一项内容。之后,检察长列席法院审判委员会制度的改革探索就在全国司法领域得到高度重视,全国各地也掀起了关于检察长列席法院审判委员会制度的讨论,检法两家也开始重新探讨和落实检察长列席法院审判委员会这一科学并极具生命力的制度,许多人民检察院和人民法院经过协商和讨论,联合出台了一些规范性文件(如纪要、意见、通知、暂行规定等),明确规定检察长列席法院审判委员会的案件范围、人员和具体程序等。例如,2005年,深圳市人民检察院与人民法院联签文件,建立了检察长列席法院审判委员会工作机制。2006年8月4日,浙江省湖州市南浔区人民法院、人民检察院联合出台的《关于检察长列席人民法院审判委员会的暂行规定》,对检察长列席同级法院审判委员会的做法作了硬性规定,明确了必须通知检察长列席法院审判委员会的五类案件,以及可以通知检察长列席的六类案件,并设定了检察长列席法院审判委员会的具体程序。2006年福建省云霄县人民检察院与法院就检察长列席法院审判委员会研究案件范围达成了共识,并制定了相关的文件。2006年,山东省宁阳县人民检察院与法院协商一致,会签了《关于宁阳县人民检察院检察长列席宁阳县人民法院审判委员会会议若干问题的意见》,对检察长列席法院审判委员会的人员、案件范围及有关程序作了规定。2007年福建省漳平市法院、检察院联合出台了《关于检察长列席审判委员会若干问题的规定》,对检察长列席同级法院审判委员会的人员范围、案件范围和具体程序等都作出了明确规定。

根据各地的改革探索,最高人民检察院和最高人民法院在广泛调研和总结经验的基础上,起草了《关于人民检察院检察长列席人民法院审判委员会会议的实施意见》,2009年8月11日最高人民检察院第十一届检察委员会第17次会议、2009年10月12日最高人民法院审判委员会第1475次会议讨论通过。2010年,最高人民法院、最高人民检察院印发了《关于人民检察院检察长列席人民法院审判委员会会议的实施意见》。该意见共10条,对检察长列席法院审判委员会的任务、列席的人员范围、列席的会议范围、列席的方式和具体程序等,都作出了明确规定,从而完善了我国检察长列席法院审判委员会制度。

从上述改革探索实践看,各级人民检察院和人民法院对检察长列席法院审判委员会制度的改革主要涉及以下内容。

1. 列席的任务

检察长列席法院审判委员会的任务,是建立检察长列席审判委员会制度正当性的基础所在,因而成为检察长列席审判委员会制度改革的一项重要内容。各地检察院和法院在改革探索中,都明确规定了检察长列席法院审判委员会的任务。例如,2006年山东省宁阳县人民检察院与人民法院会签的《关于宁阳县人民检察院检察长列席宁阳县人民法院审判委员会会议若干问题的意见》明确规定,检察长列席法院审判委员会会议的主要任务是:介绍案情,说明公诉或抗诉理由,参与对案件定性、法律适用、量刑等问题的讨论,发表自己的看法和观点。[①] 2007年福建省漳平市人民法院与人民检察院联合出台的《关于检察长列席审判委员会若干问题的规定》明确规定,检察长列席法院审判委员会的主要职责是:听取合议庭的案件汇报和审判委员会的研究意见,发表对案件事实、证据采信、案件定性、法律适用、量刑等问题的意见。[②] 2010年最高人民法院、最高人民检察院印发的《关于人民检察院检察长列席人民法院审判委员会会议的实施意见》第2条规定,人民检察院检察长列席人民法院审判委员会会议的任务是,对于审判委员会讨论的案件和其他有关议题发表意见,依法履行法律监督职责。

[①] 胡爱精、张国华:《山东宁阳:法院研究四类案件检察长必须列席》,载《检察日报》2006年4月4日。

[②] 陈建忠、苏晓芬:《漳平:八种情况检察长列席审委会》,载《检察日报》2007年4月6日。

2. 列席的人员范围

列席的人员范围，是指人民检察院的哪些人员可以列席法院的审判委员会会议。从目前的改革实践看，各地对列席的人员范围的规定不尽一致，主要有以下三种情况。第一种情况是检察长和受检察长委托的检察委员会委员可以列席，如《最高人民法院审判委员会工作规则》第6条第2款规定："最高人民检察院检察长或检察长委托的最高人民检察院检察委员会委员可以列席。"目前这种情况只适用于最高人民检察院列席最高人民法院审判委员会的情况。第二种情况是检察长和受检察长委托的副检察长可以列席，如最高人民法院、最高人民检察院印发的《关于人民检察院检察长列席人民法院审判委员会会议的实施意见》第1条规定，人民检察院检察长可以列席同级人民法院审判委员会会议。检察长不能列席时，可以委托副检察长列席同级人民法院审判委员会会议。第三种情况是检察长、受检察长委托的副检察长和案件承办人可以列席，如2007年福建省漳平市人民法院与人民检察院联合出台的《关于检察长列席审判委员会若干问题的规定》明确规定，列席审判委员会的人员包括检察长、副检察长、受检察长委托的检察员。① 最高人民法院、最高人民检察院《关于死刑第二审案件开庭审理工作有关问题的会谈纪要》明确规定，检察长和受检察长委托的副检察长可以列席审判委员会，检察长列席审判委员会时可以带助手参加会议。

3. 列席的会议范围

列席的会议范围，是指检察长可以列席法院审判委员会的哪些会议。这是检察长列席审判委员会制度的关键内容，因而各地对此进行了广泛深入的探索。例如，2006年山东省宁阳县人民检察院与人民法院会签的《关于宁阳县人民检察院检察长列席宁阳县人民法院审判委员会会议若干问题的意见》规定，人民法院的审判委员会讨论以下四类案件，必须通知检察长列席：（1）检察机关提出抗诉的民事及行政诉讼案件；（2）合议庭评议后拟作无罪判决的公诉案件；（3）合议庭与公诉部门在案件定性、法律适用方面存在严重分歧的疑难复杂案件；（4）合议庭认定的案件事实发生重大变化的职务犯罪案件。② 2006年福建省云霄县人民检察院和人民法院双方协商规定，人民法院审判委员会研究下列案件，检察长可以列席：（1）合议庭对刑事案件起诉书所指控的可能影响定罪量刑的主要事实的认定与检察院意见不一，经口头协商仍无法取得一致

---

① 陈建忠、苏晓芬：《漳平：八种情况检察长列席审委会》，载《检察日报》2007年4月6日。
② 胡爱精、张国华：《山东宁阳：法院研究四类案件检察长必须列席》，载《检察日报》2006年4月4日。

的；(2) 合议庭对刑事案件起诉书适用的法律条款存在异议，经口头协商仍无法取得一致的；(3) 检察机关提出再审检察建议的民事、行政案件；(4) 在本地区有重大影响，社会普遍关注的民事、行政案件；(5) 法院认为某些特定案件可能影响社会安定稳定，在全县有重大影响的，提出请检察长列席审判委员会研究的，或者检察院认为属于此类案件的，提出要求列席审判委员会研究的。2006 年 8 月 4 日，浙江省湖州市南浔区人民法院、人民检察院联合出台的《关于检察长列席人民法院审判委员会的暂行规定》明确规定，检察长列席的会议范围分"必须通知"和"可以通知"两类。"必须通知"检察长列席法院审判委员会会议的有以下五类案件：(1) 因检察院抗诉引起再审的重特大、疑难复杂案件或拟维持原判的案件；(2) 根据检察建议启动再审的重特大、疑难复杂案件或拟维持原判的案件；(3) 检察院提起公诉的一审重特大、疑难复杂案件；(4) 法院与检察院之间在案件定性上有重大分歧或拟作出无罪判决的案件；(5) 检察院需要列席讨论的其他案件。"可以通知"检察长列席法院审判委员会会议的有以下六类案件：(1) 合议庭和业务庭对案件的基本事实、主要证据、法律适用、处理意见存在争议的刑事案件、民商事案件；(2) 在辖区内有重大影响的热点案件和新类型案件；(3) 可能宣告无罪、涉及罪与非罪、变更指控罪名的普通刑事案件和经济犯罪案件；(4) 行政案件；(5) 再审、重审案件；(6) 法院认为需要由检察长列席讨论的其他案件。① 2007 年福建省漳平市人民法院与人民检察院联合出台的《关于检察长列席审判委员会若干问题的规定》明确规定，检察长列席的会议范围分"应当通知"和"可以通知"两类。"应当通知"检察长列席的有以下三类案件：(1) 合议庭认为无罪的公诉案件；(2) 合议庭与指控意见在案件定性、法律适用等方面存在严重分歧的案件；(3) 本辖区内有重大影响的案件。"可以通知"检察长列席的有以下五类案件：(1) 合议庭认定的案件事实、证据采信发生重大变化的职务犯罪案件；(2) 重大职务犯罪案件；(3) 再审的案件；(4) 党委、人大交办或督办的案件；(5) 法院院长或者检察院检察长认为有必要列席的其他案件。② 最高人民法院、最高人民检察院印发的《关于人民检察院检察长列席人民法院审判委员会会议的实施意见》第 3 条规定，检察长列席的会议范围如下：(1) 可能判处被告人无罪的公诉案件；(2) 可能判处被告人死刑的案件；(3) 人民检察院提出抗诉的案件；(4) 与检察工

---

① 张建蓉、钱聪：《湖州南浔检法两家联合出台规定强化审判监督：五类案件须通知检察长列席审委会》，载《检察日报》2006 年 8 月 7 日。
② 陈建忠、苏晓芬：《漳平：八种情况检察长列席审委会》，载《检察日报》2007 年 4 月 6 日。

作有关的其他议题。其中,人民检察院提出抗诉的案件包括刑事、民事和行政案件。

4. 列席的方式

列席的方式,是指检察长可以采取哪些方式列席法院的审判委员会会议。从目前实践改革探索的情况看,检察长列席的方式主要是法院通知列席,也有的是检察院要求列席。例如,长沙市岳麓区人民法院于 2006 年开始推行审判委员会改革时,针对一些案情复杂的案件,主动通知检察长列席法院审判委员会会议,接受检察院的监督。[①] 浙江省湖州市南浔区人民法院、人民检察院联合出台的《关于检察长列席人民法院审判委员会的暂行规定》明确规定,对于必须通知检察长列席的案件,法院应当及时通知,对于可以通知检察长列席的案件,法院应检察院的要求,可以通知检察长列席。[②] 最高人民法院、最高人民检察院印发的《关于人民检察院检察长列席人民法院审判委员会会议的实施意见》第 4 条规定,检察长列席会议的方式有两种:一是法院通知列席,即人民法院院长决定将本意见第 3 条所列案件或者议题提交审判委员会讨论的,人民法院应当通过适当方式通知同级人民检察院检察长列席会议。如果人民检察院检察长决定列席审判委员会会议的,人民法院应当将会议议程、会议时间通知人民检察院。二是法院邀请列席,即对于人民法院审判委员会讨论的议题,人民检察院认为有必要的,可以向人民法院提出列席审判委员会会议的要求,人民法院认为有必要的,可以邀请人民检察院检察长列席法院的审判委员会会议。

5. 列席的程序

检察长列席的程序,是指有关人民法院通知人民检察院检察长列席审判委员会、人民检察院就检察长是否列席会议予以答复以及检察长列席会议的发言等问题的规定。从目前改革探索的情况看,关于检察长列席法院审判委员会的程序,许多地方都作了一些规定。例如,江西省人民法院与人民检察院联合印发的《关于省人民检察院检察长列席省高级人民法院审判委员会会议的规定(试行)》中明确规定:"由省高院在确定审委会会议议程的当日,将会议时间、地点、讨论事项以书面形式通知省检察院;省检察院接到通知后,在会议

[①] 陈璇、赵蓓:《长沙法院系统首次邀请检察长列席审判委员会》,载 http://news.rednet.com.cn/,2006 年 4 月 29 日最后访问。

[②] 张建蓉、钱聪:《湖州南浔检法两家联合出台规定强化审判监督:五类案件须通知检察长列席审委会》,载《检察日报》2006 年 8 月 7 日。

召开前一日就检察长是否列席会议问题答复省高院。"① 安徽省马鞍山市花山区人民法院与人民检察院联合出台的《关于检察长列席审判委员会会议的暂行规定》中规定:"法院应当在召开审判委员会会议三日前通知区检察院检察长列席审判委员会会议。"② 最高人民法院、最高人民检察院印发的《关于人民检察院检察长列席人民法院审判委员会会议的实施意见》第5条规定:"人民检察院检察长列席审判委员会会议的,人民法院应当将会议材料在送审判委员会委员的同时送人民检察院检察长。"第7条规定:"检察长或者受检察长委托的副检察长列席审判委员会讨论案件的会议,可以在人民法院承办人汇报完毕后、审判委员会委员表决前发表意见。审判委员会会议讨论与检察工作有关的其他议题,检察长或者受检察长委托的副检察长的发言程序适用前款规定。检察长或者受检察长委托的副检察长在审判委员会会议上发表的意见,应当记录在卷。"第8条规定:"人民检察院检察长列席审判委员会会议讨论的案件,人民法院应当将裁判文书及时送达或者抄送人民检察院。人民检察院检察长列席的审判委员会会议讨论的其他议题,人民法院应当将讨论通过的决定文本及时送给人民检察院。"

(三) 评论与分析

审判委员会是法院的最高审判组织,也是行使审判权的最高形式,对审判委员会的活动进行必要的法律监督,允许检察长列席同级法院的审判委员会会议,对于加强审判监督,保证审判权的正确行使,深化司法改革,确保司法公正,都具有极其重要的意义。因此,对于各地法院和检察院有关检察长列席审判委员会制度的改革探索应当给予充分的肯定,同时对各地的不同做法也应当进行比较分析,将其合理的做法吸收到法律中,以不断完善我国的法律监督制度和机制。

1. 关于列席的任务

检察长列席审判委员会的任务,是检察长列席法院审判委员会应当履行的职责或者应当完成的工作。从目前各地改革探索的情况看,对检察长列席法院审判委员会的任务,主要有两种规定。一是规定得较为详细,如山东省宁阳县人民检察院与人民法院会签的《关于宁阳县人民检察院检察长列席宁阳县人

---

① 《省两院就省检察长列席省高院审委会作出规定》,载江西政法网 http://www.jxzfw.gov.cn, 2006年12月16日最后访问。

② 《花山区法院出新规检察长列席审判委员会》,载新华网 http://www.ah.xinhuanet.com, 2007年1月16日最后访问。

民法院审判委员会会议若干问题的意见》明确规定，检察长列席法院审判委员会会议的主要任务是：介绍案情，说明公诉或抗诉理由，参与对案件定性、法律适用、量刑等问题的讨论，发表自己的看法和观点。福建省漳平市人民法院与人民检察院联合出台的《关于检察长列席审判委员会若干问题的规定》明确规定，检察长列席法院审判委员会的主要职责是：听取合议庭的案件汇报和审判委员会的研究意见，发表对案件事实、证据采信、案件定性、法律适用、量刑等问题的意见。二是规定得较为简单，如最高人民法院、最高人民检察院印发的《关于人民检察院检察长列席人民法院审判委员会会议的实施意见》第2条规定，人民检察院检察长列席人民法院审判委员会会议的任务是，对于审判委员会讨论的案件和其他有关议题发表意见，依法履行法律监督职责。

笔者认为，对检察长列席法院审判委员会的任务作原则性规定是较为合适的，因为检察长列席法院审判委员会是检察机关行使法律监督权的一种重要途径，根本职责是履行法律监督，其表现是在审判委员会上发表意见。由于检察长列席法院审判委员会会议的情况不同，其发表意见的内容也不尽相同，因而法律不可能对其作出详细的规定，只作原则性规定即可。至于检察长列席法院审判委员会如何发表意见，则应在实践中具体掌握。具体来说，检察长列席不同类型的审判委员会，应当发表不同的意见，如列席有关一审案件的审判委员会，检察长应当重点阐述提起公诉的理由和法律依据的意见；列席有关再审案件的审判委员会，检察长的意见应当重点指出法院生效判决或裁定存在错误并阐明理由和依据等。

2. 关于列席的人员范围

从目前各地的改革探索看，关于列席审判委员会的人员范围问题，主要有两种做法。一是限于检察长和副检察长，即检察长和受检察长委托的副检察长可以列席法院的审判委员会会议。二是不限于检察长和副检察长，受检察长委托的检察委员会委员、检察员都可以列席法院的审判委员会会议。

笔者认为，按照我国《人民法院组织法》的规定，检察机关中列席法院审判委员会的是检察长，而在目前的改革探索中，有的将其扩大到副检察长，还有的将其扩大到审判委员会委员和检察官。就《人民法院组织法》的规定本意看，规定检察长可以列席审判委员会是法院秘密评议原则的例外，其含义是要严格限制列席法院审判委员会的人员。如果将这里的"检察长"解释为正检察长和副检察长，是可以理解的，也不违背法律的本来含义。因为副检察长协助检察长开展工作，而且从广义上讲，副检察长也属于检察长范畴，所以副检察长包括在"检察长"之内，既不会与现行法律相抵触，又能体现列席法院审判委员会的限定性和严肃性。更为重要的是,从司法实践看,副检察长一般都负责主要的检察业务工作,对审判委员会讨论的案件都非常熟悉,甚至比检察长更了解案情,因而允许副检察长列席法院审判委员会可以更好地发挥检察机关的法律监督作用。此外,关于检察长和受检察长委托的副检察长列席法院审判委员会时是否可以带助手的问题,目前法律没有规定,各地在改革探索中都是允许检察长或副检察长带助手的。笔者认为,这种做法是合适的,因为法律规定列席审判委员会的人员是有专门含义的,它是指有资格列席法院审判委员会并代表检察院发表意见的人员,助手在审判委员会会议上不发言,不属于法律规定列席审判委员会的人员,因而助手可以随检察长或副检察长参加(或"旁听")法院的审判委员会会议。

3. 关于列席的会议范围

关于检察长列席法院审判委员会的会议范围问题,目前实践改革探索较多,有许多不同的规定,但主要有两种做法。一是只规定检察长可以列席的会议范围,即只概括性地规定检察长可以列席法院审判委员会的各种情况。二是分"必须"和"可以"两类分别进行规定,即明确规定法院必须通知检察长列席的各种情况和可以通知检察长列席的各种情况。

笔者认为,上述两种做法各有利弊。第一种做法较为简单,但规定检察长"可以"列席则略显随意,难以在实践中保证检察长真正列席法院审判委员会,有可能使这种监督方式被虚设。第二种做法虽然详细和具体,便于实践操作,但也存在难以概括实践中所有情况的缺陷。从目前法律规定看,虽然《人民法院组织法》对检察长列席法院审判委员会的会议范围没有作出具体的规定,但也没有限制性规定,因而从字面上来理解,所有提交审判委员会讨论的案件检察长都可以列席。但是,从实际情况来看,检察长不可能列席所有的审判委员会会议。因此,要合理规定检察长列席法院审判委员会的会议范围,既要保证审判委员会讨论某些重大案件时检察长必须列席,又要保证检察长列席法院审判委员会具有一定的灵活性或选择性。基于目前我国法律规定的精神和实际情况,笔者建议可以从两方面规定检察长列席的会议范围,一方面明确规定法院应当通知检察长列席会议的具体情况;另一方面应当规定对于其他情况,检察长可以要求列席。

4. 关于列席的方式

从目前各地改革探索来看,关于检察长列席的方式,主要有两种情况。一是只采取通知列席的方式,这是部分地方的做法。二是采取两种方式:(1)通知列席方式,即人民法院通知人民检察院检察长列席有关的审判委员会会议;(2)要求列席方式,即人民检察院认为人民法院审判委员会讨论的问题与检察工作有关时,可以要求列席。这是大部分地方的做法。其中,第一种方式是主要方式,第二种方式是辅助方式。

笔者认为,关于检察长列席的方式,采取以"通知方式为主"和"要求方式为辅"的做法是比较合适的。这是因为,以"通知方式为主"符合法律规定的精神。1954年《人民法院组织法》第10条第3款中规定:"各级人民法院审判委员会会议由院长主持,本级人民检察院检察长有权列席。"1979年修改《人民法院组织法》时,在第11条第3款中将"有权列席"修改为"可以列席",并沿用至今。从法律规定的字面上来解释,"有权列席"意味着人民检察院拥有主动权,而将"有权"修改为"可以",主动权则转到了人民法院一方,人民法院对检察长列席法院审判委员会拥有主动权,这与强化审判独立的立法目的是一致的。同时,更为重要的是,审判委员会是法院的一级审判组织,审判委员会的召开亦是在法院内部进行的,法院对审判委员会的议题、召开时间等具有完全的掌控,因而采取法院通知的方式符合"属地原则",也是符合实际情况的。但是,也应当看到,"通知的方式"不可能满足人民检察院对人民法院进行法律监督的客观需要,对于人民检察院关心的问题,检察长可以要求列席法院的审判委员会,人民法院认为方便的,也应当准许或者邀请检察长列席,因而将"要求方式"作为"通知方式"的补充,也是十分必要的。

5. 关于列席的程序

关于检察长列席法院审判委员会的程序,目前各地都进行了许多探索,有的地方规定得较为具体,有的地方规定得较为原则。不管怎样,各地的探索都取得了一定的经验,值得我们认真地分析和总结。

笔者认为,从列席程序本身来说,越具体越好,但是,作为基本法的程序法又不可能规定得太具体,只能规定一些基本的程序。就列席程序来说,其基本构成有两个:一是法院通知的程序;二是检察长列席的发言程序。其中,法院的通知程序应当包括法院通知的时间和有关材料如何送达。对此,有的地方规定法院应当在召开会议3日前,将会议的时间、地点和讨论事项以书面形式告知人民检察院,并提供案件讨论的相关信息材料。笔者认为,这种规定太具体,必须是3日前,2日前就不行吗?因而不必规定得太具体,只要进行原则性规定即可,比如规定法院在通知和将会议材料送审判委员会委员的同时,应当通知并将会议材料送人民检察院检察长。这样就可以保障检察长有充分的准备时间,对会议材料进行认真的研究和准备发言意见。同时,人民检察院还应当主动与人民法院联系进行沟通,最迟在审判委员会会议召开前1日将检察长是否列席和列席人员的情况告知人民法院,以便人民法院进行准备。而检察长列席的发言程序主要是检察长的发言时间问题，笔者认为，检察长作为审判委员会的列席人员，对审判委员会讨论的案件或事项只有听取各审判委员会委员发表意见和自己对所讨论案件或事项有发表意见的权利，但对案件的最后处理决定没有表决权。也就是说，检察长发表的意见只能供审判委员会委员参考。因此，为了发挥检察长意见的参考作用，检察长的发言时间应当介于承办法官汇报案件情况或会议主题和会议讨论结束、审判委员会会员表决之间。同时，列席会议的检察长可以向参加审判委员会的人员询问有关情况，也可以回答审判委员会委员的有关提问。

此外，列席会议的检察长作为法律监督者，对审判委员会会议召开过程中存在的违法情况，如参加会议委员人数是否达到法定多数、是否有不应当出席会议的人员出席、是否存在法律规定的应当回避而没有回避的情形、是否存在主持人利用职权违反民主集中制的现象、审判委员会最终决定是否获得法定的多数等问题，可以进行法律监督并提出纠正意见。

（四）立法建议

关于检察长列席审判委员会问题，最高人民法院、最高人民检察院在《关于人民检察院检察长列席人民法院审判委员会会议的实施意见》作出了明确具体的规定，有利于保证检察长列席审判委员会工作的开展。但是，该意见的效力较低，建议将有关内容纳入《人民法院组织法》和《人民检察院组织法》中。同时，由于检察长列席审判委员会的目的是对审判活动进行法律监督，以有效保证审判权的正确行使。据此，笔者认为，应当完善以下两方面的内容：（1）扩大检察长列席审判委员会的案件范围。从理论上讲，检察机关有权列席所有案件的审判委员会会议，但是，从检察机关的实际情况出发，检察长列席审判委员会的范围应当有所选择，这种选择权应当由检察机关根据法律监督的需要来行使。为此，笔者建议，法律应当规定："人民检察院认为应当列席审判委员会的，有权向人民法院提出。"（2）明确列席审判委员会的检察长有权提出监督意见。检察长列席审判委员会的目的，不仅要对案件本身的问题进行监督，而且要对审判委员会的议事活动进行监督。为此，笔者建议，法律应当明确规定："列席审判委员会的检察长有权对审判委员会的议事程序是否合法进行监督。"

第六章 人民监督员制度

人民监督员制度,是指由代表社会公众的人民监督员按照一定程序对检察机关查办职务犯罪案件进行民主监督的一项制度。这是近些年来检察机关进行检察改革的一项重要措施,其目的在于加强对检察机关查办职务犯罪案件活动的社会监督,提高执法水平和办案质量,确保检察机关依法公正履行检察职责,维护社会公平正义。

一、改革缘起

在我国,人民监督员制度的改革探索是由多种原因促成的,既有外部原因,也有内部因素。就其外部原因来说,主要是学术界对检察机关行使职务犯罪侦查权的质疑。自1996年全国人大将"依法治国,建设社会主义法制国家"确立为治国方针后,我国学术界就对如何依法治国进行了广泛的讨论。学者们一致认为,要依法治国,就必须尊重法律,公平合理地适用法律,树立法律至高无上的权威。而法律的公平合理适用离不开司法机关依法行使司法权,因而如何合理配置我国的司法权,就成为学术界讨论的重要内容。检察机关的职务犯罪侦查权就是其中一个焦点。在讨论中,一些学者对我国检察机关的职务犯罪侦查权提出了质疑,并据此认为应当将职务犯罪侦查权交由其他部门行使。有学者认为,检察机关行使职务犯罪侦查权,与其法律监督机关的性质不相契合,因为职务犯罪侦查权属于行政权范畴,应当将其配置给行政机关,因此主张将职务犯罪案件统一交由公安机关侦查。[①] 有的认为职务犯罪的产生有其特殊性,职务犯罪案件的侦查也有其特别之处,应当由专门机关承担职务犯罪的侦查职能,因此主张成立专门的、独立的反贪机构行使职务犯罪侦查权。有的主张将监察部和检察院的反贪局合并,成立"廉政公署",使其成为与公安机关、国家安全机关相并列的第三大侦查机构。[②] 有的还提出设立专

---

① 周国均:《论检察机关侦查的几个问题》,载《政法论坛》1990年第4期。
② 崔敏:《论司法权力的合理配置》,载《公安学刊》2000年第3期。

门的反腐败机构。一种是在中央设立"廉政部",在省、直辖市、自治区设"廉政厅",在市、自治州、地区一级设"廉政处",县区一级设"廉政局";另一种是在中央设立"最高人民廉政院",在省、直辖市、自治区设"高级人民廉政院",在市、自治州、地区一级设"中级人民廉政院",县区一级设"基层人民廉政院"。①

事实上,对检察机关职务犯罪侦查权的质疑,实质上是对"谁来监督监督者"问题的反应,也表明了社会对检察机关职务犯罪侦查权缺乏有效监督制约的担忧。为了回应学术界和社会的质疑,有效加强对检察机关职务犯罪侦查权的监督,人民监督员制度应运而生。

就其内部因素来说,主要是检察机关针对自身在办理职务犯罪案件过程中存在问题所提出的解决办法。从法律规定看,自侦案件在办理上,从立案侦查到批捕、起诉,直至交付审判等的一系列诉讼活动都由检察机关独立完成,不像其他刑事案件一样,在诉讼过程中存在公、检、法三机关的互相制约。虽然检察机关内部也存在一定的监督制约机制,但是仅有内部的监督自律,没有有效的外部监督制约机制是不够的。从司法实践看,由于检察机关在办理自侦案件中缺乏有效的外部监督机制,使得一些职务犯罪案件办案质量不高,侦查中执法不公、违法办案等问题时有发生,甚至出现该捕不捕、该诉不诉或错捕、错诉等问题,引发了社会各界的强烈反映。为纠正这些问题,最高人民检察院采取了许多措施予以防范,如制定了《关于要案线索备案、初查的规定》、《关于完善人民检察院侦查工作内部制约机制的若干规定》等司法解释。同时,为了回应社会各界的强烈反映,有效解决实践中检察机关办理自侦案件过程中存在的问题,最高人民检察院认识到必须加强检察机关办理职务犯罪案件的外部监督,建立有效的外部监督机制。经过深入研究和充分论证,最高人民检察院提出了建立人民监督员制度的改革设想,得到中央批准后,人民监督员制度的改革探索试点工作就在全国逐步推开了。

二、改革历程和内容

(一) 改革历程

宏观地看,人民监督员制度的改革探索,经历了一个从局部试点到全国推广、从制度内试点到体制外试点、从内部制度探索到寻求立法推进的过程。

---

① 吴高庆:《建立我国反腐败专职机构的设想》,载《甘肃社会科学》2005年第3期。

2003年8月，最高人民检察院就人民监督员制度报党中央同意并报告全国人大常委会后，制定并通过了《最高人民检察院关于人民检察院直接受理侦查案件实行人民监督员制度的规定（试行）》，开始在全国部署试点，率先在福建、四川、黑龙江、辽宁、天津、内蒙古、河北、山东、浙江和湖北10个省（区、市）检察机关展开，这标志着人民监督员制度改革探索的开始。试点工作得到了各级党委、人大和政府的支持。截至2003年底，试点工作已经在10个省级人民检察院及所属的105个地市级人民检察院、510个区县级人民检察院展开。全国检察机关按规定产生了4000多名人民监督员。

2004年7月5日，最高人民检察院第十届检察委员会第二十三次会议将以上规定修订为《最高人民检察院关于实行人民监督员制度的规定（试行）》，使之成为人民监督员制度最正式的规范渊源。同年10月，最高人民检察院决定在全国检察机关开展人民监督员制度的试点。最高人民检察院陆续补充出台了《关于适用〈最高人民检察院关于实行人民监督员制度的规定（试行）〉若干问题的意见》、《最高人民检察院关于进一步扩大人民监督员制度试点工作的方案》、《关于人民监督员制度试点工作若干具体问题的意见》等一系列实施意见和补充规定。这些意见和规定拓宽了人民监督员的监督范围，规范了人民监督员的监督工作，使得人民监督员制度更加完善。2004年8月，报经中央批准后，最高人民检察院决定扩大人民监督员制度的试点范围，即将人民监督员制度的试点范围扩大到全国2789个人民检察院，包括31个省级人民检察院、新疆生产建设兵团检察院，349个分、州、市人民检察院和2408个基层人民检察院，占全国各级人民检察院总数的86%。2004年《中共中央转发〈中央司法体制改革领导小组关于司法体制和工作机制改革的初步意见〉的通知》要求，人民检察院办理职务犯罪案件实行人民监督员制度，可继续进行试点工作。研究相关法律问题，依法规范并不断完善人民监督员制度。这为人民监督员制度的进一步发展完善提供了坚实的依据。

2005年，各级试点院按照高检院的要求，不断推进人民监督员的试点工作，使人民监督员制度试点工作取得了新的进展和成效。这一年，最高人民检察院制定下发了《关于人民监督员监督"五种情形"的实施规则（试行）》、《关于进一步规范和深化人民监督员制度试点工作若干具体问题的意见（二）》两个规范性文件，进一步规范了监督程序。全国绝大多数试点院启用了《人民监督员案件监督管理系统》统计软件，实现了监督案件计算机网上月报，进一步规范了试点工作资料的收集汇总和数据的统计分析。办事机构进一步规范，独立设置办事机构的省级人民检察院由年初的4个增加到6个；已有17个省级人民检察院按要求将办事机构调整到办公室归口管理。另外，最高人民检察院于5月底下发了《关于开展人民监督员制度试点工作情况专项检查的通知》,部署了试点工作专项检查。各级试点人民检察院用两个月的时间采取自查、互查和上级院抽查的方式,对试点以来的情况进行了全面检查,进一步促进了人民监督员制度的试点工作。

经过一年多的试点,2006年2月,报经中央批准,军事检察院也进行人民监督员制度试点。2006年5月3日,中共中央在《关于进一步加强人民法院、人民检察院工作的决定》(中发〔2006〕11号)中更加鲜明地提出,要"深入推进人民监督员制度试点工作,适时加以推广,促进人民监督员制度规范化、法制化。"2006年底,党的十六届六中全会《关于构建社会主义和谐社会若干重大问题的决定》,再一次明确要加强司法民主建设,健全人民监督员制度。人民监督员制度进一步得到社会各界的广泛关注和赞誉。各级试点院进一步加强了试点工作的规范化建设和制度建设。河北、内蒙古、辽宁、黑龙江、江苏、福建、山东、湖南、广西等省级院将案件监督情况纳入目标(执法质量)考核体系。同时,人民监督员制度试点工作办事机构的建设也不断加强。天津、河北、山西、黑龙江、山东、湖北、四川、云南等8个省(市)院经编制部门批准独立设置了人民监督员办公室,绝大多数省级院的试点工作均已按要求划归办公室,实现了统一归口管理。各省级院建立健全了监督案件报上一级院备案制度和试点工作定期通报制度,加强了试点工作的运行机制建设。北京、吉林、浙江、湖北、海南等省级院制定了人民监督员办公室工作规范。人民监督员制度试点工作向着更加深入、规范的方向发展。

2007年,各级人民检察院对人民监督员试点工作进行总结,不断完善人民监督员工作。在这一年里,最高人民检察院多次进行调研,对各地人民监督员制度试点工作中存在的疑难问题进行认真分析研究,并有针对性地提出了指导意见。各省级人民检察院通过及时制定工作要点、深入基层进行调研等方式,加强对下指导的力度,使人民监督员试点工作更加扎实规范。例如,云南省人民检察院对上年度人民监督员对"三类案件"的监督情况进行检查,并将检查结果纳入年度考评考核。甘肃省人民检察院两次到基层院检查指导人民监督员制度试点工作,针对试点工作中的问题提出解决意见。四川省人民检察院要求将采纳人民监督员监督意见的案件整理为典型案例上报,并将案件监督纳入对下工作目标考核体系。辽宁省人民检察院组织全省检察院进行调研检查,对2007年上半年全省试点工作总体情况及时分析整理,并提出指导意见。广东省人民检察院对"三类案件"监督中人民监督员持不同意见的案例进行整理分析,加强对相关业务部门的指导力度。河南、内蒙古编辑了《人民监督员实务问答》等书籍资料,发放给下级试点院和人民监督员,通过举办研讨班、经验交流会等形式加强对下指导，提高各试点人民检察院人民监督员办公室的工作能力和服务水平。这些措施加强了上级院对下级院的指导力度，促进了人民监督员制度试点工作平衡、协调发展。截至2007年底，人民监督员共对21270件"三类案件"进行了监督，其中不同意办案部门意见的930件，而检察机关采纳了543件。

2008年，最高人民检察院多次就人民监督员的选任方式、监督范围及监督程序的完善等广泛听取意见，并对各地试点工作中存在的疑难问题进行认真分析研究，有针对性地提出指导意见。2008年底，中央启动了新一轮的司法体制和工作机制改革，明确了完善人民监督员制度的要求。即《中共中央转发〈中央政法委员会关于深化司法体制和工作机制改革若干问题〉的通知》要求，总结人民监督员制度试点经验，研究并推进人民监督员制度法制化，明确人民监督员的选任管理、监督范围和程序，充分发挥人民监督员的作用。2008年全国各级试点院共监督"三类案件"5291件，人民监督员不同意检察机关原拟处理决定146件，检察机关采纳95件，占65%；共受理人民监督员提出对"五种情形"的监督164件，已向人民监督员反馈查处或查明情况154件。此外，人民监督员在执法检查中提出意见、建议80件，均将其整改或查证情况向人民监督员反馈或作出详细说明。数据表明，人民监督员介入检察机关部分自侦案件的监督后，检察机关的撤案率、不起诉率均呈下降趋势，检察机关执法水平、案件质量有显著提高，人民监督员制度产生了一定的实效。

2009年是人民监督员制度继续深化的一年，最高人民检察院根据中央司法体质和工作机制改革的要求，认真开展调研，不断总结试点经验，努力改进人民监督员选任程序和管理方式，逐步扩大人民监督员的监督范围，进一步完善监督程序，推进人民监督员制度法制化。2009年2月24日，最高人民检察院人民监督员制度试点工作领导小组召开第十次会议，对下一步深化人民监督员制度改革工作作出研究部署，在专题调研深化人民监督员制度改革的情况下，形成深化人民监督员制度改革的实施意见报中央政法委批准。

正是由于人民监督员制度在试点过程中凸显出来的重大价值，2004年《中国人权事业的进展》、2005年《中国的民主政治建设》、2006年《中国的国防》和2008年《中国的法治建设》四个白皮书以及2009年4月的《国家人权行动计划（2009—2010年）》，均对人民监督员制度的作用和所取得的成效给予充分肯定，指出："人民监督员试点工作平稳推进，重点对不服逮捕、拟撤销、拟不起诉案件实施监督。涉及检察人员办案不文明、不规范的投诉明显减少。"

经过7年的人民监督员制度试点工作，全国检察机关共选任人民监督员4

万多人次,监督案件 3.6 万余件,取得了良好的社会效果和法律效果。2010 年 10 月 26 日,最高人民检察院第十一届检察委员会第四十五次会议通过了《关于实行人民监督员制度的规定》,要求检察机关全面推行人民监督员制度。该《规定》在以下三个方面进一步完善了人民监督员制度:(1)人民监督员的选任方式。要求由上级检察机关选任人民监督员,即由省、市两级人民检察院综合考虑辖区内检察机关办案数量、人口、民族等因素,确定本辖区人民监督员的名额,统一进行选任,汇总后建立人民监督员库,根据监督案件的实际,采取随机抽选的办法,确认并组织人民监督员对本院及辖区检察院需要监督的案件和事项进行监督。(2)人民监督员的监督范围。将人民监督员的监督范围扩大到以下七个方面:检察机关应当立案而不立案或者不应当立案而立案;超期羁押或者犯罪嫌疑人不服检察机关延长羁押期限的决定;违法搜查、扣押、冻结或违法处理扣押、冻结款物;拟不起诉案件;拟撤销案件;应当给予刑事赔偿而不依法予以赔偿;检察人员在办案中有徇私舞弊、贪赃枉法、刑讯逼供、暴力取证等违法违纪情况。(3)人民监督员的监督程序。规定省级以下检察院提交人民监督员监督的案件,由上级检察院统一组织人民监督员监督。对应当接受监督而未履行监督程序直接作出处理决定的,上级检察院应当予以通报,必要时可以责令下级检察院依照规定启动人民监督员监督程序。完善了人民监督员的评议表决程序,使监督程序与诉讼程序、办案程序相衔接,不能因为人民监督员的监督而延长法定办案期限,特别是要坚决防止超期羁押。

(二) 改革内容

根据有关规定,在人民监督员制度的改革试点过程中,全国各级检察机关对人民监督员制度的以下内容进行了改革探索。

1. 人民监督员的选任

人民监督员的选任包括人民监督员应当具备的条件、选任程序和更迭三方面的内容。其中,关于人民监督员应当具备的条件,最高人民检察院制定的有关规定对此作出了明确规定,如 2003 年 9 月 2 日制定的《关于人民检察院直接受理侦查案件实行人民监督员制度的规定(试行)》规定,人民监督员应当具备以下条件:"(一)具有中华人民共和国国籍;(二)拥护中华人民共和国宪法;(三)年满二十三周岁;(四)作风正派,坚持原则,有良好的政治素质和较高的政策、法律水平。"2004 年 7 月 5 日修订的《关于实行人民监督员制度的规定(试行)》对人民监督员的选任条件作了细微调整,将"较高的政策、法律水平"修改为"有一定的文化水平和政策、法律知识",降低了人民监督员的选任"门槛";将原来人民监督员的"任期与本届检察长的任期相同"修改为一届任期为三年,连任不得超过两次,出现法定情形的,人民监督员可以辞去职务。有的试点地方还对人民监督员应当具备的条件作了更详细的规定,如2007年12月重庆市人大常委会通过的《重庆市人民代表大会常务委员会关于在检察机关推行人民监督员制度的决定》规定,人民监督员从各行业、阶层、民族中选任,但要注意确保人民监督员的构成具有广泛性、代表性和群众性,其中来自基层的人选不少于总数的60%,少数民族自治县必须有来自于自治民族的人选;重庆市各级人大常委会组成人员、公检法司安机关的工作人员、律师、司法鉴定人员和现役军人等,不纳入选任范围;受过行政拘留、劳动教养、刑事处罚的人员不得担任人民监督员;人民监督员必须在重庆市工作或者有固定的居所等。2010年10月26日,最高人民检察院制定的《关于实行人民监督员制度的规定》,对人民监督员应当具备的条件作了较大调整,其第4条规定:"人民监督员应当具备下列条件:(一)拥护中华人民共和国宪法;(二)有选举权和被选举权;(三)年满二十三周岁;(四)公道正派,有一定的文化水平;(五)身体健康。"第5条规定:"下列人员不得担任人民监督员:(一)受过刑事处罚或者正在受到刑事追究的;(二)受过劳动教养或者行政拘留处罚的;(三)被开除公职或者开除留用的。"第6条规定:"下列人员不宜担任人民监督员:(一)党委、政府及其组成部门的负责人;(二)人民代表大会常务委员会组成人员;(三)人民法院、人民检察院、公安机关、国家安全机关、司法行政机关的在职人员;(四)执业律师、人民陪审员;(五)其他因职务原因可能影响履行人民监督员职责的人员。"

关于人民监督员的选任程序,最高人民检察院制定的《关于实行人民监督员制度的规定》规定了以下选任程序:(1)确定人民监督员的具体名额。省级、地市级人民检察院根据所辖行政区域大小、查办职务犯罪案件数量等情况,确定人民监督员的选任人数。即《关于实行人民监督员制度的规定》第8条规定:"省级、地市级人民检察院应当根据本辖区案件数量、人口、民族等因素合理确定人民监督员的名额及分布。"在实践中,省级人民检察院选任人民监督员人数一般为20—30名;地市级和县级人民检察院选任人民监督员一般为5—15名。(2)公布选任人民监督员的信息。即在当地新闻媒体公布人民监督员的选任条件、选任名额、选任程序、截止日期等内容。如《关于实行人民监督员制度的规定》第10条规定:"选任人民监督员,应当提前向社会公告人民监督员的选任条件、程序和名额、任职期限等相关事项。"(3)商请地方党委、人大、政协、社会团体、企业事业单位和基层组织等单位推荐产生人民监督员或公民自愿报名。即《关于实行人民监督员制度的规定》第9

条规定:"省级、地市级人民检察院可以商请机关、团体、企业事业单位和基层组织推荐人民监督员人选;公民个人可以向本人工作单位所在地或者住所地的人民检察院自荐报名。"(4)进行初查。对符合选任条件的人员进行初步审查,确定拟任人员的名单。(5)征求意见。即对拟任人员逐一征求意见,并按要求填写《人民监督员登记表》。(6)对《人民监督员登记表》的相关内容进行核实考察。(7)根据考察结果拟定人民监督员名单,其中被选任的人员是人大代表、政协委员的,还应征询人大、政协意见。(8)检察委员会审议确认。条件成熟的地方,还报请同级人大任命、确认、备案。(9)检察长颁发《人民监督员证》,载明"人民监督员的姓名、性别、年龄、职务、工作单位、有效期间、发证单位及印章"。(10)公布选任人民监督员名单。在当地新闻媒体公布本次任期内选任的人民监督员名单、工作单位、任职期限等内容。在有的试点地方,人民监督员的选任是由当地人大常委会完成的。比如,2006年11月,山东枣庄山亭区人民检察院最早实行人民监督员"检察体制外选任"试点。此后,四川省广安市、甘肃、湖南、云南、安徽、黑龙江、福建泰宁县、将乐县、云宵县等地的人大常委会也先后通过关于试行人民监督员制度的决议,使得人民监督员选任都要报请同级人大常委会审议或确认。2007年12月重庆市人大常委会通过的《重庆市人民代表大会常务委员会关于在检察机关推行人民监督员制度的决定》规定,人民监督员的报名方式有两种:一是组织推荐,即机关、团体、企事业单位、城镇及农村基层自治组织可根据人民监督员选任条件,经过民主协商,征得被推荐者本人同意,向检察机关推荐;二是公民自荐,即公民个人可根据人民监督员选任条件,向检察机关推荐。人民监督员报名后,重庆市人大及常委会有关部门和重庆市人民检察院共同考察提出人选,经该市人大常委会主任会议通过后确认。

关于人民监督员的更迭,最高人民检察院制定的《关于实行人民监督员制度的规定》规定了以下内容:(1)人民监督员的任期为五年,连任不得超过两届。即《关于实行人民监督员制度的规定》第13条规定:"人民监督员每届任期五年,连续任职不得超过两届。"(2)人民监督员在任期内经检察院确认可以辞去职务。如果人民监督员因职务调整,担任党委、政府及其组成部门的负责人;或为人民代表大会常务委员会组成人员;或为人民法院、人民检察院、公安机关、国家安全机关、司法行政机关的在职人员;或为执业律师、人民陪审员等法律工作者,出现不能或不宜担任人民监督员的情形时,可以辞去人民监督员职务。《关于实行人民监督员制度的规定》第14条规定:"具有下列情形之一的,人民监督员可以辞去职务:(一)因职务调整,出现本规定第六条规定情形的;(二)不愿继续担任人民监督员的。人民监督员辞去职务的,作出选任决定的人民检察院应当向社会公布。"(3)解除人民监督员职务。即具备法定条件的,人民检察院可以解除人民监督员的职务。《关于实行人民监督员制度的规定》第15条规定:"人民监督员具有下列情形之一的,作出选任决定的人民检察院应当解除其职务并向社会公布:(一)不再符合本规定第四条规定条件的;(二)具有本规定第五条规定情形的;(三)违反本规定,造成不良后果的。"有的试点地方,对人民监督员的更迭也作了详细的规定。例如,2007年12月重庆市人大常委会通过的《重庆市人民代表大会常务委员会关于在检察机关推行人民监督员制度的决定》规定:(1)人民监督员任期届满,其职务自动解除。(2)解除人民监督员职务。如有下列情形之一的,由市检察院解除其职务,并向社会公告:本人申请辞去人民监督员职务的;不再符合人民监督员选任条件之一的;身份变化为各级人大常委会组成人员、法院、检察院、公安机关、国家安全机关、司法行政机关工作人员、律师、司法鉴定人员、解放军、武警部队现役官兵的;一年内三次应当参加而未参加案件监督活动的;违反案件监督工作有关规定,造成严重后果的;受到行政拘留、劳动教养、刑事处罚的。

2. 人民监督员的监督范围

人民监督员的监督范围,是指人民监督员对人民检察院的哪些活动可以进行监督。目前各地试点检察机关对人民监督员的监督范围进行了广泛探索,如重庆市人民检察院制定的《人民监督员试行办法》规定,人民监督员有权对下列情形进行监督:"一是职务犯罪案件发案单位、当事人及其近亲属不服检察机关对涉案款物的处理决定,提出申诉,检察长认为有必要提交监督的;二是市检察院检察长或分院检察长认为有必要提交监督的其他案件。"2007年7月,内江市威远县人民检察院制定的《涉检信访申诉案件接受人民监督员监督暂行规定》,将涉检信访案件纳入人民监督员监督范围,邀请其参加涉检信访案件处理听证会。2007年,泸州市龙马潭区人民检察院制定的《被害人不服检察机关不批准逮捕接受人民监督员监督暂行规定》将一般刑事案件批准逮捕环节纳入监督范围。四川省广安市岳池县人民检察院把署名举报拟不立案,被害人不服不批准逮捕决定、不起诉决定且公安机关未提请复议复核,申诉人对刑事申诉复查决定不服以及在当地有重大影响的案件也纳入人民监督员的监督范围。① 2004年7月5日,最高人民检察院制定的《关于实行人民监督员制度的规定(试行)》第2条规定:"人民检察院查办职务犯罪案件,实行人民监督员制度,接受社会监督。"具体监督范围包括"三类案件"和"五种

---

① 郭彦:《深化人民监督员制度要在五个方面下功夫》,载《人民检察》2007年第4期。

情形"。"三类案件"是被逮捕的犯罪嫌疑人不服逮捕决定的;拟撤销案件的;拟不起诉的。"五种情形"是应当立案而不立案或者不应当立案而立案的;超期羁押的;违法搜查、扣押、冻结款物的;应当给予刑事赔偿而不依法予以确认或者不执行刑事赔偿决定的;检察人员在办案中徇私舞弊、贪赃枉法、刑讯逼供、暴力取证等违法违纪的。此外,人民监督员可以应邀参加人民检察院直接受理侦查案件的其他执法检查活动,发现有违法违纪情况的,可以提出建议和意见等。2010 年 10 月 26 日,最高人民检察院修订的《关于实行人民监督员制度的规定》,更加明确了人民监督员的监督范围,其第 17 条规定:"人民监督员对人民检察院办理直接受理立案侦查案件的下列情形实施监督:(一)应当立案而不立案或者不应当立案而立案的;(二)超期羁押或者检察机关延长羁押期限决定不正确的;(三)违法搜查、扣押、冻结或者违法处理扣押、冻结款物的;(四)拟撤销案件的;(五)拟不起诉的;(六)应当给予刑事赔偿而不依法予以赔偿的;(七)检察人员在办案中有徇私舞弊、贪赃枉法、刑讯逼供、暴力取证等违法违纪情况的。"

3. 人民监督员的监督程序

关于人民监督员的监督程序,随着人民监督员选任方式和检察机关办案程序的变化,也经历了一个不断修改完善的过程。在人民监督员试点初期,2004 年,最高人民检察院制定了《关于实行人民监督员制度的规定(试行)》,将人民监督员的监督程序分为"三类案件"的监督程序和"五种情形"的监督程序两种。其中,对"三类案件"的监督程序主要包括以下内容:(1)移送材料。凡是属于"三类案件"情形的,有关检察业务部门应当及时将书面意见和相关材料移送人民监督员办公室。(2)确定人民监督员。人民监督员办公室一般采取姓氏排序或随机抽签的方式,确定 3 人以上且总人数为单数的人民监督员参加案件监督,并推举其中一人主持监督工作。(3)监督意见的形成。具体包括以下程序:一是由人民监督员办公室通知确定的人民监督员参加监督评议会,会上人民监督员主持人宣布人民监督员的组成人员和案件承办人,宣布监督工作纪律,说明评议规则、案件监督程序,有关回避的规定,分发承办案件部门的意见书、主要证据复印件或者照片、相关法律规定等材料。二是案件承办人向人民监督员全面、客观地介绍案情并出示主要证据,说明与案件相关的法律适用情况。人民监督员可以向案件承办人提出问题,案件承办人应当予以回答。三是人民监督员根据案件情况,独立进行评议、表决。表决采取无记名投票方式,按少数服从多数的原则形成表决意见,表决结果和意见由承办案件部门附卷存档。人民监督员经表决形成的监督意见,检察机关应认真听取。(4)监督的救济程序。如果检察长不同意人民监督员的监督意见,应当提请检察委员会讨论决定。如果参加监督的多数人民监督员对检察委员会的决定有异议的，可以要求上一级检察机关复核。上级检察机关应当及时复核，并向人民监督员反馈结果。（5）监督的期限。案件监督工作应当自人民监督员收到材料之日起，7日内进行完毕，重大复杂的案件，案件监督期限可以延长1个月。但是，检察机关不得因人民监督员的监督而超过法定的办案期限。人民监督员对"五种情形"的监督程序如下：（1）发现的途径。人民监督员可以通过人民群众的反映或者参加检察机关有关职务犯罪案件执法检查活动，发现检察机关存在的违法违纪情况。（2）向检察机关提出。人民监督员发现检察机关存在"五种情形"的，可以以书面或者口头形式向检察机关提出。口头提出的，由人民监督员办公室制作笔录。作为县级以上检察机关的人民监督员，发现所在地的市、县检察机关有"五种情形"之一的，可以直接向其担任人民监督员的检察机关反映情况。（3）分送处理。根据人民监督员提出的建议和意见，按照不同的情况，分别移送或者转交有关职能部门依法处理。（4）反馈处理结果。检察机关应当以书面形式及时将处理结果向人民监督员反馈，并说明有关情况。

为了进一步强化上下级检察院之间的领导关系，加强对自行查办职务犯罪案件的监督，最高人民检察院先后出台了《关于省级以下人民检察院立案侦查的案件由上一级人民检察院审查决定逮捕的规定（试行）》（2009年9月4日）和《关于省级以下人民检察院对直接受理侦查案件作撤销案件、不起诉决定报上一级人民检察院批准的规定（试行）》（2005年9月23日），将被逮捕的犯罪嫌疑人不服逮捕决定的、拟作出撤销案件决定的和拟作出不起诉处理决定的"三类案件"上提一级审查决定，并对人民监督员的监督程序进行了以下调整：（1）人民监督员表决同意拟撤销案件、拟不起诉决定的案件，经检察长或者检察委员会对业务部门的意见进行审查，并认真研究人民监督员的意见后，采纳人民监督员表决意见的，应当将拟撤销案件、拟不起诉决定报送上一级检察院审查，人民监督员的表决意见一并报送。其中，认为符合起诉条件，不采纳业务部门所拟意见和人民监督员表决意见的，应当由检察委员会依法作出起诉决定。参加监督的多数人民监督员对检察委员会的决定有异议的，可以提请上一级检察院复核。（2）人民监督员表决不同意拟撤销案件、拟不起诉决定而要求继续侦查或者提起公诉的案件，经检察长或者检察委员会对业务部门的意见进行审查，并认真研究人民监督员监督意见后，认为符合撤销案件、不起诉条件，不采纳人民监督员表决意见的，应当由检察委员会作出拟撤销案件、拟不起诉决定，报请上一级检察院批准，人民监督员的表决意见一并报送。（3）上级检察院侦查部门或者公诉部门审查下级检察院报送的拟撤销案件或者拟不起诉案件，提出是否同意撤销案件或者不起诉的意见，连同下级检察院人民监督员的表决意见，报请检察长或者检察委员会决定。其中，认为下级检察院拟决定撤销的案件应当作不起诉处理，或者下级检察院拟决定不起诉的案件应当作撤销案件处理的，应当启动本院人民监督员的监督程序。在监督中，应当向人民监督员介绍下级检察院人民监督员的表决意见，将审查意见和本院人民监督员的表决意见一并报请检察长或者检察委员会决定。上级检察院的批复决定，下级检察院应当执行。下级检察院人民监督员办公室应当及时向参加监督的人民监督员反馈上级检察院的批复决定。不论批复决定与人民监督员的表决意见是否相同，都不再启动复核程序。（4）被逮捕的犯罪嫌疑人不服逮捕决定的，均由作出逮捕决定的检察院启动人民监督员监督程序。即省级检察院审查决定逮捕的案件，如果犯罪嫌疑人不服逮捕决定的，由省级检察院启动人民监督员监督程序；地市级检察院审查决定逮捕的案件，如果犯罪嫌疑人不服逮捕决定的，由地市级检察院启动人民监督员监督程序。至此，县级检察院的人民监督员不再监督犯罪嫌疑人不服逮捕的案件。启动案件监督程序时，由作出逮捕决定的检察院侦查监督部门办理。必要时，上一级检察院侦查监督部门可以要求下级检察院侦查人员一同参加。（5）对同一案件两次作出同一类型拟定意见的，不启动人民监督员的再监督程序。如对拟不起诉案件，人民监督员不同意公诉部门的原拟定意见，经检察长同意或者检察委员会讨论决定采纳人民监督员的表决意见，作出提起公诉或者退回侦查部门补充侦查的决定。案件经过补充侦查后，公诉部门认为证据仍不够起诉标准拟作不起诉决定，或者起诉后因故撤回起诉拟作存疑不起诉，经检察委员会讨论决定拟不起诉或者拟撤销案件的，应当报上一级检察院审查，人民监督员的表决意见一并报送。

经过7年的试点，在总结人民监督员制度试点经验的基础上，2010年最高人民检察院制定了《关于实行人民监督员制度的规定》，全面规定了人民监督员的选任、人民监督员的职责、监督工作程序、人民监督员履行职责的保障、人民监督员办事机构的职责等。其中，完善了人民监督员的监督程序，即对人民监督员的监督程序作出了统一规定，具体包括以下内容：（1）确定并组织由人民监督员进行监督。即由哪级人民检察院确定并组织由人民监督员对有关事项进行监督。原则上，省级以下人民检察院提交人民监督员监督的案件，应由上一级人民检察院确定并组织人民监督员进行监督，但人民监督员是由省级人民监督员统一选任的，可以由地市级或者由省级人民检察院确定并组织人民监督员进行监督。《关于实行人民监督员制度的规定》第21条规定："省级以下人民检察院提交人民监督员监督的案件，由上一级人民检察院组织人民监督员监督。省级人民检察院统一选任人民监督员的,省级以下人民检察院提交人民监督员监督的案件,可以由地市级或者由省级人民检察院组织人民监督员监督。"第31条规定:"人民检察院应当根据案件诉讼程序、办案期限等实际,及时组织人民监督员进行监督,不得因人民监督员的监督而超过法定办案期限;犯罪嫌疑人在押的,不得因人民监督员的监督而超期羁押。"(2)向上一级人民检察院报送有关材料。即对于"拟撤销案件"、"拟不起诉"的案件,承办案件的人民检察院应当将案件有关材料报送上一级人民检察院。《关于实行人民监督员制度的规定》第22条规定:"省级以下人民检察院承办的案件具有本规定第十七条第四项或者第五项情形的,承办部门应当在提出拟处理决定之日起三日内将拟处理决定、主要证据目录、相关法律规定等材料通过本院人民监督员办事机构或者专人报送上一级人民检察院,并做好接受监督的准备。"(3)对人民监督员要求启动监督程序的处理。即人民监督员发现人民检察院存在应当立案而不立案或者不应当立案而立案的;超期羁押或者检察机关延长羁押期限决定不正确的;违法搜查、扣押、冻结或者违法处理扣押、冻结款物的;应当给予刑事赔偿而不依法予以赔偿的;检察人员在办案中有徇私舞弊、贪赃枉法、刑讯逼供、暴力取证等违法违纪情况的,有权要求人民检察院启动人民监督员监督程序。人民检察院接到人民监督员要求后,应当根据不同情形,交由不同的部门处理,并将拟处理意见及有关材料报送上一级人民检察院。《关于实行人民监督员制度的规定》第23条规定:"人民监督员认为人民检察院办理直接受理立案侦查案件具有本规定第十七条第一项、第二项、第三项、第六项或者第七项情形,要求启动人民监督员监督程序的,人民监督员办事机构或者专人应当进行审查,并在三日内提出拟办意见报检察长批准。不属于本院管辖的,移送有管辖权的人民检察院按本规定办理;属于本院管辖的,按照下列分工移送有关部门办理:(一)应当立案而不立案或者不应当立案而立案的,由侦查监督部门承办。(二)办案中超期羁押的,由监所检察部门承办;延长羁押期限不当的,由侦查监督部门承办。(三)违法搜查、扣押、冻结的,根据诉讼阶段分别由侦查监督、公诉、控申部门会同计财部门承办。(四)涉案款物处理不当的,由涉案款物处理部门会同计财部门承办。(五)应当给予刑事赔偿而不依法予以赔偿的,由赔偿工作部门承办。(六)检察人员在办案中有徇私舞弊、贪赃枉法、刑讯逼供、暴力取证等违法违纪情形的,由纪检监察部门承办。人民监督员反映的情况不属于上述情形之一的,由人民监督员办事机构根据业务分工情况报检察长批准后移送有关部门处理。"第24条规定:"省级以下人民检察院相关部门承办第二十三条规定情形的,应当在收到人民监督员办事机构或者专人移送的相关材料之日起三十日内将拟处理意见、主要证据目录、相关法律规定等材料通过本院人民监督员办事机构或者专人报送上一级人民检察院，并做好接受监督的准备。"（4）将有关事项交由人民监督员进行监督。即人民监督员办事机构收到有关案件或材料后，应当及时确定并交由人民监督员进行监督。《关于实行人民监督员制度的规定》第25条规定："人民监督员办事机构或者专人收到案件承办部门移送的有关案件材料后，应当及时审查。对于材料不齐备的，应当要求承办部门补充移送。"第26条规定："上一级人民监督员办事机构在受理案件后，一般应当确定三名人民监督员参加案件监督工作。重大案件或者在当地有重大影响的案件，应当确定五名以上人民监督员参加案件监督工作。"第27条规定："参加案件监督的人民监督员，应当以随机抽选的方式确定。参加案件监督的人民监督员确定后，人民监督员办事机构应当及时通知参加案件监督的人民监督员和案件承办部门，并告知监督案件的时间和地点。"（5）人民监督员审查材料和听取意见。即人民监督员对监督的事项应当审查有关材料并听取案件承办人的意见。《关于实行人民监督员制度的规定》第28条规定："案件监督工作应当依照下列步骤进行：（一）人民监督员办事机构向人民监督员提交拟处理决定（意见）书、主要证据目录、相关法律规定及有关材料；（二）案件承办人向人民监督员介绍案情，说明拟处理决定（意见）的理由和依据；（三）案件承办人回答人民监督员提出的问题；（四）人民监督员进行评议和表决。"第29条规定："案件监督中，案件承办人必要时可以向人民监督员出示相关案件材料，或者播放相关视听资料。"（6）人民监督员进行评议和表决。即人民监督员通过审查有关材料并听取意见后，应当对监督事项进行评议和表决。《关于实行人民监督员制度的规定》第30条规定："人民监督员应当推举一人主持会议，并根据案件情况独立进行评议和表决。人民监督员在评议时，可以对案件事实、证据和法律适用情况、办案程序、是否同意检察机关拟处理决定（意见）及案件的社会反映等充分发表意见。人民监督员在评议后，应当形成表决意见，制作《人民监督员表决意见书》，说明表决情况、结果和理由。人民监督员进行评议和表决时，案件承办人和其他工作人员应当回避。"（7）人民检察院决定是否接受人民监督员的监督意见。人民检察院接到人民监督员的监督意见后，应当经过检察委员会讨论决定是否接受人民监督员的监督意见，并将决定结果告知人民监督员。《关于实行人民监督员制度的规定》第32条规定："组织案件监督的人民监督员办事机构应当及时将人民监督员评议情况和表决意见移送承办案件的人民检察院。"第33条规定："承办案件的人民检察院应当对人民监督员的表决意见进行审查。检察长不同意人民监督员表决意见的，应当提交检察委员会讨论决定。检察委员会应当根据案件事实和法律规定,全面审查、认真研究人民监督员的评议和表决意见,依法作出决定。"第34条规定:"组织案件监督的人民监督员办事机构应当在检察长或者检察委员会作出决定之日起二日内,将检察长或者检察委员会决定告知参加监督的人民监督员。检察委员会的决定与人民监督员表决意见不一致的,应当向参加监督的人民监督员作出必要的说明。"第35条规定:"依照本规定应当接受人民监督员监督而径行作出处理决定的,上级人民检察院应当予以通报,必要时可以责令下级人民检察院依照本规定启动人民监督员监督程序。"

三、评论与分析

人民监督员制度,是由具有一定公信力和代表性的公民担任人民监督员,依照一定的程序规范,对检察院直接受理侦查案件中决定撤销案件、逮捕、不起诉等重点执法环节以及其他违法违纪情形实施监督,以规制检察机关职务犯罪案件的侦查权、起诉裁量权,保障检察机关依法、公正、理性、平和、廉洁行使检察权的一种新型社会监督制度,是检察机关接受人民群众监督宪法原则的具体化,也是检察机关推行检察改革的一项重大措施。党的十七大明确提出要完善制约和监督机制,确保权力正确行使,人民监督员制度正是最高人民检察院遵照中央关于推进司法体制改革的部署和要求,坚持用改革的办法解决查办职务犯罪工作中存在的突出问题而设立的一种刚性的外部监督制度。该项制度的核心在于通过外部民主监督确保检察机关职务犯罪侦查权和起诉权的正确行使,其在实践中已显示出旺盛的生命力。它拓展了人民群众有效监督司法的途径,促使检察机关在办理案件时充分考虑法律规定和社情民意,较好地体现了检察机关执法为民的要求和维护社会公平正义的价值追求。但是,这并不代表我们对人民监督员制度的探索已经尽善尽美。事实上,随着改革的逐步推进,人民监督员制度也暴露出一些问题。因此,针对目前各地试点的不同做法进行比较分析,将其合理的做法吸收到法律中,以推进人民监督员制度的规范化和法制化,实现检察工作的科学发展应当纳入我们下一步的工作重心。

(一)关于人民监督员的选任

从目前各地的试点情况看,在人民监督员选任的三项内容中,关于人民监督员的选任条件和更迭,各地的做法基本相同,只有人民监督员的选任程序不完全一致,目前主要有以下两种做法。一是由检察机关选任,即在机关、团体、企事业单位和基层组织民主推荐的基础上,征得本人同意后,由检察机关考察后确认人民监督员的资格。在这种模式下,人民监督员的整个选任过程是由检察机关主持进行的。这也是全国各试点检察院普遍采用的选任模式。二是由人大常委会选任,即人民监督员的选任由人大常委会主持进行。当地人大常委会对推荐或自荐的人员进行考察后,征求或者不征求检察机关的意见,最后由人大常委会主任会议讨论后确定人民监督员。2010 年最高人民检察院制定的《关于实行人民监督员制度的规定》确认了第一种做法,即省级以下人民检察院人民监督员由上一级人民检察院组织选任;有条件的省、自治区、直辖市可以由省级人民检察院统一组织选任人民监督员。并对人民监督员的选任条件作出了明确规定。

笔者认为,在这两种做法中,第一种做法在人民监督员制度试点早期是可以的,但随着该制度的建立和完善,人民监督员的选任应当脱离检察机关,以避免人民监督员成为检察机关的附庸,从而保证人民监督员制度真正成为监督检察机关的一种外部制度。第二种做法是比较合适的,它能够保证人民监督员选任的客观性、人民性和独立性,也能够体现人民监督员的崇高地位和历史使命。《关于实行人民监督员制度的规定》在人民监督员选任上,存在两方面的问题:一方面,人民监督员选任方式不合理。人民监督员的监督是一种社会监督,属于一种"体外"监督。因而人民监督员的选任及其监督权的取得,不应该来自于被监督者。但是,根据《关于实行人民监督员制度的规定》规定,从确定人民监督员的名额、地区分布,到对推荐和自荐人选进行考察、拟任人民监督员人选的提出,乃至选任决定的作出和聘任证书的颁发,这一系列的行为主体都是检察机关。可见,这种人民监督员选任方式难以排除"检察机关自己请人监督自己"的质疑,一定程度上会影响社会公众对监督效果的认同。2011 年 3 月,四川省自贡市检察院成立了由党委牵头的选任人民监督员的管理工作机构,即人民监督员选任委员会,委员会下设办公室,日常工作由市检察院负责,建立了人民监督员选任机构外部化、选任公开化、管理科学化、监督异地化的工作模式。这种模式既可以克服目前由检察机关自己选任自己的监督人方式所导致的弊端和不足,又可以体现人民监督员广泛的代表性和民主性,同时还可增强人民监督员监督的社会公信力和社会责任感,值得借鉴与推广。另一方面,人民监督员选任条件专业性不够强。人民监督员形成的监督意见对受监督的检察机关的最终决定和案件的处理有着直接的影响。人民监督员的监督实际上是一种专业性、实质性的监督,需要其具备刑法、刑事诉讼法等实体和程序法律方面的专业知识。但根据《关于实行人民监督员制度的规定》第 4 条的规定,人民监督员的选任条件相当宽泛,更无具备相关法律知识的专门要求,实践中人民监督员大众化倾向更加明显,人民监督员职能作用的发挥不能得到很好的保证。

此外，从各地人民监督员的选任结果看，人民监督员选任制度也存在一定的问题，即在人民监督员中人大代表、政协委员所占的比例较大，造成人大代表、政协委员的法定监督职责与人民监督员监督职责发生主体混同问题。同时，人大代表和政协委员之中的相当多数位居党政要职，属于国家官员，他们大量进入人民监督员群体难以体现人民监督员的人民性和群众代表性。更为重要的是，这些官员社会兼职较多，很难保证有充足的时间和精力参与监督，从而影响人民监督员监督的权威性和公信力。因此，为了使人民监督员制度成为人民群众监督检察机关的一种制度，体现其社会监督的基本属性，在人民监督员的组成结构上，应当保证来源于"人民群众"的人民监督员具有相当的数量或者比例。

（二）关于人民监督员的监督范围

从目前各地的试点情况看，人民监督员的监督范围主要是检察机关办理职务犯罪案件的活动，但具体是哪些职务犯罪案件和活动，各地的做法主要有以下三种。一是"三类案件"和"五种情形"。这是最高人民检察院初期对各试点单位的规定和要求，主要试点单位也是按照该规定执行的。其中，"三类案件"是指被逮捕的犯罪嫌疑人不服逮捕决定的、拟作出撤销案件决定的和拟作出不起诉处理决定的职务犯罪案件；"五种情形"是指职务犯罪案件中涉及应当立案而不立案或者不应当立案而立案，超期羁押，违法搜查、扣押、冻结款物的，或者应当给予刑事赔偿而不依法予以确认或者不执行刑事赔偿决定的，或者检察人员在办案中有徇私舞弊、贪赃枉法、刑讯逼供、暴力取证等违法违纪情况的。二是"七种情形"。2010年最高人民检察院制定的《关于实行人民监督员制度的规定》在全面总结2003年至2010年人民监督员制度7年试点工作的基础上，结合司法改革中将职务犯罪案件审查决定逮捕权上提一级等新规定，进一步调整和明确了人民监督员的监督范围，将试点工作期间应当提交人民监督员监督的"三类案件"和"五种情形"统一为"七种情形"，进入刚性监督程序。对于其他违法现象，人民监督员发现的，也可以进行监督，提出监督意见。三是更广的职务犯罪案件和活动，即除了职务犯罪案件中的"三类案件"和"五种情形"或者"七种情形"外，对于检察机关办理的其他职务犯罪案件和出现的违法情形，人民监督员也可以进行监督。这是一些试点单位所进行的改革探索，如重庆市人民检察院（当事人及其近亲属对涉案款物处理决定而申诉的案件）、四川省内江市威远县人民检察院（涉检或涉财的信访案件）、四川省广安市岳池县人民检察院（被害人不服不批准逮捕决定或不起诉决定的案件和在当地有重大影响的案件）等。

笔者认为，上述三种做法都有一定的道理。第一种和第二种做法是重点解决检察机关在职务犯罪案件查办过程中存在的突出问题，具有较强的针对性；第三种做法的监督范围较为广泛，有利于保证检察机关依法查办职务犯罪案件。但是，从人民监督员制度的产生背景看，应当将职务犯罪案件查办的所有活动都纳入其监督范围，以保证职务犯罪案件中的所有犯罪嫌疑人、被告人都能得到公平对待，切实实现程序公正和实体公正。为此，笔者认为，应当将人民监督员的监督范围扩大到所有违法情形，即除了"七种情形"必须进行监督的职务犯罪案件外，检察机关在所有职务犯罪案件侦查、起诉过程中存在的违法情形，人民监督员发现后都可以进行监督，提出纠正意见、建议或者批评。总之，除了目前"七种情形"必须进行人民监督员监督外，对于人民监督员自行发现并要求监督的，也应当纳入人民监督员监督的范围。

（三）关于人民监督员的监督程序

从目前试点情况看，关于人民监督员的监督程序，在2010年前实行两分法：一是对"三类案件"必须接受监督的程序，即检察机关查办的"三类"职务犯罪案件，出现规定的"三种"情况的，必须主动告知人民监督员，并听取人民监督员的监督意见，接受人民监督员的监督。二是对"五种情形"随时接受监督的程序，即检察机关在查办职务犯罪案件过程中，出现规定的"五种情形"时，人民监督员一旦发现，随时都可以进行监督，向检察机关提出纠正意见或建议。2010年后，根据最高人民检察院《关于实行人民监督员制度的规定》第四章"监督工作程序"规定，对"七种情形"实行统一的监督程序。即都必须交由人民监督员进行监督，否则，对于应当接受人民监督员监督而径行作出处理决定的人民检察院，上级人民检察院应当予以通报，必要时可以责令下级人民检察院依照《关于实行人民监督员制度的规定》启动人民监督员监督程序。

笔者认为，从目前有关规定看，人民监督员的监督程序存在一定的合理性，但从长远来看，目前人民监督员的监督程序存在以下问题：（1）由检察机关启动监督程序并挑选人民监督员，缺乏公信力。因为人民监督员是检察机关自己确定的，在监督时又由检察机关自己挑选，这就难免会使社会公众产生"内部操纵"的感觉，从而对人民监督员的监督结果缺乏信任。（2）人民监督员的监督程序缺乏公开性。人民监督员的监督程序由检察机关内部的人民监督员办公室主持进行，整个监督程序没有其他人员参加，因而缺乏程序应有的公开性。（3）人民监督员缺乏直接参与性。根据《关于实行人民监督员制度的规定》第28条的规定，人民监督员对案件的了解是书面的、间接的，本身并不参与案件的调查和审理。一般来说，通过看汇报提纲、听汇报的方式来了解案件，只适用于事实清楚、法律规定明确的案件，然而启动监督程序的案件并非仅限于此，很多是案情复杂、证据难以把握的案件，书面、间接的审查方式显然不能达到监督的目的。同时，人民监督员在书面审查时如果遇到疑问，只能等到现场监督时提问，听完承办人介绍案情及简要回答相关问题之后，要当场进行评议、表决和提出监督意见，使其短时间内准确地把握案件事实以及法律适用情况，并进而提出客观、公正、有参考价值的监督意见。在没有充分的时间进行准备的情况下，要做到这些显然不是一件容易的事情。此外，对"七种情形"之外的违法行为，当人民监督员发现后，由人民监督员启动监督程序，主动进行监督，这种做法能够调动人民监督员的积极性，对检察机关进行有效的监督，也能得到社会的认可。但是，这种程序不仅监督的范围受到限制，而且对于人民监督员的监督意见，也没有规定检察机关的具体反馈时限，影响了人民监督员的监督效果。2010年，山东省东营市检察机关开展了交叉监督工作，解决了人民监督员"本地化"、"熟人化"问题，取得了良好效果。目前该市检察机关正在进一步完善、优化这一监督方式，人民监督员监督评议案件全部实行"上下级交叉、同级异地交叉"，形成相对于接受监督的检察院是外部监督、相对于整个检察系统是内部监督的格局。同时建立及时通报制度。相关业务部门应将其作出的立案或不立案决定，拘留、逮捕决定，搜查、扣押、冻结决定，刑事赔偿决定及当事人提出的刑事赔偿请求的情况，拘留、逮捕合法的羁押期限，以及作出上述决定的事实依据、法律依据等，及时向人民监督员办事机构报告，再由人民监督员办事机构向人民监督员通报，为其提供可能需要监督的信息。因此，为了发挥人民监督员更大的监督作用，有必要对人民监督员的监督程序进行完善，具体途径如下：一是对于必须接受人民监督员监督的"七种情形"，检察机关启动监督程序后，负责监督的人民监督员应由当事人抽签挑选，以保证人民监督员挑选的公正性。二是对于检察机关启动人民监督员监督的案件，应当及时向社会公开有关信息，欢迎社会公众参加旁听，以增强监督程序的公开性。三是对于人民监督员启动的监督程序，应当明确规定检察机关收到监督意见后的反馈时限，同时向社会公开有关的监督情况及反馈情况，以增强监督效果。

总之，应当以强化法律监督与推进司法民主的精神，积极总结改革实践中的有益经验，推动人民监督员制度的良性发展。同时，应当考虑将人民监督员制度和人民陪审员制度合并制定专门的《人民监督法》，为人民监督员制度的健康、有序发展提供有力保障。

四、立法建议

目前我国尚未对人民监督员制度进行立法，但是，从司法实践探索的结果看，人民监督员制度在保证人民检察院正确行使检察权方面，取得了明显的效果。为此，最高人民检察院制定了《关于实行人民监督员制度的规定》，对人民监督员工作进行了规范。但是，该规范的效力较低，建议将人民监督员制度纳入立法，对以下问题予以明确规定：（1）人民监督员的选任方式。由于人民监督员是对人民检察院行使职权进行监督，因而应当具有一定的独立性，为此建议人民监督员原则上应当由人民检察院以外的机关进行选任。从目前情况看，最好由当地的人民代表大会常务委员会进行选任。（2）人民监督员的监督范围。人民监督员作为监督者，原则上对检察机关所有行使检察权的行为都可以进行监督，但是，从司法实践情况看，人民监督员主要应当对人民检察院行使检察权容易出问题的方面进行监督，为此笔者建议法律规定："人民检察院直接受理侦查的案件，如果存在以下情况的，应当接受人民监督员的监督：（一）应当立案而不立案或者不应当立案而立案的；（二）超期羁押或者检察机关延长羁押期限决定不正确的；（三）被逮捕的犯罪嫌疑人不服逮捕决定的；（四）当事人不服检察机关搜查、扣押、冻结决定或者违法处理扣押、冻结款物的；（五）拟撤销案件的；（六）拟不起诉的；（七）应当给予刑事赔偿而不依法予以赔偿的；（八）检察人员在办案中有徇私舞弊、贪赃枉法、刑讯逼供、暴力取证等违法违纪情况的。"（3）人民监督员的监督程序。人民监督员对人民检察院进行监督，也应当有相应的程序，以保证人民检察院有效接受监督，为此笔者建议法律规定："对于应当接受人民监督员监督的情形，具体人民监督员的确定由案件当事人通过抽签的方式选定。人民监督员发现人民检察院自侦活动中存在违法行为，向人民检察院提出监督意见或者建议的，人民检察院收到后，应当在一个月内给予反馈。人民监督员对反馈意见不服的，可以向上一级人民检察院反映。上一级人民检察院应当在一个月内给予答复。"

第七章　刑事诉讼特别程序

20世纪中期以来，各国的刑事司法改革大都沿着这样的一条路径，即将诉讼程序分为普通和特殊两大部分，使刑事案件按照一定的标准进行必要的分流。刑事诉讼特殊程序，"乃指适用于特殊类型的刑事案件和特定的刑事被告人的诉讼程序。"① 在刑事诉讼中，由于案件的特定情况，诸如具有涉外关系，案情繁简差异，犯罪嫌疑人、被告人的年龄因素等，而不能适用普通的刑事诉讼程序，必须适用与普通诉讼程序有别的特殊诉讼程序。可以说，是否建立特别程序以及特别程序的设置是否完善是考量一国刑事诉讼程序是否发达、科学的重要指标之一。在近些年的改革中，我国对刑事特别程序也进行了一定的探索。

一、案件快速处理程序

现代社会面对犯罪的激增，国家如何运用有限的司法资源及时应对犯罪是世界各国都普遍关注的问题。在我国刑事诉讼现有基本框架下，以简易程序为代表的案件快速处理特殊程序便是应对激增的犯罪而进行的程序改革。而随着检察改革的不断推进，普通程序简化审程序亦在合理利用司法资源的大背景下产生、发展，成为快速处理案件的另一种特殊程序。

（一）改革历程

1. 简易程序②的演进

（1）"速决程序"——严打中诉讼环节的简化

1979年刑事诉讼法规定所有案件均应依照普通程序进行审理，并未设置简易程序。然而在1983年全国范围的严打过程中，为严厉打击严重刑事犯罪活动，及时审判严重危害社会治安的犯罪分子，全国人大常委会通过了《关

---

① 陈卫东、张弢：《刑事特别程序的实践与探讨》，人民法院出版社1992年版，第1页。
② 本书所言简易程序均指刑事简易程序。

于迅速审判严重危害社会治安的犯罪分子的程序的决定》,形成了"速决程序"(又称"严打程序"、"从重从快程序")①,有学者认为这一速决程序"实际上就是中国的刑事简易程序"。② 但这种简化诉讼环节的"速决程序"往往针对一些重大、复杂的刑事案件,而一些轻微、简单的刑事案件却因未受到重视,仍然适用较为复杂的普通程序。随着这种法定程序弊端的陆续呈现,各种非议也频出,最终一定程度上推动了对 1979 年刑事诉讼法的修改。

(2) 简易程序的初创

伴随社会、经济的高速发展而来的是刑事案件数量呈增多趋势,而司法机关传统的办案模式和现有的办案力量已不足以应对和消化,大量的刑事积案以及司法机关案多人少的问题日益突出。基于犯罪率的上升和抗辩式诉讼模式的引进,为提高诉讼效率,节省司法资源,我国在 1996 年修订刑事诉讼法时结合国外立法经验,确立了简易程序,同时废止了实施十余年的'速决程序"。1996 年刑事诉讼法用 6 个条文规定了简易程序的适用范围,规定了运用简易程序审判可以不限于普通程序的讯问被告人,询问证人、鉴定人,出示证据和法庭辩论的程序,以及审理期限等内容。

相比较"速决程序",简易程序兼顾了刑事诉讼的效率和公正,使我国刑事司法资源得到合理分配,并克服了对效率的畸形追求。与普通程序相比较,简易程序是环节少、操作较为简单的一种诉讼程序。③ 有利于刑事案件尽快审结,减少被告人被羁押时间,节约司法资源,维护人权。

(3) 简易程序操作的具体化

1996 年刑事诉讼法新增了简易程序,但是 6 个条文的简单规定导致简易程序的运用缺乏操作性,难以满足实践的需要。因此,为使简易程序具有可操作性,1998 年最高人民法院《关于执行〈中华人民共和国刑事诉讼法〉若干问题的解释》和 1999 年《人民检察院刑事诉讼规则》,对简易程序的具体操作作出了详细的规定。

此后,法院、检察院根据这两个司法解释对简易程序进行了积极探索。为总结并推广庭审方式改革所取得的成功经验,2003 年最高人民法院、最高人民检察院和司法部联合通过了《关于适用简易程序审理公诉案件的若干意见》,对刑事简易程序作了更为详细的规定,以排除的方式进一步明确了我国

---

① 熊剑锋、赵季文:《严打的三十年效益曲线》,载《凤凰周刊》2011 年第 5 期。
② 陈瑞华:《刑事诉讼的前沿问题》,中国人民大学出版社 2000 年版,第 418 页。
③ 周国均、刘根菊:《试论确立中国式辩诉交易程序》,载陈光中主编:《辩诉交易在中国》,中国检察出版社 2003 年版,第 15 页。

刑事简易程序的案件适用范围,特别是规定"被告人自愿认罪,并对起诉书所指控的犯罪事实无异议的,法庭可以直接作出有罪判决",从而明确了关于被告人自愿认罪案件的简易程序适用问题。

2. 简易程序解析

我国刑事诉讼法设立简易程序时并未对其概念作出明确规定,学者们在研究时从不同角度加以界定,意见不一。但总体而言,根据简易程序的外延,大致可以将其分为广义的简易程序和狭义的简易程序。

广义的简易程序是相对于普通程序而言的。根据《布莱克法律词典》的解释,凡不经检察官起诉、陪审团定罪或者普通法正常程序所要求的其他程序,法官直接以迅速、简单的方式处理争议、解决案件、作出裁判的任何诉讼程序都是简易程序。① 因此,国外的"辩诉交易"、"处罚令程序"等均在此列。而且简易程序适用于刑事诉讼中的任何一个阶段,不仅包括审判程序,还包括简易侦查程序、简易起诉程序以及简易救济程序等。国外"审判前的简易程序"和"审判中的简易程序"② 的分类就是在这个概念前提下设计的。

而我国刑事诉讼法规定的简易程序,只是比普通审判程序更为简化的一种审判程序,不包括审判前,也不包括第二审阶段。简易程序仅"指基层人民法院审判某些第一审轻微刑事案件所适用的一种简便易行的诉讼程序"③。

(1) 简易程序的价值功能

首先,是效率功能。诉讼效率是指诉讼耗费与诉讼效益之间的关系,也就是诉讼投入和诉讼支出的关系。当代社会经济的发展已经明确地将资源配置和优化利用作为一种社会目标,它决定着当代法律必须强化这方面的职能,把这一目标当作法律所追求的目标。社会不可能把全部资源用于刑事诉讼,在资源有限而刑事案件越来越多的情况下,有必要合理地配备司法资源,以求使更多的刑事案件得到适当的解决。对简单的案件,采取简易程序进行,对普通程序的若干环节和步骤的简化或省略,促使诉讼程序加快、缩短结案周期,司法资源可以在不同的案件中得到大体合理的配置,从整体上提高了刑事诉讼的效率。

其次,是正义功能。波斯纳认为,"正义的第二种含义——也许是最普通

---

① 刘根菊、温小洁:《对中外刑事简易程序中几个问题之比较研究》,载《政法论坛》1998年第6期。
② 徐静村:《21世纪中国刑事程序改革研究》,法律出版社2003年版,第483页。
③ 徐静村、潘金贵:《我国审判制度改革前瞻》,载《中国刑事法杂志》2003年第5期。

的含义——是效率"①。正义包含效率,只有公正基础上的效率才能被司法和社会所接受、容纳,效率也只有通过正义这一中介才与司法发生联系。因此,有学者提出"整体正义最大化"是评价一项特定的司法制度存在是否合理的主要标准。② 简易程序的设置在正义方面的体现主要有两个方面。第一,简易程序本身包含了程序正义的内在要求,即程序及时原则。③ 刑事案件的审判不能过于快速,也不能过于拖延。也正是有限的司法资源节约出来,投入到重大、复杂、疑难、被告人做无罪辩护的案件中去,使被告人在普通程序中得到细致、周到、公正的审理,才使其程序的正义性得到更好的实现。第二,简易程序固守最低限度的正义标准。从世界范围看,尤其在权利保障上,凡设置简易程序的国家和地区,一般都规定征得被告人同意这一程序要件,赋予被告人程序选择权,充分尊重被告人的意见。④

(2) 简易程序的内容

第一,适用范围。根据 1996 年刑事诉讼法第 174 条的规定,简易程序的适用范围包括:①对依法可能判处 3 年以下有期徒刑、拘役、管制、单处罚金的公诉案件,事实清楚、证据充分,人民检察院建议或同意适用简易程序的;②告诉才处理的案件,具体包括:侮辱罪、毁谤罪、暴力干涉他人婚姻自由罪、虐待罪和侵占罪;③被害人起诉的有证据证明的轻微刑事案件。

1997 年《人民检察院实施〈中华人民共和国刑事诉讼法〉规则(试行)》⑤ 第 272 条规定:"具有下列情形之一的,人民检察院应当不予建议或者不予同意适用简易程序:(一)依法可能判处三年以上有期徒刑的;(二)对案件事实、证据存在较大争议的;(三)被告人是否犯罪、犯有何罪存在争议的;(四)被告人要求适用普通程序的;(五)被告人是盲、聋、哑人的;(六)辩护人作无罪辩护的;(七)其他不宜适用简易程序的。"随后最高人民法院在 1998 年通过的《关于执行〈中华人民共和国刑事诉讼法〉若干问题的解释》第 222 条也规定:"人民法院审理具有以下情形之一的案件,不应当适用简易程序:(一)公诉案件的被告人对于起诉指控的犯罪事实予以否认的;(二)比较复杂的共同犯罪案件;(三)被告人是盲、聋、哑人的;(四)辩护人作无罪辩护的;(五)其他不宜适用简易程序的。"以上司法解释通过排

---

① [美]理查德·A. 波斯纳:《法律的经济分析》(上),蒋兆康译,中国大百科全书出版社 1997 年版,第 131 页。
② 毛立华:《程序类型化理论:简易程序设置的理论根源》,载《法学家》2008 年第 1 期。
③ 乔欣:《论我国刑事简易程序的法理基础及其完善》,中国政法大学 2005 年硕士学位论文。
④ 毛立华:《程序类型化理论:简易程序设置的理论根源》,载《法学家》2008 年第 1 期。
⑤ 已废止。

除的方式,将弱势群体、共同犯罪、案情复杂的案件排除于简易程序之外,进一步明确了我国刑事简易程序的案件范围。

2003年最高人民法院、最高人民检察院和司法部联合制定的《关于适用简易程序审理公诉案件的若干意见》又将适用简易程序审理公诉案件的范围进一步明确为"(一)事实清楚、证据充分;(二)被告人及辩护人对所指控的基本犯罪事实没有异议;(三)依法可能判处三年以下有期徒刑、拘役、管制或者单处罚金。"

第二,审判组织。简易程序由审判员一人独任审判,不再由审判员或由审判员和陪审员共同组成合议庭。除此之外,简易程序只适用于基层法院审理的第一审案件。

第三,启动方式。简易程序的启动程序包括两种。第一种是检察机关主动向法院建议,即人民检察院在审查案件过程中发现符合适用条件的,在提起公诉时,可以建议人民法院适用,并主动移送全部的卷宗和证据材料。人民法院认为符合刑事诉讼法规定的适用简易程序条件的,可以接受检察机关的建议;认为适用不当的,应当书面通知人民检察院,并将全案卷宗和证据材料退回检察院。第二种方式是法院提出,即如果检察机关起诉时未提出,而法院通过初步审查案件认为可适用简易程序的,应当征求检察机关的意见,如检察机关同意适用简易程序,就按照简易程序审理。这两种方式都赋予检察院和法院在是否适用简易程序问题上以建议权、许可权和否决权。也就是说,公诉案件简易程序的启动是以人民检察院和人民法院的合意为前提的,单方面决定不能启动简易程序。

第四,庭审程序。适用简易程序审理案件,不受普通程序关于讯问被告人、询问证人、鉴定人,出示证据、法庭辩论等程序规定的限制。其具体程序为,独任审判员宣布开庭,传被告人到庭后,查明被告人的基本情况,然后依次宣布案由、独任审判员、书记员、公诉人、被害人、辩护人、诉讼代理人和翻译人员的名单,并告知各项诉讼权利;讯问被告人对起诉书的意见,是否自愿认罪,并告知有关法律规定及可能导致的法律后果;被告人及其辩护人可以就起诉书指控的犯罪进行辩护,有最后陈述的权利。如果被告人自愿认罪,并对起诉书所指控的犯罪事实无异议的,法庭可以直接作出有罪判决。

总之,简易程序使得法庭调查、法庭辩论程序、法庭公诉、审判组织、审判程序及审判时间大大简化。

3. 简易程序的运作情况剖析

(1) 简易程序的适用率

据统计,我国基层法院适用刑事简易程序审理的案件占全部刑事案件的比例不高，1998年是19.23%，1999年是21.45%，2000年是22.9%，2001年是21.89%，2002年是33.77%。① 根据2007年最高人民法院工作报告的数据，适用简易程序审理的一审刑事案件为38.87%。② 虽然近年来简易程序的适用率有所提高，但总体而言，仍有相当一部分应当适用简易程序审理的案件，仍然通过普通程序予以审理。

实践中，简易程序的启动过于繁琐，一些法官在简易程序适用上相对谨慎，使得很多依法可以适用简易程序审理的案件都适用普通程序，法院刑事办案人员少和审判任务重的矛盾未能得到有效解决。③

（2）简易程序适用案件类型

目前基层法院适用简易程序审结的案件主要集中在盗窃、故意伤害、掩饰隐瞒犯罪所得等非暴力犯罪和非公职人员的犯罪案件中。而检察院提请适用简易程序的案件大多为法定刑在3年以下有期徒刑，对法定刑为3年以上有期徒刑，根据全案情况可能判处3年以下有期徒刑刑罚的案件基本上未提请适用简易程序。

（3）简易程序的诉讼效率

适用简易程序的案件，因为事实清楚，证据充分，庭审时间大大缩短，诉讼效率较普通审判程序有明显提高。例如，北京市海淀区人民法院刑二庭适用简易程序审理的案件中，"单一被告人案件，查明被告人自然情况和告知主要的诉讼权利义务平均需要2分钟；法庭调查、质证平均需要5分钟；法庭辩论（不包括有辩护人出庭）及最后陈述需1分钟；当庭宣判需2分钟，综合平均，每案审理时间为10分钟。"而"对多被告人案件，查名被告人自然情况和告知主要的诉讼权利平均需要5分钟；法庭调查、质证平均需要8分钟；法庭辩论（不包括有辩护人出庭）及最后陈述需31分钟；当庭宣判需3分钟，综合平均，每案审理时间为19分钟。"④

（4）简易程序的结案率和当庭宣判率

简易程序的适用，提高了案件的结案率，仍以北京为例，"从分庭后，刑二庭2001年，刑事案件的年结案率为100%，没有积存案件，两个独任法官平均每月审结案件60余件。"⑤

---

① 左卫民等：《简易刑事程序研究》，法律出版社2005年版，第252页。
② 刘根菊、李利君：《刑事简易程序比较研究》，载《比较法研究》2009年第5期。
③ 崔鹤、黄桂武：《关于我国刑事简易程序的完善》，载《法律适用》2009年第4期。
④ 王冬香：《刑事简易程序审判改革历程：刑事独任法官手记》，中国人民公安大学出版社2007年版。
⑤ 北京市海淀区人民法院采用"一审多助多书"的运行模式。

而当庭宣判率方面,全国差异较大,如北京"适用简易程序审理的刑事案件(除个别公判会外)均当庭宣判,当庭宣判率99%"。① 而万宁市法院2002年共适用刑事简易程序审理了24宗案件,作出当庭宣判的案件仅为6宗,当庭宣判率只有25%。②

4. 简易程序问题评析

有关简易程序的法律规定本身确实存在着一定的问题,给法律适用造成一定的困难。尽管法律和相关司法解释已就如何适用简易程序审理案件作出了较为具体明确的规定,但多年的实践操作仍然暴露出简易程序本身设置存在的一些问题。

(1) 适用案件范围过窄

我国刑事简易程序类型单一,没有根据不同情况确定不同的简易程序模式,程序的适用范围过窄,如其中一类案件为"依法可能判处三年以下有期徒刑、拘役、管制、单处罚金的公诉案件,事实清楚、证据充分,人民检察院建议或者同意运用简易程序的",如果超过了这个标准,则应当按照普通程序重新审理。这里的"三年以下"也较为狭窄。③

从世界范围来看,近年来,为了解决案件积压,加快诉讼进程,合理配置司法资源,以便更多的诉讼资源投入到性质严重的犯罪处理中去,不少国家和地区都适当地扩大了简易程序的适用范围。与其他国家相比,我国刑事简易程序的适用率相对有限,其涵盖的范围太小。

同时,我国1996年刑事诉讼法第174条第1款规定的"对依法可能判处三年以下有期徒刑、拘役、管制、单处罚金的公诉案件……可以适用简易程序"。这种规定以案件的宣告刑而非法定刑为判定标准,使实际操作增加了主观性和不确定性,使得实践中简易程序的适用范围大为缩减。

(2) 程序启动手续繁琐

对于简易程序的启动,如果人民检察院建议适用简易程序则需移送全部卷宗材料,但人民法院认为案件不应适用简易程序的,人民检察院还要按普通程序的要求重新移送主要证据复印件;如果人民检察院没有建议适用简易程序而移送了主要证据复印件,但人民法院认为案件应适用简易程序的,则人民检察院还要移送全部卷宗材料。因此,检、法两家就会经常因为意见不统一时,造

---

① 王冬香:《刑事简易程序审判改革历程:刑事独任法官手记》,中国人民公安大学出版社2007年版。
② 程荣斌等:《刑事诉讼法》(第四版),中国人民大学出版社2012年版。
③ 高飞:《刑事简易程序改革与完善研究》,载《中国刑事法杂志》2008年第3期。

成简易程序启动难。对此,有学者提出,人民法院不具备判断人民检察院提起公诉的案件是否符合适用简易程序的条件,不存在建议适用简易程序的可能性。[①] 因为1996年刑事诉讼法第150条规定,人民法院对人民检察院按普通程序提起公诉的案件,在开庭前只针对"证据目录、证人名单和主要证据复印件或者照片"作程序性审查,而不是实体性审查,这是庭审改革的重要内容。如果开庭前移送全部卷宗,即使法院未采用简易程序,且检察院还按普通程序的要求重新移送主要证据复印件,但法官的中立性已难以保证,形成法庭审理只是走过场的局面。

(3) 公诉人不出庭影响诉讼职能的区分,导致法律监督弱化

我国适用简易程序审理的公诉案件中,人民检察院"可以不派员出席法庭",这意味着人民检察院可以自行决定是否委派公诉人出席简易审判活动。而在简易程序的适用实践中,检察院在绝大多数情况下都不派员出庭支持简易程序的公诉。这种制度在实践中会带来以下几个方面的负面影响。

首先,公诉人不出庭使简易程序的诉讼结构形式发生了根本性的变化,由原来的控、辩、审三方的相互交涉变成了裁判者与被裁判者的双方对峙。法官事实上不得不同时既充当裁判者又充当公诉人的两个相互矛盾的诉讼角色,使法官的中立和居中裁判的地位难以得到保证,控、辩对峙局面出现缺失势必无法实现控辩双方的法庭辩论,从而使被告人的质证权化为虚有,这在一定程度上侵犯了被告人的诉讼权利,致使程序的公正性被破坏。这既不符合现代刑事审判的结构要求,又与控、审职能分离的基本原则相悖。

其次,公诉人通常不出席简易程序案件的审理,只对法院的判决书进行审查,这使得公诉人难以对简易程序审判案件的过程进行法律监督。从世界各国的相关法律来看,简易程序的运转,仍然以检察官的直接参与为前提和条件,法官在审判过程中尽管拥有一定的司法审查权,却仍然不能代行检察官的职权。[②] 在法官单独面对被告人的诉讼格局下,极易导致审判的任意性和随机性,背离程序公正的要求。

(4) 被告人诉讼权利缺乏保障

首先,在程序的启动上,被告人未能享有充分的程序选择权。我国刑事简易程序的启动没有规定被告人的程序选择权,没有体现被告人的诉讼主体地位和权利配置。我国1996年刑事诉讼法规定,简易程序的适用由检察院建议或同意,由人民法院决定,却未规定要征得被告人的同意。被告人对这一程序的

---

① 高一飞:《刑事简易程序审判中检察制度的完善》,载《河北法学》2007年第7期。
② 处罚令程序没有庭审的除外。

选择权的缺失,既不利于保障被告人的权利和案件的公正,又容易引发被告人对判决结果的不满,使得被告人产生权利得不到保障,意志不能得到应有尊重的被忽略感,从而可能造成不服判的高上诉率,既无法保障司法公正,也不能达到提高效率的初衷。

其次,被告人难以得到辩护律师的帮助。程序的简化意味着权利的受损,被告人的诉讼权利在简易程序的立法中已经受到一定程度的限制,若再没有辩护律师的参与指导和帮助,被告人在简易程序中将处于十分不利的境地。

因此,与普通程序相比,保护简易程序被告人的诉讼权利更需要辩护律师的参与、指导和帮助。世界各国都十分重视对被告人辩护权的保障,而我国目前并未规定简易程序中被告人应当得到律师的帮助,很多被告人因无力聘请律师而无法得到任何法律帮助,被告人的辩护权未能得到充分的保障。

(5) 简易程序变更不合理

1996年刑事诉讼法第179条规定,简易程序启动后,人民法院是唯一有权依照法律规定变更该程序的权力主体。一方面,人民检察院在简易程序启动后,没有变更该程序的权力,人民检察院在人民法院变更简易程序时应予以积极配合。[①] 另一方面,1996年刑事诉讼法也没有明确规定,简易程序审理过程中被告人、自诉人可以通过有效手段变更该程序。根据《关于执行〈中华人民共和国刑事诉讼法〉若干问题的解释》第229条规定,公诉案件中被告人当庭翻供,对于起诉指控的犯罪事实予以否认的,仅是人民法院在法庭审理过程中决定中止审理,按照公诉案件或者自诉案件的第一审普通程序重新审理。被告人和自诉人既无启动权,也无变更权。

简易程序的变更权实质上是进一步保障程序选择权的方式,是程序选择权的延伸,简易程序的变化也是控辩双方对实体权利的立场发生变化的结果。法庭审理过程中的程序变更权跟程序选择权一样不能由法官一手控制。[②] 因此,赋予控辩双方程序变更权是实体公正和程序正义的双重要求。刑事诉讼法没有赋予检察机关这种权力,有可能导致检察机关不能根据案件审理中出现的新情况维护国家控诉权和保护被告人的权利。

(6) 简易程序局限于审判阶段

由于法律明确规定的简易程序仅限于审判阶段,因而我国公诉部门在办理简易程序的案件时,适用同普通程序相同的审查起诉程序。而适用简易程序的案件,很多都是事实非常简单,证据也很明确,再适用与普通程序相同的审查

---

① 《人民检察院刑事诉讼规则(试行)》第313条、第314条。
② 高一飞:《不能简化的权利》,载《现代法学》2002年第8期。

起诉程序很难真正实现效率。

虽然对符合一定条件的刑事案件适用简易程序,可以避免以往对这些案件适用普通程序所带来的程序上的浪费,有利于提高诉讼效率,但由于立法、制度本身存在的一些问题,现实操作可能会出现相悖的结果。针对简易程序适用中存在的问题,检察机关也在积极适用,不断进行轻微刑事案件快速办理机制等改革创新。

(二) 改革内容

1. 简易程序的检察改革

针对刑事案件增多、司法资源有限、案多人少矛盾突出的情况,通过创新工作机制,对刑事案件实行繁简分流,依法快速办理轻微刑事案件,以便把有限的司法资源集中于办理重大、疑难、复杂的案件,从而提高诉讼效率、保证办案质量,成为检察工作改革的必然要求。

最高人民检察院针对上述问题,根据刑事诉讼法的规定,结合检察工作实际,于2007年2月颁布了最高人民检察院《关于依法快速办理轻微刑事案件的意见》,要求各级检察机关在具体工作中贯彻宽严相济刑事司法政策,集中有限的司法资源办理重大、疑难、复杂的案件,提高诉讼效率,率先在检察机关导入了轻微刑事案件快速办理的工作方式,以改变传统单一办案模式,推进办案专业化、多样化。

轻微刑事案件快速办理,是指案情简单、事实清楚、证据确实充分、犯罪嫌疑人、被告人认罪的轻微刑事案件,在遵循法定程序和期限、确保办案质量的前提下,简化工作流程、缩短办案期限的工作机制。具体而言,适用快速办理机制的轻微刑事案件,应当同时符合以下条件:"(一)案情简单,事实清楚,证据确实、充分;(二)可能判处三年以下有期徒刑、拘役、管制或者单处罚金;(三)犯罪嫌疑人、被告人承认实施了被指控的犯罪;(四)适用法律无争议。"

快速办理轻微刑事案件,从其适用的案件来看,就是符合适用简易程序审理的案件,可以看作是简易程序向检察环节的延伸。各地检察机关根据最高人民检察院《关于依法快速办理轻微刑事案件的意见》的精神进行了积极的实践和探索。

(1) 认罪轻案办理程序试点

2008年,最高人民检察院理论研究所课题组研究拟制了《认罪轻案办理程序实施细则》和《认罪轻案办理程序实施方案》,对最高人民法院、最高人民检察院、司法部《关于适用简易程序审理公诉案件的若干意见》等文件进行细化，并选取北京市东城区、石景山区检察院、河北省承德县检察院、重庆市合川区检察院、江西省婺源县检察院、江苏省苏州市吴中区检察院、无锡市惠山区检察院、浙江省绍兴市上虞市检察院等8家有代表性的检察院作为试点单位，于2008年8月1日，在全国进行认罪轻案办理程序试点。① 各试点单位与当地审判机关、公安机关、司法行政机关协商，会签《认罪轻案办理程序实施细则》后，正式实施。

所谓认罪轻案办理程序，就是对轻微刑事案件适用的快速处理程序。主要针对同时符合事实清楚、主要证据确实充分；犯罪嫌疑人、被告人自愿认罪；依法可能判处3年以下有期徒刑、拘役、管制或单处罚金这三项条件的轻微刑事案件，采取更为快捷简便的方式予以处理。认罪轻案程序与刑事诉讼法规定的审判环节简易程序相衔接，在侦查、批捕、起诉环节设置相应的简易程序，使刑事诉讼法所规定的简易程序贯穿一线，案件办理实现全程提速。

与最高人民检察院《关于依法快速办理轻微刑事案件的意见》相比，《认罪轻案办理程序实施细则》（以下简称《细则》）改革步伐更大一些。

第一，诉讼程序全程性简化。《细则》不仅简化了审判程序，而且简化了审查起诉程序和侦查程序，而最高人民检察院《关于依法快速办理轻微刑事案件的意见》的程序简化主要集中在审判程序，部分涉及审查起诉程序，但不涉及侦查程序。

第二，律师必须参与。《细则》规定从审查起诉阶段起，适用认罪轻案办理程序的，必须要有律师参与，而以往规定没有这方面的硬性要求。

第三，办案更快速。根据《细则》的规定，如果刑事诉讼活动全程适用认罪轻案办理程序，最长期限为35天（侦查阶段15天、审查起诉阶段10天、审判阶段10天），这比以往规定的期限更短，办理案件速度更快。

第四，制作认罪答辩笔录。为了确保犯罪嫌疑人、被告人认罪答辩的自愿性和固定认罪的有关内容，防止其反悔，同时保证程序简化具有坚实的认罪基础，《细则》（第13条）在吸收美国认罪协议合理成分的基础上，创设了认罪答辩笔录。这是以往规定所没有的。

第五，证据展示。为了保证犯罪嫌疑人、被告人认罪的自愿性和真实性，《细则》规定，在制作《认罪答辩笔录》前，检察机关应当向其展示有关证据，并记录在案，以往没有这方面的规定。

第六，认罪答辩确认。为了进一步简化审判程序，《细则》设立了认罪答辩确认程序，即法院通过询问被告人及其律师，确认被告人认罪是其真实意思

---

① 参见《人民检察·湖北版》2010年第6期。

表示，原则上按照认罪答辩笔录（被告人、律师与检察官都有签字）上的内容进行判决。这样就可以大大简化审判程序，节约司法资源。

第七，收集、核实证据更简化。《细则》规定，尽量减少讯问（或询问）笔录的制作次数，核实证据时，可以通过电话的方式进行核实，如有关证人外出打工的，可以通过电话核实其证人证言。

第八，证据标准降低。为了简化认罪轻案的侦查程序，《细则》第7条规定，侦查机关应当迅速收集、固定主要证据。对于其他次要证据的收集和固定，没有硬性要求，这样就降低了证据标准，从而可以缩短侦查时间。①

针对此，基层检察院试点实验的主要目标有三点：缩短侦查、起诉、审判阶段的时间；减少拘留、逮捕的适用；落实宽严相济的刑事政策。为了保证认罪轻案办理程序顺利实施，该《细则》还规定了各实验单位应当成立专门的认罪轻案组，负责办理认罪轻案，如重庆市合川区检察院设立轻刑科，专门负责认罪轻案。

经过一年的试点实施，各试点检察院2009年的统计数据显示，这个规定期限其实在司法实践中普遍缩短。例如，上虞市检察院按照认罪轻案办理程序办理的55件认罪轻案中，平均办案时间为28天（其中侦查环节平均为14天，起诉环节平均为6天，审判环节平均为8天）；承德市检察院办理的全国认罪轻刑案件第一案——栾某盗窃案，仅用2天就办理完毕移送法院，法院受理后2日即开庭，并当庭宣判。在降低羁押率、增加取保候审方面，吴中区检察院在侦查阶段适用认罪轻案程序办理的87名犯罪嫌疑人中，取保候审的有57人，逮捕30人；上虞市检察院在处理认罪轻案的61名犯罪嫌疑人中，取保候审的31人，逮捕的有30人。②

认罪轻案程序在试行过程中效果明显，但也有学者指出慎用强制措施可能带来的风险、证据标准降低给司法机关带来的挑战等，都预示着这项工作仍有需要完善空间。③

（2）简易程序集中起诉与集中出庭模式

具体做法是检察院与当地公安局、人民法院召开联席会议，就简易程序案

---

① 张智辉：《简易程序改革研究：辩诉交易制度研究结题报告认罪如何轻判考验改革》，中国检察出版社2010年版。
② 吴晓锋、严冬：《认罪轻案特别程序试点走过一年　认罪如何轻判考验改革下一步》，载http://www.legaldaily.com.cn/zmbm/content/2009-08/13/content_1137602.htm，2011年9月25日最后访问。
③ 《认罪轻案"快"办的试点调查》，载《检察日报》2009年7月8日。

件的办理、移送审查起诉等达成一致意见。① 公安机关侦查部门对于"简类"案件相对集中移送；检察机关专门设置办理简类案件小组，受理案件后，由公诉科长按"简"、"繁"分流后，将"简类"案件交给办理简类案件小组承办。办理简类案件小组在接到案件后，一般要求在20日内办结。对于经审查符合适用简易程序审理的简类案件，办案小组可以相对集中地在同一天内将2—3个简类案件一并向人民法院提起公诉。对简类案件小组集中办理，集中审结、集中提起公诉并提出量刑建议并与人民法院刑事审判庭沟通与联系，对于集中提起公诉的适用简易程序的案件，尽可能安排在同一天内开庭审理，公诉人也集中在一天内参加庭审活动。

这种对办案力量和时间进行合理分配、压缩、整合的工作机制，形成了分类受理、专人承办、集中起诉、一并出庭等一整套方案，相关换押、告知、送达等事务性工作由内勤负责，承办人则集中精力做好案件事实和证据的审查，准备出庭预案、公诉意见、答辩提纲、量刑建议等。由于避免重复劳动，降低诉讼成本，"集约化"优势得以体现，② 节约了司法时间和诉讼成本，达到了适用简易程序审理公诉案件的司法效果，是有益的检察改革探索。

2. 普通程序简易审的改革

（1）普通程序简易审的改革过程

1996年刑事诉讼法根据程序分流原理，专门设置了简易程序。然而，实践中简易程序的适用率一直很低，只针对"依法可能判处3年以下有期徒刑"的公诉案件，在处理案件的总体能力上有限，导致大量案件长期处于未决状况，基层法院、检察院不能投入更多的力量去处理那些重大、疑难、复杂的案件，办案人员少和任务重的矛盾未能得到有效解决，难以实现"分流案件，节约司法资源"的目的。简单案件迟迟不能结案使得犯罪嫌疑人长时间被羁押，被害人及其亲属的合法权利也得不到及时保护，创伤得不到抚慰，社会矛盾长时间得不到化解，这不仅不符合宽严相济刑事司法政策的要求，也不利于构建社会主义和谐社会。因此亟待司法实践者探索出一条新的途径对非重大、疑难、复杂的案件进行快速的疏导，从而有效缓解刑事案件的办案压力。

在此背景下，一些法院、检察院开始尝试进行刑事公诉案件普通程序简易审的改革。③ 1999年，北京市海淀区检察院、法院最初试行刑事案件普通程序

---

① 四川安县检察院的实践。
② 《江苏睢宁检察院推行简易程序案件集中出庭制度》，载 http://news.jcrb.com/jxsw/201109/t20110913_716721.html，2011年9月26日最后访问。
③ 参见《检察日报》2000年7月12日、2001年9月13日；《人民法院报》2001年9月19日、2001年10月21日、2002年5月23日。

简易化审理。① 最高人民法院依据《人民法院五年改革纲要》于 2001 年提出了探索普通程序"简化审"的任务,时任院长肖扬提出"在不违反刑事诉讼法的前提下探索普通程序简易化的有效途径,以提高审判效率"。2003 年 3 月 14 日最高人民法院、最高人民检察院和司法部制定颁布了《关于适用普通程序审理"被告人认罪案件"的若干意见(试行)》,普通程序简易审②作为最高人民检察院公诉改革方案中的一项内容,在全国各地展开探索与试验。由此,普通程序简易审经司法解释的规定而确立。

(2)普通程序简易审的内容

适用普通程序审理"被告人认罪案件",是指在现有刑事诉讼的框架内,部分适用普通程序审理的刑事案件,在"被告人对被指控的基本犯罪事实无异议,并自愿认罪"的前提下,简化审理程序,快速审结案件的一种审理方式。

第一,适用范围。能够适用普通程序简易审的案件必须同时符合三项条件:一是被告人完全承认控方指控的事实和罪名即被告人作有罪答辩;二是事实清楚、证据充分;三是被告人可能判处 3 年以上有期徒刑,但判处无期徒刑和死刑的除外。

被告人对被指控的基本犯罪事实无异议,并自愿认罪的第一审公诉案件,人民法院一般适用普通程序简易审审理。对于指控被告人犯数罪的案件,对被告人认罪的部分,可以适用普通程序简易审审理。

第二,适用程序。人民检察院认为符合适用普通程序简易审审理的案件,可以在提起公诉时书面建议人民法院适用普通程序简易审审理。对于人民检察院没有建议适用普通程序简易审审理的公诉案件,人民法院经审查认为可以适用普通程序简易审审理的,应当征求人民检察院、被告人及辩护人的意见。人民检察院、被告人及辩护人同意的,适用普通程序简易审审理。

第三,审理方式。对适用普通程序简易审开庭审理的案件,合议庭应当在公诉人宣读起诉书后,询问被告人对被指控的犯罪事实及罪名的意见,核实其是否自愿认罪和同意适用普通程序简易审进行审理,是否知悉认罪可能导致的法律后果。对于被告人自愿认罪并同意适用普通程序简易审进行审理的,可以

---

① 参见《检察日报》2000 年 7 月 12 日、2001 年 9 月 13 日;《人民法院报》2001 年 9 月 19 日、2011 年 10 月 21 日。

② 各界对这种简化后的普通程序的称谓存在不同表述,如"普通程序简易化审理"、"普通程序简易审"、"普通程序简化审理"、"普通程序简化审"、"普通程序快速审理"、"被告人自白案件审理"、"普通程序简易化操作"、"被告人认罪案件简化庭审方式"、"认罪案件简化审"等。本文统一称为"普通程序简易审"。

对具体审理方式作如下简化。

一是被告人可以不再就起诉书指控的犯罪事实进行供述。二是公诉人、辩护人、审判人员对被告人的讯问、发问可以简化或者省略。三是控辩双方对无异议的证据，可以仅就证据的名称及所证明的事项做出说明；合议庭经确认公诉人、被告人、辩护人无异议的，可以当庭予以认证。对于合议庭认为有必要调查核实的证据，控辩双方有异议的证据，或者控方、辩方要求出示、宣读的证据，应当出示、宣读，并进行质证。四是控辩双方主要围绕确定罪名、量刑及其他有争议的问题进行辩论。五是审理结果。人民法院对自愿认罪的被告人，酌情予以从轻处罚。

（3）普通程序简易审评析

普通程序简易审简化了庭审过程的某些环节，在一定程度上确实起到了提高庭审效率、缩短庭审时间、节约诉讼资源的作用。例如，镇江市检察机关在2003—2004年间，共建议适用普通程序简易审审理"被告人认罪案件"397件，占适用普通程序审理案件的66%；在已审理的案件中，庭审时间平均每件缩短一小时，无一件无罪案件发生。① 北京市石景山区检察院2006年全年度共审查起诉案件562件，在适用普通程序审理的295件案件中有150件②适用了普通程序简易审程序，占适用普通程序审理案件的50.8%，占全部案件的26.7%。

针对该项改革，也有学者持反对态度，认为普通程序简易审的法律依据不足，操作缺乏规范性，不利于当事人权益的保障，而且程序简化有违程序正义，从而在追求诉讼效率过程中易导致诉讼价值错位。③

3. 实践探索中的"刑事二审简易审"

不论是立法、司法解释，还是检察改革的探索，简易程序均限定在第一审案件，而上海市人民检察院第一分院与上海市第一中级人民法院自2001年7月以来，在坚持上诉案件全面开庭审理的前提下，探索出一种新的二审审理方式，即刑事二审案件普通程序简易审（以下简称"刑事二审简易审"）。

所谓"刑事二审简易审"，是指对于不服人民法院刑事一审判决或裁定且事实清楚、证据确实充分的上诉案件，在开庭审理过程中，保持法官、检察官、被告人三方诉讼主体结构不变，在充分保障被告人各项诉讼权利的前提下，根据案件具体情况，适当简化和省略某一庭审环节或某些庭审环节，使案

---

① 李明耀、李军：《庭审程序简化案件质量强化》，载《检察日报》2004年4月6日。
② 不包括由简化审程序转为普通程序审理的案件。
③ 王宏：《试论普通程序简易审的废除》，载《学理论》2011年第3期。

件予以快速审理的一种庭审方式。①

实践中通常做法有三种。第一种是上诉人对于一审判决认定的事实、证据没有异议，但对适用法律或者量刑或者自首、立功等有争议的案件，在法庭调查中，由审判长就一审判决认定的事实、证据讯问上诉人、询问辩护人和出庭检察官有无异议。如果不持异议，在征求检察官意见后，对事实不再展开发问，也不重新举证和质证，直接就争议问题进入辩论阶段，但有新证据或者一审法庭没有出示的证据，则必须举证和质证。第二种是对于上诉人对多个犯罪事实中的部分事实有异议的案件，在法庭调查中，对于没有争议的事实部分如前所述的一样进行审理，法庭只对有争议的事实部分进行发问、举证和质证。第三种是对于那些作案次数多，但手法雷同的案件（如多达数笔甚至几十笔的盗窃案、虚开增值税专用发票案等），在发问、举证和质证时，也不完全采取"一事一问一证"的方法，而是视双方对事实和证据有无争议的情况而定，对于无争议的部分可以省略，对于有争议的部分则按采用归纳方式进行调查、质证。

当然，这种改革模式受到的质疑更大，许多学者认为实行刑事二审全面开庭审理并无必要，对二审直接审理方式实行所谓的简易审也没有法律根据。②

（三）评论与分析

通过对轻微刑事案件快速审机制、普通程序简化审等检察改革的分析不难发现，我国刑事诉讼法有关简易程序的规定存在缺陷，其在司法实践中的适用率低，不仅难以实现"分流案件，节约司法资源"的目的，而且难以满足基层实践的需求。随着检察改革的不断推进，在2012年刑事诉讼法修改之前，我国的简易程序体系实际主要由三部分组成，即刑事诉讼法规定的简易程序、司法解释确立的普通程序简易审，以及地方司法改革探索中的刑事二审简易程序。③

而通过对比普通程序简化审与简易程序可知，二者均具有提高庭审效率的功用，而且都适用证据状况简单的案件，在适用条件、简化内容等方面只存在表述的差异，而无实质上的区别。普通程序简化审既非存在于普通程序、简易

---

① 上海市人民检察院第一分院课题组：《关于刑事二审简易审的思考》，载《华东政法学院学报》2001年第6期。

② 叶青、阮竹君：《关于刑事二审简易审改革的质疑》，载《上海市政法管理干部学院学报》2002年第2期。

③ 高一飞：《论我国刑事简易程序体系的重构》，载《西南民族大学学报（人文社科版）》2004年第10期。

程序之外并与之并列的独立程序,也非美国式的辩诉交易抑或"实现辩诉交易的一种具有实效性的程序渠道",① 同时也不同于俄罗斯的被告人认罪特别程序。它是除死刑与某些特殊案件之外的普通程序的一种简化应用,或者说它实质上是简易程序在适用范围上的一种扩大化。2012年刑事诉讼法的修改就吸纳了检察改革的有益经验,修改了刑事简易程序,加强了简易程序在司法实务中的可行性与可操作性,力求兼顾公正与效率。

1. 扩大简易程序的适用范围

1996年刑事诉讼法规定的适用简易程序的公诉案件为"三年以下有期徒刑",随着我国刑事诉讼制度的进步和完善,这样的划分标准显然过于保守。因此,扩大简易程序的适用范围势在必行。

虽然学界对扩大简易程序的适用范围已成共识,但具体扩大到什么程度,以刑罚轻重还是刑事案件的复杂程度作为适用刑事简易程序的标准却存在争议。但总体而言,从我国刑法和刑事诉讼法的实际出发,整合现行简易程序和普通程序简化审的合理部分,以刑罚轻重作为适用简易程序的判断标准是一条可行之路。

2012年修改后刑事诉讼法正是采取了这一路径,即采纳普通程序简化审中"被告人完全承认控方指控的事实和罪名即被告人有罪答辩;事实清楚证据充分;被告人可能判处三年以上有期徒刑,但判处无期徒刑和死刑除外"的标准,加之简易程序"依法可能判处三年以下有期徒刑、拘役、管制、单处罚金的公诉案件;告诉才处理的案件;被告人起诉的有证据证明的轻微刑事案件",将适用简易程序的案件范围从"可能判处三年有期徒刑以下刑罚的公诉案件和自诉案件"改为基层人民法院管辖的"认罪"案件,即"基层人民法院管辖的案件","案件事实清楚、证据充分"、"被告人承认自己所犯罪行,对指控的犯罪事实没有异议",且"被告人对适用简易程序没有异议的"案件。当然,根据修改后刑事诉讼法,基层人民法院的管辖范围增加了外国人犯罪的刑事案件,如果符合条件,外国人犯罪的刑事案件也可以适用简易程序。

同时,修改后刑事诉讼法还规定了不适用简易程序的情形,如"被告人是盲、聋、哑人,或者是尚未完全丧失辨认或者控制自己行为能力的精神病人的;有重大社会影响的;共同犯罪案件中部分被告人不认罪或者对适用简易程序有异议的"。

这些修改符合刑事诉讼的客观实际,能够有效节约司法资源,提高诉讼效

---

① 龙宗智:《我国实行辩诉交易的依据和限制》,载陈光中主编:《辩诉交易在中国》,中国检察出版社2003年版,第219页。

率。而对部分不宜适用简易程序的案件明确地排除在简易程序之外,也有利于保障被告人的合法权益,维护司法审判的公正性。

2. 审判组织的变化

对于简易程序的审判组织,修改后刑事诉讼法第 210 条规定,对可能判处 3 年有期徒刑以下刑罚的,组成合议庭进行审判,也可以由审判员一人独任审判;对可能判处的有期徒刑超过 3 年的,应当组成合议庭进行审判。

修改后刑事诉讼法将简易程序的适用范围扩大,可能导致案件质量缺乏保障,为保证可能判处较重刑罚的被告人得到公正的量刑,实践中如果发现可能对被告人判处 3 年有期徒刑以上刑罚的案件,应当由独任审判转化为合议庭审判,审判程序重新进行。

3. 增加被告人适用简易程序的选择权

修改后刑事诉讼法第 211 条规定,"适用简易程序审理案件,审判人员应当询问被告人对指控的犯罪事实的意见,告知被告人适用简易程序审理的法律规定,确认被告人是否同意适用简易程序审理。"当被告人拒绝适用简易程序时,不得适用简易程序。这条规定加强了对被告人的权利保障,明确赋予被告人享有是否同意适用简易程序审理的程序选择权,而不是由检察机关或法院单方启动程序。

赋予被告人对是否适用简易程序的选择权,不仅是对被告人主体地位的充分尊重,也是程序正义的需要,还有利于被告人从心理上真正接受司法机关作出的决定和裁判,体现了刑事诉讼程序对被告人诉讼权利的保障功能,也兼顾了诉讼效率和公正,符合法治精神。

4. 修改简易程序启动程序

修改后刑事诉讼法第 208 条第 2 款规定"人民检察院在提起公诉的时候,可以建议人民法院适用简易程序",从而将现行简易程序的启动需要检察院和法院合意的规定,改为由检察院建议法院适用简易程序,法院决定是否适用。这样一来,检察院对适用简易程序的同意权就被取消,立法改而赋予检察院以动议权。

5. 明确开庭审理的公诉案件公诉人应当出庭

关于简易程序公诉案件,检察机关是否派员出庭的问题,学界存在必须出庭和可以不出庭的争议,此外,对于出庭是根据启动程序的发起者不同,[①] 还

[①] 该观点认为,如果由检察机关建议适用简易程序的,检察机关可以不派员出庭;如果是法院建议适用简易程序的,则检察院应派员出庭支持公诉。

是根据案件的严重程度也未达成一致。但大多数学者还是认为公诉人出庭有很大的优势，一方面，不仅能有力地支持公诉，实现控、审职能的分离，而且能与被告人及其辩护人就指控和反驳展开面对面的辩论，有利于被告人的伏法认罪和进行法制宣传；另一方面，能有效地监督法庭的审判活动，进而达到监督整个简易程序的目的，更好地行使检察权。而即使是事实清楚、证据充分的案件，控方的缺席也意味着控辩平衡的缺失，难以通过控辩对抗展现程序公正的含义。

修正案采纳了这些意见，删除了1996年刑事诉讼法第153条中有关简易程序案件中人民检察院可以不派员出席法庭的规定，并要求适用简易程序审理公诉案件，人民检察院应当派员出席法庭。

出庭支持公诉是检察机关的基本职责，公诉人出庭是加强对法院审判活动监督的最重要途径之一，只有人民检察院派员出庭，参加诉讼才有可能亲历庭审活动，适时进行监督。这也是强化制约和检察职能的必然要求。从这个意义上说，修改后刑事诉讼法的规定符合刑事诉讼的基本规律。当然，这个规定必然会增加检察机关出庭公诉的负担，加剧公诉部门案多人少的矛盾。但刑事诉讼法修改后，检察机关要转变观念，克服困难，依法出庭。

6. 简易程序审理期限作出调整

修改后刑事诉讼法将适用简易程序审理案件的审理期限修改为"人民法院应当在受理后二十日以内审结，对可能判处的有期徒刑超过三年的，可以延长至一个半月"。

因为简易程序的适用案件范围扩大，必然相应地对"对可能判处的有期徒刑超过三年的"案件审理期限作出调整，不限定于20日，也是从案件审理的实践出发作出的规定。

(四) 完善建议

应该说，刑事诉讼法的此次修正，解决了1996年刑事诉讼法中简易程序存在的问题，将简易程序审判的案件范围修改为基层人民法院管辖的"认罪"案件。其中，对可能判处3年有期徒刑以下刑罚的，可以组成合议庭进行审判，也可以由审判员一人独任审判；对可能判处有期徒刑超过3年的，应当组成合议庭进行审判。同时，为强化制约检察职能，规定适用简易程序审理公诉案件，人民检察院都应当派员出席法庭。这些修改吸纳了检察改革的成果，有助于更好地配置司法资源，提高诉讼效率。

但立法的规定仍有缺陷，简易程序不仅仍局限于审判阶段，未解决总体诉讼快速审的问题，而且对于被告人是否享有程序选择权、是否有程序变更权，对自愿认罪的被告人是否可以酌情从轻处罚等问题也未作出规定,且程序规范相对而言仍不够细化。因此,笔者建议在立法、司法解释中进行如下完善:

1. 增加简易程序与普通程序的转换程序

赋予控辩双方程序变更权是实体公正和程序正义的双重要求。因此,应增加检察院和被告人对简易程序向普通程序转换的变更权,明确如果检察院或被告人提出异议,案件应由法庭以普通诉讼程序审理。在简易程序案件法庭审理中,公诉人发现存在不宜适用简易程序审理的情形,需要转为普通程序审理的,应当建议法庭按照第一审普通程序重新审理。如果出现被告人认罪而辩护人作无罪辩护、被告人的辩解对量刑有重大影响、对重要证据的合法性存在争议等情形的,也应建议法庭转为普通程序审理。对于被告人不承认数罪中的部分罪行而人民法院决定按照普通程序审理的,可以建议人民法院仅对被告人不承认的部分罪行重新审理。对于法庭审理结束后宣告判决前出现被告人不认罪等不宜适用简易程序的情形的,应当建议人民法院按照普通程序重新审理。

2. 将简易程序贯穿刑事诉讼全过程

简易程序不应仅局限于审判阶段,而应延伸到包括侦查和审查起诉在内的诉讼全过程。当然,由于侦查阶段承担了调查取证、抓捕犯罪嫌疑人的重任,其程序无须过多简化,而在与检察机关进行程序对接过程中,可以简化手续。

此外,实践中还需进一步简化诉讼文书的制作,如把判决书制作成固定格式的表格或软件,判决时直接可以套用且可以反复使用。此外,因为简易程序是要求建立在事实清楚的基础上的,因此,判决书的制定还可以借助起诉书上的内容,起诉书的案件事实经庭审后如全部得到认定,法院的判决书可以直接引用起诉书中的部分。

二、未成年人诉讼程序

未成年人诉讼程序是普通程序的一种例外,是专门为未成年犯罪嫌疑人、被告人设计的程序。针对其称谓,学界存在"未成年人案件的诉讼程序"、[①]"未成年人刑事诉讼程序"、[②]"青少年刑事诉讼程序"[③] 以及"儿童刑事诉讼

[①] 陈光中主编:《刑事诉讼法》,北京大学出版社、高等教育出版社2002年版。
[②] 樊崇义主编:《刑事诉讼法》,中国政法大学出版社2002年版。
[③] 田宏杰:《中国内地与港澳台地区未成年人犯罪概念之比较研究》,载《中央政法管理干部学院学报》2001年第3期。

程序"① 的差异。不论称谓如何，均体现出未成年人犯罪适用刑事诉讼程序的特殊性，检察机关在近些年的改革过程中也给予未成年人以足够的关注，主动就未成年人刑事诉讼程序进行了一系列探索。

（一）改革缘起

进入工业化发展阶段以来，随着人类社会生存环境和生活方式的急剧变化，未成年人犯罪问题也变得越来越突出和严重，成为继毒品犯罪、环境污染之后的第三大世界公害。从 20 世纪 80 年代开始，未成年人犯罪又逐渐呈现出成人化、智能化、暴力性的倾向，犯罪主体在 14 岁以下的人数增多，低龄化趋势明显，团伙犯罪呈上升趋势，重复犯罪现象严重。② 未成年人犯罪的新发展与新情况引起学界的关注，更要求对未成年人犯罪进行处理的司法人员重视未成年人犯罪的新特点和新规律，及时发现和预防未成年人犯罪。因此，如何发挥刑事诉讼程序对未成年人犯罪的预防和控制作用，成为重要的课题。

未成年人的特殊性是较之于成年人而言的，这种特殊性主要表现于生理和心理层面，并且这二者是相互影响的。未成年人身心未成熟，发育状况未达到稳定状态，对自我和社会的认识具有片面性、不稳定性，行为具有轻率性、冲动性，易受外界的影响。认识因素和意志因素的缺陷使得他们的犯罪行为并非是一种自觉自为的控制状态，而更多的是基于意志薄弱或者是情感冲动，因此其犯罪动机相对简单，犯罪行为带有很大的盲目性和随意性。同时，未成年人智力、身心发育尚未成熟，对外界事物的重新认识和对内心世界的自我评价具有较大的可塑性。因此，虽然未成年人犯罪同样危害社会，但是未成年人的人生道路还很长，对违法、犯罪的未成年人实行教育、感化、挽救不仅必需，而且可能。未成年人刑事诉讼程序必须考虑到这双重因素，在程序设计上必须有意识地强化对未成年人的矫正和保护。

国际社会高度重视维护未成年人的刑事司法权利，重视对未成年人案件适用特别程序。联合国制定的《联合国少年司法最低限度的准则》（《北京规则》）规定："少年司法制度应强调少年的幸福，并确保对少年犯作出的任何反应均应与罪犯和违法情况相称。"《儿童权利公约》第 40 条也要求，对被指控触犯刑法的儿童提供以下的程序保障：无罪推定、被告知指控罪名、获得独立公正的主管当局或司法机构复查判决、获得免费翻译、尊重隐私等。

---

① 《联合国儿童权利公约》规定 18 岁以下的任何人都为"儿童"，因此，有学者认为有必要称为"儿童刑事诉讼程序"。

② 康树华、赵可：《国外青少年犯罪及对策》，北京大学出版社 1985 年版，第 62~63 页。

世界各国也都各自立法,并在各自的司法实践中得到运用,形成了比较完备的未成年人案件的诉讼制度。

我国已经签署或批准的一些相关保护未成年人公约,如前述的《北京规则》、《儿童权利公约》,以及《联合国预防少年犯罪准则》(《利雅得准则》)、《公民权利和政治权利国际公约》等,也鲜明地表达了我国在保护未成年人诉讼权利方面的态度。这些都必然要求我国未成年人刑事诉讼程序的设计与执行要同相应的国际规则或标准相一致,特别是要遵循《北京规则》、《利雅得准则》等有关未成年人保护的国际性文件所倡导的权利和义务。

我国未成年人的刑事诉讼程序主要体现在《刑事诉讼法》、《预防未成年人犯罪法》等法律之中,与对成年人惩罚与教育并重的刑事政策不同,确立了对犯罪的未成年人追究刑事责任实行"教育、感化和挽救"的方针和"教育为主、惩罚为辅"的原则。

在1996年刑事诉讼法修改之际,曾有学者提出专设"特别程序"一编,将未成年人刑事诉讼归入该编的第一章,命名为未成年人案件,①但未被采纳。最后1996年刑事诉讼法虽然明确规定未成年被告人除享有和成年被告人相同的诉讼权利外,还享有特殊的诉讼权利,但是由于相关法律规定较为零散、繁杂,为正确适用未成年人刑事诉讼程序带来了一定难度,而且在程序设计中并没有体现未成年人的特殊性,对未成年人往往按照成年人的标准来适用刑事诉讼程序。从整体上说,既有的未成年人刑事诉讼程序仍有诸多疏漏之处以待完善。

(二)改革历程和内容

1. 改革历程

在未成年人刑事诉讼程序的研究方面,实务界比学术界似乎走得更远,各地检察院、法院和公安机关在如何促进与完善未成年人刑事诉讼程序方面一直不断探索,在侦查、起诉、审判和执行刑事程序制度安排中体现对未成年人的人文关怀。这场改革体现了两个"先行"——"实践先行"和"地方先行",即先有实践,后有法律和制度的改变,地方先行之后引起自上而下的改革。②

继1984年上海市长宁区人民法院第一个"少年审判合议庭"成立之后,1986年长宁区人民检察院第一个"少年起诉组"随之成立,标志着检察机关

---

① 陈光中、严端主编:《中华人民共和国刑事诉讼修改建议稿与论证》,中国方正出版社1999年版。
② 姚建龙:《理解未成年人检察制度》,载《青少年犯罪问题》2007年第2期。

开始探索有别于成年人的未成年人检察方式。为进一步深化未成年人司法制度改革，最高人民检察院于 1998 年启动全国"青少年维权岗"活动，各检察机关纷纷开展青少年维权工作探索。从 1999 年开始，长宁检察院在未成年人犯罪检察工作中将"教育为主、惩罚为辅"的原则贯穿于诉讼的全过程，在全市首先尝试采用"捕诉防一体化"的办案模式，以区别于成年人的办案模式。

2005 年中央司法改革领导小组在《关于司法体制和工作机制改革初步意见》中，将改革和完善未成年人司法制度作为司法体制和工作机制改革的一项主要内容，并提出要建立办理未成年人刑事案件相互配套的机构的要求。这一文件明确了未成年人司法体制改革的方向。2005 年 9 月，最高人民检察院在《关于进一步深化检察改革的三年实施意见》中规定"在检察机关实行未成年人犯罪案件专人负责制，有条件的地方逐步设立办理未成年人犯罪案件工作机构"，对未成年人犯罪检察工作改革作出了重要的规划。

2006 年 8 月，最高人民法院下发《关于在部分中级人民法院开展设立独立建制的未成年人案件综合审判庭试点工作的通知》，根据最高人民法院的要求，上海第一中级人民法院和长宁、闵行两个基层法院的少年审判庭相继挂牌，即在第一中级人民法院，长宁、闵行两个基层法院内分别设立受理涉及未成年人刑事、民事、行政案件的少年审判庭。2007 年 8 月初，长宁区法院少年审判庭开始受理涉及未成年人的民事案件，8 月 29 日正式挂牌。这显示了法院系统的少年刑事审判庭已经在向少年审判综合庭逐步过渡和发展。因此，作为与少年审判庭相匹配的受理未成年人案件的检察机关未检部门在职能上也应作相应的调整，这有利于对法院涉及未成年人刑事案件审判活动的全面监督。

这个过程中，诸多司法解释相继出台，包括 1991 年最高人民法院、最高人民检察院、公安部、司法部《关于办理少年刑事案件建立互相配套工作体制的通知》，1995 年公安部《关于办理未成年人违法犯罪案件的规定》，1998 年最高人民检察院《人民检察院刑事诉讼规则》，2000 年最高人民法院《关于审理未成年人刑事案件的若干规定》，2002 年最高人民检察院《人民检察院办理未成年人刑事案件的规定》（2006 年修订），2007 年最高人民法院、最高人民检察院、公安部、司法部《关于进一步严格依法办案确保办理死刑案件质量的意见》等都对未成年人刑事案件的办理提供了法律依据，也使得未成年人刑事诉讼程序逐步走向规范和完善。特别是 2006 年《关于依法快速办理轻微刑事案件的意见》、2007 年最高人民检察院《关于在检察工作中贯彻宽严相济刑事司法政策的若干意见》以及 2013 年修订的《人民检察院办理未成年人刑事案件的规定》则将我国的未成年人检察制度建设推向了一个新的历史水平。

2. 改革内容

经过多年的努力,未成年人司法制度经历了从无到有、从小到大、从个别到普及、从初步到成熟的阶段。无论是未成年人诉讼程序,还是实体法律适用问题,都已经有了丰厚的积累。各地法院在司法实践中,根据审判的需要不断改革和积极探索,将"圆桌审判"、"暂缓判决"、"监管令"等制度引入审判程序中。① 而各地检察机关相应成立了未成年人犯罪检察机构,主要在批捕、公诉环节本着教育、感化、挽救原则开展适度的检察工作改革,积累了一些有益的经验。

（1）设立未成年人刑事检察专门机构

2007年1月,最高人民检察院发布了修订的《人民检察院办理未成年人刑事案件的规定》（以下简称《规定》）,对于建立专门机构问题作出规定:"人民检察院一般应当设立专门工作机构或者专门工作小组办理未成年人刑事案件,不具备条件的,应当指定熟悉未成年人身心发展特点、善于做未成年人思想教育工作的专人办理。"按照这一规定,确属工作需要而有必要设立专门机构的,应当设立未检工作机构。

全国各地检察院对办理未成年人刑事案件机构专门化、人员专业化纷纷进行试点探索。各地基层检察院纷纷成立了未成年人刑事检察专门机构,主要是设立未成年人刑事检察科,或者在起诉部门设立未成年人刑事起诉组,上一级的检察机关设立了未成年人刑事检察处或者检察组,指导、研究未成年人刑事检察工作的深入开展。在实践中,逐步将未成年人刑事诉讼的不同程序和阶段集中于一个专业部门,将惩罚犯罪与教育挽救结合在一起,积累了很好的经验,为未成年人刑事检察制度专业化的进一步发展创造了条件。

（2）案件进展情况告知制度

《规定》第3条要求,人民检察院办理未成年人刑事案件,可以应犯罪嫌疑人家属、被害人及其家属的要求,告知其审查逮捕、审查起诉的进展情况,并对有关情况予以说明和解释。该条规定确立了未成年人犯罪案件进展情况告知制度,其作用在于一是维护未成年犯罪嫌疑人、被告人及监护人的知情权,二是注意保护未成年被害人的合法权益和诉讼地位。

（3）快速办理轻微刑事案件制度

人民检察院《关于依法快速办理轻微刑事案件的意见》规定,对于符合一定条件的未成年人刑事案件,已被拘留的,应当在3日内（成年人一般应

---

① 姚建龙:《理解未成年人检察制度》,载《青少年犯罪问题》2007年第2期。

在7日内）作出是否批准逮捕的决定；未被拘留的，应当在5日内（成年人一般应在15日内）作出是否批准逮捕的决定。审查起诉时，应当在20日内（成年人一般应在30日内）作出是否提起公诉的决定。快速办理旨在尽量减少刑事诉讼对未成年人的负面影响，体现对未成年人的特殊保护。

例如，南宁市兴宁区检察院在2008年对于符合快速办理及简易程序适用条件的未成年人刑事案件，100%发出《意见书》和《建议书》，全年110人中就有60人向法院建议对其适用简易程序审理。[①]

(4) 合适成年人参与制度

一方面，由于未成年人身心发育尚未成熟，他们在被讯问时，很可能会出现恐惧、易怒、情绪波动大等心理问题，也可能面临饥饿、疲劳等生理问题。他们极其需要有父母、监护人等合适的成年人在场，以保障其身心的健康。另一方面，由于未成年人社会阅历尚浅，很可能不能理解讯问等司法程序、措施的含义，不能很好地把握自己言语及行为的结果，也可能不能准确、适当地表达自己的真实意思。因而影响其供述的客观性、真实性、准确性，导致案件的疏漏。因此，他们需要合适成年人的参与，以协助与司法人员进行沟通，但1996年刑事诉讼法中只规定了法定代理人到场旁听讯问的制度。基于此，2003年合适成年人参与制度被华东政法大学正式介绍到我国，先后确定云南省昆明市盘宁区、上海市长宁区作为先行试点，2006年4月，福建省厦门市同安区被确定为该制度的第三个试点单位。之后，浙江、江苏等地的一些检察机关也相继开始了对该制度的探索。由于各地实际情况的差异，主要形成三种模式，即上海"补充模式"、云南盘龙"独立模式"、厦门同安"包容模式"。

上海"补充模式"。上海的外来人口多，父母难以到场，在法定代理人不能到场的才通知合适成年人到场。最早是从检察阶段开始适用，现在已经推广到侦查、检察、审判阶段，全程参与。合适成年人主要由专门的社工担任，各阶段的司法机关分别聘请。

云南盘龙"独立模式"。理念是基于国家亲权，即国家监护制度（最高监护权），国家是未成年人的最高监护人，家长是依据国家委托授权行使监护权的，不称职时国家可以转移监护权。合适成年人既不是法定代理人也不是律师，而是独立的诉讼参与人，即便法定代理人和律师到场了，合适成年人仍然可以到场，主要适用在侦查阶段。合适成年人由未成年人保护委员会聘请。

厦门同安"包容模式"。父母、法定代理人和社会热心人士都可作为合适

[①] 甘红梅、陈立毅：《未成年人检察工作一体化机制的构想——以南宁市兴宁区人民检察院为视角》，载《广西大学学报（哲学社会科学版）》2009年增刊。

成年人的一种,并且父母优先,目前在检察阶段试行。合适成年人由检察机关聘请。①

(5) 亲情会见制度

《规定》第 18 条规定,检察机关审查起诉未成年人刑事案件,可以安排未成年犯罪嫌疑人与其法定代理人、近亲属会见、通话。这一举措照顾了诉讼中未成年人身心特点,有利于发挥法定代理人、近亲属教育、感化等作用。《规定》对亲情会见制度予以确定,为办案的教育方式多样化指明了方向。

(6) 分案起诉制度

1996 年上海市虹口区检察院正式提出分案起诉制度并予以试点。随后,其他省、市检察机关也纷纷对这一制度进行试点。最高人民检察院 2002 年 4 月出台的《人民检察院办理未成年人刑事案件的规定》要求,"人民检察院提起公诉的未成年人与成年人共同犯罪案件,不妨碍案件审理的,应当分开办理",从而勾勒了我国分案起诉制度的雏形。随后,2006 年修订后的《人民检察院办理未成年人刑事案件的规定》第 23 条也规定:"人民检察院审查未成年人与成年人共同犯罪案件,一般应当将未成年人与成年人分案起诉。"对分案起诉再次予以肯定,对分案的规程作出详细规定。

分案起诉制度的确立,使得未成年被告人能够适时从共同犯罪案件中分离出来,从而避免了传统刑事诉讼过程忽视对未成年人合法权益保护而造成"交叉感染"的弊端。该制度是我国未成年人检察实践中创造的一项富有未成年人保护特色的制度。

(7) 和解不诉制度

刑事和解是加害者、被害者和第三方共同参与的,为解决纠纷进行平等对话、协商,以恢复被破坏的社会关系为基本目标,从而达到补偿被害人,改造被告人的一种替代性司法制度。这项制度不仅从实质上保护了被害人合法权益,而且有利于涉案未成年人认识到自己的行为给他人和社会造成的损害,真诚悔过,吸取教训。同时也有效地避免了因羁押造成的"交叉感染",为未成年犯罪人今后重新融入社会奠定了良好的基础。与此同时,在被害人与嫌疑人和解后,破损的社会关系也得到了最大限度的修复,重塑了社会和谐。

在未成年人犯罪案件中,有相当多的案件是由于他们身心尚不成熟,不能正确处理自身生活中遇到的问题,采取过激行为解决矛盾,而引发的刑事案件。因此,各地检察机关在办理此类案件过程中,本着"宽严相济"的执法理念,坚持"教育为主、惩罚为辅"的原则,结合刑事和解的实践,探索对

---

① 陈德伟、林琦源:《合适成年人参与制度之探索》,载《法制与经济》2013 年第 5 期。

未成年人轻微刑事案件作出宽缓处理的可行路径。例如，南宁市兴宁区检察院制订了《关于刑事和解工作的若干规定》。总体上说，适用刑事和解，有利于案件的和谐解决、减少污名化标签影响，有利于问题少年重回社区生活。①

（8）社会调查制度

《规定》提出"审查逮捕、审查起诉未成年犯罪嫌疑人、被告人时，应当听取其父母或者其他法定代理人、辩护人、未成年被害人及其法定代理人的意见。结合社会调查，了解未成年犯罪嫌疑人的成长经历、家庭环境、个性特点、社会活动等，为办案提供参考"。该条规定所提出的社会调查制度，是未成年人司法制度与普通司法制度的重要区别之一。今后，随着我国少年儿童关护机构的建立健全，检察机关将充分发挥社会团体、志愿者等作用，建立委托或共同进行该项社会调查的机制。

（9）法庭教育和缓刑建议

"公诉人在依法指控犯罪的同时，要剖析未成年被告人犯罪的原因、社会危害性，适时进行法制教育及人生观教育，促使其深刻反省，吸取教训。"《规定》明确了公诉人出席少年法庭必须履行的"法庭教育职责"。

此外，《规定》还赋予检察官对符合一定条件的未成年人可以建议人民法院适用缓刑的职责，明确了人民检察院的"缓刑建议权"。

目前，全国未成年人刑事检察工作发展情况较好，但也面临挑战，如目前还没有一个较权威的全国未成年人违法犯罪统计评估预警系统；我国《预防未成年人犯罪法》将未成年人犯罪、违法、触法、不良行为等做了细致分类，但目前还只停留在概念上，尚不能用于科研和指导实践；社区矫治建设速度有待加快，以利更多非刑事化矫治措施得以实施和发展；等等。

（三）立法评析

对未成年人诉讼程序的改革可谓"实践先行"，除附条件不起诉外，实践中许多成功的探索在新刑事诉讼法中得到肯定。

1. 专章设立"未成年人刑事案件诉讼程序"

1996年刑事诉讼法有关未成年被追诉人诉讼权利的保障散见于不同章节，且关于未成年被追诉人权利特别保障的条款只有三条。除了规定"法定代理人可以到场"、"不公开审判"和"指定辩护"之外，对于未成年人而言，一些重要的、应当享有的诉讼权利，1996年刑事诉讼法均未涉及。而最高人民

---

① 甘红梅、陈立毅：《未成年人检察工作一体化机制的构想——以南宁市兴宁区人民检察院为视角》，载《广西大学学报（哲学社会科学版）》2009年增刊。

法院、最高人民检察院和公安部的相关解释或规定虽然在这些方面做出了一些尝试,但这些法律文件属于司法解释或行政规章,其地位或效力层级不能彰显未成年人诉讼权利保护的重要性,因此对于未成年人诉讼权利的系统保护应当提升到基本法的层次。

基于此,新刑事诉讼法设立了专章规定未成年人刑事诉讼程序,并从基本原则和具体制度两个方面,对办理未成年人刑事案件的方针、原则、各诉讼环节的特别程序作出规定,从而彰显出未成年人诉讼的特性和未成年人诉讼权利保障的重要性。

2. 确立办理未成年人刑事案件的方针、原则

确立未成年人特别保护原则,是当今许多国家立法的通例,联合国有关文件也确立了此项要求。《联合国预防少年犯罪准则》规定:"政府应颁布实施一些特定的法律和程序,促进和保护青少年的权利和幸福。"对我国已经生效的《儿童权利公约》第40条要求,对被指控触犯刑法的儿童提供以下的程序保障:无罪推定、被告知指控罪名、获得独立公正的主管当局或司法机构复查判决、获得免费翻译、尊重隐私等。

我国《未成年人保护法》以及相关的解释也都确立了"教育、感化和挽救"的方针和"教育为主、惩罚为辅"的原则。新刑事诉讼法规定"对犯罪的未成年人实行教育、感化、挽救的方针,坚持教育为主、惩罚为辅的原则",同时也按此原则及精神设计了未成年人刑事诉讼的具体制度和规则。2013年修订的《人民检察院办理未成年人刑事案件的规定》进一步明确了人民检察院办理未成年人刑事案件,实行教育、感化、挽救的方针,坚持教育为主、惩罚为辅和特殊保护的原则。在严格遵守法律规定的前提下,按照最有利于未成年人和适合未成年人身心特点的方式进行,充分保障未成年人合法权益。

3. 确立办案人员的专业化

《联合国少年司法最低限度标准规则》(《北京规则》)第22条规定未成人案件的办案人员"都要求具有最低限度的法律、社会学、心理学、犯罪学和行为科学的知识"。鉴于未成年人犯罪的特殊性,相关办案人员应当熟悉未成年人的特点和善于做未成年人的教育工作,并且应当保持其工作的相对稳定性。基于此,新刑事诉讼法在促进办案人员专业化方面做出了努力,规定"人民法院、人民检察院和公安机关办理未成年人刑事案件,应当保障未成年人行使其诉讼权利,保障未成年人得到法律帮助,并由熟悉未成年人身心特点的审判人员、检察人员、侦查人员承办。"

就办案人员专业化的问题,有学者提出借鉴德国少年检察官的做法,建立

少年检察院。当然，最理想的做法不仅包括办案人员专业化，还应当实现办案机构专门化、独立化。但在当前经济发展不平衡和财力、人力有限的状况下，对于办案机构专门化的要求不能一概而论。2013年修订的《人民检察院办理未成年人刑事案件的规定》要求，省级、地市级人民检察院和未成年人刑事案件较多的基层人民检察院，应当设立独立的未成年人刑事检察机构。地市级人民检察院也可以根据当地实际，指定一个基层人民检察院设立独立机构，统一办理辖区范围内的未成年人刑事案件；条件暂不具备的，应当成立专门办案组或者指定专人办理。对于专门办案组或者专人，应当保证其集中精力办理未成年人刑事案件，研究未成年人犯罪规律，落实对涉案未成年人的帮教措施等工作。各级人民检察院应当选任经过专门培训，熟悉未成年人身心特点，具有犯罪学、社会学、心理学、教育学等方面知识的检察人员承办未成年人刑事案件，并加强对办案人员的培训和指导。

4. 扩大了法律援助的范围

1996年刑事诉讼法第34条对未委托辩护人的未成年人指定辩护人属于一种强制性规范，但其启动的时间始于未成年人刑事案件起诉至法院后。事实上，未成年犯罪嫌疑人心智不成熟，法律知识欠缺，对于讯问过程中可能出现的诱供、变相长时间讯问等情况没有处理的能力，往往会作出对自己不利的供述。审前阶段没有能力聘请律师，致使很多未成年犯罪嫌疑人在审前程序中，不得不以其尚未成熟的心智去独自面对一系列他所无法处理的情况。

因此，修改后的刑事诉讼法规定"未成年犯罪嫌疑人、被告人没有委托辩护人的，人民法院、人民检察院、公安机关应当通知法律援助机构指派律师为其提供辩护。"从而扩大了法律援助的范围，一方面将指派法律援助的义务机关扩大到了公安、检察和法院三家；另一方面，也将法律援助适用的阶段延伸到了侦查、审查起诉等审前程序中。这样规定有助于及时保护未成年犯罪嫌疑人、被告人的诉讼权利，也能更好地体现对未成年人加以特殊保护的立法取向。

5. 严格限制适用逮捕措施

逮捕是最严厉的强制措施，严格限制适用逮捕措施，与切实保障未成年犯罪嫌疑人的合法权益密切联系。修改后的刑事诉讼法确立了对未成年人采取强制措施以非羁押性为原则，并对其进行了诉讼化改造，规定"对未成年犯罪嫌疑人、被告人应当严格限制适用逮捕措施。人民检察院审查批准逮捕和人民法院决定逮捕，应当讯问未成年犯罪嫌疑人、被告人，听取辩护律师的意见。""对被拘留、逮捕和执行刑罚的未成年人与成年人应当分别关押、分别管理、分别教育。"

6. 确立分案处理程序

从维护未成年犯罪嫌疑人、被告人的司法权益角度出发，对未成年犯罪嫌疑人、被告人与成年犯罪嫌疑人、被告人进行分类关押，对避免未成年犯罪嫌疑人、被告人受到犯罪恶习方面的交叉感染具有重要的作用。但由于没有关于分案起诉的具体规定，各实践部门均按照当地的情况和自身的理解进行试点，在操作上并不统一。

刑事诉讼法修正案增设了未成年人分案处理程序，但主要针对分别关押的内容进行规定，要求"对被拘留、逮捕和执行刑罚的未成年人与成年人应当分别关押、分别管理、分别教育。"在当前我国未成年人刑事司法制度尚不完善的情况下，相对分案原则既能保护未成年人权益又能兼顾节省诉讼资源，也是符合我国国情的。2013年修订的《人民检察院办理未成年人刑事案件的规定》进一步明确，人民检察院审查未成年人与成年人共同犯罪案件，一般应当将未成年人与成年人分案起诉。但是具有下列情形之一的，可以不分案起诉：（1）未成年人系犯罪集团的组织者或者其他共同犯罪中的主犯的；（2）案件重大、疑难、复杂，分案起诉可能妨碍案件审理的；（3）涉及刑事附带民事诉讼，分案起诉妨碍附带民事诉讼部分审理的；（4）具有其他不宜分案起诉情形的。对分案起诉至同一人民法院的未成年人与成年人共同犯罪案件，由未成年人刑事检察机构一并办理更为适宜的，经检察长决定，可以由未成年人刑事检察机构一并办理。

7. 确立合适成年人讯问时在场程序

"合适成年人"讯问时在场制度是一项起源于英国、旨在保护未成年人犯罪嫌疑人和精神障碍嫌疑人的司法制度，目前英国、美国、澳大利亚、新西兰等国家都有此项制度的相关立法。根据其规定，除非在某个紧急情况下，警察在对被拘留的未成年人进行讯问时，无论是在警察署之内还是在警察署之外，必须要有合适的成年人在场，否则即为违法，要受到法律的制裁。① 与未成年人讯问的合适成年人通常是指被讯问人的父母、监护人或者保护儿童组织的社会工作者；如果没有以上两种人员，则可考虑找其他受过有关培训的成年人。

我国法律虽然一直未采用"合适成年人"的用语，但有要求成年人参与的相关规定，例如，1996年《刑事诉讼法》第14条第2款规定："对于不满十八岁的未成年人犯罪的案件，在讯问和审判的时候，可以通知犯罪嫌疑人、被告人的法定代理人到场。"1995年公安部《公安机关办理未成年人犯罪案件

---

① 参见英国1984年《警察与刑事证据法》守则C3.9。

的规定》第 11 条规定,"讯问违法犯罪的未成年人时,根据调查案件的需要,除有碍侦查或者无法通知的情形外,应当通知其家长或者监护人或者教师到场。"2006 年最高人民检察院《人民检察院办理未成年人刑事案件的规定》第 10 条第 4 款规定:"讯问未成年犯罪嫌疑人,应当通知法定代理人到场,告知法定代理人依法享有的诉讼权利和应当履行的义务。"从上述三个规定来看,在讯问未成年犯罪嫌疑人时是否通知成年人参加,现有立法不统一。而且关于合适成年人讯问在场的检察改革探索中存在着三种模式(上海长宁模式、云南昆明盘宁模式、厦门同安模式),其在适用对象、合适成年人范围、合适成年人参与讯问的程序、合适成年人的权利义务、合适成年人的作用等方面均存在差异。

根据联合国《保护儿童权利公约》和我国已经加入的《北京规则》精神,应推行讯问未成年犯合适成年人参与制度。也正是基于这些因素的考虑,刑事诉讼法修改中规定了合适成年人讯问时在场程序相关的内容,要求"对于未成年人刑事案件,在讯问和审判的时候,应当通知未成年犯罪嫌疑人、被告人的法定代理人到场。无法通知、法定代理人不能到场或者法定代理人是共犯的,也可以通知未成年犯罪嫌疑人、被告人的其他成年亲属,所在学校、单位、居住地基层组织或者未成年人保护组织的代表到场,并将有关情况记录在案。到场的法定代理人可以代为行使未成年犯罪嫌疑人、被告人的诉讼权利。""到场的法定代理人或者其他人员认为办案人员在讯问、审判中侵犯未成年人合法权益的,可以提出意见。讯问笔录、法庭笔录应当交给到场的法定代理人或者其他人员阅读或者向他宣读。""讯问女性未成年犯罪嫌疑人,应当有女工作人员在场。""审判未成年人刑事案件,未成年被告人最后陈述后,其法定代理人可以进行补充陈述。"同时规定询问未成年被害人、证人,同未成年犯罪嫌疑人、被告人相同的规定。

8. 确立社会调查制度

未成年人的社会调查原则在相关司法解释中已经得到体现或认可。实践中,通过调查了解未成年疑犯的家庭场景、学历背景、成长经历、个性特点、社会活动、是否有不良记录以及第一次涉足违法犯罪的时间及情景等因素,不但可以为是否适用羁押措施和法院准确量刑提供参考依据,而且对于考察未成年疑犯是否具备帮教条件、或是选择怎样的矫治计划以及预防和控制其再行犯罪都有重要的考量价值。只有在诉讼中全面调查,才可以准确探究未成年人违法犯罪的主客观原因,为司法机关对犯罪的未成年人适当处理提供参考,并找准对未成年人进行教育的"感化点",以便对症下药,最终达到矫治未成年犯罪人、使其顺利回归社会的目的。

鉴于此,新刑事诉讼法增加了社会调查程序,要求公安机关、检察机关、人民法院在办理未成年人刑事案件的过程中,既要对未成年人的案件事实进行调查,还要查清导致未成年人犯罪的主客观因素的形成、发展、演变以及有关未成年人特殊性格的详细情况,"根据情况可以对未成年犯罪嫌疑人、被告人的成长经历、犯罪原因、监护教育等情况进行调查",注意依据案件的具体情况搜集和索取有关未成年疑犯的背景资料。

9. 确立未成年案件公开审判

新刑事诉讼法规定"审判的时候被告人不满十八周岁的案件,不公开审理。但是,经未成年被告人及其法定代理人同意,未成年被告人所在学校和未成年人保护组织可以派代表到场。"

为了更好地保障未成年人的权益,避免其以罪犯的身份出现在公众面前,刑事诉讼法修改中严格未成年人案件审判不公开制度。不仅要明确审判不公开,还要禁止媒体对未成年人犯资料的披露。

10. 确立犯罪记录封存及保密制度

在我国,受过刑罚处罚的人会因其前科而成为公安机关长期注意的对象,在日后的生活中也会由于前科而不同程度地受到社会歧视。这种罪犯标签效应很容易刺激本已回归社会自立向上的未成年犯的心灵,使其对日后的正常生活失去信心,从而再次走上犯罪道路,致使其因身心未成熟时所犯的错误付出终身代价。

因此,新刑事诉讼法确立了犯罪记录封存及保密制度,规定"犯罪的时候不满十八周岁,被判处五年有期徒刑以下刑罚的,应当对相关犯罪记录予以封存。"且"犯罪记录被封存的,不得向任何单位和个人提供,但司法机关为办案需要或者有关单位根据国家规定进行查询的除外。依法进行查询的单位,应当对被封存的犯罪记录的情况予以保密。"2013年修订的《人民检察院办理未成年人刑事案件的规定》要求,人民检察院应当将拟封存的未成年人犯罪记录、卷宗等相关材料装订成册,加密保存,不予公开,并建立专门的未成年人犯罪档案库,执行严格的保管制度。除司法机关为办案需要或者有关单位根据国家规定进行查询的以外,人民检察院不得向任何单位和个人提供封存的犯罪记录,并不得提供未成年人有犯罪记录的证明。人民检察院对未成年犯罪嫌疑人作出不起诉决定后,应当对相关记录予以封存。

(四)立法建议

总体而言,新刑事诉讼法体现出近年来未成年人刑事诉讼司法实践中的有益探索,对附条件不起诉、合适成年人讯问在场、社会调查制度等检察改革的大量成果进行吸收、采纳，对反映较为集中的问题均加以规范，针对未成年人犯罪案件的特点，为有利于未成年罪犯更好地回归社会，对办理未成年人犯罪案件的方针、原则、各个诉讼环节的特别程序进行规定。

但是，未成年人诉讼程序仍存在有待明确、细化之处，以合适成年人讯问在场程序为例，仍需明确合适成年人讯问时在场并签名，以证明口供证据的效力，明确违反强制规定的程序制裁后果，明确赋予未成年人选择权等。此外，新刑事诉讼法对分案起诉、分案判决等未予以合理采纳，这也将是检察实践中需进一步探索的内容。

在未成年人与成年人共同犯罪的案件中，未成年人大多处于从属地位，认罪态度好，且能够如实供述自己的罪行，往往具备诸多法定、酌定的量刑情节，极有可能被判处缓刑。但实践中，很多案件因为成年犯罪嫌疑人的原因，导致案件事实不清、证据不足，致使检察机关在审查起诉阶段延长案件审查期限、退回公安机关补充侦查，延长了案件诉讼周期，这也使得同案的未成年人的羁押期限被人为地延长，不仅不利于对未成年人合法权益的保护，也不利于对同案成年人进行有力打击。

分案起诉是检察机关在刑事案件的审查起诉阶段，将未成年人与成年人共同犯罪的案件分案，以独立的案件提起公诉，法院分案受理未成年人刑事诉讼制度中特有的制度。它与实践中已经存在的因同案另行处理、在逃等客观原因形成的分案不同，其是为了切实保护未成年人的合法权益，主动对未成年人与成年人共同犯罪的案件在形式诉讼程序上加以分离，是主观的、人为的进行分案处理。

分案处理原则应当贯彻在案件的始终，审查起诉、审理过程只要不是必须合并的情形，都应当进行分案办理。

虽然未成年人诉讼程序的部分内容和配套制度等仍需进一步完善，诸多司法环境仍需进一步协调，但新刑事诉讼法中未成年人诉讼程序的设立无疑是对检察改革、司法实践成果的充分肯定，对我国未成年人刑事司法制度改革具有重大的里程碑意义。

后 记

为进一步深化检察理论与实务研究，加强对检察改革与刑事诉讼法修改理论与实践问题的梳理分析，在学院领导的关心支持下，2010 年，我和高检院、学院几位长期专注于相关问题研究的同仁共同申请了国家社科基金项目《检察改革与刑事诉讼法修改问题研究》[项目批准号 10BFX046]。项目由国家检察官学院副院长郭立新教授、高检院司法体制改革领导小组办公室副厅级检察员高景峰同志、高检院检察理论研究所邓思清研究员、检察出版社办公室主任张红梅副教授、国家检察官学院郭欣阳副教授、高检院案件管理办公室郭冰副教授、国家检察官学院讲师付磊博士共同完成。撰写分工如下：

徐鹤喃：导论、总论第一章、第三章

付　磊：总论第二章、分论第四章二

郭欣阳：分论第一章

高景峰　付　磊：分论第二章

张红梅：分论第三章

邓思清：分论第四章一、第五章、第六章

郭立新　郭　冰：分论第七章

本课题研究得到了高检院和国家检察官学院领导、老师、同事的大力支持和帮助。最高人民检察院孙谦副检察长亲自为书稿作序，国家检察官学院党委书记兼院长胡卫列教授、国家检察官学院原党委书记兼院长石少侠教授、北京师范大学刑事法律科学研究院宋英辉教授、中国检察出版社阮歹生社长对课题的顺利完成给予了悉心指导和支持。在此，我谨代表课题组向各位尊敬的领导、师长致以诚挚的谢意！国家检察官学院郭云忠教授、祁菲博士为课题的顺利进行，中国检察出版社第四编辑室史朝霞主任为书稿的顺利出版付出了辛苦劳动，在此一并表示衷心的感谢！

感谢课题组的精诚合作与辛苦写作。对于检察改革与刑事诉讼法修改问题而言，本书是一个阶段性研究成果，其中诸多问题有待深入研究和进一步完善。我们将在今后的工作和研究中深化相关问题的思考，敬请读者批评和指正。

徐鹤喃
2015年6月